中共中央党校（国家行政学院）创新工程
现代化进程中的城乡社会文化重建丛书　徐平　主编
中国马克思主义研究基金会资助出版

乡村文化复兴与乡土文明价值重构

以现代化进程中城乡一体化发展为视角

范玉刚　著

中国大百科全书出版社

图书在版编目（CIP）数据

乡村文化复兴与乡土文明价值重构/范玉刚著. —北京：中国大百科全书出版社，2020.10

（现代化进程中的城乡社会文化重建丛书/徐平主编）

ISBN 978-7-5202-0839-0

Ⅰ. ①乡… Ⅱ. ①范… Ⅲ. ①农村文化—文化事业—建设—研究—中国 Ⅳ. ①G127

中国版本图书馆CIP数据核字（2020）第180724号

责任编辑： 林思达
封面设计： 润一文化
责任印制： 常晓迪

中国大百科全书出版社 出版发行

（北京阜成门北大街17号　邮政编码：100037　电话：010-68315606）

网址：http://www.ecph.com.cn

新华书店经销

北京杰瑞腾达科技发展有限公司排版

北京市十月印刷有限公司印刷

开本：710毫米×1000毫米　1/16　印张：21.75　字数：355千字

2020年10月第1版　2020年10月第1次印刷

ISBN 978-7-5202-0839-0

定价：78.00元

代序

乡村文化复兴要有对乡土文明的敬畏

文化是什么？何为乡村文化？文化在城乡一体化发展中的价值、特色小镇建设的文化旨归等话题，在党的十九大报告提出“实施乡村振兴战略”背景下意义格外凸显，这也表征了中共中央党校关于城乡一体化发展研究创新工程项目所具现实性和针对性，越加张扬了党校研究的特色——中央关切、社会关心、学界关注。乡村是中华文化特别是农耕文明的根脉所在，是中华民族精神的血脉所系。不可否认的是，在现代化和城市化进程中，乡村无可置疑地衰落了，乡村价值特别是乡村文化的意义被遮蔽了。如何认识和发掘乡村文化的现代价值，不仅对于摆脱贫困、发展乡村经济、全面建成小康社会有着重要意义，更是对于深刻理解中华文化、华夏文明的特质，以及中国特色与坚定文化自信有着深远的影响，尤其在当下面临“百年未有之大变局”的背景下，其价值如何评述似乎都不为过。

正是本着这样一种视野、视角和心态，我们把对乡村文化的理解置于“现代性”视域下，探讨乡村文化复兴对于中国的文明型崛起和中华民族伟大复兴意味着什么，探讨何谓中国特色社会主义文化强国的底色。本书试图在对文献资料的爬梳与现实调研感悟的相互切近中，着力探讨以乡村文化复兴重构乡土文明的价值。这其实是对乡村传统公共价值的再发现，是对人与自然、人与人关系的一种基于现代立场的再阐释，它对现代化进程中人类文明的跃升意义非凡。乡村文化的复兴不是为了迎合后工业文明背景下的消费主义思潮——一个被消费的所谓原生态的资源形态的乡村，而是为了获得自身的文化本体地位，旨在诉诸“现代城乡文化命运共同体”的重要一元。实践中乡村文化是多样的、丰富多彩的，承载农耕文明的诸多文化形式不仅是历史的，也是当下的和未来的，它要在参与中华文明的创新、创造中赢得自身的尊严，而不是沦为现代化进程中的边缘者和被凝视、被消费的对象。对此，有学者反思到：晴耕雨读变味了，文创与花海在代替乡愁；剪纸与舞狮消失了，艺人与“非遗”被景区当作赚钱招牌；古村、古镇变味了，绿化、硬化、亮化、规划，已让它们变性了。传统村落，仅仅10年内减少了90万个，平均每天消失约80至100座村落。[①]载体的消失徒留下浮皮潦草的皮毛，打着“非遗”的旗号在旅游开发中做着“征召”的噱头。著名文化学者李松先生指出，“具有全局意义的乡土社会传统智慧并不是城里人的纪念品，而是全面伴随城乡现代化进程的精神财富。农村不应仅仅是城市的后花园和扩张空间的储备。对乡土价值的低估和利益诉求的功利化、庸俗化、多元化，使得乡土文化保护表面化、碎片化、商业化成为常态。”[②]历史经验表明，任何文化或文明如果失去对自身文化传统的深刻了解和认知，也就失去了进行创新的基础，任何国家和民族都无一例外。正如习近平总书记指出的：“历史和现实都表明，一个抛弃了或者背叛了自己历史文化的民族，不仅不可能发展起来，而且很可能上演一场历史悲剧。”[③]传统文化是一个国家和民族生存于世的根基，在现代化进程中一旦割断与传统的纽带，将会丧失对自身文化传统的延续，从而缺失文化认同的凝聚力，在现代化进程中势必会成为漂泊无着的游魂野鬼，一个民族的心灵因无法眷注而处于焦虑和焦躁中，怎么会有对人生幸福和美好生活的追求？更谈不上文化自觉和文化自信！文化是一个民族的根本性标识，在现代化进程中，能够悉心保留一个民族较完整的生活理念和价值追求，才能在根本上延续民族情感、民族精神，使民族的生活方式“活态化”地植根于社会现代转型中，成为文化现代化的资源和民族精神家园的栖息地。

克服乡村文化“被看”的对象化存在，就要明确其本有的独立的本体地位，使之在与城市文化“互看”中相得益彰。乡村文化价值被低估，主要是视野的狭隘化和思维的僵化使然，尤其表现在以旅游为目的的乡村规划和设计上，以

---

① 孙君：《乡愁·人性的呼唤》，“北京绿十字”公众号第1102期。

② 李松：《乡土文化是如何在城乡二元结构下生存的》，“文化产业评论”公众号第2131期。

③ 习近平：《在哲学社会科学工作座谈会上的讲话》，人民出版社2017年版，第17页。

功利化的经济追逐剥夺了乡村文化的多维价值，推动资本在单向度上狂奔。事实上，可售卖的文化符号和文化体验只有在当地的场景中，才有一种本真性和丰富性，它是难以脱离大地性的，这也是那种简单地为旅游征召而来的城市人难以感受到的。事实上，仅仅止步于乡村旅游是难以实现城乡文化的良性互动的，观光不能给予的，恰恰是生活能够赋予的，其在根本上是生活方式的重构。文化自信的前提是文化要有尊严，这一点对乡村文化也不例外。乡村文化复兴不是表演给城市人看，而是尊重农村的生活方式，出于尊重的感召恰恰是乡村文化复兴的温床，以一种仰望而非俯视的态度，怀着敬畏之心去感受就会收获良多。

乡村的衰落是经济社会文化发展不平衡的后果，需要从发展理念和历史规律中去探寻问题的症结点。实施乡村振兴战略是对工业文明的内生矛盾的有效破解与发展转向，也可以说是在信息文明条件下为一种可能的文明跃升做着准备。新时代、新思维，需要解放思想再出发。这次思想解放是以文化复兴为催化剂和引领方向，文化引导未来。乡村文化复兴不仅是文化强国建设的基石，更是中华民族伟大复兴的必然诉求，是从根本上坚定文化自信的根基。乡村振兴需要文化铸魂、文化弘志、文化扶智，需要文化发挥凝聚力积聚人气，需要文化培根、明德，进而在繁荣兴盛中守护精神家园。文化礼堂、文化大院就是今日村民参与乡村治理、发展经济、建设文化的公共空间，是乡村文化复兴的灯塔。

首先，乡村文化复兴是一种观念的改变，需要树立乡村是美的、好的、令人向往的生活方式。这是一种整体性的思维转变，而不是其中某一项的单兵突进。与其说复兴不是某种历史的“回返”，而毋宁说是一种前行的姿态，是一种有别于城市化的乡村现代化方式。因此，本书倡导一种理念，尊重乡村文化的本体地位以及和城市文化的相互支撑与补充的共在性，而非二元对立式的先进与落后之别的陈旧观念和僵化思维。也就是说，乡村振兴要有乡土文明的复兴，其前提和理念是“现代城乡文化命运共同体”意识，这是乡村文化振兴的价值参照系和发展方向。城乡一体化不是城市取代乡村、乡村像城市，而是相互尊重其本体性的存在，以文化的独立维护人的尊严，使每一种生活方式都得到尊重，每一个人都能体面地生活。城乡一体化的理念需要文化支撑和文化价值的润泽，乡村振兴旨在弘扬乡村文化的本体价值，推动乡土文明在与时代条件结合中复兴，使优秀传统文化资源与乡村民间民俗资源实现创造性转化和创新性发展。在尊重乡村文化本体地位的基础上，建构具有超越传统城乡二元对立、以城市文化遮蔽或替代乡村文化的陈旧思维，促进包容性的城乡文化共同体的建构与认同，夯实乡村振兴的文化基础。这是理念，更是实践。

事实上，随着美丽乡村建设、乡村振兴战略的实施，人们深刻感受到在急剧的现代化、城市化进程中，乡村生活方式需要再发现。文化固然是整体的，特别是一个国家和民族的主导文化的价值观一定是清晰的、明确的，但现实中的文化形态又是杂糅的、价值观多元的，就此而言，乡村文化不仅不是与现代城市文化对立，而是相互促进相互补充，是有着独立存在价值的非依附性存在。乡村文化与城市文化不是替代性关系，而是满足不同生活群体心灵需求的共在，乡村文化的独特性就在于它更好地赓续了中华文化的根脉，蕴蓄了中华民族最深沉的精神追求，同样是今日中华民族伟大复兴的重要精神支撑力量，它能够最广泛地增强民众对中华民族的心理认同。乡村要现代化，乡村文化要在现代性视域中获得新生，但乡村并不只是城市的资源供给地和被消费的对象。城乡一体化发展是一种价值的共享，是一种命运共同体的共在共荣，全面建成小康社会，实现城乡一体化融合发展，是新时代中国参与全球治理对世界贡献的“中国方案”。

其次，乡村文化复兴一定要有载体建设，要有产业支撑，要有生态美好的青山绿水，要有人才和组织建设的托举，也就是说乡村文化复兴要落到农民真实的生活方式上。因此，本书倡导一种可以让灵魂跟上身体感觉的、有别于城市生活的“慢生活”方式，一种与城市生活方式“互看”两不厌的生活方式，从而使乡愁能够落地生根。就此而言，所谓“田园综合体”“乡村旅游”“村庄景区化”“创意农业”等项目的落地要走向日常生活，不能任凭资本在商业单向道上狂奔。创意农业的体验、农家乐、乡村民宿、采摘等带动农民就业致富的过程，同时也是文明素质提升和社会文明程度提高的过程，是一种切合时代特点的生活方式的生成。如果脱离农民的生活方式，不能实现生产、生态、生活和人的生命意识的有机交融，必然就会沦为城市的附庸和消费对象，只有生活方式的生成才能使乡村振兴有可持续性，其意义和价值才能真正焕发出来。就此而言，乡村文化复兴接续了中华文化的根脉，乡村振兴有了根基就不会在城市化外围打转转。因此，真实的乡村不是审美想象的空间，不是城市人消费的对象性存在，而是有着自身文化肌理的意义空间，有着家长里短、互助互帮、宗庙祠堂、读书敬祖的杂糅之地，是在时代变化中的生活方式的再塑造。虽然，现实中的乡村依然很贫穷，需要在城市反哺中振兴；现实中的乡村依旧很落后，但文化的根脉和生命活力尚在。乡村有待文化的发现，乡村文化需要复兴，这是时代使然，更是中华民族复兴的使命担当。

乡村文化复兴一定要有对乡土文明的敬畏，在敬意和尊严中才能赢得乡村文化的本体地位。急剧的城镇化，特别是城市化的扩张带来了对乡村的破坏和撕裂，其根本性症结就是缺失对乡土文明的敬畏，视之为一个被掠夺和消费的对象。实施乡村振兴战略要从文化的再发现开始，乡村振兴与特色小镇建设应充分展示“文化的中国”，使现代人能充分体验中国味的乡愁美学。遍地开花的特色小镇建设贵在“特色”，不是以追求“大”——大广场、大停车场、大牌楼、大接待中心为目标，更不能移植某种“洋化”的文化为之贴金。事实上在千篇一律的“大”的覆盖下，乡村的灵魂、底蕴和特色消失了，巨大的无神的躯壳只是行尸走肉而已。乡村文化复兴一定要蕴蓄和弘扬中国乡土文明的价值意味，才能在根底上托举中国的文明型崛起。说到底，中国之强最终一定是文化自强，是对人类文明的文化贡献。就此而言，这尤其离不开乡村文化的再发现和乡土文明的价值重构。

21世纪以来，人们越来越认识到，发展不单是指经济的发展，文化是发展的关键词，文化繁荣是社会文明发展的高级阶段。人类历史表明：文化获得感、人生幸福感，是最有意义的人类追求。这对乡村文化发展同样适用，乡村文化是实现中国特色社会主义现代化强国的重要资源，更是中华民族的精神意义生成空间，是现代人的灵魂栖居之地。文化是一种观念，文化是一种心态，文化是一种生活。乡村文化的复兴期待着人们在现代化进程中形成一种眼光，不仅可以发现“乡村”，更能发现一种“中国样式”，发现中华传统美学的传承，同时亦是一种合乎时代机缘的新时代美学的生成。为此，对于乡村需要我们投去敬畏和关切的目光！

中的瑰宝，更是中华民族凝聚力的内核。只有系统地梳理传统文化资源，让收藏在禁宫里的文物、陈列在广阔大地上的遗产、书写在古籍里的文字都活起来，通过文化产业创造出适合时代特点的文化精品，在广泛传播中使之激发我们的民族自豪感和自信心，才能坚定全体人民振兴中华、实现中国梦的信心和决心。

二、中国传统文化是中国软实力的内在支撑

中国的文明型崛起解构了既成大国的“国强必霸”的现实逻辑，赢得了国际社会的广泛关注和强烈的价值感召，这越加要求我们必须坚定走中国道路、弘扬中国精神、凝聚中国力量，其中的支撑点和突破点就是文化。当今，文化的地位和作用全球凸显，文化软实力成为综合国力的重要组成部分，传统文化是软实力的底蕴，是中华文化在中外文明互鉴中的价值感召力和文化魅力之源，是今日文化互看与价值共享的重要支撑。就现实性而言，在中华民族五千多年的文明发展进程中，中国人民创造了博大精深的灿烂文化，也一定能创造出新时代的文化辉煌。在中华民族迈进伟大复兴的“拐点”时刻，对中国人民和中华民族的优秀文化和光荣历史，我们要加大正面宣传力度，通过学校教育、理论研究、历史研究、影视作品、文学作品等多种方式，加强爱国主义、集体主义、社会主义教育，为中国人民和世界人民贡献新的华彩篇章，引导中国人民树立和坚持正确的历史观、民族观、国家观、文化观，以文化的自尊和自信增强做中国人的骨气和底气。

习近平总书记再三强调，核心价值观是软实力最深沉的精神追求，培育和弘扬社会主义核心价值观必须立足中华优秀传统文化。在多元文化发展格局中，优秀传统文化是培育和践行核心价值观的滋养和土壤，牢固的核心价值观，有其固有的根本性托举。抛弃传统、丢掉根本，就等于割断了自己的精神命脉，而成为失魂落魄、魂不附体的躯壳。全球化背景下，世界文化的激荡越发剧烈，博大精深的中华优秀传统文化是我们在世界文化相互激荡中站稳脚跟的根基。中华文化源远流长，建构和积淀了中华民族独特的精神标识，为中华民族生生不息、发展壮大提供了丰厚滋养；中华优秀传统文化是中华民族的突出优势，是中华民族自强不息、团结奋进的重要精神支撑，是我们最深厚的文化软实力；中华传统美德是中华文化精髓，蕴含着丰富的思想道德资源。只有坚定文化自信，增强文化自觉，不忘本来才能开辟未来，善于继承才能更好创新。中

国古代先哲历来追求格物致知、诚意正心、修身齐家、治国平天下，旨在以虔敬之心、敬畏之感厚德载物，创建了有别于其他国家的天下文明观。我们提倡和弘扬社会主义核心价值观，必须从中汲取丰富营养，否则失根、失魂的核心价值观就不会有生命力和影响力。深刻阐发和理解中华文化中强调的“民惟邦本”“天人合一”“和而不同”，“天行健，君子以自强不息”“大道之行也，天下为公”；“天下兴亡，匹夫有责”，主张以德治国、以文化人；“君子喻于义”“君子坦荡荡”“君子义以为质”；“言必信，行必果”“人而无信，不知其可也”；“德不孤，必有邻”“仁者爱人”“与人为善”“己所不欲，勿施于人”“出入相友，守望相助”“老吾老以及人之老，幼吾幼以及人之幼”“扶贫济困”“不患寡而患不均”等思想理念。这些思想理念，不论过去还是现在，都有其鲜明的民族特色，都有其永不褪色的时代价值，它们依然活在当代中国人的心里。这些思想理念，在时间推移和时代变迁中不断与时俱进，又有着自身的连续性和稳定性，深化着中国人骨子里的认同感。我们生而为中国人，最根本的是要有中国人的独特精神世界和文化追求，有百姓日用而不觉的价值观。作为当代中国人的文化信仰，社会主义核心价值观，要充分体现对中华优秀传统文化的传承和精神升华。

三、中国传统文化是中国特色社会主义的底色

今日中国是历史中国的延续，优秀传统文化并没有远离现代中国人的生活，它已然显现于当代中国人的举手投足和基本的价值遵循中。中华优秀传统文化蕴含的讲仁爱、重民本、守诚信、崇正义、尚和合、求大同等思想理念，已经牢固积淀在中国人的思维模式和行为方式中。究其根本，优秀传统文化不是空洞的博物馆式的存在，仅仅供人瞻仰和回忆，它就是我们现实文化的有机组成部分，是建设社会主义现代化强国的基础。中国共产党不仅是工人阶级和中华民族的先锋队，更是中华优秀传统文化的传承者和弘扬者。中华优秀传统文化的基因与当代条件的结合有助于实现中华民族的伟大复兴，无论是毛泽东同志讲的“古为今用、推陈出新”，还是习近平总书记提出的“创造性转化、创新性发展”，以及现代新儒家提倡的“返本开新”，都是要以优秀传统文化为中国崛起助力，厚植“中国特色”的文化根脉，中华民族的伟大复兴一定要坚持走中国特色的社会主义道路。正如世界上没有两片完全

相同的树叶，一个民族、一个国家，必须知道自己是谁，从哪里来，到哪里去，想明白了、想对了，就要坚定不移朝着目标前进。文化自信使我们在全球化舞台上勇于亮出中国特色社会主义旗帜，所谓中国特色主要源自独特的文化传统，独特的历史命运，独特的国情，特别是马克思主义与中国优秀传统文化的有机融合。每个国家和民族的历史传统、文化积淀、基本国情不同，其发展道路必然有自己的特色。中国特色社会主义植根于中华文化沃土，反映中国人民意愿，适应中国和时代发展进步要求，有着深厚历史渊源和广泛现实基础，深受源远流长的中华文化的滋养。

四、中国优秀传统文化可以为全球治理和“一带一路”建设贡献智慧

全球化加剧了文化多样性的传播，使得文化的地位和作用凸显。文化不仅仅有冲突（S.亨廷顿的“文明冲突论”），也不仅仅有博弈（约瑟夫·奈的“软实力理论”），还有着文化的包容与价值共享。中华文化中“和而不同”的处世原则，就可以为当下纷纭复杂的全球治理贡献诸多智慧。孔子的“己所不欲，勿施于人”思想，已被《世界人类责任宣言》确定为全球治理的“黄金规则”；“和而不同”思想对构建和谐世界具有重要启示意义。“以和为贵”是中国文化的根本特征和基本价值取向，“和而不同”正是对“和”这一理念的具体阐发。《论语》中有：“君子和而不同，小人同而不和。”所谓“和”，对于事物来说是多样性的统一；对于人来说是合于观点与意见，是观点与意见的多样性统一。“和而不同”，是指君子在人际交往中能够与他人保持一种和谐友善的关系，但在具体问题的看法上不必苟同于对方。真正的君子之交并不寻求时时处处保持一致；相反，容忍对方有其独立的见解，并不隐瞒自己的不同观点，才算得上赤诚相见、肝胆相照。“和而不同”的基础是正确的义利观，君子的“和”是“义”的结果。全球化背景下，对其理解应超越“义”“利”的道德范畴，而上升到更为超越性和人文性指涉的境界诉求上，从抽象性的高蹈的精神思想方法和处世哲学的高度加以阐释。以利相交，利尽则散；以势相交，势去则倾；唯以心相交，方成其久远。《礼记·中庸》有：“君子尊德性而道问学，致广大而尽精微，极高明而道中庸。”高明的人总是追求和谐，为此而包容差异，在丰富多彩中达成和谐；高明的人总是与别人相协调，但并不盲目地重复或附和别人，因为协调而不重复方能达成和谐。这不仅适用于人与人之间的交往，更

适用于国与国之间的相处及其全球治理。只有在大目标不冲突的前提下，承认差异，包容差异，乃至尊重差异，价值共享、民心相通，才能化解矛盾，共存共荣。只有实现了“和”，才能做到“万物并育而不相害”。中国人自古就推崇“协和万邦”“亲仁善邻，国之宝也”“四海之内皆兄弟也”“亲望亲好，邻望邻好”“国虽大，好战必亡”等和平思想。习近平总书记特别将“亲、诚、惠、容”，作为睦邻、安邻、富邻的我国周边外交方针的“四字箴言”。文明因交流而多彩，文明因互鉴而丰富。人类历史表明，各国各民族之间不同的文明一直处于时断时续、时好时坏的磨合之中，全球治理原则需要各国协商共建。有着世界情怀的习近平总书记积极倡导在全球建构“人类命运共同体”，就意在表明中国将始终做全球发展的贡献者，坚持走全球共同发展道路，中国继续奉行互利共赢的开放战略，将自身发展经验和机遇同世界各国分享，欢迎各国搭乘中国发展的“顺风车”，一起实现共同发展，这背后有着中华优秀传统文化的深刻影响。

“一带一路”倡议是21世纪中国最有前瞻性、主动性、外向性的重大布局，是中华民族伟大复兴的表征，是中国参与全球治理、主动设置议题、提升全球话语权、建构人类命运共同体的重大举措。“一带一路”的互联相通最终落实于民心相通。价值共享是通达民心的桥梁，是建构“一带一路”文化空间的着力点。以价值共享彰显“一带一路”文化自信，诉求的是“和而不同”的价值理念和美美与共的文化理想，其中的重要资源和依托就是中华优秀传统文化。如道法自然、天人合一的生态文明思想，天下为公、大同世界的人文思想，为政以德、政者正也的现代政治思想，有力地增强了中华文化的感召力。习近平总书记指出：“古往今来，中华民族之所以在世界有地位、有影响，不是靠穷兵黩武，不是靠对外扩张，而是靠中华文化的强大感召力和吸引力。我们先人早就认识到‘远人不服，则修文德以来之’的道理。阐释中华民族禀赋、中华民族特点、中华民族精神，以德服人、以文化人是其中很重要的一个方面。”[①]文化价值共享就是向世界尤其是“一带一路”沿线国家表明，中国是有着深厚历史文化传统底色的现代国家，中国的崛起是文明型崛起。

不忘历史才能开辟未来，善于继承才能善于创新。习近平总书记在2014

① 习近平：《在文艺工作座谈会上的讲话》，人民出版社2015年版，第3页。

年2月24日，中共中央政治局第十三次集体学习时强调，抛弃传统、丢掉根本，就等于割断了自己的精神命脉。坚定的道路自信、理论自信、制度自信，其本质是建立在五千多年文明传承基础上的文化自信，优秀传统文化是革命文化、社会主义先进文化的底蕴，是当代文化繁荣发展的内容支撑。我们要深刻理解中华优秀传统文化，重新认识有着天下情怀的中国文明，以历史的眼光来领会和探索今天的中国道路。在全球治理中，全球化、逆全球化、地域化、新自由主义、新保守主义等轮番登场，中华文化深厚的底蕴有助于增强我们的定力，有助于浓彩重抹“中国特色”！有助于我们坚定走适合自己国情和文化传统的道路，高举中国特色社会主义旗帜，建设社会主义现代化文化强国。党的十八大以来以习近平为核心的党中央治国理政的新思想新理念新战略，将传统文化的传承与弘扬推进到了一个新阶段、新境界，出台了《关于实施中华优秀传统文化传承发展工程的意见》。可以说，习近平总书记的文化观深深根植于中华文化的深厚沃土，立足于中国特色社会主义的伟大实践，放眼全球、胸怀世界，充分借鉴世界文明的有益成果，为国家和全球治理注入了新的时代内涵。

第四节　以优秀传统文化的传承与创新厚植现代化强国的“底色”

建设社会主义文化强国是中国现代化的目标指向与价值诉求，这是对中华文明的一种历史接续，更是对未来的一种前瞻。其实，无论是古代丝绸之路的丝绸、茶叶、瓷器等，还是古代中国的“四大发明”，都是古代中国繁荣辉煌的文化积淀，伴随商贸往来是一种文化价值传播，其对欧洲走出中世纪、以文艺复兴开启现代文明，以及形成启蒙思想有着重要启发，可谓东学西渐。今天，中华文明的复兴同样要为世界进步作贡献，作为复兴目标指向的文化强国旨在超越既成大国“国强必霸”的现实逻辑，以文化感召天下，以世界情怀构建“人类命运共同体”。从全球视野来看，在国内全面建设小康的社会中，习近平总书记的“绿水青山就是金山银山”的“两山”理论，不仅是一种生态文明观，也是一种新的文化观、发展观；在对外的世界交往中，“人类命运共同体”不仅是中国的外交战略和全球治理理念，同样是一种有着文明跃升指向的新的文化观，超越旧有文明范式的新的文明观。“一带一路”建设、“共建、共商、共享”

既是中国对世界贡献的公共产品，也彰显了中国崛起的世界情怀。在国内“小康路上一个也不能少——体现的是全心全意为人民服务的宗旨”；国际上倡导“一带一路”建设，鼓励广大发展中国家搭中国发展的快车，这种世界情怀彰显的是“共同富裕、减少贫富差距”的“和平与发展”的人类文明理念，是对世界文明发展方向和全球文明秩序的新贡献。随着中国的文明型崛起，国际社会亟须明晰真实的“中国形象”。“我是谁”的文化传播越发重要，越加要求我们以传承和创新优秀传统文化来厚植现代化强国的“中国特色”，使传统文化活态化地呈现于人们的日常生活中，以文化的开放、包容、共享增强中华文化的感召力和亲近感，在全球传播中华文化“和而不同”的价值理念，增强文化的相互理解和认同。

一、优秀传统文化丰富了社会主义文化强国的内涵

习近平总书记在纪念马克思诞辰200周年大会上的讲话中指出，国家之魂，文以化之，文以铸之。这里所说的文化是指中国特色社会主义文化，它源自于中华民族五千多年文明历史所孕育的中华优秀传统文化，熔铸于党领导人民在革命、建设、改革中创造的革命文化和社会主义先进文化，植根于中国特色社会主义伟大实践。可见，传统文化被赋予了鲜明的时代内涵，在社会主义文化建设中有着举足轻重的作用。推动社会主义文化繁荣兴盛，离不开中华优秀传统文化的创造性转化、创新性发展。所谓“创造性转化、创新性发展”（以下简称“两创”），是指在传承发展中使中华民族最基本的文化基因与当代文化相适应、与现代社会相协调。其中的关键是处理好继承和创新的关系，处理好传统文化与当今时代的关系，着重解决今天中国的发展问题，回应时代的需求和挑战。传统文化如何进入现代生活是我们要解决的时代难题，也是增强党的执政能力、克服本领恐慌的重要考验。2017年中共中央办公厅、国务院办公厅印发《关于实施中华优秀传统文化传承发展工程的意见》（以下简称《意见》，出自本《意见》的引文不再标注），把实施中华优秀传统文化传承发展工程提升到国家文化战略高度。与之相应，文化部等相关部委还发布了《中国传统工艺振兴计划》《关于推动文化文物单位文化创意产品开发若干意见》等政策文件，把传统文化的现代转化视为重要的文化建设工程。

中华文化独一无二的理念、智慧、气度、神韵，增添了中国人民和中华民

族内心深处的自信和自豪。在中华民族伟大复兴的历史“拐点”，在中国发展越来越走近世界舞台中央的时刻，迫切需要深入挖掘中华优秀传统文化价值内涵，通过构建中华优秀传统文化传承发展体系，不断厚植“中国特色”的文化根脉，有效回应现实文化中“道路自信、制度自信、理论自信”的道理之所在，从根本上领会“中国特色”的实质，即马克思主义与中国深厚的文化传统相融合，使中华文化的古老神韵闪现现代性光芒，在世界多元文化同台竞技中展现“我是谁”。随着文化地位和作用的全球性凸显，各国政府和政要对文化越来越倚重。2013年11月，习近平总书记在山东曲阜考察孔府和孔子研究院时强调，一个国家、一个民族的强盛，总是以文化兴盛为支撑的，中华民族伟大复兴需要以中华文化发展繁荣为条件。文化的繁荣发展是一个国家最深沉的软实力，是一个国家综合国力的重要组成部分，在国家的整体性发展中地位越来越突出。正是契合国内和国际发展趋势，党的十七届六中全会提出了建设社会主义文化强国的战略目标。党的十八大以来，习近平总书记的一系列重要讲话，以及习近平新时代中国特色社会主义思想越来越清晰地指向——文化强国。中国文明型崛起的一个重要支撑点，就是优秀传统文化、中华智慧。传统文化是一个国家和民族生存于世的根基，在现代化进程中一旦割断与传统的纽带，将会丧失对自身文化传统的延续，从而缺失文化认同的凝聚力，在现代化进程中势必会成为漂泊无着的游魂野鬼，一个民族的心灵因无法被眷注而处于焦虑和焦躁中，怎么会有人生幸福和美好生活追求？更谈不上文化自觉和文化自信！文化是一个民族的根本性标识，在现代化进程中，能够悉心保留一个民族较完整的生活理念和价值追求，才能在根本上延续民族情感、民族精神，使民族的生活方式“活态化”地植根于社会现代化转型中，成为文化现代化的资源和民族精神家园的栖息地。现实经验表明，文化发展只能是继承传统基础上的累积性文明递进，妄图空中楼阁式的“创造”一种新文化，被历史证明只能是一出闹剧，是对民族文化传统的破坏与毁灭，造成的是民族失根的悲剧。

文化是民族的血脉，是人民的精神家园，当代文化扎根于深厚的文化传统。优秀传统文化是我们坚定文化自信的底蕴，是中国特色社会主义的底色，是我们在世界文化思潮相互激荡中站稳脚跟的根基。坚定文化自信，离不开对中华优秀传统文化智慧的汲取。对于中华优秀传统文化的传承和弘扬，中国特色社会主义文化强国建设，需要强有力的领导核心。中国共产党作为中华民族伟大复兴的领导核心——自成立起就是一个学习型政党——一个在文化革新、传承和创造中形成的马克思主义政党；一个不仅研究贯彻马克思主义，还传承和弘扬优秀传统文化，并致力于使其与马克思主义相结合的政党；一个担负民族复兴使命的领导集团。在前赴后继的奋斗中，从孔夫子到孙中山的学术思想资源都构成了提高我们党的执政能力的现实资源。习近平新时代中国特色社会主义思想的战略定力，自然离不开优秀传统文化的润泽，离不开中华智慧的现代发挥。传承优秀传统文化有利于浓彩重抹现代化文化强国的底色，使我们在当前各种思想文化交流交锋更加频繁之际，能够清醒地领会所面临的三个“迫切需要”。即迫切需要深化对中华优秀传统文化重要性的认识，进一步增强文化自觉和文化自信，为社会主义文化的繁荣兴盛植根；迫切需要深入挖掘中华优秀传统文化价值内涵，进一步激发中华优秀传统文化的生机与活力，为中国当代文化注入精神底蕴（如“中华美学精神”的阐释）；迫切需要加强政策支持，着力构建中华优秀传统文化传承发展体系，在创新中传承和弘扬，从而深化对“文化强国”内涵的理解。作为血脉相连、体魂相符的生生不息的“中华文化既坚守本根又不断与时俱进，使中华民族保持了坚定的民族自信和强大的修复能力，培育了共同的情感和价值、共同的理想和精神”[①]的社会主义现代化强国，说到底要以文化凸显特色。只有厚植“中国特色”的文化根脉，有效回应现实文化中“道路自信、制度自信、理论自信”的道理之所在，才能从根本上明白：“一个国家选择什么样的治理体系，是由这个国家的历史传承、文化传统、经济社会发展水平决定的，是由这个国家的人民决定的。我国今天的国家治理体系，是在我国历史传承、文化传统、经济社会发展的基础上长期发展、渐进改进、内生性演化的结果。”[②]继而在学理上真正“讲清楚每个国家和民族的历史传统、文化积淀、基本国情不同，其发展道路必然有着自己的特色；讲清楚中华文化积淀着中华民族最深沉的精神追求，是中华民族生生不息、发展壮大的丰厚滋养；讲清楚中华优秀传统文化是中华民族的突出优势，是我们最深厚的文化软实力；讲清楚中国特色社会主义植根于中华文化沃土、反映中国人民意愿、适

---

① 习近平:《在文艺工作座谈会上的讲话》，人民出版社2015年版，第5页。

② 习近平:《习近平在省部级主要领导干部学习贯彻十八届三中全会精神全面深化改革专题研讨班开班式上发表重要讲话》，人民网2014年2月18日。

应中国和时代发展进步要求，有着深厚历史渊源和广泛现实基础”[①]，才能从根本上领会“中国特色”的实质所在，领会社会主义文化强国的内涵，由此增强文化自信和文化自豪感。

二、以“两创”成果厚植“中国特色”的文化根脉

优秀传统文化包括传统文化中的核心思想理念、中华传统美德、中华人文精神，是中华民族伟大复兴的重要资源，需要我们格外珍惜、悉心领会。对优秀传统文化的传承不是机械性复制（对“原汁原味”要有深刻理解），而是要有价值底蕴的弘扬与创意创造创新的融入，更要有时代特点的先进技术支撑（如数字化技术的应用及其表现形式等），使之活态化地存在于民众日常生活中。文化是整体的系统的生态性的存在，不能割裂地传承，而是在文明递进中推动传统文化创新发展。也就是说，优秀传统文化只有立足现代价值，经由文化实践中的创造性转化和创新性发展——在扬弃中继承、在转化中创新，不复古泥古，不简单否定，不断被赋予新的时代内涵和现代表达形式，才能有机地“活”在现代，成为当代中国人日常生活的构成部分。一定意义上，立足现代价值的传承是对文化传统的重塑，是文化发展的内源性需求的自觉表达，以此把文化基因与时代条件相结合，创造出有鲜明时代特征的文化形态，所谓“一代有一代之文化与文化积累”。这方面，日本在文化现代化转型过程中的经验值得借鉴，其把传统文化元素和民族精神在提炼后与富有现代时尚感的动漫相结合，创造出《聪明的一休》等系列影响深远的优秀产品，在世界范围内获得普遍赞赏。可以说，中华文化的繁荣兴盛，尤其是优秀传统文化的传承和弘扬，既关系到我国在世界文化格局中的定位，关系到我国国际地位的确立和国际影响力的发挥，更关系到“两个一百年”奋斗目标和中华民族伟大复兴的中国梦的实现。随着中国经济社会的深刻变革、对外开放日益扩大、互联网技术和新媒体快速发展，各种思想文化交流交融更加频繁。特别是随着中国日益走近世界舞台中央、临近中华民族伟大复兴的拐点，在全球瞩目的目光中迫切需要回答：我们从哪里来，要到哪里去？什么是中国特色社会主义道路的底色和神韵？习近平总书记指出：“当代中国是历史中国的延续和发展，当代中国思想文化也是中国

---

① 《胸怀大局把握大势着眼大事 努力把宣传思想工作做得更好》，人民日报2013年8月21日。

传统思想文化的传承和升华，要认识今天的中国、今天的中国人，就要深入了解中国的文化血脉，准确把握滋养中国人的文化土壤。”[①]这使我们认识到，理解今日的中国，增强民族文化自信，必须深入理解中国文化的血脉和土壤。从根本上讲，中国特色社会主义文化强国的底色是中国传统文化，传承和发扬中华优秀传统文化有利于丰富“文化强国”的内涵。正如《意见》指出的，在五千多年文明发展中孕育的中华优秀传统文化，积淀着中华民族最深沉的精神追求，代表着中华民族独特的精神标识，是中华民族生生不息、发展壮大的丰厚滋养，是中国特色社会主义植根的文化沃土，是当代中国发展的突出优势，对延续和发展中华文明、促进人类文明进步，发挥着重要作用。正是基于对中国国情和历史的深刻洞察，对中国发展道路的自信和未来指向，要求我们在各种文化思潮相互博弈的全球化舞台上，加强对中华优秀传统文化的挖掘和阐发，努力实现中华传统美德的创造性转化、创新性发展，把跨越时空、超越国度、富有永恒魅力、具有当代价值的文化精神弘扬起来，把继承优秀传统文化又弘扬时代精神、立足本国又面向世界的当代中国文化创新成果传播出去，在全球化舞台上重构真实的“中国形象”。

传承中华优秀传统文化要立足当下，使其成为当代现实文化的重要组成部分。所谓“当代”不单纯是一个时间概念，它还具有空间，有载体有形式有场域。由此当代文化汇聚了传统文化和他者文化，在相互作用的杂糅中呈现为当下的“现实”，是古今中西文化的杂糅。“当代文化”既赓续了传统，还接驳了他者，又面向现实（史诗般的伟大实践）。传承传统文化需要“创造性转化、创新性发展”，吸收外来文化需要“洋为中用”，发展现实文化面向的是杂糅性的共在。基于全面文化复兴的现实，更要增强文化批判和鉴别的能力。无论是中国传统文化还是外来文化，对于中国当代现实文化来说，都是今天现实文化创造的素材资源，是构成当代文化的有机组成部分。只有坚持中国价值立场，灵活运用古为今用、洋为中用这一“用”的原则，才能不断丰富社会主义文化。

《意见》还专门谈到通过“滋养文艺创作”，增强文艺作品的厚重感和思想内涵，以丰富社会主义文化强国建设的内涵。提出当代作家艺术家要“善于从中华文化资源宝库中提炼题材、获取灵感、汲取养分，把中华优秀传统文化的

① 习近平:《在纪念孔子诞辰2565周年国际学术研讨会暨国际儒学联合会第五届会员大会开幕会上的讲话》，人民出版社2014版。

有益思想、艺术价值与时代特点和要求相结合，运用丰富多样的艺术形式进行当代表达，推出一大批底蕴深厚、涵育人心的优秀文艺作品”。这在某种程度上回应了习近平总书记在文艺工作座谈会上的讲话中，号召广大文艺工作者要善于从中华文化宝库中萃取精华、汲取能量，创作出具有鲜明民族特点和个性的优秀作品，对博大精深的中华文化有深刻理解，保持对自身文化理想、文化价值的高度信心，保持对自身文化生命力、创造力的高度信心，使自己的作品成为激励中国人民和中华民族不断前行的精神力量的期望。“中华优秀传统文化是中华民族的精神命脉，是涵养社会主义核心价值观的重要源泉，也是我们在世界文化激荡中站稳脚跟的坚实根基。”[①]在当前中华民族迎来伟大复兴的拐点时刻，在世界史掀开中国新篇章的时刻，在全球治理不断需要中国方案的时刻，亟须深入挖掘中华优秀传统文化内涵，通过构建中华优秀传统文化传承发展体系，不断厚植“中国特色”的文化根脉。

习近平总书记指出:“历史和现实都表明，一个抛弃了或者背叛了自己历史文化的民族，不仅不可能发展起来，而且很可能上演一场历史悲剧。”[②]可以说，中国传统文化不仅是中国文化现代化的底色，更是中国特色社会主义的底色，是当代中国人文化自信的重要源泉。正是这种底色支撑起中国文化的软实力，凝聚起中华民族的精气神。底色之所以为底色关键要在现代性中激活，要被赋予现代价值，要与中国发展的价值诉求相吻合，并彰显出自己的个性。习近平总书记指出:“当代中国的伟大社会变革，不是简单延续我国历史文化的母版，不是简单套用马克思主义经典作家设想的模板，不是其他国家社会主义实践的再版，也不是国外现代化发展的翻版……”[③]几百年的社会主义运动史表明，何谓社会主义并没有定于一尊、一成不变的套路，只有把科学社会主义基本原则同本国具体实际、历史文化传统、时代要求紧密结合起来，在实践中不断探索总结，才能把蓝图变为美好现实。因此，传统文化不是机械地传承，而是在与时代条件结合中鲜活地践履于大众的日常生活，使之成为现实文化的一部分。对社会主义文化强国来讲，需要以“创造性转化和创新性发展”成果厚植当代文化的根脉，深刻理解现代化的价值选择，

---

① 习近平:《在文艺工作座谈会上的讲话》，人民出版社2015年版，第25页。
② 习近平:《在哲学社会科学工作座谈会上的讲话》，人民出版社2016年版，第17页。
③ 习近平:《在哲学社会科学工作座谈会上的讲话》，人民出版社2016年版，第21页。

以此托起“人类命运共同体”的世界情怀。

在日益现代化的今天，随着时空距离的不断压缩、时尚流行的全球同步化、好莱坞大片的全球公映、苹果手机的全球热卖，特别是移动互联网的泛在式存在，使我们越来越难以界定“我是谁”，什么是中国人。中国经济的崛起使中华文明复兴的势头不可阻挡，面对日益碎片化的文化现实，人们越发把目光聚焦在中华优秀传统文化传承上。正是五千年的传统文化为我们打上中国人的文化烙印，在成长中被赋予中国人某种文化底色。传统文化并非现成的、固化的，而是要“活”在现代人的生活中，成为每一个中国人举手投足的环境养成。面对现代生活与传统文化的割裂，“说法”与“活法”的断裂，面对文化的整体性系统性的存在，越要深入研究和阐发传统文化内涵，越要政府有意识地引导和传承，需要全社会的滋养和大众广泛参与，在全社会营造礼敬传统文化的氛围，不断增强民众的文化参与感、获得感和认同感，在全社会形成向上向善的良好风尚。

在当前条件下，我们越来越意识到为实现中华文化繁荣兴盛，要毫不动摇地坚持走中国特色社会主义文化道路，要扎根传统文化，深入研究阐释中华文化的历史渊源、发展脉络、基本走向。就是说，传统文化是“中国特色”的底色，要在传承和弘扬中国优秀传统文化与马克思主义结合中，以学术、学理和文化精品厚植“中国特色”的文化根脉，这是中国特色社会主义的优势和价值所在。“中国特色”不是抽象的口号和标签，它就蕴蓄于当代的现实文化中，需要优秀传统文化不断润泽。“中国特色”源自独特的文化传统、独特的历史命运、独特的国情，特别是马克思主义与中国优秀传统文化的有机融合。每个国家和民族的历史传统、文化积淀、基本国情不同，其发展道路必有差异性。中国特色社会主义植根于中华文化沃土、反映中国人民意愿、适应中国和时代发展进步要求，有着深厚历史渊源和广泛现实基础，深受源远流长的中华文化滋养。中国特色社会主义成功的奥秘就在于其理论体系、发展道路、制度建设扎根于文化传统与现实国情，成熟于其实现途径、行动指南、根本保障这三者相统一的中国特色社会主义伟大实践。中国的现实文化不是“空中楼阁”的无根臆造，更不是西方强势文化的“洋化”产物，而是有着灵魂（马克思主义意识形态的指导地位）和根基（中华民族的优秀传统文化），更有着现实亿万人民群众的社会主义实践和创造性转化与创新性发展。以“两创”原则为文化传承植根，需要立足当前实际和中国人民正在进行的伟大事业，服从服务于实现中华民族伟大复兴的中国梦。中国的确越来越现代化了，并在杂糅斑驳中显露后现代色彩，却越来越不是西方化（美国化、欧洲化），更不是“另一个西方”，而是走出一条有独特文化内涵和价值诉求的“中国特色”之路，在这条路上我们越来越自信。中国发展起来了，“睡狮醒了”，中国发展道路越来越有感召力，“一带一路”建设得到越来越多沿线国家响应和支持，越来越多国家加入亚投行，世界越来越愿意倾听中国声音，也越来越需要一个清晰的中国形象和明确的价值诉求。在积极参与全球治理中，既要有效回应S.亨廷顿的“文明冲突论”，又要在全球阐发“中国方案”，不断提升设置世界议题的能力，在参与世界文明秩序的重构中增强中华文化的世界影响力，在遵循世界共同价值的基础上构建“人类命运共同体”。提升中国的全球话语权，提高中华文化在全球的位态，在民心相通和价值共享中推进“一带一路”建设，亟须在现实文化中阐释“中国特色”的底蕴和灵魂，在人类社会进步和世界文明发展中讲清楚“中国特色”的文化根脉。“中国特色”就是指在中国共产党领导下，坚持马克思主义基本原理与中国现实国情和中华优秀传统文化相结合，其中的底色和神韵是中国传统文化，这是中国当代现实的有机构成，是中国社会主义核心价值观的文化环境养成和现实土壤，是建设社会主义文化强国的重要内容。

三、雅安实践：以文化创新创造回答“我是谁”

随着中华民族的伟大复兴和文明型崛起，世界越发想了解一个真实的中国和清晰的中国价值诉求，亟须在文化创意时代以文化创新创造回答“我是谁”。迈入追求“强起来”的新时代，中国人民有信心有智慧担当新的文化使命，在实践创造中进行文化创造，在历史进步中实现文化进步，在切合时代发展的城乡一体化进程中，积极推进特色小镇及其历史文化空间的建构和设计，大力实施乡村振兴战略，以传统文化资源的发掘和创造性转换引领社会风尚，使有着深厚文化积淀的乡村文明焕发出新气象，凸显乡村文化价值、人文之美，重构有乡愁和诗意栖居意味的现代生活方式。在这方面全国已有不少地方实践，其中雅安实践颇有代表性和示范效应，借助丰厚的文化资源和创意力量，使人人参与文化强市建设，在经济社会发展中人人都有文化获得感。

四川雅安是历史文化名城，古代南丝绸之路、茶马古道的重要驿站，历史文化底蕴丰厚，文化资源积累深厚。在优秀传统文化传承、创意产业开发、塑造品牌形象的过程中形成了富有地方特点的雅安实践，2018年5月在雅安召开了首届“文化传统与文化强国”的中华文化论坛，与会专家学者发表了“雅安倡议”。雅安是世界上第一只大熊猫的科学发现地、命名地和模式标本产地，被誉为“熊猫家源”；还是中国历史上有文字记载人工种植茶叶最早的地方，是全国最大的边销茶生产基地，被誉为“世界茶源”。雅安藏茶是“黑茶鼻祖、千年非遗”，雅安又是中国藏茶的发源地和川藏茶马古道的起始地，享有“中国藏茶之乡”的美誉。雅安生态博物馆是四川省第一家生态博物馆，主要展示了雅安的自然生态和文化生态记忆。雅安有丰厚的生态资源，这里是大熊猫的前世今生，以及“家在清风雅雨间”的丰富多彩的民俗和人文景观。名山蒙顶山为世界人工植茶第一山、世界茶文化发源地、世界茶文明发祥地、世界茶文化圣山的历史地位，蒙顶山茶史博物馆馆内陈列了与蒙顶山茶有关的历史文献和实物资料，是集收藏、研究、展示蒙顶山茶为一体的重要场所，彰显了中华茶文化的博大精深，蕴含着创意文化产业发掘的重要资源。公元前53年，植茶始祖吴理真在蒙顶山五峰之间驯栽野生茶树，开创了人工种茶的历史，使雅安名山成为有文字记载的人工植茶发源地。唐玄宗天宝元年，蒙顶山茶始作贡茶，一直沿袭到清代。唐宋时期名山开始以茶换马，设立茶马司，专司茶马互市事宜，皇帝多次颁诏“名山茶为易马用”。描绘蒙顶山茶的诗文至今千古绝唱，如“扬子江心水，蒙山顶上茶”“琴里知闻唯渌水，茶中故旧是蒙山”等。在雅安，贡茶文化、茶马文化、茶技文化、禅茶文化等交相辉映，相互促进共同满足人们的多元化需求。

厚重的茶马古道是一条商贸之道，一条民族融合之道，一条多元文化交流传播之道。它既是一个绵延千年的历史过程，又是一个有形的地理空间，这里有着深厚的民族文化积累和文明积淀，有着中华民族血脉中的坚韧、不屈、自强、开放的基因，展现了中国人的顽强精神和对美好生活的追求。如何激活这丰厚的文化积淀，使其助力地方经济发展、造福民众，充分展现传统文化的力量，是需要研究探讨的。雅安实践表明，现代条件下，茶马古道的文明价值需要通过文化传承、创意激活、载体建设、文化产品进行传播，使之与现代人的生活、年轻人的时尚追求相结合，需要在大众创业、万众创新的社会氛围中健全文化设施、培育文化主体意识、激发社会文化活力、保护文化权益，使文化传承与公共文化建设、旅游开发、创意产业发展以及生态文明建设协同推进，在相互促进中供给高质量的生态产品、有地域特色的文化产品，在新发展理念指导下，提升的是文化经济的价值，传播的是文化理念，弘扬的是优秀传统文化。面对如此丰厚的文明积淀，如藏茶传承了南路边茶深厚的历史文化，发掘了“茶马互市”“榷茶制”“引岸制”等创意资源，使茶旅融合发展形成特色品牌。“中国藏茶村”是4·20芦山地震灾后文化产业重建项目和国家生态文化旅游融合发展、国家休闲农业与乡村旅游示范项目，已建成的区域有藏茶文化展示馆、藏茶品茗展销区、藏茶主题酒店、藏茶生产线、藏茶体验馆、西康民俗康养中心、世界茶种园等。依托丰厚的文化底蕴和传统，借助创意文化产业及其现代生产加工技艺、市场营销体系，以文化产业链的整合提升藏茶的品牌价值，发掘茶马文化和禅茶文化，融入藏汉和老西康的独特风情，这种特色文化产业开发不仅弘扬了优秀传统文化，兑现了传统文化的经济价值，还在品牌塑造中建构了“雅安形象”，展示了雅安的文化创意创新能力。就地方实践而言，雅安的文化品牌塑造还有待进一步提升，有着丰富生态资源的雅安，应充分利用“天府之肺”的生态资源富集优势，在区域经济发展中多供给优质的生态产品，发展康养和文化旅游产业，形成品牌效应。利用“动植物基因库”的生物多样性优势，特别是大熊猫的发源地的独特资源禀赋，塑造大熊猫文化国际特色旅游目的地，塑造熊猫文化品牌。发掘、阐释“茶马古道”等历史文化资源，开发蒙顶山茶、雅安藏茶，形成品牌化的高端供给体系，提升茶文化的附加值。

文化助力经济发展，不断提升产业的附加值和竞争力，在结构调整中迈向产业链高端，同时因激活传统文化而厚植“中国特色”的文化底色，有利于在全球化运动中重构本真的“中国形象”，提升中国城市的世界美誉度。无论是地方实践，还是国家倡导，优秀传统文化对复数的“现代性”有着重要的意义。立足相互激荡的全球化现实，在人类现代文明的多元文化杂糅中，人们越发明白，现代文化的建构离不开传统文化传承，而对话互动、包容发展最重要，包括各种文明之间的对话。对话的包容性有助于世界减少冲突，增强思想共识和价值共享。文明的交汇并不必然带来冲突，可以共享、共治。在互为主体的文化间性的建构中，中国特色社会主义文化的繁荣兴盛，既不能简单拿来，也不能盲目排外，而是要吸收借鉴国外优秀文明成果，积极参与世界文化的对话交流，不断丰富和发展中华文化。只有在增进与世界各国人民相互了解中，在厚植“中国特色”中加强文化创新创造，以积极的“两创”成果展示“我是谁”。

“我是谁”的回答需要基于中国价值立场，需要厚植传承优秀传统文化的根脉，由此才能增强做一个中国人的骨气和底气。当下，伴随中华民族伟大复兴的步伐，中国正在走近世界舞台中央，不断深入参与全球治理，世界发展也离不开中国方案，中国也需要在全球化舞台彰显“特色”；同时，在与世界共在共赢的“人类命运共同体”构建中，文化思潮的博弈越加剧烈，文化话语权的争夺越加激烈，文化的地位和作用越加凸显，建设中国特色的社会主义文化强国的目标诉求就越要清晰，越加需要彰显中国文化现代化的“底色”。文化具有整体性、系统性特点，需要以一种大文化观来统摄具体的举措、复兴的内容、传承的路径和载体，要以一种发达的文化产业和繁荣的文化事业为社会主义强国保驾护航，为伟大民族复兴和现代化事业夯实文化根基，使有中国特色、中国风格、中国气派的文化产品更加丰富，文化自觉和文化自信显著增强，国家文化软实力的根基更为坚实，中华文化的国际影响力明显提升，从而能够更加坚定清晰地展现“我是谁”。习近平总书记指出：“一个民族的复兴需要强大的物质力量，也需要强大的精神力量。没有先进文化的积极引领，没有人民精神世界的极大丰富，没有民族精神力量的不断增强，一个国家、一个民族不可能屹立于世界民族之林。”[①]没有中华文化繁荣兴盛，就没有中华民族伟大复兴。只有不断增强文化自觉、文化自省和文化自强意识，在传承中创新创造，才能创造中华文化新的辉煌。唯有传承发展中华优秀传统文化，赓续中华文化根脉，弘扬中国价值和传承中华美学精神，厚植“文化强国”底色，才能真正筑牢中华民族伟大复兴的精神基石。

① 习近平：《在文艺工作座谈会上的讲话》，人民出版社2015年版，第5页。

第二章　新中国文化发展70年的成就、经验与启示

——从弘扬社会主义文化理想到坚定中国特色社会主义文化自信

文化是一个国家和民族的灵魂，是内向度“虚灵的真实”的价值维度和外向度的对象性力量的凝结体，是在人化与化人的过程中所形成的“活法”与“说法”的有机统一，在民族复兴和国家崛起中发挥着关键性作用。文化并非抽象地存在，它作为上层建筑的一部分，必然随着社会经济基础的变化而发生变化，从而在不同的社会发展阶段呈现出差异化的面貌。党的十九大报告指出，经过长期努力，中国特色社会主义进入了新时代，这是我国发展的新的历史方位。中国特色社会主义发展进入新时代，意味着近代以来久经磨难的中华民族迎来了从站起来、富起来到强起来的伟大飞跃，迎来了实现中华民族伟大复兴的光明前景。中华人民共和国成立70年来，中国社会发生了翻天覆地的变化，文化发展是这种变化的重要表征。70年来文化发展同中国的社会主义建设一样，历经“站起来”阶段高度重视文化的政治维度、“富起来”阶段对经济维度的凸显、“强起来”阶段对文化的文明价值的弘扬，不断推动中华文化在繁荣兴盛中迈向全球的高势能文化，为人类文明的跃升作出积极的贡献。在70年的发展历程中，新中国的文化发展始终坚持“为人民服务，为社会主义服务”“百花齐放，百家争鸣”“创造性转化和创新性发展”，大力传承中华民族优秀传统文化，积极吸收世界优秀文化成果，与时代同步，与人民同心，不断守正创新，文化事业全面繁荣，文化产业快速发展，不断诠释和浓彩重抹中国特色，正在书写

着中华民族的新史诗，讴歌社会主义新时代，塑造时代新人，为时代画像，为时代立传，以明德为民族培根铸魂，在文化实力的不断提升中向着社会主义文化强国的目标阔步前进。在70年的文化发展历程中，中国共产党成功探索了一条有中国特色的社会主义文化发展道路，并在立足现实国情、回应时代关切中，以文化理想的弘扬与社会主流价值观的感召凝聚起中华民族伟大复兴的磅礴之力，以文化成就的辉煌彰显社会主义文化的繁荣兴盛，在坚定中国特色社会主义文化自信中助力中国的文明型崛起。

第一节　中国特色社会主义文化发展道路的成功探索
——以政治、经济、文明为核心词的考察

方向决定道路，道路决定命运。中国共产党历来高度重视发挥文化的引领作用，举旗帜、聚民心、育新人、兴文化、展形象，促进全体人民在理想信念、价值理念、道德观念上紧紧团结在一起。文化在党和国家工作全局中占有重要地位，历届党和国家领导人都高度重视以文化建设新成就推动党和人民事业的发展，文化发展不仅满足和丰富着人民的精神生活，还以其文明的价值追求引领中国的现代化建设，并以文化繁荣兴盛使中华民族自豪地屹立在世界民族之林。中国特色社会主义文化发展道路的成功探索来之不易，在这条道路的形成和演进过程中，我们积累了丰富而深刻的认识成果和经验启示，需要高度重视和倍加珍惜。党的十九大报告深刻指出："发展中国特色社会主义文化，就是以马克思主义为指导，坚守中华文化立场，立足当代中国现实，结合当今时代条件，发展面向现代化、面向世界、面向未来的，民族的科学的大众的社会主义文化，推动社会主义精神文明和物质文明协调发展。"[①]这一重大论断标志着中国特色社会主义文化发展道路的成熟，深入回答了新中国文化建设中带有方向性、根本性、战略性的重大问题，指明了我国文化建设的前进方向，是我们党长期领导文化建设实践经验的集中体现，是新时代实现社会主义文化繁荣兴盛的必由之路。中国共产党是一个有着高度文化自觉的政党，在90多年的奋斗历程中，始终紧密结合时代条件，围绕党的中心任务推进文化建设，在艰难曲

① 习近平：《决胜全面建成小康社会 夺取新时代中国特色社会主义伟大胜利》，人民出版社2017年版，第41页。

折中成功探索了中国特色社会主义文化发展道路。回顾新中国70年文化发展实践，在三个发展阶段大体围绕三个核心词形成了鲜明的价值指向。在“站起来”阶段主要强调文化的政治功能，“政治”是核心词。文化发展主要为政治服务，主要围绕国家独立强化政治认同，文化发展重在捍卫社会主义国家政权，文化发展高扬社会主义意识形态，在美学上推崇英雄主义的崇高风格，在一系列影响深远的红色经典中，追求革命的宏大叙事和共产主义理想，计划经济体制决定了文化分配的福利供给型和短缺特征。在“富起来”阶段凸显了文化的经济维度，“经济”是核心词。随着改革开放中国发展进入市场经济时代，经济成为社会发展的轴心，文化发展被纳入以经济建设为中心的现代化大局中，文化在政治的束缚中被解脱出来，以独立形态参与社会主义现代化建设，在实践中形成了经济、政治、文化三足鼎立的发展态势，在思想解放中迎来了文化大发展的机遇，伴随新一轮文化体制改革的全面启动，构建现代公共文化服务体系和健全现代文化市场体系使大众有了更多的文化获得感，在文化产品的丰富中人民的文化权益获得更加全面保障，文化发展有效增强了国家软实力。在“强起来”阶段伴随中国历史方位的变化，文化发展进一步彰显文明价值的理念，“文明”是核心词。随着中国特色社会主义发展进入新的历史方位，中国越来越走近世界舞台中央，中国社会主要矛盾发生了重大变化，伴随全面建成小康社会和构建“人类命运共同体”的全球治理理念的倡议，中国特色社会主义要为世界进步和人类文明作更多贡献，在文化的高质量发展中精品不断涌现，在勇攀艺术高峰中进一步坚定文化自信，中华文化的世界意义凸显，在中华文化迈向全球高势能文化的过程中，极大地高扬了中华文明的价值追求。总体上看，政治、经济、文明成为理解中华人民共和国70年文化发展实践的三个核心词，由此形成了中国特色的文化发展道路、独特内涵与鲜明的价值诉求。伴随中华民族的伟大复兴和中国的文明型崛起，推动中华民族在历史和现实的逻辑统一中迈向了文化繁荣兴盛和坚定文化自信的新境界。

一、“站起来”阶段的文化发展道路探索

中华人民共和国70年的文化发展上承“五四”新文化运动，历经土地革命战争、抗日战争、解放战争的风雨，在艰难抗争和不屈的奋斗中迈入“站起来”的发展阶段，奠定了中华民族迈向伟大复兴的政治基础。在社会主义文化理想

感召下，团结广大文化工作者和全国各族人民一道奠定了社会主义文化发展的坚实基础。早在革命年代，中国共产党就把反帝反封建、建设民族的科学的大众的新民主主义文化作为文化纲领，并在解放区发展出焕然一新的根据地文化。毛泽东同志在《新民主主义论》《在延安文艺座谈会上的讲话》等著作中提出了很多关于文化建设的重要思想，如“任何社会没有文化就建设不起来”，文化建设的目标就是要建立“民族的科学的大众的文化”等。民族的科学的大众的文化性质不仅是新民主主义文化的性质，也是中国特色社会主义文化的性质。

中华人民共和国成立后，在毛泽东思想指引下，伴随着社会主义改造的顺利完成，以及社会主义基本制度的全面建立，社会主义意识形态的纯洁性问题空前凸显，社会主义文化改造和文化建设逐步展开。中国共产党在文化实践中不断探索社会主义文化发展道路，先后提出社会主义文化为工农兵服务、为社会主义服务的根本方向，提出“百花齐放、百家争鸣”和“古为今用、洋为中用”等方针，掀起了社会主义文化建设的新高潮，涌现出一大批优秀文艺作品。如通讯《谁是最可爱的人》、歌曲《歌唱祖国》、音乐交响诗《嘎达梅林》、话剧《龙须沟》、电影《上甘岭》、长篇小说《创业史》《山乡巨变》和大型音乐舞蹈史诗《东方红》等，在社会上产生了广泛影响。毛泽东同志指出，随着经济建设高潮的到来，不可避免地将要出现一个文化建设的高潮，中国被认为是不文明国家的时代过去了，我们将以一个具有高度文化的民族出现于世界。

“站起来”阶段的文化发展，基于特定的现实国情，其文化有着鲜明的政治价值指向，那就是要肃清各种非马克思主义、非无产阶级的思想观念，确立马克思主义、毛泽东思想的指导地位，追求社会主义文化的纯洁性、一元性和排他性，对其他非马克思主义的文化选择一概摒弃，形成了一元化的文化发展格局和一体性话语体系，构建了社会主义意识形态价值体系，巩固了党的文化领导权，有力地拱卫了新中国的政权。这一时期的诸多文艺作品都在艺术追求中高扬政治维度，如《钢铁战士》《英雄儿女》《烈火中永生》《永不消逝的电波》《南征北战》《铁道游击队》《渡江侦察记》《平原游击队》《上甘岭》《冰山上的来客》《野火春风斗古城》等影片，通过叙述反抗、斗争、觉醒和革命的故事，塑造高大、正面的人物形象，以革命的激情和文化理想感染观众、教育观众，强化了对共产主义理想的认同。再如《东方红》《红色娘子军》《沂蒙颂》《白毛女》等一系列经典艺术作品，以革命性、军民情、爱国主义、阶级情等感动了无数中国人，在艺术的卓越追求中赢得了人民对革命、对军队、对中国共产党、对新中国的认同，以文艺的形式实现了对人民的教化。然而，一旦把文艺的政治性强调到极端化程度，就会出现特定历史时期文化停滞、混乱的局面，文化建设及其发展道路遭受严重破坏，全国八亿人民只能欣赏京剧《智取威虎山》《海港》《红灯记》《沙家浜》《奇袭白虎团》《龙江颂》和芭蕾舞剧《红色娘子军》《白毛女》等“八大样板戏”。社会主义文化发展道路的探索遭遇重大挫折，这给我们留下了沉痛的教训。

总体上看，这一时期文化发展道路的探索非常重视文化的政治性，不断强化文化的政治教化功能，使文化发展打上了鲜明的政治烙印而有着以下显著特点：一是反映了中国共产党人的文化自觉意识，文化发展有着鲜明的国家顶层设计和主导统筹的特征，彰显了中国共产党人努力建设中华新文化的使命感和责任感；二是高度强调文化的意识形态属性和文化的政治维度，强调文化发展对巩固国家政权的重要作用，突出了文化为政治服务的价值取向；三是突出强调了广大无产阶级、劳动人民在文化建设中的主体地位，倡导文化为工农兵服务，高扬了文化为共产主义事业奋斗终生、实现共产主义理想的价值追求。

二、“富起来”阶段的文化发展道路探索

改革开放以后，以邓小平同志为核心的党的第二代中央领导集体高度重视文化建设，为中华民族伟大复兴奠定了国家软实力基础。邓小平同志指出：“我们要在建设高度物质文明的同时，提高全民族的科学文化水平，发展高尚的丰富多彩的文化生活，建设高度的社会主义精神文明。”[①]同时，他还就进一步厘清文艺和政治的关系时指出：“不继续提文艺从属于政治这样的口号，因为这个口号容易成为对文艺横加干涉的理论根据，长期的实践证明它对文艺的发展利少害多。”[②]但是，他同时又强调“文艺是不可能脱离政治的”，任何进步的、革命的文艺工作者都不能不考虑作品的社会影响，不能不考虑人民的利益、国家的利益、党的利益。在思想解放的号角中，神州大地迎来了文

① 邓小平：《在中国文学艺术工作者第四次代表大会上的祝词》，《邓小平文选》第二卷，人民出版社1994年版，第208页。

② 邓小平：《目前的形势和任务》，《邓小平文选》第二卷，人民出版社1994年版，第255页。

艺、文化发展的春天，伤痕文艺、改革文学、寻根文学相继成为社会关注的热点，人物的艺术塑造从政治桎梏中脱出，开始关注人情、人心、人性。在思想解放大潮中，也出现了一些不和谐声音，甚至引发一些社会问题。对此，邓小平同志强调坚持“两手抓，两手都要硬”的建设社会主义现代化的根本方针。在时代发展中，江泽民同志强调中国共产党必须始终代表中国先进文化的前进方向，面对全球化语境中各种文化思潮的相互激荡，必须把弘扬和培育民族精神作为文化建设的重要任务，使全体人民始终保持昂扬向上的精神状态。在构建和谐社会的科学发展中，党的十七届六中全会指出：“当今世界正处在大发展大变革大调整时期，世界多极化、经济全球化深入发展，科学技术日新月异，各种思想文化交流交融交锋更加频繁，文化在综合国力竞争中的地位和作用更加凸显，维护国家文化安全任务更加艰巨，增强国家文化软实力、中华文化国际影响力的要求更加紧迫。”[①]基于此，全会提出了努力建设社会主义文化强国的战略要求。

在“富起来”的发展阶段，在中国特色社会主义理论指导下，随着思想解放的深入和改革开放的全面推进，文化的内涵和形态不断丰富，社会主义文化发展进入经济、政治和文化三足鼎立的态势，文化作为产业形态在经济社会发展格局中的地位越来越重要，在中华民族伟大复兴进程中文化发挥了强有力的价值引导作用，发出了时代新声。在以经济建设为中心的社会主义现代化事业大局中，邓小平同志提出文化要面向现代化、面向世界、面向未来，进一步丰富了文化发展道路的内涵，为社会主义文化发展繁荣开辟了广阔空间。市场经济的发展带来了社会基础的变化，一元化的文化发展格局被打破，在文化变迁中形成了从一元向多元发展、从主流意识形态一元独尊逐步迈向多声部话语的“众声喧哗”，文化发展总体呈现出本土文化与外来文化、传统文化与现代文化共生相融，主导文化与民间文化、精英文化与大众文化相互激荡各领风骚的局面。先后有伤痕文艺、改革文学、寻根文学、青春文学、商业大片、网络文学等众多文化业态的涌现，文化产品极大丰富，文化市场出现结构性矛盾。同时，在社会发展中也滋生了一些文化市场乱象，文艺的浮躁风气蔓延，文艺过于浓厚的商业气息引发社会关注。多元文化格局的形成，表征着文化发展开始走上

---

① 《中共中央关于深化文化体制改革 推动社会主义文化大发展大繁荣若干重大问题的决定》，人民出版社2011年版，第4页。

繁荣之路，全社会的文化创造活力不断迸发；同时多元化文化发展格局也对主流价值观的主导地位，乃至党的文化领导权形成了一定的挑战。

大体上看，这一阶段我们党对文化发展道路的探索，在重视文化政治性的同时，进一步解放了文化的经济维度，特别是作为产业形态的文化受到政策的激励，文化产业不断迈向国民经济支柱地位。伴随文化生产力的解放，文化政策越来越走近国家政策的前台，文化发展呈现出如下显著特点：一是在多元文化发展格局中，始终坚持马克思主义指导地位，强调弘扬社会主义主旋律，积极建构社会主义核心价值观与价值体系；二是在坚持马克思主义指导地位的同时，积极吸纳一切人类优秀文明成果，尤其重视从传统文化中发掘有益于社会主义文化建设的价值资源，重建“中华民族共有精神家园”；三是在完善市场经济发展体制背景下，在深化文化体制改革中凸显文化的经济维度，高度重视文化的商品属性和产业功能，着力构建现代公共文化服务体系和现代市场体系，大力发展文化产业，坚持社会效益优先、社会效益和经济效益统一的原则，进一步保障了人民的文化权益。

三、“强起来”阶段中国特色社会主义文化发展道路日益成熟

党的十九大报告指出，文化兴国运兴，文化强民族强。没有高度的文化自信，没有文化的繁荣兴盛，就没有中华民族伟大复兴。文化发展有力地引领人类文明的跃升，为中华民族的伟大复兴奠定了在全球化舞台上文明互鉴的能力和实力，为构建“人类命运共同体”作了强有力的文化背书，文化发展被提升到关乎国运兴衰、民族复兴的高度，文化在中华民族伟大复兴中进一步彰显了文明价值。随着“五位一体”的现代化事业总体布局的全面展开，中国共产党越来越认识到，当代中华民族的伟大复兴和大国崛起需要强有力的文化支撑，文化自信是一个国家、一个民族发展中更基本、更深沉、更持久的力量。随着综合国力的提升和国家软实力的增强，面临百年未有之大变局，中国的文明型崛起在世界战略格局重组中的地位和作用越来越突出，中华民族要为世界进步和人类文明作更多贡献。在此背景下，文化的地位进一步提升，文化的文明价值向度越来越凸显，文明交流互鉴与相互通约的思想越来越成为共识，人类文明跃升的文化基础与文化秩序的竞争越发激烈，中国文化要发展出为构建“人类命运共同体”做强有力背书的实力。国际形势的波诡云谲、地缘政治的变化，

逆全球化思潮的暗流涌动，越加需要在全球化舞台上高扬中国特色社会主义文化旗帜，越加需要牢固树立共产主义远大理想和中国特色社会主义共同理想，积极培育和践行社会主义核心价值观，不断增强意识形态领域主导权和话语权，推动中华优秀传统文化创造性转化、创新性发展，继承革命文化，发展社会主义先进文化，不忘本来、吸收外来、面向未来，更好构筑中国精神、中国价值、中国力量，为新时代的人民提供精神指引。

在习近平新时代中国特色社会主义思想指导下，首次明确了中国特色社会主义文化内涵。“中国特色社会主义文化，源自于中华民族五千多年文明历史所孕育的中华优秀传统文化，熔铸于党领导人民在革命、建设、改革中创造的革命文化和社会主义先进文化，植根于中国特色社会主义伟大实践。”①随着文化自觉的增强和文化自信的坚定，中国特色社会主义文化发展道路愈加成熟，那就是以马克思主义为指导，坚守中华文化立场，立足当代中国现实，结合当今时代条件，发展面向现代化、面向世界、面向未来的民族的科学的大众的社会主义文化，推动社会主义精神文明和物质文明协调发展。坚持为人民服务、为社会主义服务，坚持百花齐放、百家争鸣，坚持创造性转化、创新性发展，不断铸就中华文化新辉煌。在文化发展的具体实践中，着力强调一定要坚持“以人民为中心”的工作导向，充分解放和激发人民的文化创造活力，文化繁荣发展的关键在于增强全民族文化创造活力，在于尊重文化的发展规律，在于充分发挥人民的主体地位，发扬学术民主、艺术民主，让一切文化创造源泉充分涌流，进一步夯实了社会主义现代化文化强国建设的根基。一系列文化精品相继涌现，不断向着艺术高峰攀登，如《湄公河行动》《战狼2》《红海行动》《流浪地球》等，这些作品激发了大众的政治认同、思想认同、情感认同与人类情怀，使人民真切地感受到了日益强大起来的祖国，让每个中国人更有自信、更有底气，并且带给我们关于人性、信仰、人类文明和世界未来的深刻思考。当下的中国是世界的中国，中国就在世界中，中国的问题就是世界的问题，中国的文化发展要有世界的情怀，要在软实力的提升中促进人类文明的进步。党的十八大以来，习近平总书记站在实现中华民族伟大复兴的战略高度，在马克思主义及其中国化成果基础上，做了一系列关于中国特色社会主义文化的重要论述，

① 习近平:《决胜全面建成小康社会 夺取新时代中国特色社会主义伟大胜利》，人民出版社2017年版，第41页。

在文化建设的各个领域提出一系列新理念新思想，形成了主旨鲜明、内涵丰富、系统完备、逻辑严密的科学理论体系，成为习近平新时代中国特色社会主义思想的有机构成部分，是党的文化理论创新的最新成果，是推动社会主义文化繁荣兴盛的根本遵循。

总体上看，新中国70年文化发展的最重要成就是，成功探索了一条中国特色社会主义文化发展道路。文化发展由最初“站起来”阶段高度重视文化的政治维度，强调文化的政治认同功能；继而在“富起来”阶段尊重文化发展规律中认识到文化的双重属性，在重视文化的意识形态教化的同时，积极发掘文化的商业属性，在解放文化生产力中大力发展文化产业，进一步凸显了文化的经济维度，使文化生产力和国家软实力不断增强；进入“强起来”的新时代，随着文化自觉和文化自信的增强，以及伴随中国的文明型崛起，文化竞争在全球战略格局重构中的地位进一步增强，契合中国发展的新的方位，文化的文明价值凸显。在历史的螺旋式上升中，文化的政治性、经济维度和文明价值相互交织交融，共同推动了中华文化向全球高势能地位跃升，成就了中国特色社会主义文化发展道路的独特性和丰富内涵，由此也表征了中国特色社会主义文化发展道路的成熟。进入新时代以来，“习近平总书记关于文化重要论述”深刻回答了新的历史条件下文化建设的根本性问题，体现了我们党对中国特色社会主义文化发展规律的战略思考和科学把握，丰富和发展了中国特色社会主义文化理论，标志着中国特色社会主义文化发展道路的成功。新时代以来，文化事业和文化产业蓬勃发展，社会主义先进文化的前进方向更加坚定，以人民为中心的工作导向、创作导向成为普遍遵循，向上向善的社会氛围逐渐形成，艺术高峰之作开始涌现，文化繁荣兴盛的局面日益呈现。

第二节　中国特色社会主义文化发展道路的独特性与内涵

道路就是旗帜、就是方向，举什么旗、走什么路对于文化建设至关重要，它不仅决定了文化的色彩，还决定了文化的本质。中国特色社会主义文化旗帜上始终飘扬着“人民性”，它把根扎在人民的土壤中，书写了人民的喜怒哀乐，欢乐着人民的欢乐，忧患着人民的忧患。70年的文化发展始终坚持与时代同步，坚持与人民同步，坚持以文化精品奉献人民，坚持以明德为民族培根铸魂。70年文化发展的辉煌成就，就在于始终坚持中国特色社会主义文化发展道路，这条道路的开创拓展和不断成熟，为社会主义文化建设指明了方向和目标，这条道路支撑了中华民族在复兴伟业中凝神聚力，是中国崛起的强大精神动力。这条道路的成功一再确证了，中国共产党人既是中华优秀传统文化的忠实传承者和弘扬者，又是中国先进文化的积极倡导者和发展者。生生不息、厚积薄发的文化蕴蓄出高瞻远瞩的战略定力，促使中国共产党在重建当代中国人的精神世界、增强国家软实力和抵御西方意识形态渗透维护国家文化安全中，不断增强文化自觉和坚定文化自信，正以高度文明的姿态推动中华民族的伟大复兴。崛起的中国在新一轮全球化运动中越来越发挥重要的引擎作用，不断为全球治理贡献中国智慧、中国方案，为人类文明的跃升作出更大的贡献。

一、中国特色社会主义文化发展道路的独特性

经济基础决定上层建筑，文化是一定社会政治经济状况的反映，是以观念形态存在于广阔社会现实中。中国的政治制度、文化传统、现实国情，决定了我们必须走中国特色社会主义文化发展道路，而不是其他什么道路。也就是说，坚持中国特色社会主义文化发展道路是由我国社会制度、发展道路和党的性质宗旨决定的，全心全意为人民服务的宗旨和社会主义的价值取向决定了新中国文化的人民属性；坚持中国特色社会主义文化发展道路是由中华民族的优秀历史文化传统决定的，中华优秀传统文化积淀着中华民族最深层次的精神追求，代表着中华民族最独特的精神标识，深刻影响着中国文化的未来发展；坚持中国特色社会主义文化发展道路是由中华文化发展规律和人民的意愿决定的，文化发展的多元化格局以及人民大众文化消费的多层次性，才能形成滋生世界文化丰富多彩的多样性，只有遵循文化自身的演进规律、尊重文化发展规律，才能不断拓展文化发展道路；坚持中国特色社会主义文化发展道路是增强国家文化软实力的现实需要和拓展国家文化利益的需求决定的，当下国际竞争中文化已成为权力体的重要构成部分，文化竞争力已成为国家实力的重要组成部分，只有把中国文化的资源优势转化为强大的竞争力，中华文化的世界影响力和辐射力才能真正有效提升。

二、中国特色社会主义文化发展道路的内涵阐释

中国特色社会主义发展道路的成功，既是新中国70年文化发展成就的体现，又是社会主义文化繁荣兴盛的制度保障，必须准确把握这条道路的科学内涵。总体上说，以马克思主义为指导，坚守中华文化立场，发展面向现代化、面向世界、面向未来的民族的科学的大众的社会主义文化，推动社会主义精神文明和物质文明协调发展，是理解这条道路的关键词。

1. 以马克思主义为指导

马克思主义及其中国化成果是中国特色社会主义文化发展道路的灵魂，是多元文化发展格局中中国特色社会主义文化区别于其他文化的鲜明特征。准确地讲，以马克思主义为指导，就要深刻领会马克思主义的基本精神和精髓，胸怀解放全人类的理想和人的自由全面发展的思想，尤其是马克思主义鲜明的实践性特征。在实践中，以马克思主义为指导，着重体现为一种世界观和方法论。同时，要把坚持与发展马克思主义有机统一起来，不断推进马克思主义中国化时代化大众化。

以马克思主义为指导，必须坚持“二为”方向。“为了谁、依靠谁”，是文化发展的首要问题。早在1942年毛泽东同志就明确提出：“我们的文学艺术都是为人民大众的，首先是为工农兵的。”[①]在改革开放初期的1980年，我们党就明确提出文艺发展坚持“为人民服务、为社会主义服务”的方向，此后这成为文化建设的一条根本原则。“二为”方向从根本上决定了新中国文化的性质，文化发展是为大多数人服务的，而不是为少数人服务。进入新时代，坚持“二为”方向，就是要坚持“以人民为中心”的工作导向，不断满足人民多样化的精神文化需求，充分发挥文化引领风尚、教育人民、服务社会、推动发展的作用，为中国特色社会主义事业提供坚强思想保障和强大精神动力。

以马克思主义为指导，必须坚持“双百”方针。1956年提出的“百花齐放、百家争鸣”是我们党对文化创作生产规律的科学总结，是繁荣发展社会主义文化事业的基本原则和重要保障。坚持“双百”方针，一方面旨在尊重差异、包容多样，发扬学术民主、艺术民主，提倡不同观点和学派充分讨论，相互切磋

---

① 毛泽东：《在延安文艺座谈会上的讲话》，《毛泽东文艺论集》，中央文献出版社2002年版，第68页。

和平等交流，使文化创造活力不断迸发；另一方面，还要注意区分政治原则问题、思想认识问题和学术观点问题，必须旗帜鲜明地反对和抵制各种错误观点。

以马克思主义为指导，必须坚持“两创”原则。在实践中，文化发展是具体的，不是抽象空洞的。所谓“两创”即创造性转化和创新性发展，是新时代我们党提出的文化传承和发展坚持的重要原则，它既表现为对中华优秀传统文化的传承弘扬，也体现在对革命文化和社会主义先进文化的传承发展。这其实是一种对待文化发展的基本态度和方法论，旨在文化传承中有所创造创新，使各种文化元素有机地融入当代现实文化建设中，从而使之能够体现一种时代精神和现实追求，使中国当代文化发展更好地成为面向现代化、面向世界、面向未来的民族的科学的大众的社会主义文化。

2. 坚守中华文化立场

所谓坚守中华文化立场，是指在文化发展实践中所应有的一种价值选择。实践中，文化是整体的具体的存在，不是碎片化的存在。在全球化文化思潮的相互激荡博弈中，中华优秀传统文化是我们站稳脚跟的根基，而中国共产党领导人民创造的激昂向上的革命文化和生机勃发的社会主义先进文化，更是我们坚定文化自信的底气和骨气。强调坚守中华文化立场是指作为一种整体的文化发展应有的理念和价值立场，在世界各种民族文化竞争中，我们所应该坚守的一种价值取向和文化思维。它既指要以中华优秀传统文化的传承来厚植“中国特色”，更要以弘扬革命文化来“补钙”，还要强调社会主义先进文化的创造创新。因此，在当代中国文化发展实践中，坚守中华文化立场，就是要始终不渝地坚持、千方百计地弘扬中华优秀传统文化、激昂向上的革命文化和社会主义先进文化。唯此，才能真正坚定中国特色社会主义文化自信。

3. 发展面向现代化、面向世界、面向未来的社会主义文化

21世纪以来文化的地位和作用越来越凸显，一个国家和民族发展什么样的主导文化，将直接影响其在全球竞争中的位态。中国特色社会主义文化不仅引领中华民族建成现代化强国，还将要在世界上发挥积极的引导作用，一定要在内容上保持先进性和强大的感召力，一定要以昂扬的姿态发挥引领作用。发展面向现代化、面向世界、面向未来的民族的科学的大众的社会主义文化，就是中国文化的历史和现实的必然选择。

社会主义文化是面向现代化的文化。实现现代化是中华民族自1840年鸦片战争以来170多年始终不渝的追求。面向现代化，是指文化发展要立足中国实际和民族追求，为全面建成社会主义现代化强国服务。邓小平同志曾讲过："四个现代化就是中国最大的政治。"追求现代化是中华民族曾经百年的悲情写照，是落后就要挨打、贫穷就要挨饿的刻骨铭心的教训。新时代随着"五位一体"现代化事业总体布局、"四个全面"战略布局的深入推进，社会主义现代化建设进入了新境界。文化不仅在其中发挥凝神聚气的作用，还在引领现代化建设航向中提供强大的精神动力和智力支持，在良好氛围营造中激励中华民族向着伟大复兴的目标奋勇前行。可以说，面向现代化实际上为中国文化发展设定了一个历史的坐标。

社会主义文化是面向世界的文化。现实经验表明，文化的繁荣离不开多元文化之间的交流、交融，封闭保守带来的只能是文化的萎缩。中华文化之所以生生不息、五千年未曾中断，就在于其博采众长、兼收并蓄。今日之中国，已是世界的中国，中国就在世界中，中国的问题同样是世界的问题。中国文化的发展必然要有世界眼光和情怀，要有勇气和能力参与世界文化交流、文明互鉴，要有成为世界主导文化之一的气魄和气象。"世界文化"是复数的，是在历史中不断建构的。中国文化要在面向世界中成为"世界文化"的重要一元，中国文化要在发展中形成匹配于中国综合国力的世界影响力，要在面向世界中成为世界主导文化形态之一。可以说，面向世界是中国文化发展的横向坐标。

社会主义文化是面向未来的文化。文化是有时间维度的，它不仅传承历史更要指向未来，面向未来才能使文化发出时代之先声，成为人类文明跃升之灯塔。一定意义上，对未来的憧憬和艺术想象力的能力衡量着一个国家和民族的文化生命力、创造力。面向未来就是要求文化发展要不断创新、打破常规，对自身的生命力和前景充满信心。面向未来是文化的发展方向，只有面向未来才能引导未来。当今时代，文化面向未来一定要和信息文明特别是数字化互联网技术应用相结合，在文化与科技融合中不断创新文化业态和生成方式，在文化与科技"互为表里"的进步中引领未来。可以说，面向未来是社会主义文化发展的重大战略机遇，是文化发展的时代坐标。

社会主义文化是民族的科学的大众的文化。所谓民族的，是指在世界文化百花园中要凸显文化的个性与民族风采。中国特色社会主义文化是绵延五千年中华文化的赓续和发展，有着鲜明的民族性，这是我们发展社会主义文化的深厚底蕴和独特优势，任何时候都不能丢。历史和现实告诉我们，国家要独立，不仅政治上、经济上要独立，思想文化上更要独立，甚至精神文化的独立还有着价值排序上的优先性。如果丧失文化的民族特色，就只能沦为强势文化的爬虫而亦步亦趋。在中国越来越走近世界舞台中央的今天，我们不仅要有“民族的是世界的”的观念，更要有“世界的是中国的”的文化自信和自强意识。当下，文化发展不仅要凸显民族性、特殊性，更要强调一般性和普遍性，尤其要强调中华文明和世界文明的可通约性与普遍共识性。所谓科学的，更多的是在先进性、真理性意义上理解的；所谓大众的，更多是在“人民性”意义上理解的，是指中国特色社会主义文化是人民的文化，共建共享是其鲜明特色。进入新时代，对美好生活的需求使得人民对实现自身文化权益的要求越来越高，对丰富精神文化生活的期待越来越热切。因而，文化发展必须树立“以人民为中心”的工作导向，把实现好维护好发展好人民的根本利益作为文化建设的出发点和落脚点，更加准确地把握人民的需求，高质量地供给文化产品，不断增强人民的文化获得感和幸福感。

4. 推动物质文明和精神文明协调发展

在“富起来”的发展阶段，邓小平同志有过著名的两问：什么是社会主义？如何建成社会主义？这两问启示我们：物质贫穷不是社会主义，精神空虚也不是社会主义。改革开放之初，我们党就提出了加强社会主义精神文明建设的战略任务，确定了“两手抓、两手都要硬”的方针。说到底，中国特色社会主义是全面发展、全面进步的社会主义。推动物质文明和精神文明协调发展，是马克思主义的本质要求，是坚持和发展中国特色社会主义的内在要求，是建设社会主义现代化强国、实现中华民族伟大复兴的中国梦的必然要求。习近平新时代中国特色社会主义思想从理论和实践结合上系统回答了坚持和发展什么样的中国特色社会主义、怎样坚持和发展中国特色社会主义。“习近平总书记关于文化重要论述”中高度重视文化体制改革、文化发展的导向问题，一再强调文化发展要坚持社会效益放在首位、社会效益和经济效益相统一的原则，强调“两个文明”协调发展。实现中华民族伟大复兴，需要物质文明极大发展，也需要精神文明极大发展。可以说，发展中国特色社会主义文化旨在培养社会主义新人，使中华民族成为一个有理想有追求有品位有尊严的民族，从而能够在成就“伟大的”进程中自信地屹立在世界东方。

三、“习近平总书记关于文化重要论述”的核心要义

党的十九大把习近平新时代中国特色社会主义思想确立为党必须长期坚持的指导思想并写入党章，十三届全国人大一次会议通过的宪法修正案把习近平新时代中国特色社会主义思想载入宪法，实现了党和国家指导思想的与时俱进。习近平新时代中国特色社会主义思想，是对马克思列宁主义、毛泽东思想、邓小平理论、“三个代表”重要思想、科学发展观的继承和发展，是马克思主义中国化最新成果，是党和人民实践检验和集体智慧的结晶，是中国特色社会主义理论体系的重要组成部分，是全党全国各族人民为实现中华民族伟大复兴而奋斗的行动指南，必须长期坚持并不断发展。其中，习近平总书记关于文化建设的一系列重要论述，是我们党对新时代中国特色社会主义文化的新认识新概括，是指导新时代中国特色社会主义文化发展的新思想新理论，是党的文化理论创新的最新成果，是推动中国特色社会主义文化繁荣兴盛的根本遵循。

中国特色社会主义进入新时代，我国社会主要矛盾转化为人民日益增长的美好生活需要和不平衡不充分的发展之间的矛盾。人民美好生活日益广泛，不仅对物质文化生活提出了更高要求，而且在民主、法治、公平、正义、安全、环境等方面的要求日益增长。同时，我们必须认识到，我国社会主要矛盾的变化，没有改变我们对我国社会主义所处历史阶段的判断，我国仍处于并将长期处于社会主义初级阶段的基本国情没有变，我国是世界最大发展中国家的国际地位没有变。正是基于对现实国情的清醒认识和对百年未有之大变局的深刻洞察，要求我们深刻领会“习近平总书记关于文化重要论述”的战略意义，这是我们坚持中国特色社会主义发展道路的思想指南。其核心要义体现在以下几方面。

一是坚定文化自信，建设社会主义文化强国。文化自信是更基础、更广泛、更深厚的自信，文化自信本质上是指对中国特色社会主义文化的自信，文化繁荣事关国运兴衰、民族强弱。二是牢牢掌握意识形态工作领导权。巩固马克思主义在意识形态领域的指导地位，加快构建中国特色社会主义哲学社会科学，坚持正确的舆论导向，加强互联网内容建设，建立网络综合治理体系，落实意识形态责任制。三是培育和践行社会主义核心价值观。要以培养担当民族复兴大任的时代新人为着力点，充分发挥核心价值观的引领作用；深入发掘优

秀传统文化资源，积极弘扬革命文化和社会主义先进文化，结合时代条件传承创新；不忘本来、吸收外来、面向未来。四是加强思想道德建设。开展理想信念教育，深入实施公民道德建设工程；加强和改进思想政治工作，深化群众性精神文明创建活动。五是繁荣发展社会主义文艺。坚持“以人民为中心”的创作导向；发扬学术民主、艺术民主，提升文艺原创力，推动文艺创新；加强文艺队伍建设。六是推动文化事业和文化产业发展。深化文化体制改革，完善文化管理体制；完善公共文化服务体系；健全现代文化产业发展体系和市场体系。七是提高国家文化软实力，讲好中国故事，提升国际话语权。

第三节　新中国文化发展70年的辉煌成就①

新中国70年的文化发展，不仅成功探索了一条中国特色社会主义文化发展道路，还取得了文化繁荣兴盛的辉煌成就。70年的文化发展，我们不仅在全面深化文化体制改革中健全完善了社会主义文化制度，还以文化产业实力的增强夯实了社会主义文化强国的基石。70年的文化发展实践风生水起，文化创新和理论探索成果不断涌现。文化事业与文化产业的区分，不仅是文化理论的创新，也是新中国文化制度上的创新。因此，70年文化发展的辉煌成就，既显现于公共文化服务体系的完善，也体现在文化产业发展体系和现代文化市场体系的健全，文化产品的极大丰富和高质量供给不断满足着人民对美好生活的需求，在充分的文化自主表达中彰显了人民文化获得感的增强，人民的文化权益得到充分保障。

一、文化事业繁荣兴盛，公共文化服务体系日趋完善

中华人民共和国成立至改革开放前，我国各项文化事业在一穷二白和从无到有中逐渐恢复，在改造和艰难曲折的探索中不断发展，在总体上采取的是福利型分配原则，短缺是一种普遍性状态。改革开放为文化发展带来新的契机，文化建设迈入了新的历史时期，文化市场极大地丰富，人民大众的文化消费有了更多的自主选择权。特别是党的十八大以来，随着文化体制改革的不断深化，

① 本部分主要采用国家统计局2019年8月份公布的统计数据和信息。

极大解放和发展了文化生产力，文化事业繁荣兴盛，公共文化投入力度持续加大，公共文化服务设施不断完善，服务能力和服务水平明显提升，人民群众的文化权益得到更好保障。2017年3月开始实施《中华人民共和国公共文化服务保障法》，进一步从法律上保障了公民的文化权益，是国家文化立法方面的重大进步。

1. 文化投入力度明显加大

1949年以来，国家财政对文化建设的支持不断加强，我国文化事业经费逐年增加。1953—1957年5年文化事业费总投入为4.97亿元，1978年当年增加到4.44亿元，到2018年达928.33亿元。1979—2018年，文化事业费年均增长14.3%①，2018年比2012年增长93.4%。

2. 文化服务设施不断完善

新中国的文化是在贫瘠、落后的基础上发展起来的，新中国成立初期，公共文化服务设施极其短缺。1949年，全国公共图书馆仅有55个，文化馆站896个，博物馆21个。经过70年的发展，我国公共文化设施建设取得长足进步。到“十五”末期，基本实现了县县有图书馆、文化馆的目标。2018年，全国共有公共图书馆3176个，为1949年的57.7倍，为1978年的2.6倍；文化馆站44 464个，为1949年的49.6倍，为1978年的9.7倍；博物馆4918个，为1949年的234.2倍，为1978年的14.1倍。从2004年起，全国各级各类国有博物馆、纪念馆、美术馆，以及一些爱国主义教育基地等逐步实行优惠或者免费开放。从2008年起，全国文化、文物系统博物馆、纪念馆开始向社会免费开放，为丰富群众文化活动提供了有力支撑。

3. 广播影视制播的能力显著增强

新中国成立70年来，我国充分利用传统媒体优势，积极发展视听新媒体，从以前单一的广播媒体发展到今天具有电台、电视台、报刊、网络广播电视和移动多媒体广播电视等多种媒体构成的传播新格局，拥有无线、有线、卫星、互联网等多种传输覆盖手段构成的现代化广播电视传输覆盖网。一是传媒规模不断扩展。2018年，全国共有各级广播电台播出机构2647个，为1949年的54.0倍，为1978年的21.2倍；2018年实际开办公共广播节目2900套，比2012年

---

① 本部分全部价值量指标均按现价计算增长速度，未扣除价格因素。

增长10.4%；实际开办公共电视节目3559套，比2012年增长8.7%。目前我国的广播影视规模已跃居世界前列。二是覆盖范围显著扩大。2018年，全国广播、电视节目综合人口覆盖率达到98.94%和99.25%，分别比1982年提高了34.84%和41.95%，比2012年提高了1.43%和1.05%；有线广播电视服务人群持续扩大。2018年全国有线广播电视实际用户数为2.18亿户，占全国家庭总户数的49.0%，而1998年有线广播电视实际用户数只有0.28亿户。在有线广播电视实际用户中，数字电视用户数2.01亿户，占92.3%，比2012年增长40.8%，占比提高25.8%。随着互联网的普及，广播影视新媒体蓬勃发展，2018年全国网络视听注册用户已达到65.7亿个，节目播放次数接近2.7万亿次。三是播出能力日益增强。1978年全国仅有93个广播电台，年播音约7.7万小时；仅有32个电视台，年播出约1600小时。2018年全国共播出公共广播节目1526.7万小时，共播出公共电视节目1925.0万小时。1979—2018年，广播和电视节目播出时间年均分别增长14.1%和26.5%，其中，2013—2018年，年均增长速度分别为2.2%和2.1%。广播、电视节目播出时间大幅增加，艺术精品纷呈，品牌优势凸显，节目形态、样式日益丰富，较好地满足了受众对节目形态多样化的需求。

4. 新闻出版繁荣发展

新中国成立70年来，新闻出版业紧紧围绕弘扬社会主义主旋律出版了大批优秀出版物，较好满足了人民群众日益增长的多方面、多层次的精神文化需要。2018年，图书品种51.9万种、总印数100.1亿册，分别为1978年的34.6倍和2.7倍，为1950年的42.7倍和37.1倍；期刊品种10 139种、总印数22.9亿册，分别为1978年的10.9倍和3.0倍，为1950年的34.4倍和57.3倍；报纸品种1871种、总印数337.3亿份，分别为1978年的10.1倍和2.6倍，为1950年的4.9倍和42.2倍。电子出版业起步于1993年，到2018年全国电子出版物8403种，发行量2.6亿张。特别是党的十八大以来，新闻出版业日趋规范化和精细化，紧紧围绕以习近平同志为核心的党中央治国理政新理念新思想新战略、中国特色社会主义和中国梦、经济发展新常态和供给侧结构性改革、社会主义核心价值观等方面，出版了一大批广受读者欢迎的优秀出版物和精品图书。

5. 文化遗产保护成效突出

新中国成立以来，按照“保护为主、抢救第一、合理利用、加强管理”的文物保护方针和“保护为主、抢救第一、合理利用、传承发展”的非物质文化遗产保护方针，我国已逐步构建起了科学有效的文化遗产保护体系。2018年，全国共有文物业机构数10 160个，从业人员16.3万人。1998—2018年，文物业机构数年均增长5.3%，从业人员数年均增长4.6%，其中，2013—2018年的年均增速分别为8.8%和4.5%。截至2019年12月，全国重点文物保护单位总数已达5058处，较1961年公布的第一批全国重点文物保护单位180处，增加了28.9倍；我国世界遗产总数已达55项，位居世界第一；全国共有国家级"非遗"项目保护单位3154家，入选联合国教科文组织人类非物质文化遗产代表作名录的项目总数达40个，是拥有世界非物质文化遗产数量最多的国家。发掘传统文化资源以成为文化强国建设的重要底色，因此文物和"非遗"从"保护"到"保护利用"成为社会和业界的关注点，越来越多的优秀传统文化活在大众的日常生活中，而不仅仅是博物馆中被瞻仰的对象。随着近年来各大博物馆的火爆，出现了著名的"故宫跑"现象。2017年，中央和文化部等相继颁布《关于实施中华优秀传统文化传承发展工程的意见》和《中国传统工艺振兴计划》等政策，"中国特色"的文化底蕴越来越鲜明。

二、文化产业发展迅猛，在业态创新中不断健全发展体系

文化产业是文化体制改革的结果，是中国加入WTO融入世界、迎接市场挑战的产物。可以说，我国文化产业的风生水起既是国家政策强力推动、激励的结果，也是中国经济总体发展程度的内在演变，一种合乎发展逻辑的经济形态和产业升级。其发展动力既有文化创意的内在驱动，也有文化和科技交融与文化和资本融合的外生动力，从而成就了今日文化产业不断强健的体魄。从2003年新一轮文化体制改革试点到全面展开，我国文化产业走过了探索、起步、培育的超常发展的初级阶段，从无到有，从弱到强，正在迈向高质量发展的新阶段，开始进入新时代快速常态化发展的新的运行周期。

1. 文化经济总量明显增加

文化产业发展不再是当初的"幼稚产业"，体量不断扩大，2018[①]年我国文化产业实现增加值38 737亿元，比2004年[②]增长10.3倍，2005—2018年文化产业增加值年均增长18.9%，高于同期GDP现价年均增速6.9%；文化产业增加值

① 2018年为初步核算数。

② 为满足文化体制改革和发展的需要，我国从2004年开始进行文化产业统计。

占GDP比重由2004年的2.15%、2012年的2.36%提高到2018年的4.30%，在国民经济中的占比逐年提高。从对经济增长的贡献看，2004—2012年间，文化产业对GDP增量的年均贡献率为3.9%，2013—2018年进一步提高到5.5%。一系列数据表明，文化产业发展在不断融入国民经济大循环中正向着支柱产业地位迈进，成为经济高质量发展、新旧动能转换的新引擎之一。

2. 文化市场繁荣发展

2018年，全国共有各类艺术表演团体17 123个，为1978年的5.4倍，为1949年的17.1倍；艺术表演场馆1236个，为1978年的1.1倍，为1949年的1.4倍。2018年全国艺术表演团体从业人员41.6万人、演出312万场次、全年演出收入152.3亿元，分别比2012年增长72.0%、131.5%和137.4%，演艺市场规模呈现井喷式增长。2018年全国电影票房收入609.8亿元，比2012年增长1.9倍，2013—2018年年均增长19.6%；电影院线拥有银幕60 079块，比2012年增长3.6倍，2013—2018年年均增长28.9%，银幕总数跃居世界第一。2017年开始实施《中华人民共和国电影产业促进法》。《中华人民共和国文化产业促进法》在几次面向学界、业界和全社会征询意见后，正在紧锣密鼓地处于立法进程中，很快就会出台实施。

3. 文化新业态发展势头强劲

文化产品和服务的生产、传播、消费的数字化、网络化进程加快，数字内容、动漫游戏、视频直播、视听载体、手机出版等基于互联网和移动互联网的新兴文化业态成了文化产业发展的新动能和新增长点。2016年、2017年，全国规模以上文化信息传输服务业营业收入分别增长30.3%和34.6%，文化创意和设计服务业营业收入均增长8.6%。文化新业态已成为引领和示范文化产业发展的重要力量，数字化创意融合日益成为文化产业发展的新动能。2016年中国网络游戏海外市场收入达56亿美元，较上年增长24.5%，出口网络游戏900多款。《人民日报》刊发题为“中国网络文学为何能世界第一”的文章，中国数百家文学网站日更新的总字数达2亿，文学网页的日均浏览超过15亿次。

4. 文化产业集群趋势明显

随着文化体制改革的不断深入，我国文化产业集群化发展特征日渐明显，许多有竞争力和实力的文化骨干企业[①]数量大幅增加，文化产业园区和基地规划建设稳步推进。2018年，全国共有文化骨干企业6.0万家，比2012年增长64.3%，2013—2018年年均增长8.6%；从业人员为845万人，比2012年增长20.9%，年均增长3.2%；实现营业收入89 257亿元，比2012年增长58.6%，年均增长8.0%。截至2018年底，全国共有10个国家级文化产业示范园区，10个国家级文化产业实验园区和335个国家级文化产业示范基地，如北京市的798艺术区、首钢园区、莱锦文创区、“新华1949”等，标志着我国文化产业进一步向规模化、集约化、专业化的方向发展，文化产业的竞争力不断增强。

三、文化投资主体日趋多元，文化消费结构不断升级

文化产业的发展壮大离不开金融资本、财税政策的支撑，健全文化产业投融资体系是文化产业做强的重要保障，促进文化消费结构不断升级是建立现代文化市场体系的内在要求。改革开放以来，随着我国经济实力的日益增强和文化产业的快速发展，我国文化投资和文化消费水平明显提高，文化产业不断融入国民经济发展的大循环，在资本的推动和文化消费的拉动下，文化产业的市场竞争力明显提升，文化产业发展日益成长为国民经济支柱产业。

1. 文化投资快速增长

一定意义上，资本的投入是产业发展的风向标。在国家各项政策的引导激励下，我国文化产业固定资产投资规模逐年加大。2017年，我国文化产业固定资产投资额（不含农户）3.8万亿元，为2005年的13.7倍，2013—2017年年均增长19.6%，高于同期全社会固定资产投资额年均增速8.3%；文化产业固定资产投资占全社会固定资产投资的比重为6.0%，比2005年提高2.9%，比2012年提高1.8%。从资金来源看，国家预算资金占5.1%、国内贷款占7.2%、利用外资占0.4%、自筹资金占81.7%、其他资金占5.6%，投资主体呈现多元化、社会化格局，民间资本投入文化领域的积极性不断高涨。

① 文化骨干企业指规模以上文化制造业企业、限额以上文化批发零售业企业和规模以上文化服务业企业的总称。具体包括：年主营业务收入在2000万元及以上的文化制造业企业；年主营业务收入在2000万元及以上的文化批发企业或年主营业务收入在500万元及以上的文化零售企业；从业人数在50人及以上或年营业收入在1000万元及以上的文化服务业企业（其中文化和娱乐业的年营业收入在500万元及以上）。

2. 文化消费在扩张中稳步提高

一定意义上，文化消费的能力和水平是衡量一个国家现代化程度的重要尺度。在国家层面文化消费城市试点以及某些省份某些地区试点效应的带动下，在全国极大地释放了文化消费能量和激情，全国人民的文化消费热情空前高涨，文化和旅游消费成为拉动内需的重要抓手。随着我国经济持续快速发展，城乡居民的文化消费需求数量不断增加，质量不断提高。2018年，全国居民用于文化娱乐的人均消费支出为827元，比2013年[①]增长43.4%，2014—2018年年均增长7.5%，文化娱乐支出占全部消费支出的比重为4.2%。分城乡看，2018年城镇居民人均文化娱乐消费支出1271元，比2013年增长34.3%，年均增长6.1%；农村居民人均文化娱乐消费支出280元，比2013年增长60.0%，年均增长9.9%。城乡居民人均文化娱乐消费支出之比由2013年的5.4∶1，降低到2018年的4.5∶1，城乡总体的文化消费水平不断提高。在乡村振兴战略带动下，伴随乡村文化的复兴和产业的兴旺与人居环境的改善，农民的文化消费热情和能力不断提升。

四、文化“走出去”逐渐形成新格局，国家文化软实力显著提升

新中国成立初期，我国对外文化交流覆盖面小，主要是与社会主义国家及亚非拉友好国家进行文化交流；改革开放后，我国对外文化交流不断扩大和深化，已成为国家整体外交战略的重要组成部分。当前文化“走出去”不单是指政府之间的文化交流和民间的文化交往，更多地是指依靠市场力量的文化贸易。实践经验表明，文化卖出去的效果比送出去的效果好得多，文化影响力的提升越发需要借助市场的力量。特别是党的十八大以来，“一带一路”建设的深入发展，文化交流、文化贸易和文化投资并举的文化“走出去”举措，使中华文化在世界上的“朋友圈”不断扩大，推动中华文化走向世界的新格局逐渐形成，中华文化影响力显著增强。随着中华文化在全球高位态的提升，中华文化日益成为世界主导文化形态之一，在国家文化软实力有效提升中展示了大国崛起的新气象。

---

① 从2013年起，我国开展了城乡一体化住户收支与生活状况调查，与2013年前的分城镇和农村住户调查的调查范围、调查方法、指标口径有所不同。

1. 文化贸易数量快速增长

一是文化产品的进出口总额稳步扩大。2018年，我国文化产品进出口总额为1023.8亿美元，为2005年的5.5倍，比2012年增长15.4%，2013—2018年年均增长2.4%。其中，我国对“一带一路”沿线国家文化产品进出口总额达184.8亿美元，比2012年增长43.2%，占文化产品进出口总额的18.1%，比2012年提高3.5%。从某种意义上讲，中国已是全球文化产品出口大国，已经不存在所谓的文化贸易逆差，但从文化核心的服务和版权贸易来讲，我们与发达国家还存在相当程度的思想输出落差。二是文化贸易伙伴呈现多元化格局。2018年，美国、中国香港、荷兰、英国和日本为我国文化产品出口前五大市场，合计占59.6%。我国对“一带一路”沿线国家和地区的文化产品出口为162.8亿美元，而2008年仅为55.4亿美元。文化贸易圈层的扩大和多元化贸易格局，有利于在全球扩大中华文化的世界影响力。

2. 文化对外投资渐成规模

随着国家文化实力的增强，文化“走出去”的格局不断拓展，不仅产品和服务走出去，伴随中国经济的全球布局和国际化运营，文化对外投资有了一定的规模。越来越多具有一定竞争力的文化企业积极发展在海外的投资，已成为我国文化领域对外投资的重要力量。2018年，我国文化、体育和娱乐业对外投资额为16.9亿美元，分别为2008年和2012年的84.5倍和8.5倍，占我国对外直接投资额的比重为1.3%，比2012年提高1.1%。文化投资所带来的价值不仅仅是经济上的，它还是中国文化价值的全球共享和“人类命运共同体”构建的坚强支撑，更有着世界文明互鉴的意义，有利于在全球化舞台上展示文化中国的形象。

总体上看，新中国成立以来的70年，是文化事业不断发展的70年，是文化建设全面繁荣的70年，是人民的文化权益不断得到保障的70年，是国家文化形象在世界不断赢得广泛认可的70年，是国家文化软实力不断增强的70年。展望新时代，在习近平新时代中国特色社会主义思想指导下，遵循“习近平总书记关于文化重要论述”，坚持中国特色社会主义文化发展道路，我国文化建设将呈现出高质量、跨越式发展的新气象，人民群众的文化获得感和幸福感将进一步增强，中华文化将持续焕发出无限生机与时代风采！

第四节 新中国文化发展70年的经验与启示

新中国70年的文化发展经验表明，文化发展一定要立足自身实际，依靠自己的力量，探索独立自主、符合国情的发展道路，积极传承优秀传统文化，大力发展民族文化，吸收借鉴外来文化，全面激发全社会全民族的文化创造激情，在健全现代文化市场体系中做强文化产业，在自身文化实力的增强及与各种异质文化的交流对话中，扩大中华文化的世界影响力，在文化精品不断涌现中实现文化的繁荣兴盛。70年弹指一挥间，沧海桑田迎巨变。从当年短缺的福利供给型文化运行体制，到今天文化市场的丰富多彩、充分供给和均等化公共文化服务体系的健全，人民对美好精神生活的获得感日益强烈。坚定文化自信的中华民族正以新气象昂然屹立于世界民族之林，在胸怀世界的“人类命运共同体”建构中展现出一个大国的文化风采！ 70年文化发展旧貌换新颜，越加增强了中华民族文化自信的底气。回顾历史，在文化繁荣发展的道路探索中，也曾有过彷徨和迷失，出现过一些过度西方化的现象，甚至出现借用西方理论“强制阐释”中国文艺经验的现象，出现过习近平总书记批评过的“‘以洋为尊’‘以洋为美’‘唯洋是从’，把作品在国外获奖作为最高追求，跟在别人后面亦步亦趋、东施效颦，热衷于‘去中国化’‘去主流化’”[①]的倾向。大浪淘沙、气定神闲、纵横捭阖、挽狂澜于既倒，中国现代化了，但中国没有西方化，并日益走近世界舞台中央。党的十八大以来，习近平总书记关于文艺和文化的一系列重要论述强有力地纠正了文化乱象，使文化发展在风清气正中迈入新时代迎来新气象。

一、新中国70年文化发展实践的经验

新中国70年的文化发展实践和辉煌成就的取得，使我们深化了对社会主义文化建设规律的认识，积累了坚定走中国特色社会主义文化发展道路的宝贵经验，增强了文化自觉意识和文化自强的信念，使社会主义文化理想越加深入人心，社会主义新人不断茁壮成长，社会主义文化旗帜高高飘扬在神州大地上，十四亿人民正以磅礴之力书写中华民族的新史诗。成就的取得来之不易，诸多经验值得我们认真思量。

---

① 习近平:《在文艺工作座谈会上的讲话》，人民出版社2015年版，第25页。

1. 是全面加强党对文化工作的领导

党的十九大报告指出，党政军民学，东西南北中，党是领导一切的。中国共产党是为人民谋幸福的政党，也是为人类进步事业而奋斗的政党。中国共产党始终把为人类作出新的更大的贡献作为自己的使命。新中国文化发展70年的经验表明，我们党有着高度文化自觉，始终站在时代潮头引领文化发展。70年文化发展改革实践，始终贯穿着党的领导，坚持马克思主义指导地位，坚持社会主义文化发展的正确方向，巩固和壮大党对文化的领导权。可以说，全面加强党对文化工作的领导，是70年文化发展取得辉煌成就的坚强保障。

加强党对文化工作的全面领导，是以文化的方式体现在着力强化导向意识上，即要旗帜鲜明地坚持党管宣传、党管意识形态、党管媒体。市场经济条件下，党对文化工作的领导体现在尊重文化规律中协调把握文化双重属性之间的平衡。既要坚持文化的意识形态属性，注重发挥文化育人、文德教化的功能；又要重视文化的商业属性、凸显经济维度，大力发展文化产业，使之融入国民经济大循环。文化产业是当今时代文化发展和价值传播的主导方式，发展文化产业的重心要落在文化上，是文化繁荣兴盛的重要路径。因此，要确保文化工作始终贯彻执行党的路线方针政策，要把体现党的主张和反映人民心声统一起来，使文化发展真正做到为人民服务、为社会主义服务。

此外，加强党的领导还体现在文化在党和政府工作全局中的地位越来越重要，文运与国运相牵，文脉与国脉相连。因此，文化发展绝不单是文化部门的事，文化繁荣兴盛是全党全社会的共同责任。各级党委和政府要担负起政治责任和领导职责，强化“一盘棋”的理念，动员和推动各条战线各个部门齐抓共管，形成强大工作合力，更加自觉地把文化建设摆在全局工作的重要位置，牢牢把握文化发展的领导权。

2. 尊重文化发展规律，在弘扬主旋律的同时，提倡文化多样性，激发全民族文化创新创造活力

文化是“五位一体”的现代化事业总体布局中的独立一体，有其自身的发展规律。文化繁荣犹如百花盛开才能姹紫嫣红，多元文化的相互交流补充才能相得益彰，只有在文化多样化发展中才能不断健全文化生态。多元发展不是无序，而是有主导、有主流价值观的弘扬和引导，一元与主导相互促进、相互竞争，多元包容的文化发展环境有利于激发全民族的文化创造活力。中国特色社会主义文化发展道路的成功探索与成就的取得，是我们正确把握了文化的政治性和艺术性的关系，避免了概念化、大而空文化现象的泛滥，使思想性和艺术性相统一的作品不断涌现。

创新是文化的发展规律。文化发展既要传承，更要创新。创新是文化的本质特征，一个民族和国家的文化强不强，主要取决于文化创新创造创意的活力足不足、能力强不强。当下百年未有之大变局，文化思潮之间的相互激荡和文化产品之间的博弈更加激烈，人民对美好生活的需求中对文化的要求更高，这一切的焦点都指向文化创新。历史和现实都表明，中华民族有着强大的文化创造力。新时代是激励文化创造的时代，尊重和鼓励人民多样化的文化创造是党的文化使命。文化创新的方法千百条，但最根本、最关键、最牢靠的方法是深入人民、扎根群众。人民是文化创造的主体，需要最大限度地激发人民的文化创造创新的积极性，尊重人民的首创精神，营造生动活泼、宽松和谐的文化氛围，使全社会一切创新举措得到支持、一切创新才能得到发挥、一切创新成果得到肯定，让蕴藏于人民中的文化创新创造创意的活力充分迸发。

3.大力传承弘扬中华优秀传统文化，积极借鉴吸收一切人类文明优秀成果，加强文化交流和文明互鉴

文化是有根的，传统文化是我们“返乡”的路，几千年文化发展的筚路蓝缕强健了中华民族的魂魄，讲述了我们从哪里来。在全球文化思潮的相互激荡中，认真汲取中华优秀传统文化的思想精华和道德精髓，有利于增强我们文化自信的底气。所谓传承既要传承中华民族的优秀传统文化，也要弘扬中国共产党自身的文化传统。实践一再表明，越是走近世界舞台中央，越要坚持文化传承，只有使优秀传统文化和革命文化成为中国特色社会主义文化的底色和底蕴，进一步夯实当代中国人站稳脚跟的根基，才能在明晰“我是谁，我从哪里来，要到哪里去”中坚定文化自信。作为一个现代文明国家，中国之所以为中国，乃是因为有着优秀传统文化的底色、底蕴和价值追求。迈入新方位，中华文化的发展越要重彩浓抹传统文化底色，在全球化舞台上鲜明地亮出中国特色。

同时，文化是开放的，可以共享的，越是交流就越是丰富。只有以世界眼光和全球视野，积极借鉴吸收人类文明的一切优秀成果才能成就今日中国文化的精彩。新中国文化发展70年，是文化不断开放面向世界的70年。交流才会有新思想新创造，事实上文化领域每一次理念上的重大突破，每一次手段上的重大革新，都在开放中为文化创造带来重大发展机遇。在当前中华民族伟大复兴的拐点时刻，越加需要在一种开放的文化视野中加强文化创造、创新，在多元文化竞争中增强中华文化的世界影响力。

4.坚持“以人民为中心”的工作导向，培养造就高素质文化人才队伍

新中国文化发展70年，鲜明地体现了文化发展为了人民、文化建设依靠人民、文化成果由人民共享的理念。70年文化的成就表明，文化发展既要顶天立地，更要铺天盖地。既要有国际影响的学术大家、艺术大师，也要有广泛的乡土文化能人、民族民间文化传承人和各类文化活动骨干。

社会主义文化的繁荣兴盛，离不开英才辈出的人才支撑；建设文化强国需要一大批高素质的文化人才队伍，人才强、文化强。习近平总书记多次指出，文化发展必须培养人才、发现人才、珍惜人才、凝聚人才。繁荣文艺创作、推动文艺创新需要依靠一大批德艺双馨的文艺名家；全媒体时代新旧媒体的融合发展，需要大批复合型人才；构建中国特色哲学社会科学更需要大批文化名家、领军人才。人才是文化繁荣的可靠保障。同时，文化发展还要接地气，社会主义文化是人民的文化，文化发展要坚持与时代同行，做到胸中有大义、心中有人民、肩头有责任，才能真正高擎民族精神火炬，发思想之先声、开社会之先风、启智慧之先河，在深入生活、扎根人民中，使作品与时代同频共振，不断涌现更多优秀思想成果和作品。人民不但是文艺的“剧中人”，还是优秀作品的鉴赏家和评判者。2015年10月3日颁布的《中共中央关于繁荣发展社会主义文艺的意见》指出，要“建立经得起人民检验的评价标准。评价文艺作品，要以最广大人民的根本利益为出发点和落脚点，坚持把社会效益放在首位，努力实现社会效益和经济效益、社会价值和市场价值相统一，绝不让文艺成为市场的奴隶”。坚持“以人民为中心”的工作导向，是中国文化繁荣之本。

二、新中国70年文化发展实践的启示

21世纪以来文化的地位和作用不断凸显，文化在经济社会发展中的重要性已成为全球共识。文化繁荣是国家发达的标志，是世界可持续发展的关键词。文化是一个国家、一个民族的灵魂。文化积淀着一个国家最深沉的精神力量，是一个民族经济成就和历史荣光的生动显现。新中国文化发展70年的成就启示，新时代中国特色社会主义文化发展，既要坚持中华文化立场、立足民族

本位、依靠自身力量，更要有世界眼光、现代意识和全球视野，在文化开放中发展壮大、增强实力，使中华文化伴随中国文明型崛起成长为世界主导文化形态之一。70年的文化成就显示，只有以自身文化实力的增强才能坚定“民族的就是世界的”，而在新时代则更要坚定“世界的就是中国的”，要勇于以中华文化的发展引领世界文化潮流，坚持在人类文明视野中不断创新，弘扬创新文化。创新不仅是新时代中国的发展理念，在价值的意味上，创新文化还是新时代的风向标，引领社会主义现代化强国迈向繁荣兴盛的新阶段，在人类文明跃升中展现中华民族的新风采新气象。

1.进一步增强文化自觉能力和文化自强意识

新中国文化发展70年实践表明，中华民族的文化自觉意识不断增强，但在面临百年未有之大变局和中国文明型崛起的今天，仅有文化自觉的意识是不够的，更要有文化自觉的能力。要在思想意识和实践能力上促使中华文化自强起来，在人类文明跃升中成为有影响力的全球主导文化形态之一。中华文化是中华民族的，更是全世界的，中国的崛起要形成有为全世界供给主流文化产品的意识和能力，这是中国文化繁荣兴盛的新时代表征。

2.进一步强化文化开放意识，积极开展文化交流和文明对话

文化开放使中华文化充满活力和竞争意识，文化在交流互鉴中色彩越加斑斓。20世纪80年代，春风化雨，思想文化领域生机勃发，伴随“文化寻根热”，大量西方文艺经典蜂拥而入，在本土与西方、传统与现代的相互激荡竞争中，迎来了新中国成立以来文化发展的黄金期，文化精品、大师大作迭出，思想观点、艺术探索精彩纷呈。实践表明，文化只有相互交流借鉴，人民的精神生活才能丰富多彩，文化才能繁荣兴盛。文化开放程度是衡量一个国家发达程度的重要标志，一个国家只有强盛才能满怀信心地开放，形成艺术上的姹紫嫣红、百花齐放、气象万千。充满艺术想象力的文化开放有利于促进国家强盛，更能在文化上繁荣兴盛。相反，文化一旦故步自封就会走向凋零，甚至会沦为“沙漠”，从而使一个民族的想象力萎缩、创造力被扼杀。作为民族精神的铸造者和弘扬者，民族文化是在开放中成为“伟大的”。新中国70年文化发展表明，中华文化是开放的，不仅对全体中国人开放，也对世界各民族开放，它促进了世界文化进步和人类文明发展，同时也成就了中华文化的伟大。

3.坚持在文化的包容发展中实现文化的繁荣兴盛

“泰山不让土壤，故能成其大；河海不择细流，故能就其深。”只有秉持尊重差异、包容多样的态度，在多元中立主导，在多样中谋共识，妥当把握变与不变的关系，才能夯实文化繁荣兴盛的基础。事实上，文化多样性不仅是人类文明的基础，更是文化繁荣发展的现实支撑。一花独放不是春，万紫千红春满园。文化只有在多元竞争中才能相互促进、相互成全，文化包容发展既要有主导文化的引领，又要有多元文化形态的竞争；既要在包容中发展，又在发展中包容，从而形成文化发展高地。对外，兼收并蓄；对内，传承创新。由此在文化生态体系健全中，推动中华文化在繁荣兴盛中迈向全球的高位态。

4.坚持文化创新

创新是文化活力之源，是文化繁荣之魂。新中国文化发展70年的实践表明，创新是成就辉煌文化的制胜法宝。创新主要指技术创新、制度创新和文化创新。它不仅是方法，更是一种理念和风向标，着意于普遍性意义的创新文化的形成。说到底，中华文化的繁荣是中国特色社会主义文化的兴盛，只有在文化实践和文化进步中实现马克思主义理论与中国现实以及优秀传统文化相结合，充分彰显马克思主义中国化最新成果的文化力量，中华文化才能在全球亮出社会主义旗帜，进而在全社会形成创新文化的导向，引领中华民族在文明型崛起中屹立于世界东方！

结语　在历史进步中实现文化创造和文化创新

70年的峥嵘岁月，中华民族行进在中国特色社会主义发展道路上，迎来了从站起来、富起来到强起来的伟大历史飞跃。它不仅显现于中国社会的文明进步，同样显现于中国文化发展道路的探索过程中。70年的文化辉煌，彰显了中华民族不竭的文化创造力，坚定了中华民族的文化自信。坚定文化自信，是事关国运兴衰、事关文化安全、事关民族精神独立性的大问题，也是事关中国特色社会主义文化道路成败的关键所在。习近平总书记在党的十九大报告中自豪地指出：“中国共产党从成立之日起，既是中国先进文化的积极引领者和践行者，又是中华优秀传统文化的忠实传承者和弘扬者。当代中国共产党人和中国人民应该而且一定能够担负起新的文化使命，在实践创造中进行文化创造，在历史进步中实现文化进步！”[1]

文化既是凝聚人心的精神纽带，又是增进民生福祉的关键因素。它在根本上关乎人民对美好生活的需要，特别是文化创造、文化表达等文化权益的保障，是人民精神充实、文化获得感和幸福感的表征。坚定中国特色社会主义文化发展道路，激发全民族文化创新创造活力，是实现社会主义文化强国建设的重要保障。在迈入新时代“强起来”的征程中，我们要增强时代责任感，担负起新的文化使命，不断迈向文化自强。立足新方位，中华民族一定能够谱写出文化繁荣兴盛的新篇章。

① 习近平:《决胜全面建成小康社会 夺取新时代中国特色社会主义伟大胜利》，人民出版社2017年版，第44页。

第三章　乡村文化复兴与乡土文明价值重构

党的十九大对乡村振兴战略做出全面部署，提出产业兴旺、生态宜居、乡风文明、治理有效、生活富裕的总要求。实施乡村振兴战略，是党的十九大做出的重大决策部署，是决胜全面建成小康社会、全面建设社会主义现代化国家的重大历史任务，是中国特色社会主义进入新时代做好“三农”工作的总抓手。新时代我国社会主要矛盾发生了变化，所谓发展不平衡，最突出的是城乡发展不平衡；所谓发展不充分，最突出的是农村发展不充分。将来即使城镇化率达到70%，全国仍有4亿多人生活在农村。因此，习近平总书记在参加十三届全国人大一次会议山东代表团审议时发表重要讲话指出，农业强不强、农村美不美、农民富不富，直接决定着全面小康社会的成色和社会主义现代化的质量；一再强调把推动乡村文化振兴与产业振兴、人才振兴、生态振兴、组织振兴统筹起来，打造各具特色的现代版“富春山居图”。所谓乡村文化复兴，是指在肯定乡村文化的本体地位和现代价值的同时，正确处理城市文化与乡村文化的关系，旨在通过实施乡村振兴战略，坚持物质文明和精神文明一起抓，以乡村文化的复兴，培育文明乡风、良好家风、淳朴民风，在现代化进程中厚植乡村中国的文化底蕴，改善农民的精神风貌，不断提高乡村社会文明程度，使乡村焕发文明新气象，进一步彰显社会主义现代化强国的乡村维度。正是在此背景下，本章立足中华文明的特质和面临百年未有之大变局的双重视域，试图在“现代城乡文化命运共同体”理念引导下，探讨乡村文化复兴与乡土文明价值重构，以乡村文化的繁荣兴盛，增强农民的乡村文化自信。

第一节　在中华文明与全球化双重视域中领悟乡村文化复兴的意义

乡村文化复兴之于乡村振兴战略实施的意义和价值，怎么评说都不为过。随着乡村振兴战略的深入推进，乡村文化复兴的意义在深刻理解中华文明特质与“百年未有之大变局”的双重视域中格外凸显，它不仅浓彩重抹着“中国特色”，是确证“何谓中国人”的精神密码，更是坚定民族文化自信的重要基石之一。乡村文化复兴是传承中华文明的载体与根脉，其意义不唯乡村振兴的铸魂，更是之于中华民族伟大复兴的乡土文明底蕴。乡村文化复兴需要确立乡村文化的本体地位，需要明确其现代文明的价值指向。

一、中华文明的特质与乡村文化

究其始源性含义，现代汉语中的“文化”（动词性的以文化之、文德教化）一词，几乎与英语中的“教养”和德语中的“教化”概念有着相近的语义。笼统地讲，“文化”是促进改变而非保护现状的动因，即引导社会朝着普遍人类文明境况方向发展，为人类指明了努力的目标和方向。因此，文化复兴是在向着始源返回中的一种价值守护与文化形态创新，它有着某种社会文明程度的提升和改善的意味。从乡土文明的价值指向来看，实施乡村振兴既是党中央立足中国社会主要矛盾新变化、着力解决好发展不平衡不充分问题、满足人民追求美好生活的愿望而做出的重大战略决策，又是我们党对近代以来工业化、城市化和乡村文化特别是乡村治理体系建设的历史总结和高度自觉，是增强道路自信、制度自信、理论自信、文化自信的现实支撑点之一；在中华文明的提升意味上，乡村文化复兴是在传承中华优秀传统文化中实现文化创造、浓抹中国特色社会主义文化底色，顺应亿万农民对幸福美好新生活的向往，润泽当代中国人的家园故土，充分彰显中国共产党人的初心所系、使命所在，其功莫大焉。

1. 中华文明特质的阐释

黄河和长江滋养了中华民族，在漫长的历史发展过程中，中华文明在不断成熟中形成了“多元一体”的特征，尽管其文化空间有城镇和乡村之别，但其内在的根脉始终在乡村。古代城市的文化性质也是乡村的，都是农耕文明孕育的结果。中华文明的核心部分主要发源于黄河中下游的中原地区，这里的平原河流和充沛雨水为农耕文明提供了优越的地理气候条件和自然资源，促进了人口的繁衍，从而孕育出早期的中原华夏文明，并逐步向周边区域辐射扩展。无论从人口还是政治经济文化活动的重心来看，中原文化几千年来一直是中华文明主脉，甚至一度成为影响东亚大陆的华夏文明中心，成为中华民族在陆地文明时代领跑者的表征。中华文明在文化结构上表现为多元一体，既包括作为主脉的中原华夏文明的“汉文化”，也包括中原地区周边被称为“夷狄”的如蒙古、藏、维吾尔、满、苗、瑶、彝、壮、白、傣族等少数民族创造的多样化文化，在几千年混杂共存和相互交融中形成了整体性的以中华文明为核心价值追求的中华文化。

中华文明的特质显现于中华文化多样化中的普遍性价值诉求和不竭的生命力。中国文化经受了各种外来文明的挑战，并同化了作为异质文化的佛教文化，促使佛教文化在中国化过程中融入华夏文明，形成了一个相当稳定、层层累积的传统。“中华民族在长期实践中培育和形成了独特的思想理念和道德规范，有崇仁爱、重民本、守诚信、讲辩证、尚和合、求大同等思想，有自强不息、敬业乐群、扶正扬善、扶危济困、见义勇为、孝老爱亲等传统美德。中华优秀传统文化中很多思想理念和道德规范，不论过去还是现在，都有其永不褪色的价值。”①正是这种深层次的精神积淀凝结为中华民族的文化心理结构，在最广泛的意义上界定了对“何谓中国人”的理解。事实上，不仅“中国人”是文化塑造的产物，而且对“中国”的理解也是文化的阐释。“中国人”作为共享这一文明价值的一个多元复合型人群，在世界上是独一无二的，“中国”作为一个政治实体其特征在世界历史中也是独一无二的，是几千年积淀下来的中华文化不断塑造的产物。由文化的多样化而致文明的普遍性追求，凝结为中华民族的某种文化心理结构，在历史的陶冶中形成了中华文明的特质。正是中华文明的基本特质决定了历代中国政体、中国人的“内”“外”观和中国疆域的历史发展轨迹。中华文明延续着我们国家和民族的精神血脉，影响着现实中每一个中国人的文化认同，是我们坚定文化自信的基石。究其根本，是因为“当代中国是历史中国的延续和发展，当代中国思想文化也是中国传统思想文化的传承和升华，要认识今天的中国、今天的中国人，就要深入了解中国的文化血脉，准确把握

---

① 习近平:《在文艺工作座谈会上的讲话》，人民出版社2015年版，第25–26页。

滋养中国人的文化土壤”①。历史和现实一再表明，一个抛弃了或者背叛了自己历史文化的民族，不仅不可能发展起来，而且很可能上演一场历史悲剧。这使我们认识到，理解今日的中国，增强民族文化自信，必须深刻理解中国的文化根脉和文化土壤。“中华民族有着深厚文化传统，形成了富有特色的思想体系，体现了中国人几千年来积累的知识智慧和理性思辨。”②作为思想和智慧的源头，这一切都要追溯到最具本土意味的乡村文化，正是扎根于农耕文明的多样化的乡村文化极大地润泽和孕育了中华文明的特质，并在历史的传承中赓续了几千年来未曾中断的文脉。

与世界上许多以宗教为核心的文明体系相比，中华文明体系最重要的基本特征是以乐感的世俗文化为支撑，以向善的伦理价值来协调群体与个体之间的关系。这一点正是中国乡村文化的基本追求。一种本然的乐观的生活态度和知足常乐的心态，使农耕文明显得稳定知足怡然自得，形成了包容、内敛、慎独而不排外的文化性格。儒家学派的创始人孔子不谈鬼神，主张“未能事人，焉能事鬼”“未知生，焉知死”“不语怪、力、乱、神”“敬鬼神而远之”，认为世人应“畏天命”，对天道、祖先有诚敬之心，遇事多反求诸己。向外趋求推崇一种对待性的关系，先民崇拜观音菩萨、土地爷、山神等，秉承万物皆有灵的实用主义人生态度，形成了一种敬畏、节制的伦理观；对内趋求祈向一种无待的境界——求道，中国人尊崇的是人世间的圣贤先哲，先人与我同一是一种内在的超越。在精神信仰上，先民信仰的是一种祖先崇拜，这种习俗至今仍在隐秘的乡村文化中得以延续，特别是在传统节日中以特定的仪式固化下来，在中堂供奉先祖，尊奉“抬头三尺有神灵”的祖训。祖先崇拜的实质是先贤崇拜，流传于基层社会的各种民间信仰（玉皇大帝、城隍庙、龙王庙、土地庙、山神庙、妈祖庙等各路神仙）是这一社会主导文化的草根性补充。中国的民间信仰是高度世俗化的，而且与民众日常生活生产、人生礼仪、节日庆典、祭祀活动等密切结合，在价值上强调扬善惩恶和因果报应，以此警示世人遵守社会伦理行为规范，可被视为人间秩序在鬼神世界的投射。中国传统文化中崇拜的最高对象是“天、地、君、亲、师”，春秋时期的孔孟以及后世的二程、朱熹都被视为尘

---

① 习近平：《在纪念孔子诞辰2565周年国际学术研讨会暨国际儒学联合会第五届会员大会开幕会上的讲话》，《人民日报》2014年9月25日。

② 习近平：《在哲学社会科学工作座谈会上的讲话》，人民出版社2016年版，第17页。

世中的先师先贤，在民众的日常生活中发挥着价值教化功能。与世界上其他国家和民族相比较，文化对于有着五千年连续文明史的中华民族来讲，有着极为独特的价值，是中华民族安身立命的基础。圣人无恒心，以百姓之心为心。自古以来，中国就有一种文化中心主义，如“远人不服，必修文德以来之”，而非种族中心主义的传统。所谓“华夏”“夷狄”区分主要取决于文化上的认同，这一教化传统深深地积淀在中华民族的文化心理结构中。与政教分离之后被分割为众多的以世俗国家为主体的亚文化单元、因而不再存在一个文化中心的欧洲相比，中国迄今仍是一个统一完整的文化实体。因此，很多汉学家如白鲁恂就认为“中国只是一个文化，却伪装成一个国家”[①]。英国学者马丁·雅克认为：“中国本质上是一个文明国家。”[②]这种认知说明了文化之于中国的重要性。有学者指出：“中国本身之大，历史文化之悠久丰富，就足以构成一个与整个欧洲并列的巨大实体。与欧洲近代‘民族’与‘国家’走向同一的趋势不同，中国自古以来即呈现为文化与国家的同一。如果说，欧洲多国在一个文化圈内，表现出一幅列国竞争、弱肉强食的图景，那么，中国作为一个独立的文化圈，其内在不仅存在着不同地域、村落和宗族之间的差别和冲突。在中国历代统治者和士大夫心目中，中国作为世界的中心，以及中国在文化上的独尊地位是毋庸置疑的。他们不仅没有列国竞争的意识，而且毫无分辨地拒绝一切外来文明。”[③]可见，中国是一个独特的“世界”，而不是一个普通的“国家”，这是由中国的文化传统决定的，也是现实的国情使然，其绵延不绝的根就扎在生生不息的乡村文化与乡土文明的传承中。

历史经验表明，一个发展成熟的文明需要有自己的信仰体系来保持自身的凝聚力并得以持续发展。作为一种最深沉的精神力量，它内在地规范着每一个人的举手投足，由此才能维系一个有着几千年文明史的政治—文化共同体，这就是一个国家的社会核心价值观；它在古代中国显现为仁、义、礼、智、信的价值体系。中国人的传统信仰有其特质，就像中国的文字不同于其他文明所创

---

① ［英］马丁·雅克：《当中国统治世界——中国的崛起和西方世界的衰落》，张莉、刘曲译，中信出版社2010年版，第296页。

② ［英］马丁·雅克：《当中国统治世界——中国的崛起和西方世界的衰落》，张莉、刘曲译，中信出版社2010年版，第XXIV页。

③ 胡福明：《中国现代化的历史进程》，安徽人民出版社1994年版，第67–68页。

造的文字一样，中华文明有其独特的价值表达。世界上大多数文明以宗教和法律作为政治与社会制度正当性的根据，但中华文明历史上却是以道德伦理作为政治制度和社会行动正当性的最终根据。可以说中华民族是一个道德感很强的律己的民族，在巩固政权中人文教化发挥了重要的连接纽带作用。正如儒家始终强调“反求诸己”与“为己之学”，一以贯之地追求诚心正意、修身齐家治国平天下，其中有着最高的“道”的境界指引。无论是儒家之仁道，还是道家之天道，无不有着“导之以德”的人文价值指引功能。中华传统文化崇尚的是包括天下万物运行规则在内的“天道”即“仁道”的思想理念，并具体化为“天、地、君、亲、师”的社会价值体系，这就是中国人浸润到内心深处的传统信仰。孔子曰:“大道之行也，天下为公。”中华文明不提倡个人主义，强调的是社会公德和万物众生都应遵循的“天道”，邻里之间互帮互助，倡导以德感召、包容发展。中华文明对于内部文化多样性和各种外部文明表现出世所罕见的包容态度，这种宽松的文化包容为中国古代知识分子思想的活跃和民间创造力的萌发提供了空间，成就了中华文明的雍容大度与天道人伦的基本价值遵循，形成了天人合一、以人为本、贵和尚中、刚健有为的中华文化基本精神。实践证明，中华优秀传统文化中有很多思想理念和道德规范，不论过去还是现在，依然有其永不褪色的价值，需要结合新的时代条件加以传承和弘扬。习近平总书记指出:“吸吮着中华民族漫长奋斗积累的文化养分，拥有13亿中国人民聚合的磅礴之力，我们走自己的路，具有无比广阔的舞台，具有无比深厚的历史底蕴，具有无比强大的前进定力，中国人民应该有这个信心，每一个中国人都应该有这个信心。”[①]在当下各种文化思潮相互激荡、中国越来越走近世界舞台中央之际，我们更要明白：我们从哪里来，我们要到哪里去，什么是我们的根？这三个根本性追问，使得乡村文化在中华文明跃升中的意义格外凸显，越加需要我们深刻理解中华文明的特质。

第一，中华民族处于世界民族之林，有着悠久灿烂的历史传统、深厚的文化积淀、独特的国情，形成了独具特色的发展道路，是坚定民族文化自信的重要根基。

第二，中华文化体现了中华民族最深沉的精神追求和始终相延续的生活方

① 习近平:《在哲学社会科学工作座谈会上的讲话》，人民出版社2016年版，第16–17页。

式，是世界上唯一没有中断的文化。深扎于的广袤的乡村大地，是滋养中华民族生生不息的土壤，是今日实现创造性转化和创新性发展的重要资源。

第三，中华优秀传统文化包含的“多元一体”的多民族文化的精华，是中华民族的突出优势，彰显了中华民族的“精气神”，形成了中华民族最深厚的文化软实力和超稳定的文化心理结构。

第四，中国特色社会主义植根于中华文化沃土、符合中华民族的理想信念，反映中国人民意愿、切合广大人民群众心理需求，把马克思主义和中国现实国情及其优秀传统文化相结合，适应时代和现实发展要求，因而有着强劲的生命力，形成了中国道路、中国经验、中国方案，是坚定文化自信的根基所在，必将在中华民族伟大复兴中对人类文明进步作出新的贡献。

对中华文化独特性的深刻理解，以及对当下波诡云谲的国际形势的清醒判断，要求我们要站稳自己的脚跟，保持战略定力和增强化解风险挑战的能力，这使得文化价值的重要性格外凸显。党的十八大以来，以习近平同志为核心的党中央高度重视弘扬中华优秀传统文化。2017年中共中央办公厅、国务院办公厅印发了《关于实施中华优秀传统文化传承发展工程的意见》，首次以中央文件形式专题阐述中华优秀传统文化传承发展工作。同年3月，国务院办公厅转发文化部、工业和信息化部、财政部《中国传统工艺振兴计划》。随着一系列文件政策的颁布，从中央到地方已在全社会形成了对优秀传统文化重要性的共识，并伴随公共文化服务体系建设和文化产业发展与当今时代条件相结合，在观念和思维转变中传统文化成了中国高质量发展和培育新动能的重要资源。总而言之，传统文化的传承不能简单地博物馆化，而要以活态化的形态成为当代文化的有机构成。将蕴蓄丰富乡土记忆的传统文化的鲜活部分更多地保留、保存在乡村生活及其诸多载体中，这是今日实施乡村振兴战略、实现乡土文明复兴的重要资源。

2.不忘历史才能开辟未来

当下，国际形势风云激荡、波诡云谲，只有在历史的回望中才能寻求到乡村文化复兴的逻辑起点。反观历史，中华民族在几千年的社会发展中创造了辉煌的华夏文明，积累了博大精深、足以傲视世界的优秀灿烂民族文化，然而在迈入现代化进程中我们的确衰落了。1840年在列强坚船利炮的威逼下，清朝签订了一系列屈辱性条约。作为后发晚生型的现代民族国家，中华民族的有识之士开展了一系列前赴后继的救国运动。始自器物层面“师夷长技以制夷”的洋务运动，与取法列强政治制度的维新变法和辛亥革命，都先后失败了，继而人们开始从文化层面反思，开启了对中国传统文化的质疑和批判，提出了“打倒孔家店”的口号，开启了轰轰烈烈的“五四新文化”运动的大幕。“五四新文化”运动对中国现代化进程产生了深远影响，校正了中国巨轮发展的航向，“现代性”“现代化”成为中华民族一百多年来矢志不渝的追求目标。同时，“五四新文化”运动还孕育了中国共产党这个领导中华民族从“站起来”“富起来”迈向“强起来”的新型政党，中华民族开启了伟大复兴的历程。但在时代主潮的洪钟大吕中，也有某些值得反思的地方，特别是在对待传统文化的态度上，既忽视了文化价值的多维度，也忽略了“现代性”是一个复数概念。正是“五四新文化”运动对“孔家店”的群攻，及其价值上立“西学”之新、破“中学”之旧，引发了全社会对传统文化的漠视、厌倦乃至反对，也直接或间接地导致了乡村文化的严重贬值。使得“整个传统文化陷入了劫难不已的境地，它的分布于乡村中的那一部分也就难逃其‘斯文扫地’的厄运”[①]，跌到了文明发展的谷底。20世纪30年代，晏阳初、梁漱溟、卢作孚、张竞生等一批爱国知识分子曾发起“乡村建设运动”，提出并实验了“乡农学校”“博士下乡”“文艺教育治愚”等诸多方案，但终因缺乏一个人民可以当家做主的人民共和国为依托，缺乏政治上的独立统一，诸多乡村实验以失败告终。可以说，中国乡村文化的衰落史，就是中华民族苦难史的生动写照，它映照出乡村建设缺乏一种强有力的政治支撑。同样在这100年里，与中国农村文化衰落形成鲜明对比的是，西方发达国家基本上完成城市化过程，较早开启了乡村文化的振兴之路。据统计，1848年时中国、美国的城市化率分别为10.9%、10.6%，而到1949年时，中国的城市化率仍然是10%左右，美国已接近70%。英国早在1850年城市化率就达到50%，是人类社会发展史上第一个城市人口超过农村人口实现社会转型的国家。发达国家较早地具备了城市反哺农村的条件，农村的基础设施建设、环境改造、空间规划，特别是乡村文化得到城市文化的直接反哺和辐射。[②]以城市化为核心的现代化带来了一种文明上的转型，但现代化并不必然要抛弃乡村。历史经验表明，美国的乡村“巧发展战略”、英国的“乡村更生工程”、日本的

① 王钧林:《近代乡村文化的衰落》,《学术月刊》1995年第10期。
② 张鸿雁:《论重构中国乡村的文化根柢》,《中国名城》2016年第3期。

“一村一品农村振兴运动”以及韩国的“新村运动”，使乡村经济和文化一起得以重构和振兴，它带来的是一种生活方式的变化。也就是说，乡村里住的不再是传统意义上的农民，而是经过培训的农业工人，是有文化的并以乡村文化为自豪的新农民在经营农村，这表明现代化进程中城乡可以实现一体化互动。中华人民共和国成立之后，为迅速积累工业化、城市化和现代化的资本，中央政府确立了以城市为中心的发展战略，导致城乡文化差距成为客观存在的事实并不断拉大。直到20世纪90年代中期以后，中央政府才开始着力解决“三农”问题，以至于21世纪以来的“一号文件”都关乎“三农问题”。2006年，党中央提出建设社会主义新农村，大力推进农村公共文化服务体系建设，逐渐走出了中国特色的乡村文化发展之路。当前，我国城市化率已近60%，乡村文化已走出衰落的低谷，伴随工业化、城镇化的进程，经历1949年到1978年的复苏期、1978年到2017年的建设期，中国已经具备了开启乡村文化复兴的基本条件，甚至有些地区的乡村文化呈现蓬勃发展态势。历史证明，推动乡村文化由衰而兴，是对近代以来仁人志士理想的再实践、再创造，是中国人民谋求民族独立、人民解放和国家富强、人民幸福的重大历史责任，是中国人民可以自豪地屹立于世界民族之林、实现中华民族伟大复兴的内在要求。实践证明，只有在回望乡村文化的衰落中，找到复兴的逻辑起点才能凝聚起磅礴的复兴力量。

中国共产党的历届领导人都非常重视乡村文化的复兴，毛泽东同志可谓是重视乡村文化的光辉典范。他根据马克思、恩格斯关于工农结盟的思想，提出了农民是中国革命主力军的论断，深入研究了中国农民的特征，指出农民阶级所固有的分散、散漫、文化素质低以及缺乏政治远见的局限，进而提出对农民进行教育和引导。把政治教育与文化教育相结合、扫盲教育与生产劳动教育和技术教育相结合，鼓励文艺为工农兵服务，用无产阶级思想武装农民出身的党员，把农民从文盲和愚昧中解放出来，积极培育社会主义新农民，以新人复兴乡村文化，这是一种文明意义上的跃升和进步。邓小平同志作为中国改革开放的总设计师，在新时期提出著名的“什么是社会主义？如何建成社会主义？”的两问，始终强调物质文明与精神文明两手都要抓，始终坚持马克思主义的唯物史观，十分尊重农民的主体地位，强调思想道德建设是社会主义乡村文化建设的核心，科学技术建设是社会主义乡村文化建设的基础。他提出改革开放的百年大计就从农村联产承包责任制开始，其意义不仅是经济意义上的致富，更是一种文明价值上的提升。江泽民同志、胡锦涛同志同样对乡村文化建设高度重视，采取了包括加强农村精神文明建设、建设社会主义新农村等一系列政策措施，使乡村建设纳入到现代化事业总体布局。党的十八大以来，以习近平同志为核心的党中央团结带领全国各族人民，迎难而上、开拓进取，在“以人民为中心的工作导向”中，使乡村文化复兴迎来重大历史机遇。党的十九大报告基于社会主要矛盾的新变化，站在中华民族伟大复兴的高度提出实施乡村振兴战略。乡村文化复兴作为这一战略的铸魂工程，是新时代的一个重大课题。新中国70多年的历史经验表明，中国共产党从成立之日起，就是乡村文化的坚定守护者、积极引领者、忠实传承者和创新发展者；乡村文化复兴始终是共产党人的历史使命，是新时代中国特色社会主义文化发展的责任担当。在建设社会主义文化强国的征程中，唯有牢记初心和使命，才能激发乡村文化复兴的根本动力。

二、“百年未有之大变局”与中华民族伟大复兴

实现中华民族伟大复兴是近代以来中华民族的伟大梦想，今天，我们比历史上任何时期都更接近、更有信心和能力实现中华民族伟大复兴的目标。中华民族的伟大复兴是一种文明型崛起，它将以文化繁荣和文化价值传播与共享为人类文明作更多贡献。随着中国越来越走近世界舞台中央，必将引发世界战略格局的重组，在各种力量变动不居和此消彼长的博弈中，世界进入“百年未有之大变局”。世界面临百年未有之大变局，我国发展仍处于并将长期处于重要战略机遇期，这是习近平总书记对世界发展大势和中国自身发展做出的重大判断。所谓“百年”本质上是一个历史概念，指一个相对较长且正在发生巨大变化的当下时段。这里的“世界”，不只是传统意义的国际关系，而是指视野更为宏大、内涵更为丰富的人类社会。所谓世界百年未有之大变局，是指在一个相对较长的历史时期深刻影响人类历史发展方向和进程的世界大发展、大变化、大调整、大转折、大进步。这里既有发展中国家力量的崛起，特别是一些新兴国家的社会性成长对既有世界格局的冲击；也有着传统既成大国力量的此消彼长的战略格局重构。伴随世界经济重心的日趋多元化，国际力量对比趋于均衡的态势更加明显，多极化进程继续稳步向前推进，中国、欧盟、俄罗斯都呈现一种强势的力量增长；一些亚非拉第三世界国家正在实现政治独立开始全面追

求发展和复兴，在国际体系中的地位和影响力逐渐提高；全球治理主体和议题更加多元，世界进入新的大国竞争时代。一大批新兴国家开始成为知识、技术、信息的生产源和文化价值传播源，在方兴未艾的新技术、新产业革命中开始崭露头角，伴随中国特色社会主义的不断发展完善和一些转轨国家在制度上的不断探索，世界范围的思想、观念、制度、模式日益呈现多元化发展格局。伴随国际力量对比和国际秩序与国际规则的不断演变和调整，世界范围的利益、权力和观念格局正发生富有历史意义的大变化。在世界大发展大变化大调整背景下，保护主义、民粹主义思潮明显抬头，逆全球化态势明显上升，大国竞争越加明显，世界充满诸多不稳定性不确定性因素，越加需要作为负责任的世界大国的中国提供中国方案、中国智慧、中国力量，从中彰显中国的道义价值，越加需要中国把握好发展战略机遇期。

当下，世界秩序重组面临的“百年未有之大变局”，某种程度上关乎伴随文化价值传播的“文明领导权”的竞争（本质上是制度体系之争、文化价值之争）。在人类文明秩序重组中，到底是以“人类命运共同体”追求的文明对话、文明互鉴与文明共识和相互通约，还是以“文明冲突论”宣扬的文化冲突对抗来引领人类文明跃升，这是一个关乎人类文明发展的根本性问题。所谓人类文明的跃升必然是以某种文化作为这种新秩序的基础，这种文化是英美文化、法德文化、日韩文化还是中华文化？或者是几种文化的交融杂糅？这需要在文化竞争中凭借软实力获得话语权，需要文化态度的转变和文明对话意识的提升。新的文明是对既有格局的完善和补充，是在传统基础上的创新发展。“百年未有之大变局”既包括机遇，也包括挑战。在中美贸易争端中，美国国务院政策规划主任斯金纳将中美矛盾提升到“文明冲突”高度的言论，足以见其运筹的处心积虑和一以贯之的冷战思维方式。在大发展大变革大调整时期，多极化、经济全球化、区域化和逆全球化思潮的相互叠加，国际风云越加诡谲激荡。21世纪以来文化的地位和作用全球性凸显，传达出来的一个清晰信号就是全球政治经济与文化格局的战略重组，以及整个人类文明面临跃升的机遇，何种文化能够担当人类文明的引领者，或者在全球文明秩序重构中到底以何种文化为基础融合发展，将直接影响一个国家和民族在世界舞台中的位置，以及在主导人类文明进程中的话语权。不论S.亨廷顿的“文明冲突论”，还是约瑟夫·奈的“软实力理论”，其背后无不有着竞争人类文明领导权的深刻用心。实践证明，只有那种有着极大包容性蕴含更多人类文明共识的文化才能在竞争中胜出，才能逐渐被世界人民所认可。五千年未曾中断的中华文化将以其巨大的包容性和东方智慧，在人类文明跃升中迎来复兴的历史机遇。中国共产党的初心不仅要为人民谋幸福、为民族谋复兴，还要为人类文明作更多的贡献。如若在人类文明跃升或者在人类文明秩序重构中，中华文化被边缘化或者缺失国际话语权，中华民族的伟大复兴就会大打折扣。民族的复兴、国家的崛起离不开文化的繁荣兴盛，文化的核心是价值观，文化的繁荣兴盛一定有其主流文化价值观念的普遍传播与践行，从而表现出一个民族的精神之强，就此而言作为中华文化独特性的坚实根基与底蕴的乡村文化的重要性不言而喻。中华文明正在以现代民族国家的姿态屹立在世界舞台中央，乡村文化的复兴无疑是托举中华文明的重要力量之一。在各种思想文化交流交融交锋中，乡土文明与作为其载体的乡村文化不仅是中华文化的底色，更是今日中华文化创新创造创意的力量之源泉。面对外来强势文化冲击和社会转型期的诸多现实挑战，不断发掘和弘扬中国优秀传统文化，厚植乡村文化底蕴的重要性将格外凸显。

三、乡村文化是中华文明传承与弘扬的载体和根脉

乡村是中华传统文化生长的家园，是中华民族的文化根脉所系。乡村文化是中华文明传承与弘扬的载体和根脉，是新时代中国特色社会主义文化发展的坚实根基，乡村文化的复兴是中国特色社会主义繁荣的生动体现，是坚定中国特色社会主义文化自信的重要依托力量。在现代化进程中，毋庸讳言，一些人对乡村文化抱有误读和偏见，甚至持有漠视和自卑的态度。树立乡土文明自信不仅是增强文化自信的内在要求，也是实现乡村文化复兴的必要前提。乡土文明自信不是小农经济的盲目自信，而是源于现代化进程中对乡土文明价值的文化自觉、自醒，基于对乡村文化价值的深刻认识。从使命担当来看，中国共产党既是现代新文化的创造者，更是中华优秀传统文化的传承者和弘扬者，乡村文化复兴是新时代中国共产党的文化使命之一。乡村文化并非传统文化的同日语，它同样面临在守护自身价值中的现代性转化，需要与时俱进地发展。乡村文化不仅是中国农民的精神家园，更是中华民族的心灵栖息地，乡村文化复兴是在向着文化本根返回中的一种前行，是在面向现代性敞开中的一种生活方式重构。乡村文化复兴是现代性领域中多元化生活方式中的一种选择，其意义是

文化的，是全球化日益深入语境下“我是谁”的文化认同与身份认同的源泉之一，是界定“何谓中国人”的精神价值参照。一定意义上，中国乡村的败落是文化底蕴的流失和根脉的割裂，是中国人魂不附体、心灵漂泊的外在表征。说到底，乡村振兴需要乡村文化复兴先行，只有乡村文化复兴才能为乡村振兴铸魂。

1. 乡村振兴要明确乡村文化的本体地位

乡村振兴离不开城市，但农村现代化不是简单的城市化，乡村尤其是中国农村始终有着存在的价值，这就是中国乡村文化本体地位的价值所在。在实践中，乡村文化是一个杂糅性的概念，它既包含乡村的公共信仰文化、乡土民俗文化、手工艺文化、乡村建筑民居文化，还包括具有精神教化意味的文化传承（家风家训、文化礼堂、乡村祠堂等）。实践表明，尊重乡村文化的主体性和本体地位是乡村振兴的首要前提，是实施乡村振兴战略的理念之一。

历史地看城乡二元结构，它是中国社会的基本结构，这种结构形态不仅表现在人们的社会生活方式上，还表现在人们的社会生活组织和社会管理与治理结构上，这一结构很大程度上决定了国家资源的配置与投放。在中华人民共和国成立以来的相当长的时期里，国家资源的配置包括精神文化方面的资源投放都受制于这一结构，由此任何对于这一基本结构关系的变动都涉及国家和社会资源的再分配，进而导致国家和社会资源结构的调整、社会结构的转型。究其根本，城乡二元结构从来不是简单化的社会经济结构，而是一种深层次上的文化结构，并深刻影响了中华民族的文化心理与价值判断。当前，对待乡村文化的态度需要反思，现实中有的人简单地用城市文化标准对待乡村文化，用城市文化排斥乡村文化，用时尚文化鄙视民俗文化，忽视多样化的乡村文化中所蕴含的特定文明价值和时代价值。一定程度上，在流俗的观念中普遍存在着贬低乡村文化本体地位，忽略乡村文化在现代化进程中的积极价值，认为乡村文化是落后的愚昧的，是被历史抛弃的垃圾等偏见。因流俗而导致误解，在对待乡村文化的态度上普遍存在一种文化自卑和精神的自我阉割，看不到乡村文化的发展方向，从而无法为乡村振兴铸魂。

从历史视角看，中国虽然自古就有城市，但乡土中国的文化根脉始终是乡村的，“从基层上看去，中国社会是乡土性的”①。可以说，华夏文明的根在乡

① 费孝通：《乡土中国》，上海人民出版社2007年版，第6页。

村，乡村文化守护着中华文明的根脉。在前现代的农业社会中，城市与乡村在文化上是同质的，共同孕育了华夏农耕文明。随着现代化、城市化进程的加快，乡村中传统的价值观念、风俗习惯、生活方式等发生了剧烈变化，在大多数人的思维观念中，城市文化被认为是现代的、先进的，而乡村文化是传统的、落后的，城市与乡村意味着现代与传统两种社会形态。这种二元对立的思维方式意味着城市与乡村是两种社会形态，意味着文明与落后两种价值观念，甚至意味着两种社会身份，是工业文明与农耕文明的对立形态。随着城市化扩张，城市与乡村在政治、经济、文化等诸多方面越来越不平衡，乡村的衰败使乡村文化成了被摒弃和清理的对象，乡村文化遭遇了严重危机。同时，随着"城市病"的加剧，城市文化在物欲的侵蚀下成为病态的、不健康的，而乡村文化则成为一种脱离真实性的某种想象性的审美存在，作为一种审美文化资源或隐或显地与城市文化发生某种关联。如韩少功在《山南水北》中称乡村是"耳醒之地"，乡村不仅净化了他的灵魂，还拯救了他的身体感官。其实，这种对城乡存在关系的"悖论性想象"是不真实的，是城乡二元论观念思维下的产物和心态显现，乡村虽然衰落，但乡村文化的根脉尚在。有学者指出："在当代中国，这种现象并没有消失，而是以更加剧烈的方式表现出来。比如，为了世俗幸福，人们都渴望生活于大都市，但每逢重大节日，人们又返回乡村，都市则几乎变成一座空城，这是传统中国的城乡二元结构在现代的反映。"[①]其实，在中国人的文化心理结构中，城市与乡村有着同等重要性，尤其是乡村有着更深远的价值。"'乡土'，作为中国文化的起源和隐喻性的精神存在，是人们心理结构中发生强烈情感认同之地，是涵盖所有的自然与社会人文背景及历史文化，对个人具有高度生活意义及使命感的地方。如果说乡土的能指是指向物质实存的话，那么其所指的意义主要指向一种诗性的，甚至有着宗教神圣感的形而上存在。也就是说，乡土、故乡、土地等物质形态往往会被赋予某些特定的文化内涵。"[②]这表明乡村蕴蓄了中华文明的根脉，是中华民族伟大复兴的重要根基。虽然乡村文化在时代发展中被边缘化了、衰落了，但它所凝聚的文化意象仍然是一种审美存在，是中华民族心灵的重要底色和水草丰盛的精神家园。在文化强国建

① 刘成纪：《中国美学：在城市与乡村之间》，《光明日报》2015年7月2日第14版。

② 韩玉洁：《作家生态位与20世纪中国乡土小说的生态意识》，苏州大学博士学位论文，2009年。

设的价值指向，以及乡村振兴及其城乡一体化发展中，“虽然目前乡村对大多数人而言更多只是文化的、审美的意义，是一种形而上的存在，而不是理想形态，但这无碍由此而来的一个重要启示：乡村文化是可以参与‘完美生活’的构建的，或者说，缺失了乡村生活的文化诗意，我们就失去了理想的生活状态”[①]。乡村文化在参与当代中国文化建设中有其独立价值，它不仅为有形的乡村振兴铸魂，还是厚植中国特色社会主义文化之“特色”的浓彩重抹之所在。一定意义上，乡村的衰落正是文化的消失，乡村文化的生命力必须附着于实体性的乡村存在，乡村振兴一定要有文化复兴，这样乡村才能是有灵魂的和诗意的，才能成为新时代满足人民美好生活的重要资源之一。

首先，复兴乡村文化要清理“地基”。所谓“地基”是指复兴乡村文化的观念意识，要合乎文化逻辑和现代意识。那种认为乡村文化是一种落后的文化形态，是与现代社会和现代城市文化对立的异质性存在的观念是需要批判清理的。要以平等互看的眼光，取代那种被凝视并被视为消费对象的思维。有学者指出，“几乎一切的文化产品，整个社会的活动，似乎都在告诉人们：唯有城市生活才是值得去过的，才是可取的，乡村生活只是意味着落后、贫困，只是一个应该被取消的对象”[②]。如孙惠芬的《歇马山庄》中的小青，从县城卫校毕业时说，她越来越清醒地认识到，她和乡村之间根本没有感情。事实上，小青在现实的乡村中不是个别的。文学是现实生活的反映，大量90后乡村青年对乡村持一种逃离的态度。事实上，随着美丽乡村建设、乡村振兴战略的实施，人们深刻感到在急剧的现代化、城市化进程中，乡村生活方式需要再发现。文化固然是整体的，特别是一个国家和民族的主导文化的价值观一定是清晰的明确的，但现实中的文化形态又具杂糅的、多元的价值观。就此而言，乡村文化与现代城市文化不仅不是对立，而是相互促进相互补充，是有着独立存在价值的非依附性存在。乡村文化与城市文化不是替代性关系，而是满足不同生活群体心灵需求的共在，乡村文化的独特性就在于它更好地赓续了中华文化的根脉，蕴蓄了中华民族较为稳定的精神追求，同样是今日中华民族伟大复兴的重要精神支撑力量，它能够最广泛地增强民众对中华民族的心理认同感。正如有学者指出的：

---

① 李静等：《城市化进程与乡村叙事的文化互动》，中国社会科学出版社2015年版，第7页。

② 周展安：《重新发现乡村——读韩少功的〈山居心情〉》，《当代作家评论》2006年第5期。

"保存、传承传统乡村文化的精华在文化全球化语境中具有建构民族文化身份与文化认同的文化战略意义。正因如此，我们有理由相信，传统乡村文化内蕴的生命力可以焕发新的生机，它的有效资源可以参与城乡两种文化形态的良性互动，进而培育真正意义上的'现代城乡文化共同体'。"[①]作为"现代城乡文化共同体"中的一元文化形态，乡村文化不是以"传统形态"的现成性存在，也不是整体性地延续，而是以独特的现代化方式复兴。乡村文化复兴是对乡村文化形态中的积极因素的发掘，使之成为当代中国文化的重要构成部分。这种思考要立足现代性立场和本土文化价值，是基于传统与现代价值的充分融合的批判性思考。为此，既要清除一些流俗观念和乡村文化中的消极性前现代思想，又要保留淳朴良善的人伦风情与包容的文化心态，使现代城乡文化一体化发展之根深深扎在中华大地上。

其次，复兴乡村文化要着力培育社会主义新农民的主体意识。尽管中国正处在快速城市化进程中，但中国的城市还很难吸纳所有的农民，乡村仍旧会有数亿农民生活其中，乡村振兴是历史的选择，更是一种战略抉择。何谓乡村振兴的主体力量？一定数量的留在乡村的"中坚农民"成为乡村振兴的主体力量和乡村文化复兴的着力点。传统乡土社会是礼俗社会、熟人社会，现代社会是法治社会、契约社会，这一整体性的社会转型是乡村文化复兴的现实基础，需要文化主体的担当。作为主体力量的"中坚农民"，是指"主要收入在村庄、社会关系也在村庄、家庭生活完整、收入水平不低于外出务工家庭的新生中农群体"[②]，他们占农户总数的10%~20%。这些乡村建设中的新阶层，是复兴乡村文化的主体力量。当下，已有不少文学叙事作品塑造了诸多"中坚农民"的艺术形象，他们有眼光、视野开阔、会电脑、有文化、懂社交、知网络甚至开网店推销农产品，善于开发乡村特色资源如乡村农产品售卖、乡村旅游、乡村农家乐、乡村民宿、手工艺开发等，他们是新一代农民，有着社会治理的民主意识和科学文化素质。农民的在地性有一种就业意义和文化价值的传承，特别是教育的优化不仅可以吸引农民留在家乡，还有利于增强乡村活力。如河南信阳市郝堂村的乡村文化复兴，就与其乡村小学教育的吸引力不无关联。可以说，培育"中坚农民"是乡村社会可持续发展以及乡村振兴的基础，是乡贤传统的当代形式复兴。

---

① 李静等:《城市化进程与乡村叙事的文化互动》，中国社会科学出版社2015年版，第9页。

② 贺雪峰:《论中坚农民》,《南京农业大学学报》2015年第15卷第4期。

城乡一体化融合发展，需要城乡以平等的眼光“互看”，才有可能实现城乡要素自由流动、平等交换。以往的农村政策，多是围绕工业化、城市化对农村的需求来制定，难以体现乡村自身的价值。因此，实施乡村振兴战略是理念、思路、举措的转变，旨在以一体化思维推动乡村发展，强化城市和乡村是共生共荣的命运共同体意识。

2. 乡村文化复兴要有现代文明指向

在历史传承中，乡村文化孕育守护着中华文化的根脉。中华文化本质上是农耕文明。历经不断的挑战和回应，丰富多彩的乡村文化孕育了农耕文明。在文明传播中，中华优秀传统文化的思想观念、人文精神和道德规范，植根于乡土社会，源于乡土文化，彰显于农耕文明，显现于一系列价值观念。如重农扬农、家庭为本、尊祖尚礼、邻里和睦、勤俭持家、以丰补歉等诸多人文精华；德业相劝、过失相规、出入相友、守望相助、患难相恤等诸多中华传统美德。儒家文化倡导的讲仁爱、重民本、守诚信、崇正义、尚和合、求大同，不仅维护了中国古代社会的良好秩序，在当今社会仍然具备强韧而持久的生命力。作为民俗文化代表的“二十四节气”，生动地体现了中国人天人合一、顺天应时的理念。在中华优秀传统文化的形成和发展过程中，乡土文化不仅起到“孕育者”作用，还发挥“守护者”作用。[①]近代以来，尽管中国乡土文化屡次遭受磨难，但文化根脉并没有被割断，而是深深地植入中国农村广袤的土地上，并在特定机缘中焕发出强大的生命力。

乡村文化既是一方水土独特的精神创造和审美创造，又是人们乡土情感、亲和力和自豪感的凭借，更是永不过时的文化资源和文化资本。[②]近年来，我国各地兴起了“乡村文化热”，消费“乡村文化”成为一种时尚，人们把“乡村文化”作为一种情结，作为发展旅游或者文化产业的重要文化资源和文化资本。春节庙会、清明祭祖、端午赛龙舟、重阳登高等传统民俗活动日渐兴起，展现了乡村文化旺盛顽强的生命力。乡村旅游大发展，使传统村落成为人们趋之若鹜的旅游地，民俗体验、乡村写生等成为消费热点。乡村文化的丰富性和多维度在消费主义视野中被扭曲，乡村文化的复兴亟须一种理性健康的消费观。对

① 康永征、马骊：《乡愁：文化自信背景下优秀传统文化的回归——兼论中国传统文化的乡土性》，《理论导刊》2017年第11期。

② 谢宏：《中国梦·美丽乡村建设：乡土文化》，广东科技出版社2016年版，第1页。

此，有学者指出:“大部分与原有生产生活方式相关联的文化事象的复活，都有一个潜在的市场支配力量，在产业化发展过程中，乡村文化浅表性的仪式开发风靡一时，古老的祭祀成为旅游项目，宗教演绎成为廉价的狂欢。仪式转变为展演，保留的只是仪式感，文化事象与产生文化事象的土壤被割裂，文化事象背后强大的意义世界被虚化，而文化事象的仪式感却被强化。这种文化事象复活的意义在于取悦文化旁观者而非文化持有者，因此，取悦他者以创造经济收益为主要目的的乡村文化产业不可避免地带有媚俗的特征。市场把乡村文化裹挟进其潮流中，但由于不能深入理解乡村文化的深层结构，不能从根本上提供乡村文化旁观者对乡村文化迷恋的强有力的解释模式，乡村文化的产业化发展问题重重。乡村文化持有者虽然意识到自身文化的价值，但由于文化表达中的‘权力’及经济上的弱势，文化持有者依照文化旁观者的喜好而非自身的喜好来表达文化。因此，在乡村文化产业开发中，文化持有者揣度文化旁观者的心思，往往以媚俗的方式吸引文化旁观者，实质上造成乡村文化与自身的疏离。”①诸多乱象表明，“乡村文化热”需要“冷思考”，乡村文化的价值不能被狭隘化为单一的经济利益诉求，需要在尊重其多维价值中展现其风采。在美丽乡村建设中，一大批文化底蕴深厚、充满地域特色的美丽乡村在全国各地不断涌现。景德镇陶瓷、淄博琉璃、潍坊风筝等乡土工艺品以及泰山皮影、日照农民画、东丰农民画等乡土民间艺术纷纷走出国门，中国乡村文化正以越发自信的步伐走向世界，受到世界人民的广泛赞誉。

实践证明，中国乡村文化历经劫难而不亡，饱经沧桑而新生。我们完全有理由热爱乡村文化，树立乡土文明自信；乡土文明自信是增强当代中国特色社会主义文化自信的有机构成，决定了文化自信的深度和广度；乡村文化复兴需把中国特色社会主义文化自信与乡土文明自信关联起来，以乡土文明自信助力乡村文化复兴。乡村文化复兴要立足日常生活，树立正确的历史观、文化观和生活观，注重发掘文化内涵和价值传播与教化功能，充分展示或回归文化是一种生活方式的本质属性，使乡村文化在日常生活中鲜活起来，不断托起民族心灵栖息地的乡愁。在“城乡文化命运共同体”的构建中，乡村文化复兴正在丰富着乡村现代性的内涵，它同样有着现代文明的价值指向。

---

① 李佳:《乡土社会变局与乡村文化再生产》,《中国农村发现》2012年第4期。

第二节　现代化进程中乡村文化的复兴与价值诉求

党的十九大报告提出实施乡村振兴战略，旨在实现城乡一体化的融合发展，为中华民族的伟大复兴夯实现实基础。为什么是乡村而不是农村？乡村是农村，但又不是农村，乡村是一种有别于地理空间的文化界定。在实践中，乡村文化是一个杂糅性的概念，一个不断生成流动性的概念，它既包含乡村的公共信仰文化、乡土民俗手工艺文化、乡村建筑民居文化，还包括具有精神教化意味的文化传承（家风家训、文化礼堂、乡村祠堂等），它作为乡土文明的载体，在不同的时代有其迥异的主导形态。乡村是当下城乡一体化进程中的主体力量之一，乡村文化有其独立的价值和尊严，它需要呵护，更需要敬畏。随着全球化和现代化的深入，民族文化、地方文化越加凸显，曾经被遮蔽的乡村文化出现了复兴的迹象。不同于全球化、现代化作为社会运行的显的力量，乡村文化更多是在隐的层面发挥作用。可以说，乡村文化的根脉未曾断裂，只是退居历史的幕后，并在时代境遇中改变了经典形态，但其文化之“核”依然存在，这个“核”深植于经年累月的社会发展中，积淀在民族深层的文化心理结构中，维系着中华民族潜意识的文化认同。不论承认与否，现代化是当今时代的主流话语，任何以保存传统文化之名进行的抵制都徒劳无益，乡村文化的价值也要在现代化进程中得以彰显。乡村文化不是现代化的他者，而是同行者，共同成就中国现代性的“复数”，是有别于城市文化的现代性的中国形态之一。所谓城与乡不是相互分割的两个世界，而是一个世界中不同的存在形式。城乡之间物质文化交往日益密切，一方面快速交通、电子通信、数字互联网消解了空间距离，工业产品和文化娱乐影视节目日益覆盖乡村的日常生活；另一方面广大农村青壮年进城务工往来于城乡之间，现代城市文化开始游荡在乡村日常生活空间。在城市文化的全面碾压下，乡村文化再生产的能力几近丧失，危而及之的不仅是乡村的衰落，而是关乎中华民族文化根脉的赓续，及其深层次身份认同的“我是谁？我从哪里来？我到哪里去？”的自我确证。究其根本，乡村文化不仅延续了农耕文明的香火，更是信息文明时代跃升的重要资源。乡村文化的复兴，可以让我们记住乡愁，留住根脉，厚植底色，安放灵魂。乡村文化复兴既是实现乡村振兴的现实推动力，又是引导方向。

一、乡村文化的衰落

什么是当下中国真实的乡村图景？在城市文化视野中，乡村是破败、衰落、落后、寂寞，一个缺少生机和活力，缺失文化意味和美学底蕴，不断被遗忘的角落。河北作家徐广慧在小说《寂寞的村庄》中，通过一个懵懂乡村孩子的视角，投射了一幅不堪的乡村社会众生相。母亲青草是一个城市弃儿，腿上生了一个大包，只能爬着行走。父亲因为是个聋哑人而滞留乡下，但却成了多名留守女人争相抢夺的性慰藉对象，村长大炮更是肆意凌辱她们。城市化大潮造成了农村劳动力缺失、留守男女失衡，以及教育动力匮乏、生活贫困等问题，作家为我们展示了一幅城乡对立性的图景。实践中城乡现代化进程演化为单向度的城市化进程，乡土社会的肌理与乡村生活方式不断被改写，传统文化符号不断消亡，传统乡村礼俗秩序不断崩解，乡村逐渐被甩出历史的车轮，村民毫无意义感地苟活着。乡村凋敝、庄稼荒芜、民生困顿，而民间信仰的消失、乡村伦理的倾塌、精神的虚妄则是乡村破败的症结。文学所展示的乡村焦虑、乡村寂寞，已成为乡村叙事的难题。所谓“乡愁”，就是想起农村就令人发愁。在流俗观念下，随着乡村文化资源的流失、毁坏以及对乡村文化价值认知上的偏差，导致乡村文化发展的虚无感和意义感的坍塌，乡村被抽取了灵魂，农民成为丧失精神家园的漂泊者，而失去了对生活的进取心，从根本上屈从于贫困。因而，人们越来越认识到脱贫攻坚、乡村振兴，需要从文化上点燃他们对生活的渴望，激发他们追求美好生活的意志力，乡村文化复兴成为乡村振兴的支撑。因为人是最能动的生产力要素，文化信念的植入是最好的脱贫良药。城乡有别，乃是文化差异的显现，而不应是文明的差距。作为发展方向的城乡一体化，是相互尊重基础上的融合发展、均衡发展、协调发展和共同发展。城乡一体化发展必须尊重乡村的独立价值，其发展方向不是把乡村搞得像城市，或者把乡村视为城市的附庸，而是以有别于城市的乡村现代化，让城市的资源配置、现代科技特别是数字化信息技术广泛应用于乡村振兴实践，使城市与乡村形成良性互动，以城市的繁荣带动乡村的发展；乡村文化复兴要以建构“现代城乡文化共同体”为旨归，其前提是尊重乡村文化的本体地位，在激活乡土文明的现代价值中重构乡村生活方式，使乡村文化成为中华民族的精神家园，以乡村文化复兴为乡村振兴铸魂。

乡村的衰败主要源于产业凋敝导致的青壮年劳动力的流失。现代化并没有带动乡村产业的升级，而是产业的日益凋敝。随着城市化进程的加快，乡村劳动力出现大规模的区域性流动，社会结构从“乡土”向“离土”转变，大量农村青壮年进入城市工作生活，留守儿童、老人以及其他弱势群体即“386199部队”成为留守农村的主要人群。调查显示，许多村庄七成以上男性劳动力外出务工，还有两成以上边种地、边打零工，从事农业生产的主要是60岁以上老人和家庭妇女。村民办丧事，找不齐抬棺材的几个劳力，已是当下乡村的真实写照。农村建设的主力军不断流失，农村文化建设的依靠力量不断削弱。乡土社会变局的现象后面，是深层次的生产方式变革和经济社会变化。生存压力带来的乡土社会变局影响着乡村文化的走向，失去了经济的依托，乡村文化日益萎缩，但文化与经济变迁的频率并非一致，乡村文化仍然艰难地生存着。一些地方乡村文化特色逐步丧失，传统重义轻利的乡村道德观念不断被侵蚀淡化，人际关系在淡漠中逐渐功利化，人情社会商品化，维系农村社会秩序的文化价值逐渐解体，一定程度上造成了乡村社会秩序的失范。前几年流行的《春节博士回乡日记》，就揭示了一些农民社会责任、公德意识淡化，与家人感情日益淡漠，家庭观念不断淡化，导致不养父母、不管子女、不守婚则、不睦邻里等有悖于家庭伦理和社会公德的普遍现象。其结果是家庭的稳定性被削弱，留守儿童的教育成长成了社会“热点”问题，“农民工二代”的婚姻成了大问题。一些封建迷信思想趁势抬头，陈规陋习之风盛行，六合彩、赌博之风蔓延，辛辛苦苦一年的打工钱，在过年的几天时间里就输掉了。一些地方农村红白喜事大操大办，攀比之风和过度消费流行，结婚的彩礼钱高得吓人，农村光棍增多。农村原有的传统集体活动、节庆仪式渐渐消失，农村公共文化活动几近消失，市场化、商品化、功利化已经侵蚀到乡民的日常生活，一些愚昧落后低俗的东西趁机占领农民的精神世界，宗族势力重现，宗教迷信沉渣泛起，背离人伦和恶性伤害事件多发。少数人价值观扭曲，荣辱观颠倒。乡村文化的乏力使其在乡村社会治理中日益被边缘化，乡村文化再生产只是徒然地流于形式，落后的“三俗”文化现象蔓延。

乡村结构的变化和大规模劳动力流动，在空间上改变了乡村的存在方式，与之相应的是乡村文化生态日益恶化，乡村意义系统与乡村秩序几乎崩塌，旧的秩序遭到破坏，新的治理结构却没有建立起来。作为中国传统文化的历史载体，广大农村在现代化进程中从物质形态上不断消失，直接保存在农民日常生产生活方式中的传统文化在加速消亡，农村健康有益的精神文化有效供给不足。经济的依附性、人才和主体力量的流失，使得乡村自身无法生长出一套契合现代性价值并能有效抵御负面冲击的乡村意义系统，政府试图以新农村建设和乡村自治等方式主导乡村秩序重构，却忽视乡村丰富的人文内涵和乡村文化自觉，有意无意地抽空了乡村文化复兴的肌理。所谓重构多是乡村空间的扁平化过程，乡村文化日益丧失意义感，失去了生活的本真和美好而沦为艰难地生存。乡村意义的坍塌带来了乡村文化的困境，社会流动使村民逐渐失去与土地根深蒂固的联系，以土地为中心的生活方式与生长于这种生活方式之上的文化被否定，乡村文化、风俗习惯发生剧烈变化，村民的生活方式与土地的互动几近断裂，原有的文化再生产机制因与当下的生产、生活节奏脱节而趋于式微。一定意义上，农村在流俗的观念中已成为经济文化落后的象征，成为传统文化彻底消失的最后版图。

二、21世纪文化地位的凸显与家风家训的传承

文化是一个国家和民族的灵魂，它在深层次上潜在地规定着人的精神生活和物质生活延续进步的基本方向。它既体现为大众日常生活中基本的价值判断、道德规范，也体现为各种规范性的典章制度、活动仪式、风俗习惯，还体现为代代相传的多种多样的技能技艺、手工制作等。在社会学意义上，“文化”被赋予了一种劝诱归附、改善心性的职责，试图教育大众、改良习俗，进而改善社会、提升民众，即将那些“社会底层”的群众化育到社会上层的高素质人群，它有着明确的价值教化指向。在后现代的消费社会，文化的概念是流动的，往往与消费相关联，它创造需求满足需求，以其审美品位和价值追求提升民众的素养与经济发展形态。契合时代语境的变化，文化内涵和价值追求的变化导致了文化外向度的价值凸显，还对传统意义上注重内在价值的乡村文化产生了强烈冲击。可以说，乡村文化的失落，既有外在强势力量的碾压，也有文化观念自身的变迁。

长远地看，文化是一种生态，从根本上滋养着人类的文明。文化生态“是一种类似自然生态的概念，把人类文化的各个部分看成是相互作用的整体，而正是这种相互作用的方式才使人类的文化长久不衰，导向平衡”[①]。联合

---

① 方李莉:《文化生态失衡问题的提出》,《北京大学学报》(哲学社会科学版)2001年第3期。

国教科文组织宣称：文化多样性是人类的共同遗产，应当从当代人和子孙后代的利益考虑予以承认和肯定。美国文化人类学家罗杰·M.基辛格认为：文化的歧异多端是一项极其重要的人类资源。一旦失去文化的差异，出现了一个一致的世界文化——虽然若干政治整合的问题得以解决——就可能会剥夺了人类一切智慧和理想源泉，以及充满分歧与选择的各种可能性。[①]全球化语境下，人类的发展应该坚守这样的原则："每一种文化都有必须得到尊重和维护的尊严和价值。""每个民族都有权利和义务发展其文化。""每一种文化都代表自成一体的独特和不可替代的价值观念，因为每一种民族文化的传统和表达形式是证明其在世界上的存在的最有效手段。"[②]从而，努力促进一种全球性文化——一种不是千篇一律而是丰富多彩的，在容忍、合作和共同目标方面一致的全球性文化。[③]然而，现实中全球文化秩序及其格局的重构是相互竞争和博弈的产物，文化的全球高位态与实力深刻影响着一个国家和民族的世界地位和作用的发挥，因而文化发展往往被提升到国家战略高度，文化战略日益成为国家战略。在此语境下，如何促进乡村文化复兴、重构乡土文明的价值，对于中华民族的伟大复兴有着重要价值。

当今时代，战略已成为一个国家发展中最有活力和决定意义的主题词。处于伟大历史复兴进程拐点的中国正处在这样一个战略时代，这是一个全球化语境中文化思潮空前激荡的时代，也是一个国家文化战略博弈不断加剧的时代。面对复杂的国内外形势的风云变幻，中国的崛起不能缺失国家文化战略的支撑。所谓国家战略是指一个国家总体性的根本战略，它广泛涉及一个国家的政治、经济、军事、外交、文化、科技、教育等诸多领域，是一定时期内国家战略利益的现实反映，是一个国家根据当前国内外形势与发展格局变化做出的一种战略选择，在不同的发展阶段，国家战略会以某种具体形态、方式来凸显战略利益诉求。国家战略，不仅事关全局，还具有整体性和前瞻性。随着文化的地位和作用的全球凸显，文化发展进入国家战略视野，文化战略成为国家战略

---

① 北晨编译:《当代文化人类学概要》，浙江人民出版社1986年版，第283页。

② ［美］欧文·拉兹洛:《多种文化的星球》，戴侃、辛未译，社会科学文献出版社2001年版，第154–156页。

③ ［美］欧文·拉兹洛:《多种文化的星球》，戴侃、辛未译，社会科学文献出版社2001年版，第210页。

系统中的一个重要构成部分。在全球化时代，“文化战略”更多地指涉文化间的竞争策略。它是一个国家在全球化语境下，从文化视角对本国发展与世界战略的一种长远考虑和谋划，集中反映了一个国家的文化意志和对于世界的文化意图；是一个国家和民族在文化竞争、博弈日益激烈的语境下，为强化民族文化认同、增强凝聚力和有效价值传播及其文化形象建构，所主动采取或实施的一种具有战略性意义的立场或者国家行为。文化战略的制定要有效协调国家硬实力和软实力的均衡发展，“一个国家的国家潜力取决于该国现有的政治、经济和军事能力的总量、相关性、效果、不可抵抗性和持久性，取决于可用于加强和扩大这些能力的人力、自然资源的数量和质量”①，更取决于该国的文化能力。中国文化战略的实质是提升国家的软实力，旨在形成与中国经济崛起同样的影响世界文化增长的力量，在使世界尊重五千年中华文化的同时，更要尊重和倾听当代中国文化发展的态度和声音，建构当代中国的国家形象。当下，发掘乡村文化的价值已成为全球化时代日益凸显的国家文化战略命题。美国战略学家约翰·柯林斯指出：所谓大战略“是在各种情况下运用国家力量的一门艺术和科学，以便通过威胁、物力、间接压力、外交、诡计以及其他可以想到的手段，对敌方实施所需要的各种程度和各种样式的控制，以实现国家安全的利益和目标”②。因文化战略融入国家战略体系，使文化发展被赋予更多的内涵和价值，从而引发全球性文化竞争下的秩序重构，文化在国际竞争中是一个整体性概念，乡村文化复兴是其中尤为关键的短板，它关乎在根本上对“何谓中国人”的界定，以及如何坚定文化自信。一定意义上，乡村文化再生产要有全球视野和产业思维，要有资源发掘和创意转化能力，更要形成一系列可保护的版权，从而助力中国软实力的增强。

从文化与日常生活的关联来看，乡村文化的复兴需要寻求内在的关联点。现实地看，从个人（君子人格）与家庭做起（家风家训，成就君子之家）不失为一条良策，由此家风家训在乡村文化复兴和乡土社会重构的价值凸显出来了，乡村文化的根就在乡土文明传承中。现实生活中，陕西关中大地上的普通农民就是《白鹿原》中的主人公白嘉轩的样子，在曾经的历史条件下，每天蹲坐在门前阳光下小板凳上的普通的白嘉轩并不高大，他身上体现的仁

① 傅立民：《论实力：治国方略与外交艺术》，清华大学出版社2004年版，第15页。

② ［美］约翰·柯林斯：《大战略》，中国人民解放军军事科学院1978年版，第412页。

义精神，却是传统的儒家文化所崇尚的精神意义的完美体现，是传统乡村中普通的君子行为，蕴藏着从独善其身的人格修养到为民赴难的济世情怀。书中人物鹿三说："白家人老几辈儿，都是仁义居家，人家的长工也不是随便雇的。"[①]这正是对白家所坚守的道德人格操守的简练概括，作为家风，仁义的精神既内化于白嘉轩的精神人格之中，也体现于其日常生活中的待人接物，更是贯穿于日常生活中对子女的教导过程中。可以说，君子成人就是学会做一个"人"，做一个称得上"人"的人。这种"学为好人"的道德人格追求，是中国传统社会的君子修身之道。如果一个社会中的个人缺乏基本的道德人格追求，不能正确理解义与利关系的精神操守，那么文化的价值和文明的意义就会落空。当然，君子人格固然对当下追逐物欲和急功近利而遗忘了道德人格追求的现代人有着重要的道德召唤价值，但它的有效性必须有与之相匹配的生活环境和经济基础的支撑，有经济保障与社会氛围和舆论的引导，这样重拾家风家训在培育君子中的传承功能才有现实性。也就是说，必须把家风家训的君子人格教化放在社会环境中，形成一套有意义感生成的文化系统。任何一种文化，其基础总是一整套具有历史传承性的自明的真理性价值体系，即说法与活法的有机统一。任何一个社会人，总是一个被某种文化所教化的人。即该人往往被生存其中的文化价值观所占有，而理所当然地自觉信仰并遵循该文化的主导价值观。传统乡土社会的君子教化主要通过家风家训来实现，家庭承担了重要的责任。所谓家训，是指对子孙立身处世、持家治业的教诲，是先辈留与后人的智慧宝典。家训最早可追溯到周公告诫侄子周成王的诰辞，自此绵延数千年，中国传统家训精深宏富，是中国家庭文化的重要组成部分，也是中国传统文化的重要组成部分，是中华民族的重要资源。所谓家风，就是一个家庭或家族的传统风尚。家风是中华民族传统美德的现代传承，中华民族五千多年的灿烂文化孕育了许多优良的传统；家风是我们立身做人的行为准则；家风是社会和谐的基础。家风是一种潜在无形的力量，在日常的生活中潜移默化地影响着孩子的心灵，塑造着孩子的人格，是一种无言的教育、无字的典籍、无声的力量，是最基本、最直接、最经常的随风潜入夜的教育，它对孩子的影响是全方位的，每个方面都会打上家风的烙印。

---

① 陈忠实：《白鹿原》，人民文学出版社2005年版，第124页。

究其根本，中国传统乡村社会是“礼治”社会，维护其秩序的是乡规民约、乡风民俗、宗族宗法，如各种家规家训:“规矩”“家礼”“家风”“家训”“乡约”发挥着价值导向和规范的作用。教育子孙明礼教、知廉耻，培养有识有德有礼之君子，从而维护了基层社会秩序，推进了中华文明的传承和弘扬。其中社会治理的主体之一是乡绅（乡贤）——“中国政权中极重要的人物”，他们代表民间与官方协商，并在这一过程形成了由下而上的另一条政治轨道。[①]有学者指出，中国传统社会中的乡村自治并非一个完全独立的运作系统，它依靠地方上的乡政、里甲、老人等力量，运用传统的行为规范对农村社区进行有效的社会治理；但它又在国家政权统治的框架内，依照国家的法律，执行政府的部分行政职能。[②]在中国，家庭有着极为重要的意义，几千年来构建了中国人在世俗社会的信仰居所，是中国人社会伦理建设的起点，也是归宿。传统中国的家国同构的文化心理结构、家国情怀，此“家”是一个大家族的概念，非今日三口之家的小单元可同日而语。大家族中起着精神和价值导向功能的家风家训，在教化效果上，既有士大夫（士绅阶层）的修身齐家意识，也有着君子（百姓）的人格养成思想，是那个历史时期的社会主流价值观的传播与教化，是培养乡土社会乡贤的文化根基与土壤。可以说，有什么样的家风，就有什么样的孩子。从文化价值的传承来看，家规家训是祖上对家族内的人的行为规范。一般是指一个家族所遗传下来的教育、规范后代子孙的准则，也称家法。端蒙养、重家教是中华民族的优良传统。历史上那些世家望族之所以流传数百年不衰，与其重视家风家训有着密切的关联。如孔子家训有云：不学诗，无以言；不学礼，无以立。《钱氏家训》曰：心术不可得罪于天地，言行皆当无愧于圣贤。能改过则天地不怒，能安分则鬼神无权。读经传则根底深，看史鉴则议论伟。能文章则称述多，蓄道德则福报厚。祖宗虽远，祭祀宜诚。子孙虽愚，诗书须读。娶媳求淑女，勿计妆奁。嫁女择佳婿，勿慕富贵。更是基于儒家修齐治平的道德理想，从个人、家庭、社会和国家四个角度出发，为子孙订立了详细的行为准则。钱镠在临终前，曾向子孙提出十条要求，被后世称作《武肃王遗训》。一千多年来，遗训和《钱氏家训》世代相传，更得到子孙后代的身体力行，成为立

---

① 费孝通:《乡土中国与乡土重建》，风云时代出版公司1993年版，第149–155页。

② 董建辉:《传统农村社区社会治理的历史思考》，《中国社会经济史研究》2002年第4期。

族之本，旺族之纲。家风家训在维护乡土社会价值稳定中发挥了重要作用，是乡村文化复兴的有效载体。当然，家风家训的弘扬作为乡村文化复兴的突破点，要立足现代生活条件融入社会主义核心价值观，并使之合乎人性的需求，合乎心性的养成，成为家庭中每一个人的自觉遵循。

三、乡村振兴需要以乡村文化复兴为之铸魂

习近平总书记多次指出，中国有坚定的道路自信、理论自信、制度自信，其本质是建立在五千多年文明传承基础上的文化自信。文化自信，是更基础、更广泛、更深厚的自信。没有文明的继承和发展，没有文化的弘扬和繁荣，就没有中华民族的伟大复兴。随着全球化进程的深入，西方强势文化伴随资本扩张和全球文化市场的形成，不断进入广大发展中国家，给各国民族文化带来巨大冲击。在此语境下，乡村文化遭受了全球化和城市化的双重碾压。坚定文化自信和中华民族伟大复兴的召唤，要求我们必须高度警惕乡村文化的衰落，高度重视乡土文明的现代价值。

今天我国城镇化率已经过半，但即使城镇化达到70%以上，也还有几亿人生活在农村，农村不会消失，现代化强国始终有着乡村的维度。随着城市反哺乡村，公共文化设施与服务意识的不断完善，乡村文化复兴有了现实基础。如何复兴？其发展理念、思路和方向的考量至关重要。乡村文化中大量传统文化的因子还留存在日常生活、建筑、礼节中。从积极角度讲，许多特征和品质如互助、诚信、简朴、顺应自然、容易满足，以及和平、宁静、单纯、尊老、顺从等，乡村文化中丰厚的伦理资源在今天仍然不失其重要价值。费孝通认为，自古以来的农耕文明孕育了“差序格局”的社会结构，乡土社会是由“波纹宗亲网”构成的呈现为“差序格局”的礼俗社会。[①]尽管随着现代化和城市化的加速推进，传统的乡土环境已不复存在，但是广大乡村仍然是“熟人社会”，乡土的“差序格局”仍然存在，乡土社会的伦理文化仍然微弱地一脉相承。梁漱溟在《中国文化要义》中曾指出，在乡村社会中，乡民交往逻辑不是重点考虑个人，也不是考虑社会，而是将伦理关系作为重点，有着各自固定的伦理位置与道德角色，并形成了共同的价值观念和伦理规范。因此，可以说伦理文化的复

---

① 费孝通:《乡土中国》，江苏文艺出版社2007年版，第54页。

兴是引导当下乡村风气和凝聚乡民人心的不可替代力量，是现代乡村治理的灵魂，是实现乡村社会充满活力、安定有序的根本支撑。基于乡村社会的文化特点，通过深入挖掘伦理文化，积极发挥乡规民约、道德规范等的约束作用，有利于培育文明乡风、良好家风、淳朴民风，能够有效提升乡村治理水平，完善乡村自治体系。在现代化背景下，农村衰落是一个需要社会各层面加以重视的问题，乡村需要现代化，但不是城市化的翻版、微缩版，不能沦为城市的附庸。就战略价值而言，乡村振兴不单是农村的事，它关乎中华民族伟大复兴的底色和底蕴，关乎中国文明型崛起的“中国特色”，是界定“何谓中国人”的重要维度之一。关于乡村振兴的定位和发展理念，韩国的经验可以借鉴。在20世纪60年代，韩国城乡居民的收入差距明显加大，在全国农村人口中经营不足1公顷耕地的农户占67%，这些人的年均收入不到城市居民的50%。农民占人口比重过大，农业机械化程度低，鄙视和离弃农业农村的风气蔓延，农业基础薄弱，农村教育落后，农民普遍对生活信心不足。1971年，在全国250多万农户中，约有80%住的是盖着稻草的茅草屋。韩国人认为，从国外引进新的科学技术并不难，但是国民的伦理道德水平，如勤勉、诚信、节俭、自助、平等、合作等人文价值观是永远无法用金钱和引进获取的。20世纪70年代初，韩国正式开展“新村运动”。大力发展农村文化事业，也是“新村运动”的主要内容之一。在运动过程中，通过挖掘民众中潜在的“美”和“善”，弘扬民族的传统美德，形成了“勤勉”“自助”“协作”的基本精神追求，不仅改变农村和国家的面貌，更是提高了社会整体的思想道德水准。韩国的经验表明，乡村可以现代化，但仍有可能保留基本的精神价值追求，成为维系乡村社会发展的价值遵循。从21世纪以来的“新农村建设”，到党的十九大提出“乡村振兴战略”，乡村衰落的趋势被有效改善，一些乡村活力迸发。随着一部分农村经济实力的壮大，乡村文化复兴的迹象普遍增强，人们逐渐认识到农村存在的现代价值，对乡村文化价值认知的偏见被不断纠正。

农村是乡村，乡村振兴要有乡土文明的肌理和架构，要有对乡土文明的敬畏。应对社会转型中乡村的空心化、碎片化、原子化态势，需要城乡一体化发展思路，需要建构城乡命运共同体意识，在回归本位中相互尊重、相互借势，以文化的在地性生长激活乡土文明。“社会的再组织化，是克服社会碎片化和社会成员原子化现象，重建社会秩序的最重要途径之一。”[①]乡村文化复兴要立足产业、依托组织和人才建设，要有载体和抓手，文化的力量（价值认同、社会凝聚）才能发挥出来。乡村振兴既要产业塑形，更要文化铸魂。在城乡一体化进程中，最终的诉求是建成产业全链条强、环境全域美丽、文化全面复兴、治理全数提升、要素全效流动、幸福全民共享的美丽、人文、善治、共富的乡土文明新农村。如浙江省余姚市的乡村振兴实践是这方面典范，余姚市2018年新建农村文化礼堂40家、覆盖率提高到61.1%，新增乡村振兴文明示范线10条、串联行政村75个。政府投入资金加大对古村落，特别是古建筑、古道、古桥、古井、古树等历史遗存遗迹保护力度，广泛动员各方力量以合力保护和利用好民间艺术、手工技艺、民俗活动等非物质文化遗产，借助文化创意和数字化互联网技术应用，不断赋予乡村文化新的时代内涵，在传播形式和表现载体创新中实现价值重构。通过一系列节庆活动和仪式感凝聚了人气，如“中国农民丰收节”“礼堂文化节”“文化走亲”“我们的村晚”和文化礼堂“赶集会”等活动，使广大村民有了充分的文化获得感，在精神的陶冶和感官娱乐中，社会主流价值浸入人心，在村规民约中形成文明乡风、良好家风、淳朴民风，乡村治理逐渐迈向善治。乡村文化复兴呈现出日日有健身、周周有活动、月月有大赛、年年创新高的新气象。

另外，要明确乡村振兴的可持续基础是产业和人才支撑，只有以产业留人，文化复兴才有现实基础。因此，乡村文化复兴要以产业振兴为依托和载体。产业并非简单的种植，而是包括农林牧渔、加工、制造、餐饮、旅游、科普、“非遗”的传承保护和创意开发等的复合型发展。没有产业的支撑，乡村文化复兴就失去了基础。实现以农业为核心，就要把农民生活、农村风情、农业特色做足，充分发掘各种农耕文化、历史资源、人文景观、风俗习惯等，使之真正活态化地呈现出来，使乡村更有文化厚度，实现乡村产业、文化与生态的互促共赢。如以特色文化产业项目开发，复活银饰、风筝、布鞋、竹编、剪纸等手工艺，不断做精特色食品、菜品，传承戏曲表演、说书等大众娱乐活动，让部分农民在家门口就业。通过传统手工艺品的制作和欣赏，提高村民对自己文化的自豪感，让本地人自豪，让外地人羡慕，形成独特的地域文化高地，满足市民

① 何显明、吴兴智：《大转型：开放社会秩序的生成逻辑》，学林出版社2012年版，第12页。

对差异化生活方式的需求。总体上看，在乡村振兴中，产业定位不能“大而全”，力求“特而强”；功能叠加不能“散而弱”，力求“聚而合”；建设形态不能“大而广”，力求“精而美”；制度供给不能“老而僵”，力求“活而新”。产业立基、乡村文化复兴必然显现于乡村生活方式的重构，离不开人才支撑。对此，余姚市以农民合作社、专业大户、农业企业为重点，培育一批新型农业经营主体和新型职业农民；组织新型经营主体负责人参加青年科技创新人才、经营管理人才、农产品网络销售人才等培训，培育一批经营管理队伍、科技创新团队、乡村复合型人才。以农村创业创新项目创意大赛、农村创业创新成果展览展示为载体，选拔培育了一批优秀创意项目和创业者。积极培育有地方特色和时代精神的“新乡贤”文化，引导支持企业家、党政干部、专家学者、技能人才回馈故里，推动项目回归、技术回援、文化反哺。鼓励有文化、有知识，懂技术、高素质的农村青壮年返乡创业，大力培育乡土人才队伍，积极引导各类人才“上山下乡”，建设共富乡村，为文化复兴夯实基础。在乡村文化复兴中激活乡土文明的现代价值，增强农民对故土的认同感和本地文化的自豪感。以产业兴文、人才强文，这是乡村文化复兴的一条规律。

实践中，政府、市场和文化传统等多方力量的博弈，深刻影响着乡村文化的走向，亟须尊重农民的主体地位，尊重乡村文化的独立价值。充分认识到乡村文化复兴是一个价值传承和文化再生产的动态过程，乡村文化复兴不是对所谓传统的复制，而是开启切合时代特点的“文化再生产”模式。说到底，乡村文化是否复兴，要看农民的精气神旺不旺，看乡风好不好，看人心齐不齐。

首先，增强农民的乡村文化自信，要尊重农民的乡村文化主体地位。要使农民在乡村文化发展建设中发挥主体作用，以乡村文化的复兴和传统伦理价值的弘扬滋养全社会，为农民搭建更广阔的文化舞台。所谓尊重农民意愿，就是切实发挥农民在乡村振兴中的主体作用，把维护农民的根本利益、促进农民共同富裕作为出发点和落脚点。乡村振兴特别是乡村文化复兴要靠人才、靠资源，其落地践行要着力在“引”字上做文章，抓好招才引智，促进各路人才“上山下乡”投身乡村振兴。究其根本，农民的文化自觉是拯救乡村文化衰败，进而增强乡村活力脱贫攻坚的坚实力量，农民的自尊、自信、自强是乡村文化建设的内在动力，更是从根本上实现脱贫的内生力量。兴盛的乡村文化是农民的精神家园，它润泽了乡村人所认同和遵循的主流价值观，它不外乎中国特色社会主义文化，更不对立于强势的城市文化，同样是中华民族伟大复兴和文化强国建设的重要支撑。

其次，乡村振兴离不开新农民和新农业，离不开农村现代化。城乡一体化的发展目标指向是现代性，复数的现代性有其乡村形态和城市形式。必须高度重视城乡区域协调发展，推动乡村文化复兴，不断提高农民自身知识水平和思想道德水平，塑造新农民。农村振兴了，一方面可以为城市源源不断地输送道德和文化素质较好的人力资源，避免农民进城就业引发城市中过多的社会问题；另一方面可以吸引城里人到农村放松身心，亲近自然，体验传统的耕作、生活、交往文化，感受不一样的生活方式和文化创造力。有别于城市生活方式的乡村生活方式有着更多诗意与温情，承载了大地的古朴与传统价值的赓续。保护和弘扬中国传统文化，复兴乡村文化是其重要途径之一。要深入挖掘农村独特的历史文化价值，树立农民的文化自信，以乡村文化的复兴唤醒归属感、认同感、成就感，乡村文化的复兴同样指向一种现代性，旨在重构乡土文明的现代价值。在城镇化背景下，农村中村落的大量消失要引起警惕，虽然撤村设立社区并不意味着乡村文化的消亡，但乡村风貌的改变要谨慎。随着乡村振兴战略的实施，乡村将因稀缺性而珍贵，乡村依然是中华民族心灵的安放地之一。激活乡土文明使之与时代条件相结合，在生活方式变迁中重构农民与土地的关系，旨在使乡土文明更好地繁荣发展并服务于新农村的日常生活。

最后，回到问题的根本，改变对待乡村文化的态度和思维方式至关重要。要形成乡村文化复兴是乡村振兴的前提的共识，形成以乡村文化复兴修复农民的文化自信、乡土文明自信（而不是逃离乡村）的共识。在实践中，乡村文化的复兴不可急功近利、大干快上，它需要积累和成果积淀，文明乡风、良好家风、淳朴民风是一个潜移默化、不断养成的过程；我们不能以发展城市文化的模式建构乡村文化，也不能以西方的文化理念和文化类型思维来解读中国乡村文化；新农民尤其是“中坚农民”[①]是乡村文化复兴的主体力量，但政府的力量不可或缺，政府对乡村的关怀重在营造环境，让农民普遍“热起来”，鼓励文人、艺术家、有情怀的工商业者（新乡贤）去乡村，形成全社会关心支持和积极参与乡村文化复兴的浓厚氛围，感染村民提升其文化自豪感。毛泽东在党的

① 贺雪峰:《论中坚农民》,《南京农业大学学报》（社会科学版）2015年第15卷第4期。

七大政治报告中深刻指出:“人民，只有人民，才是创造世界历史的动力。”[①]必须充分尊重农民意愿，切忌简单代替农民选择，最大限度调动亿万农民参与乡村文化振兴的积极性、主动性、创造性，不断提升农民的文化参与感、获得感、幸福感。

第三节　城乡一体化进程中的乡土文明价值重构

乡村振兴有着鲜明的文化价值指向，那就是在乡土文明价值重构中为中华民族营造能够安放心灵的精神家园，因此，文化和文明是城乡一体化发展和乡村振兴的重要维度和内涵所指。

一、乡村振兴既要物质塑形，也要文化铸魂

习近平总书记在系列重要讲话中一再指出，乡村振兴，既要塑形，也要铸魂。乡村文化复兴不仅是乡村振兴战略的应有之义，而且对于乡村组织振兴、生态振兴、产业振兴、人才振兴有着重要的价值引领作用。如何发展和发展什么样乡村产业？这是乡村振兴战略中的一个关键点。乡村振兴需要产业支撑实现物质塑形，也需要乡村文化复兴为之铸魂。如浙江湖州市安吉县的余村作为“绿水青山就是金山银山”（以下简称“两山”理论）的习近平新时代中国特色社会主义生态文明思想的发源地，其乡村振兴实践在硬实力赋形方面，包括投资1000多万元建成文化礼堂、数字影院、文体广场、文化舞台、灯光球场、农家书屋、矿山遗址公园、慢行绿道、智能垃圾收集设备、分类下水管线铺设等设施，为乡村文化复兴筑牢载体；在铸魂方面，则制定了《余村村庄规划》，完善了《余村村规民约》等，为村民的日常生活践履提供了基本遵循。在城乡一体化融合发展中，要着重发挥文化的价值感召作用，城市反哺乡村，以文化吸引资本，推动产业扎根，不断提升产业的品位和黏性，只有在文化气质上的相互契合才能使产业成为生长在乡村大地上的大树，而不是单纯逐利的资本独舞。当然没有可盈利的利润回报，产业发展也是不可持续的。高扬文化的价值，旨在文化的润泽下校正资本的贪婪本性，在与乡土文明的契合中采取适宜的态度。

① 毛泽东:《毛泽东选集》第2版第3卷，人民出版社1991年版，第1031页。

1. **乡村振兴需要正视现实基础**

当下，随着新型城镇化建设和农民上楼，乡村文化日渐萎缩，“空心村”不时涌现，与之相对应的“城市病”的顽疾日益引发关注，这一现实要求我们对问题的解决不能仅盯在乡村自身建设上，而是要有城乡一体化共同发展的思路和理念。从乡村文化复兴的视角看，需要尊重乡村文化的本体地位以及与城市文化的相互支撑、相互补充的共在性，而非强调两者对立式的先进与落后之别的陈旧观念和僵化思维。也就是说，乡村振兴要有乡土文明的复兴，其前提和理念是城乡文化共同体意识，这是乡村文化复兴的价值参照系和发展方向。城乡一体化不是城市取代乡村、乡村像城市，而是相互尊重本体性存在，以文化的独立维护人的尊严，使每一种生活方式都得到尊重，每一个人都能体面地生活。城乡一体化的理念需要文化支撑和文化价值的润泽，乡村振兴旨在弘扬乡村文化的本体价值，推动乡土文明在与时代条件结合中复兴，使优秀传统文化资源与乡村民间民俗资源实现创造性转化和创新性发展。在尊重乡村文化本体地位的基础上，建构具有超越传统城乡二元对立、以城市文化遮蔽或替代乡村文化的陈旧思维，从而促进包容性的“现代城乡文化共同体”的建构与认同，进而夯实乡村振兴的文化基础。这是理念，更是实践。

2. **乡村文化复兴旨在为乡村振兴铸魂**

在策略上，需要着力发展公共文化服务和特色文化产业，尤其不能机械地理解公共文化服务标准化，而应尊重文化的区域性、多样性、差异性、时代性，倡导公共文化服务一村一策。《中共中央、国务院关于实施乡村振兴战略的意见》指出：“按照有标准、有网络、有内容、有人才的要求，健全乡村公共文化服务体系。”这是对乡村文化事业发展提出的明确要求。具体到工作实践中，就是要加强乡村文化设施建设，大力提升服务效能；支持“三农”题材文艺创作生产，鼓励文艺工作者不断推出反映农民生产生活尤其是乡村振兴实践的优秀文艺作品，展示新时代农村农民的精神面貌。如浙江嘉兴市倡导“城乡前行肩并肩”，使农民与市民享受同样的公共文化服务，城乡图书馆之间一卡通行，农民在村里的文化礼堂借书与市图书馆并无二致。目前，浙江仅图书馆乡镇分馆就有894家、农村文化礼堂7851家，一个布局合理、覆盖城乡、惠及全民的公共文化设施网络已经形成。“多读书本，多一个球场，少一个赌场；多看名角，少些口角”，是浙江文化礼堂显现出的“以文化人”的生动写照。

在实践上，推动城乡一体化发展中的乡村文化复兴，需要把创新乡村公共文化服务与发展特色文化产业相结合。首先是把乡村文化服务做成特色产业振兴的载体，使乡村文化的综合价值在文化蓬勃发展中得以彰显。乡村文化复兴要在文化供给上做文章，加强文化供给，活跃乡村群众的文化生活。一方面，大力加强公共文化服务体系建设，完善基层文化设施条件，广泛组织优秀文艺作品进农村、进社区，提升乡村文化生活质量，形成良好的文化环境，让留在乡村的人安心，让“上山下乡”、回报乡村的人有信心。另一方面，注重培养乡村文化能人，加强文艺培训辅导，提升农民文化素质，充分发挥农民主体作用，引导群众自我表现、自我展示，变“送文化”为“种文化”，激发丰富乡村文化供给的内生动力。实践证明，乡村文化复兴是解决城乡文化发展不平衡和农村文化发展不充分的有效手段，是实施乡村振兴战略的必要保障，因而要把乡村文化复兴贯穿乡村振兴的各领域、全过程。

其次是充分挖掘乡村特色文化资源，大力振兴传统工艺，发展乡村文化旅游，通过产业发展让农民脱贫致富，让农民愿意在乡村扎根，吸引城市人才到乡村创业，实现城市与乡村资源和要素的自由流动，为乡村振兴积蓄力量。实践中，丰厚的乡土文明往往积淀了很多有特色的文化活动与产品，需要调动社会力量以产品供给主体的多元化、不同业态融合发展为切入点，培育和拓展新主体（自然人和公益组织），发展内容产业、以内容创新激活乡村文明资源，在乡村文化复兴中厚植中国特色社会主义的底色（如四川雅安的茶马古道、贡茶文化、藏茶等，在茶旅融合发展中既推动了乡村文化复兴，又实现了文化品牌效应），不断延伸文化创意产业（创意农业、创意文化产业）链条。新时代文化地位和作用的凸显更多地显现于作为产业形态的文化，文化创意是乡村产业振兴的重要动能。随着时代的发展，文化创意作为一种特有的“生产要素”，与土地、劳动力和资本等传统要素一样，越发成为乡村产业振兴的关键因素。文化创意可以充分发掘乡村文化资源，使资源优势转化为特色产业优势。同时，文化创意具有强渗透、强关联的效应，可以与乡村一二三产业融合发展，提升乡村产业附加值。如文化创意可以与农业融合，发展田园综合体、休闲农场、乡村营地、农业庄园等；可以与乡村建设融合，发展乡村特色文化公园、乡村文化生态博物馆、艺术村、艺家乐等；可以与传统手工艺融合，发展草柳编、中国结、工艺品生产等；可以与旅游业融合，发展乡村文化旅游，特别是对历史文化名村和传统古村落来说，文化旅游发展空间巨大，效益显著。

此外，乡村文化复兴还离不开文化空间塑造的支撑。近年来，“场景理论”也开始被引入乡村文化空间的品位塑造上，如通过建设乡村博物馆、文化站、文化广场、农业遗产带等，既展示了农耕文明的积累、历史记忆，又把乡村特有的生活品位营造出来，使乡愁有所附着。场景是文化空间与生活品位和审美情趣的交融，通过文化创意和设计服务重构了乡村新的生活方式，假借互联网思维和数字化技术融入乡村文化复兴，文化的力量开始彰显，农民的文化归属感和获得感有所增强。乡村文化复兴旨在提升农民的文化意识和文化供给能力，在回归乡村文化本位中凸显乡土文明价值。其实，无论是美丽乡村建设、田园综合体还是乡村振兴战略，都旨在使乡村变得有意义、有意味、有魅力，能够吸引人、留住人，在化解乡村“空心化”问题中发展产业，使乡村变得宜居、宜业，为实现乡村文化复兴奠定基础。可见，乡村振兴既要产业兴旺，更要复兴乡村文化，乡村文化复兴有助于乡村可持续发展，文化共同体和经济共同体才能协同共建。以产业立基、强化农民就业的在地性，这是以产业为乡村振兴赋形。没有经济支撑，根本就留不住人，何谈文化共同体建设？如若没有文化价值引导，缺失普遍遵循的价值规范，个人私德在没有公德约束下，就会无限膨胀，乡村经济暂时发展起来也会走不远。以乡村文化复兴树立价值标杆，这是以文化为乡村振兴铸魂。有了文化生活，才能真正集聚人才、产业，形成健康可持续发展的现代乡村生态。

3. 乡村文化复兴离不开“两山”理论的践行

“两山”理论不仅是一种生态文明观，也是一种新的文化观，以生态文化价值引领乡村文化复兴使乡土文明重构有了现代价值指向。农村改善环境，建设美丽乡村，是实施乡村振兴战略的一项重要任务。乡村振兴需要牢固树立“绿水青山就是金山银山”的理念，大力加强生态文明建设，积极倡导绿色生产和生活方式。生活方式的转变使乡村文化复兴有了依托，生态文化是生态文明建设在精神层面的反映，承载着一个国家、民族和地区对生态文明的精神追求，可以成为乡村文化复兴的内容创新。推进乡村生态文明建设，把生态优势转变为发展优势，在重构一种乡村生活方式中激活了传统文化思想。中国传统文化中蕴含着丰富的生态文明思想，如道家的“天人合一”思想强调人与自然和谐；

“知常曰明”强调环境保护意识；“知和曰常”强调生态平衡观念；“知足寡欲”强调适度消费观念。伴随乡村文化复兴，乡土文明所倡导的人与自然、人与人之间的和谐共生理念得以彰显，成了村民共同遵守的村规民约。

二、在乡村文化复兴中重构乡土文明的现代价值

中国有数千年的农耕文明，由此而生的乡土文明是中华民族繁衍发展和薪火相传的根本，可以说乡土文明是推进城乡发展一体化的文化价值和精神根基。乡村文化作为乡土文明孕育的厚土，对于传承优秀传统文化，陶冶农民的精神生活，引领农村良好社会风尚，有着难以尽述的价值。因此，习近平总书记一再强调，农村是我国传统文明的发源地，乡土文化的根不能断。[①]只有传承提升乡土文明的现代价值，乡村文化复兴才有明确的价值指向。正如习近平总书记指出的：“历史和现实都表明，一个抛弃了或者背叛了自己历史文化的民族，不仅不可能发展起来，而且很可能上演一场历史悲剧。”[②]

在社会急剧变革转型期，伴随城市现代化进程的加快，城市现代文明不断蚕食乡土文明，乡村文化遭遇现代城市文化的碾压而日益边缘化。如何定位乡村文化和乡土文明的地位，直接关乎乡村文化的复兴和乡土文明的价值传承。2013年12月，习近平总书记首次提出了“记得住乡愁”的新型城镇化道路，这是基于他长期以来对城乡关系思考的理论升华。其核心是体现尊重自然、顺应自然、天人合一的生态文明理念，依托现有山水脉络等独特风光，让城市融入自然，让居民望得见山、看得见水、记得住乡愁。[③]因此，在理念上明白“乡村文明是中华民族文明史的主体，村庄是这种文明的载体，耕读文明是我们的软实力。城乡一体化发展，完全可以保留村庄原始风貌，慎砍树、不填湖、少拆房，尽可能在原有村庄形态上改善居民生活条件”[④]。因此，乡村振兴、美丽乡村建设不是求新，而是在保护与弘扬乡村优秀文化上下功

---

① 《奋力开启江西乡村振兴新征程》，《江西日报》2017年12月4日。

② 习近平：《在哲学社会科学工作座谈会上的讲话》，人民出版社2016年版，第17页。

③ 习近平：《在中央城镇化工作会议上的讲话》，《十八大以来重要文献选编》（上），中央文献出版社2014年版，第603页。

④ 习近平：《在中央城镇化工作会议上的讲话》，《十八大以来重要文献选编》（上），中央文献出版社2014年版，第605–606页。

夫，加大对古村落、古建筑、古文物等乡村物质文化的整修和保护，杜绝一切可能毁坏历史文物的行为；努力发掘一些民间民族表演艺术、传统戏剧和曲艺、传统手工技艺、传统医药、民族服饰、民俗活动、民间传说、农业文化遗产、口头说唱艺术等乡村非物质文化；保护和延续良好的民风、民俗等村落的“文化根脉”。在乡村文化复兴中使乡土文明的精髓与现代文明因素相交融，使美丽乡村建设与乡村振兴真正激活乡土文明，使乡愁落地生根，使乡村成为中华民族的精神家园和中华文明的守护者。2013年7月，习近平总书记在湖北鄂州市的长港镇峒山村调研时强调，实现城乡一体化，建设美丽乡村，不能大拆大建，特别是古村落要保护好。在他看来，“记得住乡愁”的要求之一，就是要青山常驻、绿水长流。有了产业支撑和生态环境的改善、乡村的美化，就能重构一种可以亲近大地、走进自然、从容健康的乡村慢生活，与快节奏紧张的城市生活构成一种互补，乡村才是中华民族可以安放心灵的精神家园。乡村文化的复兴，说到底亦是精神家园的重构，它可以支撑中华民族成为一个有理想有追求有品位的优秀民族，使中华文化在全球文化博弈中成为高位态的民族文化。

从历史性生成来看，“现代城乡文化命运共同体”有着中国历史的根荄。中国古代的乡土社会，是一个以血缘、宗亲为基础形成的宗法制社会，其社会基础就是乡村，中国古代以乡村为主导的共同体是把城市文化也囊括其中。政治权力虽然集中在城市和军事重镇，但农村经济的基础作用十分深厚，乡绅的力量十分强大，尽管城市文化颇有规模，但其赖以生存的文化之根却扎在乡村，二者是一种同构性关系，仅有城乡“活法”上的差异，而在符号表征、节日仪式等“说法”上几近一致，它们共同支撑和丰富了华夏文明的多姿多彩，其中的连接纽带就是“乡土记忆”。“乡土记忆”是中华民族深层次的一种文化心理结构，在乡村表现为一种强烈的“土地情结”（土地崇拜），在城市则表现为浓烈的“故乡情怀”，并演化为现代意义上的“乡愁美学”。厘清了中华文化的根脉和历史根荄的独特性，就会明白倡导“现代城乡文化命运共同体”有其历史的文化心理基础，明白现代化进程中的“文化岔路口”何在，更会明白“现代城乡文化命运共同体”不是追求一元，而是在契合文化现代化趋势中，尊重各自本性与独特表达的本体地位基础上的多元共在，是主导性与多样化之间的关系。因此，建构“现代城乡文化命运共同体”是以二者互补交融发展为乡村文化复兴寻求内在理据，进而从理论上明白中国文化现代化的独特性所在，并为乡村振兴奠定深厚的文化基础，为张扬“中国特色”与推动中华民族伟大复兴提供文化支点。

本节在理念上认同“现代城乡文化命运共同体”概念及其术语表达，对此的界定已有学者做出阐释，“以促进城乡文化认同为前提，以城乡文化协调发展为旨归，是一种有别于传统农业社会以地域和血缘关系为纽带的新型文化共同体，它具备现代理性精神，包容多样性和差异性，同时又以共同的文化观念、文化符码、文化形象、文化记忆等为精神纽带和情感基础”[①]。说到底，“现代城乡文化命运共同体”不是一体，而是多元共在的“和而不同”，它契合的是不同社会群体的文化诉求及其生存状态。它既是一个立足全球化语境的现代价值取向的观念，又是一个追求价值共识的文明观念，旨在增强中华民族的文化认同感。“现代城乡文化命运共同体”建设需要政策推动，需要有形载体建设，但并非就是广电网络村村通，定期送文化下乡，建乡村文化站、农家书屋、灯光篮球场、文化云等，而是让文化从大地上生长出来，在尊重乡村文化本体地位基础上，构建“现代城乡文化命运共同体”。其所谓“现代”强调的是一种先进理念——信息文明语境下的现代观念，要有生态文明观、命运共同体的文化观、民主政治的社会治理观、高质量发展的市场经济观，以及培育新时代农民成长。一定意义上，乡村文化复兴有着某种“再乡村化”的意味，它不是简单地回到乡村的“过去”，而是一种现代条件下的新生，不仅是一种乡村文化空间的再构，还是乡村新人的成长，是传统与现代的融合，并显现于城乡一体化的共在，在根本上是一种“返乡”中的价值重构。在根本上它是对当下文化发展中深层次的民族文化失忆与文化认同危机的问诊，旨在增强社会的向心力、凝聚中华民族伟大复兴的文化力，使中华民族成为“魂体合一”的人格健全的文明理性民族，使城市和乡村都成为诗意栖居之所，在多样化生活方式的相得益彰中和谐共在。因此，乡村文化复兴不再是文化断裂下的话语批判、启蒙与革命等叙事，而是在肯定其独立的本体地位基础上的价值阐释。首先，诚如上文分析的，乡村文化复兴要与生态改善、产业振兴相关联，借此为乡村文化复兴夯实载体基础。其次，正如上文所强调的，乡村文化复兴要与人才振兴和新农民的培育

① 李静等:《城市化进程与乡村叙事的文化互动》，中国社会科学出版社2015年版，第9页。

以及乡村组织建设相结合，为乡村文化复兴培育主体力量。最后，乡村文化复兴不能沦为空洞的口号，要有因地制宜的文化活动以及特色文化产业为抓手，使“乡愁”有所附着，在生态、生产、生活的合一中推进“现代城乡文化命运共同体”建设，在重构人与自然、人与世界的有机联系中，使乡村文化显现于农村日益现代化的生活方式中，使乡村美学成为中华美学精神传承与生长的家园。为此，“现代城乡文化命运共同体”的建构，“是包容着多元性与差异性的统一体，它不仅吸纳、融合了城市与乡村两种文化形态的要素，而且吸纳、包容着不同的地域文化与民族文化；最后，它有着多层次的互动性，共同体内的各种文化元素不是松散地聚合到一起，而是形成了一种有机的相互联系，在互动过程中生机勃发，从而不断生长、更新、发展，而不是像传统社会的城乡文化共同体那样具有一种超稳定性”①。因而追求现代性是乡村文化复兴的诉求目标之一，但无论是“再发现”还是“新生”，都不是与传统的某种断裂，而是一种赓续和传承。如家风家训就是传统文化融入现代社会、参与现代乡村治理的积极载体，也是今天乡村文化复兴的现实支点。由此所弘扬的仁、义、德的观念就是乡土文明的价值彰显，而不是某种行政权力所为。

三、乡村文化复兴的冷思考

随着乡村振兴战略的实施，特别是全域旅游的如火如荼，各种乡村文化活动开始“热起来”了。然而，有学者开始反思：晴耕雨读变味了，文创与花海在代替乡愁；剪纸与舞狮消失了艺人与“非遗”被景区当作赚钱招牌；古村、古镇变味了，绿化、硬化、亮化、规划，已让它们变性了。传统村落，仅仅10年内减少了90万个，平均每天消失80至100个村落。②载体的消失徒留下浮皮潦草的皮毛，打着“非遗”的旗号在旅游开发中做着“征召”的噱头。相对于当下乡村游中各种赝品、表演性仪式、陈规陋习的沉渣泛起，我们必须明白，乡村文化的复兴不是简单地回到“过去”，而是立足现代化发展趋势有着现代文明的价值指向，是切合当下社会背景的一种发展。中国古代乡村基本结构的家国同构内涵与当下社会的家与国，是不可同日而语的概念。传统社会是血缘

① 李静等：《城市化进程与乡村叙事的文化互动》，中国社会科学出版社2015年版，第283页。

② 孙君：《乡愁·人性的呼唤》，“北京绿十字”公众号第1102期。

宗法基础上的家国同构，家族构成了社会治理的基础，体现的是长幼有序的等级观。如《大学》有云："一家仁，一国兴仁；一家让，一国兴让。"仁义礼智，德行依家族而彰显；君子淑女，人格因家教以昌明。家风族训，乡规里约，虽然往往散布而不显，于国脉民魂，却时时振拔而刚挺。在深厚的中国文化传统中，家即缩小的国，国就是放大的家，家国同构的情结始终积淀在中国人的文化心理结构中，成为中国人日用而不觉的潜意识，即使在中国迈向现代化社会成为现代国家的过程中依然是挥之不去的人生底色。但现代社会毕竟是法治社会，市场经济日益完善。在传统中国的家国同构的文化心理结构、家国情怀中，所谓的"家"是一种大家族的概念，非今日三口之家的小单元可同日而语。随着现代化进程的深入，在市场经济冲击下传统乡土社会的结构被消解，人们更加注重个体的人的自由成长和发展，更多接受现代教育，追求人格独立、经济自主，从传统的熟人社会迈向了契约型的现代社会。由小单元的家而至大社会，最后是民族国家的建立，民主、独立、平等和文明等成为基本价值追求。因此，在乡村文化复兴和国家文化治理结构现代化进程中，需要对一些关键概念进行重点阐释。今天，在总体性的现代、后现代的信息文明时代，乡村已被高速公路、高速铁路、高速信息网相互连接起来，高科技特别是数字化网络技术已缩短了与城市的空间距离，乡村已经有了现代化的物质基础，乡村文化的复兴与精神的生长应成为乡村振兴追求的目标。有学者指出："在新能源支持的生态文明时代，中国乡村文明面临着复兴与发展新机遇。"①可以说，走向现代化而有别于城市化的乡村建设才是乡村振兴的正道，在文化意义上，"乡村是我们精神文化的故乡""乡村问题是我们的精神问题，农村问题是我们的现实问题"②。现代意义上的乡村而不是想象性的审美化的乡村才是一幅真实的乡村图景，它在新时代中国人追求美好生活中有着参考价值，供给了一种"慢生活"的生活方式，一种田园风光的生活方式。

乡村是孕育传统农耕文明的厚土，乡村一直是农民赖以生存和发展的场域，既承载着农民一切生产生活方式，又延续着乡村文化的多样化发展。灿烂的华夏农耕文明支撑了古代乡土社会的繁荣，也积淀了今日现代中国发展的重要资

---

① 张孝德:《城乡两元文明共生的中国特色城镇化模式——基于新能源革命、民族文化与"三高技术"的三维分析》,《国家行政学院学报》2012年第5期。

② 刘亮程:《乡村是我们的老家》,《天涯》2010年第3期。

源、文化基因库、文化根基。历史上，“礼失求诸野”的话语表述，表明了乡村精神与中国传统文化存在着某种隐秘恒久的渊源关系。在乡村文化复兴过程中，既要立足现代性视野，更要警惕畸形的市场意识的扭曲而产生的文化乖离现象，最终导致对乡村文化内在肌理和生命力的阉割，进而使乡村文化复兴沦为城市文化附庸的乱象。文化是乡村振兴的灵魂所在。只有尊重历史和传统，才能够挖掘出乡土文明意味的特色文化，过度商业化喧嚣的只是文化浮于表皮的层面。可以说，产业与旅游的深度融合发展，才是乡村振兴得以持续发展的根本所在。古老的大树、池塘、水井，通常都是乡村的标配，如何使它们成为点燃乡愁的记忆？生态环境的改善就是发展生产力，真正还原乡村青山绿水的原貌、原色，就要尊重乡土文明的本体价值，而不能使乡村依附于城市、成为城市的附庸或边缘化的他者。因此，乡土文明的价值重构必然是综合的、整体的，不能是单一项目的，可以通过生态环境的改善为一二三产业融合发展提供思路，为乡村就业提供新的平台，继而确立乡土文明重构的坐标和参照系。实践经验表明，乡土文明的价值重构离不开乡村文化复兴，文化不仅是润泽和活力之源，更是乡土文明价值重构的坚实支撑。当下，亟须深刻阐释和发掘乡村文化，使乡村文化在复兴中彰显乡土文明的现代价值，使人们对乡村文化有所感知进而提升乡村的活力和产品的附加值。

认识乡村、建设乡村、振兴乡村，不仅有现实的民生意义，更有深远的文化内涵。一个时期以来，由于产业重点转移，乡村人口外流，以及工业化、市场化、城市化、全球化对传统乡土文化的强烈冲击，乡村在一定程度上面临生存困境。振兴乡村，需要转变观念和思维，真正认识到乡村之美，在社会现代化转型的历史进程中，深刻认识乡村的现代价值，重构乡村与城市的关系，进一步探寻乡村发展的内生动力。一定意义上，乡村振兴战略是破解世界难题的中国方案，是对乡村文化复兴的一种意义定位，这意味着不能以城市发展取代乡村，不能任乡村荒芜以及停留于对乡村的记忆。在潘鲁生的《美在乡村》中有基于乡村之美的内生发展思路的重点论述。作者在书中着重论述了“把乡村变迁作为内在的‘软性’变化过程来认识，从根本上把握乡村发展的文化动力，以文化为关键求解乡村发展中面临的传统与现代、经济与文化、城市与乡村等现实的关系问题”[①]，强调恢复和强化乡村历史记忆、文化认同、情感归属，激

---

① 潘鲁生:《美在乡村》，山东教育出版社2019年版，第65页。

发内在动力，旨在实现乡村文化再生产。乡村振兴战略的主体是乡村，着眼的却是中国整体的经济社会发展，是中国社会文明程度的整体提升。对于乡村而言，发展仍是第一要务，如何发展、以什么理念引领发展至为关键，它不仅决定乡村振兴战略的成败，更是关乎中华民族的伟大复兴。乡村振兴战略背景下的乡村文化复兴是一种乡土文明的价值重构，它关乎对中华民族的文化认同和“中国特色”的厚植。

第四节　乡村文化复兴视野中的乡愁美学生成

看得见山、望得见水、记得住乡愁，是城里人对乡村发展的期许，也是农民对乡村振兴的一种自我期待。乡愁何以愁？是萦绕于怀的家园感使然。对故土家园的牵挂，便有了一种审美情感的投射，依托城乡文化命运共同体构建中的“互看”，在互为主体的美学建构中彰显了一种对家园的审美观照。乡愁美学的生成基于对乡愁的审美体验，旨在审美体验中让人触摸到乡村生活的质感，感受到乡村生活的艰辛与丰收的喜悦，还有乡民笑声的爽朗、乡村剪纸的亲切生动、乡村年画的朴实敦厚，虽有尘埃却在历史的记忆中挥之不去。乡愁美学触及了现代人特别是城里人心底的温软处，而升腾出一种审美的氤氲和文化力量。尽管中国的城市化进程在加速，会有大量的人口涌入城市；尽管有大量的村庄在消失，2017年的中国城乡建设统计年鉴数据显示，2017年中国的村庄数量减少至244.9万个，同比减少了6.4%，较2010年的273万个，减少了10%。但村庄依然会存在。乡村不仅始终是一种地理意义上的存在，更是一种中华乡土文明、农耕文明的文化守护者，是一种现代化进程中中华民族的心灵栖息地，一种源自本土文化价值守护的精神家园。在乡村振兴战略视野中，乡村和城市不是一种对立性存在，而是一种相互依存、相互促进的共在共荣的命运共同体，“城市病”何尝不是乡村衰败的后果？乡村的萎缩何尝不是城市无根化漂泊的源头？乡村振兴、城乡一体化发展不是以城市取代或遮蔽乡村，而是一种命运与共的相互生长成全，是“相看两不厌”的共同发展，由此才能成为中华民族伟大复兴的重要托举力量。乡村的书卷是一部打开的农耕文明的历史，它显现于村口的古树、老井、池塘和村规民约，彰显于乡村老人晒太阳的从容、祥和，以及村中供奉祖先祠堂的庄重。这是一种生活方式的悠然，然而这一切渐渐归于历史的沉积。乡村文化的复兴是对历史记忆的唤醒，从而发现乡村之美，使之重新生长出新时代的精神力量。乡愁美学就是这种精神力量的外化，它是城乡文化共同体的乡村审美体验，是一种乡村价值的再发现和尊严感的彰显。乡村能否振兴的标志，一定程度上显现为使乡村的功能得到充分发挥，乡村文化得以复兴，乡愁美学得以生成。

一、乡愁美学的文化意蕴

中国要美，农村必须美，只有广大农村变得美了，实现了人与生态的和谐发展，中国才能变得更美，中国的社会文明程度将会得到很大提升。乡村之美，不唯生态宜居、村容整洁、环境改善，更是一种文化上的复兴和价值上的感召，一种乡村生命力的勃发，一种乡土文明的价值高扬，一种家园感的生成。这犹如一种光源，乡村以其生命力之美激发一种美感；犹如剧场中的舞者，在翩翩起舞中焕发美的氤氲，使观舞者陶醉其中。因而，乡愁美学在理念上至少包含双重结构，即内在的乡村自美，与外在审美观照下的美感生成。概而言之，它显现为一种对美的感知和美感的生成，其美的本体是乡村之美，既有乡村自美的生成和村民的文化自豪感，更有一种互为主体的对象化“互看交融”的审美体验，一种可以安放心灵的家园感的生成与审美理想的投射。乡愁美学的生成离不开乡村的实体性存在，习近平总书记指出：“农村不能成为荒芜的农村、留守的农村、记忆中的故园。”[①] 乡村之美，美在现实，同时指向未来。它不但是生态和谐、村容整洁，更是一种产业兴旺和文明乡风的文化力量的焕发，是一种在接续传统、弘扬中华美学精神中的再创造与再生成。在中华民族伟大复兴进程中，没有农村的现代化和乡村文化的复兴，中国的崛起就是不完整的，全面建成小康社会就是一句口号。脱贫攻坚、精准脱贫、乡村振兴指明了乡村现代化之路，现代性是一个复数概念，有别于城市现代化的乡村现代化要有“中国道路的自觉和自信”。所谓城乡一体化发展是指现代化进程中乡村发展道路的自觉，是立足乡土社会的乡村振兴；不是成为城市的附属和模仿者，也不是让农民的生活模仿市民的生活，而是在城市生活与乡村生活的“互看”中两不厌，是一种命运共同体的共在共荣，从而形成一种城乡关系的

---

① 习近平：《在中央农村工作会议上的讲话》，中共中央文献研究室编《十八大以来重要文献选编》（上），中央文献出版社2014年版，第682页。

良性互动。城乡一体化发展必须尊重乡村的独立价值，其发展方向不是把乡村搞得像城市，或者把乡村视为城市的附庸，而是以有别于城市的乡村现代化与城市发展并行不悖，让城市的资源配置、现代科技特别是数字化信息技术广泛应用于乡村振兴实践，互联网下乡、高速公路贯通，链接的是乡村的现代性诉求，旨在促使城市与乡村形成良性互动，以城市的繁荣带动乡村的发展，乡村是一种有意味值得过的生活方式。乡村是城乡一体化发展的一元和独立主体，中国民间艺术家协会主席潘鲁生在《美在乡村》中提出要认识乡村的美学价值，将乡村视作一种美学的存在。提出要在乡村建设与发展实践上，尊重乡村在自然环境、历史传统、民居建筑、风俗习惯、传统工艺、乡音方言等方面的天然多样性，避免盲目地取而代之。他指出："如今村庄不只是一个物质世界，也是一个意义世界；不仅象征一个与城市空间相异的生活空间，也意味着一种生活方式和价值选择。"[①]乡村的独立存在是乡村之美的本体性前提，正是在美学视野下，乡村手工艺承载了传统的习俗、情感、价值观念和生活方式，农民画传递出乡村的心灵图景和生活追求，传统村落的生活样态中映现了永恒不变、过渡到未来的存在本质。

乡村之美是乡愁美学生成的现实基础，它构成乡村自美的条件。乡村自美焕发出吸引审美情感投射的乡愁意识，乡愁是凝结在心底的家园意识和对家的认同感，是灵魂漂泊中对生存意义的追寻。所投射之物，不论是古树、老屋、老井还是美食、香茶，无不是一种文化心理的眷注。千里之行的羁旅之思，城市高楼里对故乡亲人的牵挂，飞机、高铁间的疲惫奔波，其鼓舞的力量始终来源于对家的认同感。城市便捷的交通、便利的服务，固然可以带来生活的舒适和快意，但城市的钢筋水泥始终难以安放漂泊的心灵。乡愁外化为一种乡村叙事，难免有着一种审美化的再构，这种对精神家园的追寻正是对人类存在的文化意义的探求，以使现代人在生存与文化和生态环境的弥合中重构人与世界、人与自然的有机关联，进而建构一个符合现代人生活和意义追求的精神栖息地。就此可以说，乡愁是一种现代性视角下对乡村叙事的审美观照，在美学视野中"乡土已经不是一种物质存在，而是被对象化的理念形态，是对抗着存在与传统或现实机体中一切理性或非理性之病恶的理想结晶，是人类赖以诗意地

① 潘鲁生:《美在乡村》，山东教育出版社2019年版，第67页。

栖居的精神家园，所谓回家，也就不是一种现实行为，而只能是精神回家，是现实途径中的心灵休憩与理想烛照，是指向未来的无由及之而心向往之的理想情怀”[①]。说到底，乡愁是一种情怀，但乡愁美学的生成立足的却是真实的乡村自美，它构成乡愁美学结构的内在肌理。也就是说，乡村自有其现代价值，乡村振兴不能停留在观念中，不能止步于审美想象，必须现实化和具体化，也就是说乡土必须是一幅真实的现代化境域中的乡村图景，其可能的方向是城乡一体化融合发展。当下，我们越来越清醒地认识到，信息文明是对工业文明的超越，是对传统农耕文明的创造性发掘，是一种新的生活方式的生成，乡村中那些具有生命力、创造力的文化元素都将获得再发展的机缘，这是乡村之美的本然状态。从城乡一体化视角看，乡村文化内蕴的从容、和谐、生态美好、包容心态、天人合一等理念，以及乡村文化所固有的民俗、民间文艺等文化形态，对增强民族文化记忆、厚植“中国特色”有着重要价值，是中国现代性难以抹去的底色和城市文化的重要补充。只有乡村发展了，中国的发展才能实现总体跃升；只有乡村美了，中国的社会文明程度才有提升。乡村振兴、乡村之美、乡愁美学的生成，有利于在城乡文化共同体构建中有效增强中华文化的认同感，有利于建构中华民族的精神家园。

乡愁何以愁？离人心上秋，一种对家乡故土的眷恋与思念构成乡愁的内核。乡愁熏染了乡土的味道，乡愁美学是对乡愁的审美观照，是从内心中对家园感的追寻和探究。家园感是乡愁美学的内核，是乡村自美和外在审美观照与审美体验的交融共生。因而，乡愁美学一定程度上架起了城市与乡村的审美关联，既是对乡土文明根脉的赓续，又是对乡村文化复兴的召唤，以此唤醒人们内心深处对故乡的眷恋与寻根意识，而增强了对乡土文明的认同感和乡村文化自觉意识。何以有乡愁？“悠然见南山”“绿树村边合，青山郭外斜”，这些并非乡愁，它们只是引发乡愁的物象，物象需要主体情感投入生成为审美意象后才会有乡愁，其中的一个重要机缘是家园意味的心理基础，它建立在对“家”的认同感上。何以为家？从汉字“家”的构成，可以深切地体会古人以“屋内有猪”造出汉字“家”，是别有一番深意。它表明“‘家’是万物之家，天下万物是和谐共存的，我们的家园不仅仅有人，还更应该有其他的动物，我们人不

---

① 夏子：《乡土文学的家园意识》，《华中科技大学学报》（社会科学版）2001年第3期。

仅仅跟人相处，还要跟人身边的其他生命和睦相处。事实上，现在许多乡村的村民仍然过着甲骨文的‘家’告诉我们的生活，在乡村，家里有菜园，院子里有家禽、家畜，还有树”①。家是一种整体性的丰富多彩的生命情调的居所，无论大小都是一种本真的生命栖居状态，是一种身心的放松。因为有家，我们才能失去，从而导致灵魂漂泊、心灵无着，因为有家才有家园感的生成。有了家园感才会生成乡愁，乡愁是对故乡而非异乡的眷恋和思念，是在心底深处对家的精神眷注。著名诗人余光中的“乡愁”，就是对故乡的一种深深思念。乡愁其实是一种家国情怀，是农耕文明的“家国情结”的现代延续，是现代人心底最温软的那块，它栖息着中国人挥之不去的乡土记忆。乡愁因家的意识而滋生，这种独特的情感依恋有利于增强民族文化认同感，也有利于激发文化创新创造意识，在发展变化中传承守护价值。

追本溯源，“乡土记忆”是中华民族一种深层的文化心理结构，在乡村表现为一种强烈的“土地情结”（土地崇拜），在城市表现为一种浓烈的“故乡情怀”，并演化为现代意义上的乡愁美学。习近平总书记强调，乡村振兴要“看得见山、望得见水、记得住乡愁”。乡愁作为审美意象的塑造，体现了当代中国人的文化心理诉求。就现实性来看，乡村是一个包含了生态、经济、社会、文化“四元一体”的耦合体系，是中华民族“天人合一”的生态观的具体载体。一旦“四元一体”的耦合系统的稳态关系被打破，遭致的不仅是中国文化的衰落，更是农业生态的退化和社会组织结构与伦理关系的某种失衡。相对于外在有形资源的输入，内在关系的修复特别是乡村文化的复兴之于乡村振兴战略的实施更为关键，它既是一种激活，更是一种价值守护中的重构。乡村振兴战略的实质是培育新人，生长出乡村振兴的力量，守护中华民族的精神家园，在安居乐业、邻里守望、传承文脉中提升乡村社会文明程度，以乡土文明助力中华民族伟大复兴。

从词源学上看，“乡”字的基本义是“乡村”，与“城市”相对，是指城市外的区域，那里的居民以务农为主要生活来源，人口较分散。在古代汉语中，该字与“卿”为同一个字，意思是“两人对坐而食”。“乡”的繁体写作“鄉”，是个会意字。甲骨文和金文中的“鄉”字，写法与“卿”字完全相同，意思也几近相同。在“卿”字的引申义被广泛使用而本义被渐渐废弃后，人们将这个字

① 刘亮程：《乡村是我们的老家》，《天涯》2010年第3期。

做了一些改造——在面对面坐着的两个人的头上，各加了一个“口”字，以此表达“两人对坐而食”。但是，因为跪坐的人头上顶了一个“口”字，也就成了“邑”字的写法，所以“鄉”也可以看成是两个“邑”字中间夹杂了丰富的食物。由“邑”的本义出发，这种字形便寓意“生于此地、吃于此地”，所以它很快被赋予了新的意思——家乡，也就是人们“自己生长的地方或祖籍”，其读音也变成了“xiāng”。将“家乡”之义和本义结合，“鄉”字可解释为（在家乡的主人）“宴请他人”，或“用酒食招待别人”。可见，“乡”的含义非常丰富，能够让人安心寓居于此，有吃有住就生出了“家”的感觉。可见，乡村不仅指称一个寓居的场所，还有着文化上的让人安心、放心的意味，有家园的感觉。从更长远意义上看，它已积淀为中华民族的精神家园。农耕文明不仅源自乡村、成于乡村、弘扬于乡村，而且在为世界进步和人类文明作出贡献中成为坚定文化自信的根基，成为理解何为中国的重要线索。我们可以从字体的演变过程中管中窥豹。

甲骨文如图：

金文如图：

楷书如图：

由“鄉”简化为“乡”，虽然简洁但也失去了丰富的意味。随着社会的发展进步，“乡”又被假借为基层行政区域名，成为中国行政区划的基层单位，属于县或县以下的行政区管辖。随着区域名称的广泛使用，“乡”字的本义以及“用酒食款待别人”、指向家园的意味等含义，渐渐被遗忘了。乡—乡村—家乡的文化意味在几千年的历史传承中虽然发生变化，但是，诞生于农耕文明时期的生活方式和价值观积淀为中国人特有的精神家园形态，并塑造了中国人的文化心理结构，潜在地影响着中国人的精神追求和道德价值观念。今天，这种家园感的意味以乡愁的形式散落于乡村民间，构成了中国乡村文化的魂，这正是振兴乡村所要唤起的深沉力量，也是乡愁美学生成的精神内核。因此，实施乡村振兴战略需要文化先行，既要赋形——建设有形的文化载体，如公共文化服务体系的完善等，使乡村文化复兴有所依托；更要唤醒蛰伏其中的价值灵魂，以乡愁意识的生成使体魂相符，以乡愁美学沟通城乡一体共在共荣，这是今日所谓乡土文明价值重构之要义。

二、乡村文化复兴是乡愁美学生成的支点

从文脉传承的视角来看，基于乡村的家园形态对于凝聚人心和国家文化安全有着根基性价值。它既是传统文脉的延续，又是民族守护的根本。一定意义上，守住乡愁生成的核心价值，就是守护中国人的精神栖息地。古树、古井、古民居、古村落等是有形的载体，是中华民族的古老图腾，是乡愁的符号表征，是审美情感观照的对象。乡愁美学在价值上不是沉湎于过去，而是寄望于精神

家园长满丰盛的水草、鲜花、大树，从而指向未来。乡土文明的重构是一种现代价值取向，它源自于古老文化资源的发掘与价值传承，实现了传统与现代的兼容并蓄、共存共荣。那些凝聚了乡愁的古老民居、古村落有着不可替代的价值，它们的存在为乡愁赋形，使乡愁有了根，文化之魂就不再漂泊。在乡村振兴中，乡愁是一种可再生、但不可替代的资源，是乡村文化复兴的依托和价值转化点。乡愁要有所依托，在这个意义上古民居、古村落、古树和古井不可毁坏，绕村的小河更要保护好，毁掉了它们，就斩断了乡村文化的根脉，精神栖息地就会荒芜，中华文化的合法性就打了折扣，中国人就成了无家可归者，找不到了归家的路。文明转型、文化转化，不是通过毁灭乡村、边缘化乡村、消灭古村落实现，而是充分认识到古村落是一种重要文化资源、特色资源，是乡村振兴、产业兴旺的支点，是全体中华儿女共同守望的对象。尊重乡村文化的本体价值，不能使之抽象地存在，必然要保留有乡村记忆的古老民居和村落，使乡村文化的复兴可感可触。在乡村文化复兴的载体建设中，要尊重农民的诉求，发挥农民的主体地位。龙头企业的介入、合作社的建立，都要坚持以农民为中心的发展思想。就此而言，当下某些洋化的中心村的社区改造，是否背离了乡土文明的发展方向而无形中助长了以城市文明遮蔽乡村文明，或以城市文明取代乡土文明的现象，这其实是在骨子里对乡土文明的蔑视与否定。当乡愁成了每个人自觉守护的对象和共有的精神栖息地，乡村文化的复兴就有了希望和力量，就会有效推动乡土文明的价值重构。

乡愁何以愁？实质上是一种家园感的迷失与追寻、一种审美情感的投射，说到底是一种价值守护与精神家园的营造。在乡村振兴实践中如何重塑乡村文化身份？实践中，乡村社会的空心化和老龄化日趋严重，乡村社会变成了弱者被迫留守的“一元社会”，缺乏新人的生长和文化的活力。同时，乡村的衰落催生了城市空间的膨胀，城市社会变成了“本地人”和“异乡人”聚集的“二元社会”，二元对立、农民工难以融入城市，导致城市病不断蔓延。社会转型期的这种错位和不匹配，使得城市无力为数以亿计的农民工提供“安身立命之所”，钢筋水泥的城市成了一座冰冷的“心无所寄、心无所安”的无根化空间。人的流失和载体的崩塌，使得乡村既没有家也没有屋。缺失了有形的载体，文化便无所附着，文化在徒唤奈何中越加萎缩，乡村失去文化的滋润越加败落。乡村的衰败是文化的贫困，文化的贫困是由于有文化的人脱离了他的乡土、被迫飘零到其他地方，后果是文化失体、人失魂。乡村的败落不单是农民的悲哀，更是全社会的劫难，使中华民族在崛起中体魂难符，在伟大复兴的征程中总是发生一些相互撕扯。因此，乡村振兴是关乎全社会全民族的伟业，乡愁美学之生成是有效弥合对立、撕扯促使中华民族体魂相符的重要手段，关乎中国的崛起和社会文明程度的总体提升。由此带来的根本问题是，要尊重乡村的本体价值，厘清城乡一体化发展中乡村的定位，农村现代化，但并非城市化。乡愁美学对家园感的追寻要求在发现乡村之美中，一定要培育乡村自美的能力，一定要有对乡村文化自豪感的生成。乡村文化复兴不仅关乎乡愁美学之可能，更从根本上关乎乡土文明的价值重构。只有给乡村文化以尊严，彰显乡村文化的魅力、活力和创造力，犹如审美之光的焕发，才可能在乡村自美中为乡愁美学奠基。

那些滋润了大多数中国人灵魂的要素在今天还有价值吗？如何使其重获生机和存在感？如何有效引领乡村现代化，进而在城乡一体化发展中实现文脉的传承、精神的弘扬，促使社会迈向更高的文明？首先是对待乡村文化的态度。乡愁之生成必须尊重乡村文化、尊重自然、尊重生态、尊重农民，使乡愁弥漫于乡村自美的展现过程中。所谓乡愁，离不开文化的熏染，它显现于儿时记忆中的老树、大钟、水井、池塘，以及乡村民居的深刻烙印中。对很多人来说，是通过乡土文艺触摸乡村纹理。乡村文艺特别是乡土小说，是对乡愁的价值守护，是我们打开乡村文化、乡土文明的一扇窗口。从中可以洞悉乡村同样有文化活力和创造力，文化精品的生成与流播，以及乡土文明的价值传播。乡村的空心化大多是源自产业的缺失，需要以产业和文化留住人，激活乡土文化资源，调动农民的积极性和文化热情，增强农村农民的文化造血能力。土地是华夏文明的本根，乡土文明是要尊重本色、原色，在张扬乡村文化的基础上使背井离乡的孩子能回到土地上，享受到别样的现代文明，而不是陷入封闭、保守、落后的泥淖中。因此，实施乡村振兴战略要有现代眼光，所谓现代不是单一性地指向城市，也不是与城市发展隔离开来回到封闭的“过去”，而是在开放与激发活力中守住根脉，融入时代主潮。城乡一体化发展不是使农村变得像城市，而是在尊重乡土文明的前提下追求协同发展，在相互补充中相得益彰、各得其所。当然，振兴乡村也不是回到所谓的“历史”——自我封闭的孤零零状态——鸡犬之声不相往来的小国寡民。而是通过现代化基础设施建设特别是平台、项目等抓手，实现乡村资源整合、功能整合和要素融合，使城与乡、农与工、传统与现代协同发展，建构一种有别于城市的新的乡村生活方式，既是一种历史的复兴又是合乎时代机缘创新的文明再构。因此，需要处理好“走出去”“留下来”“引回来”的关系，让进城的务工者进得放心，留在乡村的能够安心，让农村的产业留住人，让农村的环境吸引人，让农村的文化感染人，使农村焕发活力和集聚人气，才能在自主平等的前提下实现城乡要素的自由流动、城乡良性互动，实现城市与乡村的“互看”，乡愁美学的审美理想才能烛照其中。

在实践中，乡村文化是一个杂糅性的概念、一个不断生成的流动性的概念，它既包含乡村的公共信仰文化、乡土民俗手工艺文化、乡村建筑民居文化、乡村教化的传承（文化礼堂、乡村祠堂等）文化，它作为乡土文明的载体，在不同时代有其迥异的主导形态。曾几何时，村头古树、池塘、水井，都是乡村的标配。如何使其成为点燃乡愁的文化记忆？需要接续传统，更需要改善生态环境，真正还原乡村青山绿水的原貌、原色，尊重乡土文明的本体价值，而不能使乡村依附于城市、成为城市的附庸或边缘化的他者。因此，乡土文明的再造必然是综合的整体的，不是单一项目的，只有通过生态环境的改善、培育适宜的产业、激发乡村文化活力，为一二三产业融合发展提供思路，为乡村就业提供新的平台，继而确立乡土文明再造的坐标和参照系。实践经验表明，乡土文明再造离不开乡村文化的复兴，文化不仅是润泽和活力之源，更是乡土文明建设的坚实支撑。现代农业生产是基础，创意农业、文旅融合发展，特色产业开发与现代服务业的培育，都使乡村文化复兴有了可依托的载体。为此，需要深刻阐释和发掘乡村文化，使乡村文化在复兴中彰显乡土文明，使人们在对乡村文化的感知中激发乡村活力，提升现代农业的附加值。“‘乡土’，作为中国文化的起源和隐喻性的精神存在，是人们心理结构中发生强烈情感认同之地，是涵盖所有的自然与社会人文背景及历史文化，对个人具有感受生活意义及使命感的地方。如果说乡土的能指是指向物质实存的话，那么所指的意义主要指向一种诗性的，甚至有着宗教神圣感的形而上存在。也就是说，乡土、故乡、土地等物质形态往往会被赋予某些特定的文化内涵。”[①]乡土文明蕴蓄了中华文化的根脉，是中华民族伟大复兴的重要根基和依托。

---

① 韩玉洁：《作家生态位与20世纪中国乡土小说的生态意识》，苏州大学博士学位论文，2009年。

乡村的真实在于它是一种“肉身性存在”，而不是关于乡村知识的堆砌，从而使人能真切感知乡村丰富的纹理。然而，在当代文艺创作的视野中，乡村已成了某种想象性存在、审美性存在，早已中产阶级化的文艺家们以其浸润都市所养成的中产阶级趣味想象着“他们看不见的乡村”，其传播的价值观念和审美情趣往往带有几分忸怩作态，带着几分造作的乡愁气息，在看似对乡村问题的关心中营造出乡愁美学的氛围，实则抽空了乡愁美学的内在肌理。事实上，很多作家、艺术家已失去了真实感知乡村的能力。很多所谓的乡村题材作品，多是“借乡村的酒杯，浇个人心中的块垒”，是一种知识性的或者新闻报道式的书写乡村。乡村失去了真实，乡愁何以附着？显然当下的乡村不是“伊甸园”。缺乏烟火气息的乡村是不真实的，是一种审美臆造，不是审美创造，只会架空乡愁美学的肌理而显现出艺术想象的贫瘠与苍白。美国学者温迪·J. 达比说：“具有审美愉悦的田园风光是这样创造出来的：把农业过程、农业劳动者，甚至整个村庄从视线里清除出去，留下无人的、如画的风景，使特权观赏者能够观赏纯粹的画面。”[①]乡村真实的生活图景不见了，农民的精神世界消失了，留下的只是文艺家们试图以想象的故乡来舒缓远离故土的失落和念想。真实的乡村色彩斑斓、五颜六色，不只有被现实压抑的“荒诞怪异”和衰败，更有着粗犷的美好、生命的奔放与对田园牧歌的憧憬。在西方文学史上，浪漫派诗人曾经营造了恬淡的乡村田园风光，如W.华兹华斯、S.柯勒律治、J.济慈等，曾把乡村视为救治工业文明和都市病的“乌托邦”；中国现代文学史上，也曾有过温馨的乡村书写的余脉流传，从沈从文、废名到汪曾祺、何立伟等。这些作品丰富了乡愁美学的底蕴，渲染了令人向往的乡愁意味，营造出某种“乌托邦”的审美意境。

作为城乡文化命运共同体中的一元文化形态，乡村文化不是以“传统形态”的现成性存在，也不是整体性地延续，而是以独特的多样化的现代化方式复兴，是以乡村文化形态中的积极因素的发掘，而成为当代中国文化的重要构成部分，这是对乡村文化何以可能及其价值指向的本体地位的尊重。

一定意义上，乡村文化复兴有着某种“再乡村化”的意味，它不是简单地回到乡村的“过去”，而是一种现代条件下的新生；不仅是一种乡村文化空间的

---

① ［美］温迪·J.达比:《风景与认同：英国民族与阶级地理》，张箭飞、赵红英译，译林出版社2011年版，第30页。

再造，还是乡村新人的成长。是传统与现代的融合，并显现于城乡一体化的共在，这是一种“返乡”中的价值重构。它在根本上是对当下文化发展中深层次的民族文化失忆与文化认同危机的问诊，旨在增强社会的向心力、凝聚中华民族伟大复兴的文化力，使中华民族成为“魂体合一”的人格健全的文明民族，使城市和乡村都成为诗意栖居之所，在多样化生活方式的相得益彰中和谐共在。因此，乡村文化复兴不再是文化断裂下的话语批判、启蒙与革命等话语叙述，而是在肯定其独立的本体地位基础上的价值阐释。

三、乡愁美学的价值诉求与功能彰显

乡愁美学的生成不仅有赖于内生的乡村自美的本体性存在，还需要外在的审美理想和审美情感的投射与审美体验的共享交融。就外在支撑力量来讲，乡愁美学的生成离不开“绿水青山就是金山银山”（以下简称“两山”理论）的生态文明观和乡村文化场景的建构。“两山”理论之于乡愁美学不仅是一种生态文明观，还是一种新的文化观，它在改善乡村文化肌理中提升了乡愁美学的质感；文化场景的塑造不仅是乡村文化复兴的有效载体，其生活方式特别是品位的彰显是增强审美理想投射的光源，对价值品位的倚重不仅丰富了乡村文化的内涵，还营造了乡愁美学对“精致化”品位的追求。

习近平总书记在考察时多次指出，要留得住绿水青山，记得住乡愁。乡愁之愁的家园感的背后是根与血脉，它承载着历史记忆、家国情怀，象征文脉绵延、精神皈依。记住乡愁，人自心安。2013年，在中央城镇化工作会议上习近平总书记的“记得住乡愁”，深深触动了人心的柔软处，引发无数人情感共振。记住乡愁，不仅是文明赓续、乡土认同的重要因素，也是坚定民族文化自信、推动乡村文化复兴的应有之义。在乡村振兴的语境下，记住乡愁就是憧憬人与人、人与自然和谐共生的宁静致远，就是重拾天人合一、勾古连今、望山见水的人文情怀，就是营造炊烟袅袅、小桥流水、鸡犬相闻、睦邻友好、夜不闭户的诗意空间。在审美的氤氲中，把乡愁的家园感理念融入乡村规划建设、产业发展、建筑风格，以及相关的产业、产品和景观中，以此培植乡村振兴的内生动力，让广大乡村在农民增收、农业发展、农村变美中涂抹意蕴丰厚的乡愁。

乡愁美学的生成需要外在审美情感的投射，其支撑力量之一是“两山”理论的生态文明观。“两山”理论是习近平新时代中国特色社会主义生态文明思想的生动表述，它深刻阐释了人与自然、发展与保护、现代化与生态化有机统一的内在关联，揭示了人类发展与自然生态环境保护共轭耦合的基本规律，其中蕴含了丰富的人文情怀与传承中华美学精神的深远思考，既是一种生态文明观，也是一种有新质意味的文化观。“两山”理论源起于浙江湖州市安吉县天荒坪镇余村的地方实践，是习近平总书记立足余村的地方知识体系化而升华为实现乡村绿色化振兴实践样本的理论思考。在价值意味上，它是一种生态文明观视野中转变经济社会发展方式，推动生活方式变革，丰富人与自然的有机关联，进而在提升人的伦理道德感中自觉营造安放心灵的精神家园。它生动诠释了生态环境就是生产力，在人与自然共生的生态文明视域中，以环境承载力、适宜的产业发展支撑乡愁落地生根，使乡愁有了对象化所指，有了具象化的家园体验。绿水青山的生态美转化为金山银山的红利，在产业发展的实践创造、生态价值转换的社会支持力、资源配置力、体制保护力的合力推动下，形成乡村振兴实践中“表层是绿色经济主导的生产模式转型、中层是低碳生活主导的生活方式转型、底层是生态文化主导的文明范式转型的协同进化”[①]的余村发展模式。可见，“两山”理论的践行是支撑家园感生成的基础条件，这是乡愁美学的外在支撑点，其肌理是“生态兴则文明兴，生态衰则文明衰”的人文价值理念。

乡愁美学的生成离不开生态文明观的托举与传统文化价值的守护，以及对现代性诉求的本土化显现，是一种传统与现代的张力平衡。事实上，有形的物质形态背后是无形的精神文化支撑，乡村绿水青山的保持与“不涸泽而渔，不焚林而猎”的有节制的生态观密不可分，这种意识在传统乡村中一脉相承。它显现为传统村落布局与特色民居中的风水文化，显现为与自然环境、生活方式适配的手工艺制造，以及熟人社会中遵循的尊老爱幼、守望相助、诚实守信、邻里和睦的伦理道德养成的民风民俗，从而化为乡土生活中方言和具体的“事”与“物”中的乡愁感。乡愁美学结构中的乡村自美，生成了从生命、亲情、生活品位生发出的审美之光。在光的照耀下，无论物质如何丰富、技术怎样迭变，都离不开文化与历史的根源，离不开“我们是谁、从哪里来、到哪里去”的追问，这背后凝结了一个“家”字。乡村是我们乡愁维系的原乡，有着不可替代的意义，乡愁美学把这种意识具象化、意象化了。可以说，乡愁美学是一种生

---

① 赵四东等:《基于“两山”理论的乡村振兴发展机理研究——杠杆原理视角的余村观察》,《共享与品质——2018中国城市规划年会论文集》(2018乡村规划)2018年。

态文明观所依托的“两山”理论的审美追求，是一种中华乡土文明孕育的中华美学精神的价值守护，其逻辑骨架是城乡一体化发展的乡村振兴，它表征着城乡文化命运共同体中独立一元的乡村文化复兴，是中华文明根脉的延续和价值传承，是当代人在现代化急剧变化中对家的一种心灵眷注，是浓彩重抹“中国特色”的那抹亮色。

乡愁美学的生成还有赖于乡村文化场景的塑造，场景使乡愁的审美观照具象化了。文化空间是美的氤氲荡漾的基础，城市所弥漫的美的气息与场景的塑造分不开。在乡村文化空间中场景别有趣味，一种本土化、民族化的审美情调徜徉其中，辅之以“精致化”的品位追求使乡愁越加朦胧。场景理论是近年城市文化研究中被广泛使用的研究理论，其独特性在于场景不仅强调特定的文化活动和其显著特征，还格外突出了蕴含其中的文化价值观，这对于理解乡村文化生活方式和价值理念与乡愁美学的品位有着特别意义。作为文化要素集聚的空间形态就是一种场景塑造，当前农民文化参与的主要空间通常由农村公共文化空间和农村私人文化空间构成。无论是政府主导下形成的公共文化空间，如文化礼堂、图书室、农家书屋、体育健身场所、文化广场、文化中心、文化站等；还是民间自发形成的公共文化空间，如传统庙会、宗族祭祀活动、节庆活动、集市等，都在于营造某种文化认同感和归属感，张扬一种地域文化。相对于城市场景的激情四射、高端化，乡村场景的独特性和差异性在于营造出土味的生活气息与乡土文明的价值守护。这种生活品位因地域性可以是粗犷的，也可以是精致的，但都以迥异其趣的吸引力作用于人，成为激活乡愁的价值燃点，由价值认同而温润心灵。这些场景的共同点在于，能够从价值观或信仰层面影响人们对家园感的审美体验。村中的老戏台、老街巷、棋牌场、寺庙、道观、宗祠、教堂等都是触摸乡愁的审美意向。在日出而作、日落而息的简朴生活中老戏台成为重要的文化场景，是人们交流信息、人际往来、休闲娱乐的场所。在古街巷散步、串门、偶遇或是在棋牌场下棋、打牌，亦是村民社交的有效手段，体味这些独具乡村特色的文化场景可以感知乡愁的存在。乡愁的家园感是从大地上生长出来的，其活色生香离不开地气。因而，所谓的“送戏下乡”、农家书屋、“送电影下乡”等文化活动要与本土的真实需求相融合，使文化从大地上长出来，而不是简单送来，这样才能使文化复兴、乡愁落地。正如村民习惯茶余饭后在广场散步、聊天、健身、休闲，自发开展各种各样的文体活动，跳广场舞、组织合唱队、舞龙舞狮等，文化广场已是农民文化参与的主要阵地。随着社会物质文明程度的提高，引发乡愁美学的生活品位越发趋于“精致化”。“精致化”原本是古典美学的概念，现已演化为乡愁美学的一种审美指向，成为对乡村生活方式跃升的引领。这种“精致化”的审美理念尤其显现于江浙地区的特色小镇、田园综合体和美丽乡村建设的实践中，如当下声名鹊起的乌镇、拈花湾、莫干山、鲁家村等被视为乡村振兴的样板。精致是一种生活理念，人是精致的，生活是精致的；“精致化”是一种审美追求，它显现于村民的日常生活中，显现于乡村振兴的实践中，唯有“精致化”才会安顿现代人的乡愁。“精致化”的理念，丰富了家园感的内涵，使人放心地安居，从而实现诗意地栖居——民居要精致，既要容得下身体，更要放得下心灵。“精致化”之于乡村文化旅游开发就不单是为风景所“征召”，而是为一种审美理念和生活方式买单，旨在消费一种归家和返乡的感觉。这不就是现代都市人的一种乡愁吗？乡愁是叶落归根的眷恋，乡愁是造福乡梓的情怀，乡愁是对故土的价值守望，乡愁还是一种可持续发展和在地拓展，因而有着现代性的逻辑骨架和温润心灵的价值守护。

乡村振兴不是不要现代化，乡村文化复兴不是要返回传统，而是在指向未来中追求有别于城市文化的乡村文化现代性，是对新时代生态文明观的践行，是中华民族整体社会文明程度的提升，是在中国文明型崛起中厚植“中国特色”的有效之举，其外在标识就是乡愁美学的生成与功能的充分彰显。乡村文化如何复兴？特色小镇如何彰显“特色”，其实都离不开一种灵魂的召唤，一种生活方式的眷恋，一种返乡或归家的感觉营造，乡愁美学所诉诸的是为乡村振兴铸魂。它是乡村文化复兴的外显，是特色小镇绵延的文化肌理。在乡村振兴的功能发挥上，乡愁美学的生成有利于弥合城乡对立性的割裂态势，对于守护家园、弥合城乡差距、助力城乡一体化发展有着积极意义，有利于在城乡一体化中促进“城乡现代文化命运共同体”的构建。

第四章 特色小镇可持续发展的文化密码

随着中国经济步入新常态，特色小镇的建设日益引人注目。特别是在推动供给侧结构性改革，满足消费者多样化、个性化消费需求方面，特色小镇已是一种新的创新创业平台，在经济发展、文化传承、社会文明进步、生态保护等方面显现了强大活力。但也暴露出一些小镇特色不鲜明、开发建设简单化和表象化、产业创新不足特别是产品低端、投资盲目性、运动式追逐数量的现象。2018年8月30日，国家发改委发布文件《国家发展改革委办公室关于建立特色小镇和特色小城镇高质量发展机制的通知》（发改办规划〔2018〕1041号），标志特色小镇热潮的及时刹车以及清理整顿取得了阶段性进展，新一轮特色小镇和特色小城镇发展告别命名制，走向创建达标制，从“多而广”向“小而精”发展。如何使特色小镇建设由“热点”转化为经济社会发展的“亮点”，真正使特色小镇的“特色”彰显出来，在深挖特色中离不开文化的支撑作用。

第一节 特色小镇出场的历史语境和“浙江样板”

从政策初衷上看，特色小镇不是拍脑袋的结果，是适应生产力发展水平要求，在新型城镇化、中国经济转型升级高质量发展中供给侧结构性改革、中国社会城乡一体化程度不断提高语境下的产物。实践中，特色小镇非镇非区，介于城市和乡村之间，是城市基础设施和产业互联互通的承接平台，也是乡村文化复兴的依托和载体。特色小镇是一个新兴的产业集聚区、创意集聚区、生态宜居区，它把诸多生产要素、人才、劳动力、资本集中起来，在创新组织形式中降低了生产成本和创业成本，从而实现满足人民对美好生活需求的高质量供给。因此，在定位上特色小镇是相对独立于市区，区别于行政区划单元和产业园区，有明确产业定位、文化内涵、旅游和一定社区功能的创新创业发展平台。严格意义上的特色小镇不是行政区划意义上的“镇”，即建制镇；也不同于纯粹企业集聚的产业园区、风景区的“区”，而是按照创新、协调、绿色、开放、共享发展理念，结合自身特质与产业定位，进行科学规划，挖掘产业特色、人文底蕴和生态禀赋，从而形成“产、城、人、文”四位一体有机结合的重要功能平台，是融合了特色产业、城镇社区、历史文化和休闲观光等多种功能于一体的新型社区。在功能定位上，特色小镇是破解城乡二元化结构的有效抓手，在乡村振兴战略中特色小镇建设也是重要抓手，是城乡一体化发展的重要支撑点。它符合现代人既要在市场大潮中激情创新，又想在优美环境中诗意地栖居的心灵诉求。在资源配置上，它以人的城市化为核心，顺应21世纪以来信息化、生态化、人文化的发展趋势，按照“三生（生态、生活、生产）融合、三化（信息化、生态化、人文化）同步”的理念，满足人对美好生活的需求向宜业、宜居、宜游、宜文和可持续性的命运共同体的构建上发展。在发展导向上，它主要聚焦于产业发展和产品创新，着力于提升社会生产力，使一个地区的特色资源对核心（主导）产业发展提供充分支持，而成为区域经济社会发展的高地。说到底，特色小镇作为“产、城、人、文”的创新性融合，兼具了城市生活方式（生活的便利化和现代服务）和田园生活方式（生态宜居的悠闲从容）的优越性，是城乡一体化融合发展的有效载体，契合了城市和乡村融合发展的世界趋势。在国际上，如德国因为存在大量特色小镇（小城市），小镇占所有城市份额的76%，城乡一体化程度很高，使得居民幸福指数普遍较高。[①]可以说，特色小镇契合国际“城市化”与“逆城市化”发展中的复线结构，而成为一种新的产业发展方式，一种新的资源配置方式，一种克服“城市病”的新的生活方式，满足了人追求幸福生活的城市发展的文化转向。

---

① 孟祥林等：《城市发展进程中的“逆城市化”趋势及其经济学分析》，《经济经纬》2004年第1期。

一、特色小镇出场的历史语境

究其现实性而言，特色小镇虽以“镇”命名，但绝非某一行政区划，而是基于经济目标和资源禀赋与产业发展导向，实现“产、城、人、文”四位一体的综合性市政发展平台和创业创新平台。因而，特色小镇的形成与社会整体经济发展水平呈正相关性，是一种以社会现代化和后现代社会为背景的社会发展方式，是城市生活方式和“城市文明普及率”的一种结晶。如作为特色小镇典范的达沃斯，只有一万多人口，一年一度的“世界经济论坛”形成了小镇的特色产业链，小木屋式家庭旅馆是特色之一。这个小镇的特色博物馆独树一帜，有基尔西纳美术馆、木偶和玩具博物馆、冬季体育运动博物馆以及展示地方记忆的乡土博物馆。达沃斯小镇以论坛与瑞士滑雪胜地的价值赢得世界关注，发展了特色旅游业。无独有偶，美国的格林尼治对冲基金小镇、法国的普罗旺斯小镇和依云小镇、希腊的圣多里尼小镇等，虽然体量都不大，但却精致独特，建筑密度低、有情趣，产业有特色、产业链较长，文化有韵味、体验性较强，生态环境宜人、充满魅力，在生产、生活、生态交融中成为一种新的综合性社区，弥漫其中的是精致化的生活品位。正是这种生活美学、文化品位使小镇充溢着迷人魅力。可以说，世界上这种生态环境宜居、生活便利舒适、工作场景惬意有趣的特色小镇很多。一定意义上这是社会文明转型的表征，一方面喻示一种居住方式，一方面显现一种工作方式，同时又张扬了一种消费方式。而在本质上则是重构了小镇的日常生活、交通方式、交往方式及社会关系结构，彰显了特色小镇作为一种空间要素的再生产与集聚方式，在历史与文化、家庭与个体的文化传承中，重塑了典型的、独特的“小镇生活方式”“小镇生活价值观”和小镇经济体系，契合了消费社会的后现代景观，表征着以消费来主导和配置资源的时代已经来临。在文化创意凸显的时代，文化成为经济社会发展的主导性力量，文化引领未来。

特色小镇是适合人类可持续发展的一种选择，能够在较合理的空间内，体现后现代主义的人文转向。其发展符合“循环社会型城市”的理念，体现了以人为核心的整体社会进化诉求，是人类在经历农耕文明、工业文明和知识经济革命后，对地球与人的生态关系的一种新的认识，是社会良性化运行的一种新模式，一种新型文明观。发达国家的小镇发展充分体现了先进生产力的要求，聚集了专业化、高端化的生产要素，大都有着良好的经济效益和社会效益。在区位特色上，其空间选择以产业需求为首要因素；在产业特色上，其产业体系有着明显的主题性；在功能特色上，其功能构成有着一定的综合性；在空间特色上，其景观风貌有着强烈的可识别性；在经营特色上，其经营运作主要以国际市场为目标。[①]还有学者指出，国外特色小镇具有优质的人居环境、深厚的文化底蕴、发达的基础设施和健全的公共服务，特别是产业经济的带动、多元化的参与主体、健全的政策保障机制等。[②]本着提升社会文明程度，特色小镇建构了有品质的现代化"特色城镇生活方式"，每一个小镇都有故事，体现了城乡一体化进程中"化镇为市"，"化传统农民为现代市民的有机发展过程"，是地方发展的文化品牌。可见，特色小镇建设是产业转型升级和经济发展方式转变的重要平台。其培育和建设要有前提条件和基础，必须立足于地方经济社会发展水平，尤其在建设过程中要有产业思维、市场观念和文化意识，并不是什么地方都可以发展特色小镇。特色小镇建设的"浙江样板"也启示我们：特色小镇建设要谨防运动式一哄而上，动辄追求千百计的数量。也就是说，在中国不是所有的地区都适合发展特色小镇，而应因地制宜，走分类指导，多元化、多类型、多层次发展道路。有学者指出："特色小城镇更像是一个新的地域生产力结构创新空间，在有限的空间内优化生产力布局，破解高端要素聚集不充分的结构性局限，探索创业创新生态进化规律，具有'产城融合''区域发展均好性''福民富民''产业结构优化'、传承历史和推动社会可持续发展以及经济社会转型升级的深刻意义和价值。但是，从本质上说，特色小镇的成长是需要特定的空间和文化土壤的。"[③]因为特色小镇建设有约束条件，"特色"决定了小镇的"少而精"，不能一哄而上，靠命名按指标强制打造，注重数量忽视质量必然背离经济社会文化发展规律。实践中，很多文化产业园、历史文化名镇、工业园被命名为特色小镇，这种运动式发展有悖于小镇建设初衷。说到底，"特色"不是硬性打造出来的，而是在生产力高端化水平和产业实力基础上引导和培育出来的，是伴随文化长期演进和文明积累深耕产业发展内涵与主导产业相契合的结果。

---

① 张银银、丁元：《国外特色小镇对浙江特色小镇建设的借鉴》，《小城镇建设》2016年第11期。

② 傅超：《特色小镇发展的国际经验比较与借鉴》，《中国经贸导刊》2016年第31期。

③ 张鸿雁：《论特色小镇建设的理论与实践创新》，《中国名城》2017年第1期。

因而，特色小镇是通过对特色产业的深度开发，实现产业集聚和产业链整合，带动人才集聚、创意集聚和价值集聚，它不仅是一个新的经济组织形式，也是一种新的社会组织形式，还是一种多元文化融合创新平台，最终显现为一种新质的主导文化形态的确立。

二、特色小镇的“浙江样板”

在特色小镇建设上，作为中国最早出场地的浙江将其定位聚焦于支撑未来发展的信息经济等七大产业和黄酒、青瓷等历史经典产业，其空间布局主要在3平方千米内，体现了“特而强”的世界小镇发展导向，应该说是合乎历史机缘的出场。本着坚持产业、文化、旅游“三位一体”和“生产、生活、生态”融合发展的目标诉求，运作模式是“政府引导、企业主体、市场化运作”，以人为本、企业为主、产业为基、科技和金融为两翼、文化为魂，大多依靠创意创新驱动主导产业，着力发挥市场在资源配置中的决定性作用，做强产业，实现“宜业、宜居、宜游”。因以产业发展彰显特色，就把文化生长之根深深地扎在产业发展中，文化不再是外在性的附加，而是内在生成性的支撑，从而使文化成为特色小镇内生动力之一。

特色小镇是浙江加快区域创新发展的战略选择，也是推进供给侧结构性改革和新型城市化的路径，旨在加快高端要素集聚、产业转型升级和历史文化传承，推动经济平稳健康发展和城乡统筹发展。在其战略布局中，特色小镇以适度规模担当了推动“产城融合”“产业结构优化”、传承文化血脉、促进社会文明进步的功能，在有限空间内通过优化生产力要素追求“小而美”，成为浙江省破解空间资源瓶颈的重要抓手。此中的关键是，生产力配置一定要在功能集聚与扩散之间找到最佳平衡点，在城市化与逆城市化之间找到最佳平衡点，在生产、生活、生态之间找到最佳平衡点。之所以在城乡接合部布局特色小镇，就是要在有限空间里充分融合特色小镇的产业功能、旅游功能、文化功能、社区功能，在构筑产业生态圈的同时，形成令人向往的优美风景、宜居环境和创业氛围。

正是立足自身区域特点和发展趋势，特色小镇的“浙江样板”受到瞩目，其示范效应不断显现。浙江特色小镇的建设比较强调高新技术、特色产业经济以及高新技术产业和传统产业的结合创新，如“云技术”“金融产业”“智慧产业”“特色小镇+网络+传统产业”等新兴产业与旅游产业的跨界和综合发展，即便是历史经典产业也不是简单复兴传统工艺，而是强调和现代科技融合提升其科技含量和创新能力。“浙江样板”类型多样，其建设逻辑是以产业立基，以企业为主体，追求有效投资。不要华而不实的增长指标，要的是“转型”与“创新”的含金量。环保、健康、时尚、高端装备制造等4大行业的特色小镇3年内要完成50亿元的有效投资，信息经济、旅游、金融、历史经典产业等特色小镇3年内要完成30亿元的有效投资。投资的“有效性”体现为与实体经济紧密结合，聚焦前沿技术、新兴业态、高端装备和先进制造。实践中，基于文化传统、资源禀赋和产业特点，特色小镇的培育和建设模式不可定于一尊，需要发挥“市场灵验”和“政府有为”的优势互补，找准“特色”、厚植“特色”。政府不能强制打造特色小镇，而是着力于包容性的培育和扶持，一方面政府通过形成财政、土地、人才、资金、税收等方面的正式制度，为小镇建设提供强有力的政策支撑；一方面通过文化场景建构、社区文化营造等非正式制度来厚植支撑“特色”的环境与社会氛围，以文化价值的传播为小镇建设提供导向。“浙江样板”之所以值得肯定，就是因为其特色小镇建设追求特而强、聚而合、小而美、活而新的目标，每一个成功的特色小镇都是当地新兴产业或主导产业中的一个产业，在产业文化发掘中以文化多样性彰显特色，避免了“千镇一面”的同质化竞争，呈现出百舸争流的发展态势。它不仅体现了先进生产力发展的诉求，还充分激活了地方文化资源，为特色小镇的培育和可持续发展注入了内生动力。

如何定位特色小镇？有学者指出:“从小镇功能上看，集聚的不只是土地、资本、人才等生产要素，还应该更加突出的是文化的功能，现代居住社区的功能；从小镇运行机制上来看，需要一套既不同于城市，又区别于农村的创新机制，包括政府、企业、社会协同发展的多元参与机制，申报、创建、评审、支持等一系列的管理机制等；从发展定位上看，要着眼于创业和创新，将特色文化小镇打造为创新创业的新平台，着眼于更加专业的高端的要素聚集，形成创新高地；从理念上来看，要注重融合的发展理念，特色文化小镇要强调注重‘产、城、人、文’的有机融合，特别是特色文化的凸显，要做到生产发达、生活美好、生态优美的相互融合，做到经济发展与文化素养提升、社会文明进步、人居环境舒适的相互融合。”[①]无论何种类型的特色小镇，文化都是其中的重要角色，有文化支撑的特色小镇建设往往可持续。从“浙江样板”反观全国，某些省市的特色小镇建设多是原有要素的堆集，即使打着高新技术产业发展的旗号，也存在市场灵验功能发挥不够、产业集聚度低、特色城镇能级低、社区整合度低、产值预期不理想和空间范围表达过于宽泛等问题。

第二节　深刻理解特色小镇的“特色”

特色小镇最夺目的印象往往是文化，正是文化使特色彰显，并为大众所感知。实践中，特色小镇名目繁多，如云栖小镇、梦想小镇、艺创小镇、演艺小镇、基金小镇、康养小镇、汽车小镇、机车小镇、体育小镇、巧克力小镇、石斛小镇、陶瓷小镇、森林小镇、雕刻小镇、越剧小镇、杂技小镇、黄瓜小镇、葡萄酒小镇、音乐小镇、剪纸小镇，等等不一而足。这些小镇都以文化气质或者韵味彰显特色，其所谓文化不单是地域文化之显现，更是小镇之主导产业文化的张扬，由此形成能够使其特色彰显的文化密码。可见文化是多样性、丰富多彩的，正是地域文化与主导产业所蕴蓄的产业文化的融合使特色越加鲜明，从而文化成为衡量特色小镇的尺度和气质。这越加说明，文化是有根性的，不是漂浮的外在点缀。因而，所谓特色是生成性的，不是外在性的附加，就此特色移植论休矣！特色小镇的文化之根，不仅要扎在大地上，更要扎在主导产业中，以此形成独特的文化密码，使文化气质彰显小镇特色。产业是特色小镇的逻辑骨架，文化是小镇特色彰显的表征。小镇产业大、产业强，才能文化兴，产业文化的深刻阐释和产品内涵的发掘是形成小镇特色的内在源泉；同时，深挖地方文化底蕴、赓续文脉传统，使地方文化与产业文化相交融，形成鲜明特色，是特色小镇建设遵循的重要原则和前提。只有产业发达文化才会迸发活力，社区文化就会活跃，小镇的特色就会越加鲜明。这样，才能走出一条符合本地实际的特色小镇建设之路。“浙江样板”的特色小镇建设主要依托“块状经济”的集聚优势，这与浙江传统特色的“块状经济”发达关联密切；江苏特色小镇建设，主要依托公有制经济基础的厚实，其特色之一是乡镇繁荣，据此形成特

① 纪芬叶:《特色文化小镇培育机制研究——以创新生态为视角》，国家行政学院博士学位论文，2018年。

色小镇的江苏模式。因此，特色小镇建设要有地方经济文化基础，以及空间结构特点和文脉传承，在综合性的创新创业平台上有效推进高端经济要素的再集合，在产业布局中进行空间再生产和整合创新，深挖产业文化内涵着力彰显特色，强化创新思维。

一、文化是特色小镇的底蕴和灵魂

文化是一个国家、一个民族的灵魂。文化兴国运兴，文化强则民族强。同样，在特色小镇建设中，文化是其灵魂和底蕴，文化多样性的展示可以安放小镇居民生活的价值与意义，使其真正放下一颗心来。著名学者劳伦斯·哈里森曾认为不发达是一种心态，其强调的是文化价值观在经济发展中的作用。可见，文化与地方产业发展是一种正向关系，文化在一定意义上决定了人们对待财富和创造财富的态度，从而影响着地方经济的发达程度。马克斯·韦伯更是在《新教伦理与资本主义精神》中充分阐释了二者之间的内在关联。特色小镇的“浙江样板”，无疑是对此的另一种注释，它充分彰显了文化（学以致用、即事求道的精神催生了浙江民营经济的发达）对特色小镇建设的强有力支撑。可以说，浙江成功的特色小镇几乎都是文化传承与产业创新、文化创意发展的典范。就此而言，需要深刻理解和提炼小镇的文化追求，使之与小镇主导产业相吻合，在精神气质上相契合，成为小镇特色彰显的表现形态。

文化凝聚力是维系特色小镇建设中小镇居民命运共同体的重要纽带。特色小镇往往相对独立于市区，有着明确产业定位、文化内涵，适于旅游休闲和创业创新，是有着一定社区功能的综合体，一个在功能上再集聚的“重新联合或聚合”的多元主体的杂糅共在。特色小镇建设要以文化焕发认同功能，在多元力量的联结、聚合中形成凝聚力，在“产、城、人、文”的多元主体聚落中构建命运共同体。因此，特色小镇建设要充分重视培育文化凝聚力，以维系文化认同和理想追求，使文化在多元主体的聚落中发挥引领、渗透、感召和辐射作用。有学者指出:“特色小镇的文化凝聚力，是在功能再聚焦、人才再集聚、体制再创新过程中，把来自四面八方的各个创业创新主体的特殊‘关注点’‘兴趣点’联结、凝聚到全体‘镇民’共同‘相关点’基础上形成的，是在既吸纳融合又超越各个行为主体的特殊‘意义系统’‘文化背景’基础上形成的一种共享的、融合的文化凝聚力。”[①]在实践中，特色一定是有所附着而显现于产业、项目的，在景观与场景体验中使文化被民众充分感知。具有凝聚力的文化是形成特色的环境、土壤，更是特色彰显的底蕴和色调。作为“产、城、人、文”融合发展的新载体，特色小镇既是新发展理念的重要功能平台，又是一个生活和文化娱乐的宜居之地，它需要以文化彰显个性魅力、维系小镇的根与魂，使特色融入地方文脉、铸入居民之魂。因此，特色小镇的文化是一种融合发展的新质生成，而非简单的各子系统文化特色的叠加，是自然、人文、景观及其民俗民间文化特别是多元化主体精神追求的气质融合，这既是对历史的传承，又是对未来的引领，并凝结为小镇特色内在性的文化密码。否则，硬性植入的所谓“文化特色”很可能水土不服，与地方文化在价值观念上发生冲突而影响小镇的可持续发展。

在区域性经济社会发展中，发达的产业通常会创造丰富的载体，使文化的力量充分显现。特色小镇建设中文化作为底蕴和灵魂是靠产业、产品和服务的融合发展彰显的，是可以被大众实实在在地感知和获得的，因而文化力量的彰显是对小镇文化内涵的发掘和价值阐释，是一种价值的传播和弘扬。说到底，特色是长期累积和培育的结果，所谓规划充其量是一种有意识的发现和价值引导，特色的提炼要尊重本土自发的偶然性、地方性。因而特色不是抽象的，多是围绕某一产业中某一阶段产品形成的专业化诉求之体现，这种植根的集聚性诉求才能引导资源集聚，政府顺势而为发挥引导作用就会形成自觉意识，以此不断健全产业链和完善配套服务，在创业创新平台上实现产品创新，不断提高市场竞争力。所谓政府引导是指“在发展之初就提供明确的指导性规划，为当地发展指明方向，在运营中通过建立健全各项制度，使得特色小镇的发展在充分面向市场的情况下，又拥有来自政府的各种制度性保障和支撑”[②]。在此阶段，政府主要扮演制度“供给者”的角色，随着发展程度的提高应着重发挥市场灵验功能，政府相应地要退居幕后。产业与文化的相互借势，使小镇的特色愈加张扬。

---

① 陈立旭:《论特色小镇建设的文化支撑》,《中共浙江省委党校学报》2016年第32卷第5期。

② 陈立旭:《论特色小镇建设的文化支撑》,《中共浙江省委党校学报》2016年第32卷第5期。

特色小镇的“特色”，主要基于产业发展中的产业文化弘扬，是对产业文化内涵的阐释和特色彰显。因此，小镇中的主导产业定位要有特色，产品内容要有新意。当下的问题是产业特色不突出，缺乏产业业态创新。在政府引导下，往往“地方有什么，就叫什么特色小镇”，如葡萄酒小镇、牡丹小镇、石斛小镇、玫瑰小镇、陶瓷小镇、石刻小镇、木雕小镇等。须知，产业基础是特色小镇建设的着力点，但“有”不一定“特”，所谓“特”主要源自产业充分发展所形成的某种强势导向，在区域经济发展或者全国产业布局中有一定话语权，或者掌握行业标准，由此在产业链整合中方能使产品内容和服务彰显特色。另外，对产业文化要素的发掘提炼，不能停留在文化的表象形态和表层的感知层面，而是要真正垂直化地深挖内涵，深刻理解，通俗阐释，时尚化表达（如卡通动漫式的科普），把文化做深做透做准，做出品牌和产业链。如邯郸市馆陶县的黄瓜小镇，原本产业链和经济规模不大，但在引进天津黄瓜研究所后，依托黄瓜研究机构的技术力量，为黄瓜的培育和种植技术提供智力支持，培育了100多种黄瓜，由此使产业扩张到旅游开发，通过展示各式各样的黄瓜品种和体验式消费方式，在互动中吸引了络绎不绝的游客。再如宜兴西望村的陶瓷小镇建设，不是简单地传承传统紫砂陶瓷工艺，而是在复兴中融合中西文化进行创新，尤其是把地方民俗文化和优秀传统文化进行提炼，建立了自己的课程培训体系，并与国内外相关艺术院校在互动中形成了良好的合作关系，通过“引进来”与“走出去”相结合，在深挖紫砂文化内涵的基础上，寻求传统与当代生活方式相结合，在传承与创新中把工艺设计和旅游体验相融合，既做大了产业规模和文化品牌，又促进了旅游开发和附加值的提升，其产业文化与地域文化的融合浓彩重抹了小镇的特色！

当下一些特色小镇的“特色”不鲜明，主要是缺乏文化吸引力。一是产业内容传统固化。特色小镇追求传统文化的传承，但不是墨守成规，而是要诉诸产业的升级和产品内容的创新。以所谓“非遗”保护之名固守于低端业态，其产品因难以吸引年轻人，就不断失去消费市场，其文化力量就是萎缩的。如传统年画、版画、农民画等都有较高的艺术性和历史传承价值，但其内容如果固守于农耕文明而不和现代生活相结合，不和时尚化的表现形式相结合，其受众就会越来越少而难以实现产品的经济价值，作为主导产业就难以支撑特色小镇发展。二是产品的营销手段不适应现代消费。特色小镇毕竟是一个有限的空间，仅仅依靠在地性的家庭作坊式摆摊营销，卖主—买主的营销模式不仅难以形成互动性体验，难以满足受众个性化、差异化的体验需求（会展、网络及其他移动端的营销传播），而且有限的消费也难以形成规模经济，而不利于品牌优势的积累和塑造，束缚了产品的现代传播和互联网式的无限扩张，导致主导产业难以支撑特色小镇建设。结果，产业发展不起来或者产业不发达就难以使地方文化彰显，地方文化的底蕴和积累就难以兑现经济价值（没有附加值就不会形成版权与授权产品开发、产业链的延伸），其本土文化就无力彰显小镇的“特色”（小镇的文化韵味、建筑风貌、特色产品和服务等），难以焕发出文化的感召力和辐射力。因此，特色小镇的文化支撑需要找准着力点和特色所在，尤其是地方文化资源的梳理和精神内涵的提炼一定与主导产业的气质相契合，这本身就是一种文化创新。

二、在城乡一体化进程中彰显特色需要深刻阐释和发掘产业文化内涵

文化是特色小镇之“特色”的内核，每个特色小镇都有其文化标识，能够给人留下难忘的印象。找准特色、凸显特色、放大特色，是小镇建设的关键所在。特色小镇之“特色”首先是产业集聚所焕发的特色，而文化是产业得以可持续发展的底蕴和运行环境，在某种意义上更是产业发展的价值导向和发展方向。如云栖小镇、梦想小镇都是信息经济特色小镇，但云栖小镇以发展大数据、云计算为特色，而梦想小镇主攻“互联网创业＋风险投资”。其中的差异乃是产业文化的根本不同所致，由此凝结了小镇独特的文化密码，形成了特色小镇的多样化。因此，彰显特色需要把文化基因植入产业发展全过程，培育创新文化、历史文化、农耕文化、山水文化，汇聚人文资源，形成“人无我有”的区域特色文化。

特色小镇的根基是产业，所谓“特色”的塑造要立足于产业自身的内涵发掘。也就是说，特色小镇文化凝聚力的发挥必须依托小镇的主导产业（或者龙头企业），以产业发展促进文化认同，以文化凝聚力助推人才、技术、资本、创意等高端要素集聚，实现小平台大产业、小载体大创新，以主导产业升级形成新的经济增长点。因此，特色小镇建设中主导产业的升级与文化凝聚力的培育是一种正向度的同构关系，主流文化价值观发挥着精神纽带的联结作用。不论是信息经济、环保、康养、旅游、时尚、金融、高端装备制造业等现代产业，

还是中药、雕刻、陶瓷、茶叶、丝绸等历史经典产业，都要立足于产业文化与地域文化的融合，在意义的阐发中形成小镇的主流价值观，使之蕴蓄于小镇创业创新主体的精神追求，以及特色小镇可持续发展的内生动力。文化企业、文化产品和服务自然使小镇的特色彰显，而对某些看似没有文化特色的小镇来讲，小镇的主导产业或者龙头企业本身就是先进生产力的表征，一定要基于产业文化本身和地域文化特点，尊重小镇居民的文化诉求，在相互融合中提炼出与之相匹配的特色，有了产业和企业为支撑，特色的张扬就有了底气和基础。同理，特色文化有利于吸引更多创意人才和相同价值观的企业集聚，从而助力企业市场竞争力的提升，而使小镇特色越加鲜明。

在特色小镇建设中，要充分发挥市场在资源配置中的决定性作用，以市场的力量促使产业结构调整与产业升级。以产业为基厚植特色，就是以企业的高成长性培育特色产业文化，为特色小镇建设赋予鲜明文化特色。所谓以产业为基，主要指小镇建设要以企业为主体，围绕一个居于主导地位的产业或龙头企业进行产业布局，旨在强化主导产业、完善产业链整合，使资源与政策制度供给和核心产业发展实现优化配置，从而实现产业集聚发展。有学者指出："产业选择决定小镇未来，必须紧扣产业升级趋势，锁定产业主攻方向，构筑产业创新高地。定位突出'独特'，特色是小镇的核心元素，产业特色是重中之重。找准特色、凸显特色、放大特色，是小镇建设的关键所在。"①产业特色的文化彰显，有力地促进了产业文化与地域文化气质的吻合，使特色受到地域文化的润泽与滋养，从而以外部效应使特色越加鲜明，充分体现了"全球视野在地消费"的文化产业特性。

第三节　文化是特色小镇可持续发展的不竭动力

基于文化与特色彰显的关系，要慎言打造，多强调文化的积累和塑造，使文化成为特色小镇的灵魂而彰显凝聚力和活力。特色小镇的健康可持续发展，始终离不开文化价值的润泽和引领。同时，特色小镇也要积极发挥社会功能与文化担当，以文化表现形式的多样化和主流文化价值传播引领小镇的生活方式、

① 张蔚文：《政府与创建特色小镇：定位、到位与补位》，《浙江社会科学》2016年第3期。

生活新时尚，积极培育和践行社会主义核心价值观。就文化发展而言，特色小镇应是区域文化辐射中心，是区域文化高地，是坚定文化自信的区域样板，在各种平台和产业集聚中使文化力量充分彰显。

一、特色小镇要着力培育一种创新文化导向

创新不仅居新发展理念之首，显现为一定的政策和制度创新、技术创新、产业和企业组织结构与治理能力创新、文化创新，更是在根本上着重形成一种价值导向性的创新文化。

培育特色小镇创新性的文化价值导向，一定要充分调动小镇建设的多元主体力量，包括创新自然人（小镇居民、大学生创客、艺术家、工程师、"非遗"传承人、工艺美术师等）、创新技术支持团队、小镇的运营团队、政府部门、社会组织（商会、协会、中介机构、志愿者组织等）、创新交流平台、孵化器、中小微企业、消费者及外来游客等。更重要的是，作为代表先进生产力和契合供给侧结构性改革适应消费社会特征的创新创业平台，特色小镇建设必须把培育和弘扬创新文化作为一种自觉追求。在党的十九大报告中，习近平总书记一再强调"全党同志一定要登高望远、居安思危，勇于变革、勇于创新，永不僵化、永不停滞"[①]，正所谓实践没有止境，理论创新也没有止境。契合时代大潮和世界发展趋势，"我们必须在理论上跟上时代，不断认识规律，不断推进理论创新、实践创新、制度创新、文化创新以及其他各方面创新"[②]。说到底，这是在全党全社会倡导一种创新文化导向。究其根本，"不是思想，而是利益（物质的和思想的）直接支配人的行为。但是，观念创造出的'世界图像'，时常像扳道夫一样决定着由利益驱动的行为的发展方向"[③]。特色小镇的健康运行和可持续发展就是在根本上形成一种引领生活方式和新时尚的社会氛围，在产业发展中实现文化担当。

通常，在一个鼓励创业创新、宽容失败、倡导竞争，以公平正义为价值取

① 习近平：《决胜全面建成小康社会 夺取新时代中国特色社会主义伟大胜利》，人民出版社2017年版，第2页。

② 习近平：《决胜全面建成小康社会 夺取新时代中国特色社会主义伟大胜利》，人民出版社2017年版，第26页。

③ 苏国勋：《理性化及其限制——韦伯思想引论》，上海人民出版社1988年版，第84页。

向的社会氛围中，才会有利于在全社会形成创新文化导向，推动创新创业主体永葆高远志向、富而思进、居安思危、创业创新不止，从而在不断自我超越中成就一番事业，使小镇洋溢着一种奋发有为、积极进取的文化氛围。培育创新文化，必须大力弘扬追求精致、卓越的工匠精神，倡导注重细节的工艺质量的精益管理，景观和场景设计的宜人化，自然生态的审美化，人际关系的契约诚信追求，引导大众追求高雅生活，使小镇成为“宜业、宜居、宜游”的综合体。特色小镇作为创新创业平台，强调“特而强”“聚而合”“精而美”“活而新”的文化定位，是创新追求、创业生态与文化品位和自然生态的融合，是文化与产业和人才共生的新聚落，是对区域性时尚生活的引领，其在根本上离不开先导性的创新文化支撑。特色小镇的“特而强”主要取决于企业的高成长性和创新能力。创新作为新发展理念之首，贵在一种创新意识和创新思维，旨在用新动能支撑经济高质量发展，最大限度地激发创新主体潜能，在各个创新要素之间形成内在关联和聚合，为特色小镇可持续发展夯实动力源。创新文化作为一种价值要渗透在特色小镇建设的每一个角落、各行各业，进而形成一种健全的创新生态系统，成为创新驱动战略的一种新范式。

从文化创新到创新文化导向，这是一种文明价值指向，是中国文明型崛起和民族伟大复兴的必然选择。中国的崛起是一种文明型崛起，中国之强最终一定是文化自强，是对人类文明的贡献，它需要一系列创新文化的支撑。同样，在实践中特色小镇的可持续发展需要发挥创新文化的价值导向，特色小镇的可持续发展需要创新文化的积极引领，进而展现特色小镇文化创新的风采！

二、特色小镇建设要加强文化场景建构

小镇文化空间的场景建构所显现的某种意味，同样是特色彰显的底蕴，它不仅有利于吸引和留住创意人才，为小镇可持续发展注入人才动力，其独特的趣味和价值导向还活跃了小镇的氛围，使小镇形成宜业、宜居的魅力。特色小镇的“美”不是高楼大厦堆起来的，而是从不经意间的建筑特色、有意识的艺术风格和风土人情中自然生长出来的，是小镇文化场景价值的自然显现。小镇的美，是独特的自然风光之美、错落的空间结构之美、多元的功能融合之美，是与多彩的历史人文景观的有机统一。在特色小镇的空间建构中，文化历史、建筑风格、特色产品、风土人情等都可以成为特色小镇成长的“文化动力因”，

甚至被培育为富有表现力的小镇经济增长点与文化价值。以场景塑造彰显特色，要求小镇自身的文化特色一定要鲜活和具体、可感可触可消费，尤其是外在形象与内在精神要高度统一，在小镇特色的总体呈现中能够通过自然景观、社会景观与人文景观等构成较为系统的视觉图景。并通过这些视觉图景不断充实小镇自身的文化内涵、自然环境、精神状态、生产方式、民俗民情、建筑风格等要素，使其与小镇的产业特色、生态特色与功能特色充分融合，在特色小镇的不同层次、环节中凸显文化特征。以文化价值的充分彰显形成小镇的独特优势、品位与核心竞争力。因而，文化场景的建构是形成小镇特色的着力点之一。

文化场景的建构，以其价值意味和审美品位而成为小镇特色的支撑点。随着创意时代的来临和城市发展的文化转向，人们越来越认识到，文化是激发城市活力的动力源。一些文化场景的建构，如博物馆、俱乐部、咖啡馆、茶馆、餐馆、民宿、客栈、图书馆、美术馆、科技馆、文化馆、休闲吧、音乐厅、歌剧院、小镇客厅与文化广场等，对于营造社区文化、吸引创意人才、满足人群多样化需求，促进小镇焕发活力有着举足轻重的作用。美国文化学者特里·N.克拉克教授指出，城市道路街区等基础设施的建设和市民的自组织建设，以及博物馆、艺术馆、音乐厅、咖啡馆等文化设施是城市发展新的魅力所在。[①]文化转向有力地促进了城市更新而迈向文化城市，如柏林因音乐产业的发展而成为世界著名的音乐之都，伦敦因戏剧而成为最具创意的文化城市，毕尔巴鄂因为古根海姆博物馆而从衰落的港口城市成为文化城市。其实，不仅城市如此，特色小镇的文化特色塑造更是如此。

场景理论揭示城市特色的塑造离不开文化场景的建构，城市休闲娱乐设施的不同组合会形成差异化的文化场景，不同的文化场景蕴含和代表着不同的文化价值取向，这些文化价值取向吸引着相同或相似文化价值取向的创意人才、人群集聚在一起，形成独具特色的区域文化气质或社区文化。同样，文化场景的建构对于特色小镇的高端要素集聚、价值集聚、创意人才集聚有着重要作用，是形成小镇创意驱动力的价值基础。有学者指出，文化场景建构需要一些要素：一是要有一定的地理空间，可以是较大空间也可以是小型空间；二是要有实体建筑；三是要有不同种族、不同年龄和不同教育背景的多样化人群；四是要有

① 吴军、特里·N.克拉克：《场景理论与城市公共政策——芝加哥学派城市研究最新动态》，《社会科学战线》2014年第1期。

文化特征的特色活动。[①]这些要素往往是小镇所长，所谓特色彰显通常蕴含在小镇的建筑风格、人群特征、风土民俗和社区文化上，显现于一些公共文化设施和娱乐设施的布局中。近年来，社区文化在小镇建设中越来越受重视，是塑造小镇“特色”的来源之一，一种文化情趣和有意义的生活是小镇“特色”的标识。特色小镇一定要有趣和有味道，这是特色小镇有别于旅游景区、文化产业园、工业园的地方，注重生活空间的文化塑造和文化场景的品位建构，以场景营造文化氛围和精神气质，在价值观传播中吸引创意人才，看似非功利的有形空间塑造，却是小镇特色彰显的基础和铸魂之举。

三、特色文化小镇要着力于使文化产业真正做强

作为特色小镇类型之一的文化小镇，要着力发挥文化产业对特色小镇建设的强力支撑作用。文化产业是小镇特色彰显的内在肌理，作为产业文化的显现，可以是文化装备制造业，可以是特色手工艺，可以是传统手工技艺，也可以是现代创意文化产业等。无论何种文化产业作为特色小镇的主导产业，其在根本上都是以文化创意作为核心生产要素，都要回到文化产业的当代形态和本质属性上，而不是徘徊于产业低端固守所谓的“传统”，即使是传统手工艺的传承和“非遗”的保护性开发，也一定要有现代观念和市场意识，要与现代生产生活方式相融合，与现代科技和互联网+相融合，与金融资本相融合，而且要有社会化生产能力。这种以文化作为资源的特色文化产业形态，决定着小镇产业的组织形态与发展方向，它在全国甚至国际产业分工体系中的位置直接关乎特色小镇从功能型向文化型的转变。关于文化在城市复兴中的重要作用，故宫博物院原院长单霁翔指出，一方面，地方特色文化资源不断产业化，形成特色文化产业可以较好地突出地方特色，带动经济发展。另一方面，文化基因的植入可以为一个地方带来新的发展活力，推动城市复兴。正是在这个意义上，中国城市正在由“功能城市”走向“文化城市”。[②]问题是某些立足非物质文化遗产传承作为主导产业来建设的特色小镇，如保定曲阳的雕刻小镇、开封朱仙镇的年画小镇、绍兴嵊州的越剧小镇、沧州吴桥的杂技小镇等，都把特色小镇的主题定

---

① ［美］特里·N.克拉克、李鹭:《场景理论的概念与分析：多国研究对中国的启示》,《东岳论丛》2017年第38卷第1期。

② 单霁翔:《从“功能城市”走向“文化城市”发展路径辨析》,《文艺研究》2007年第3期。

位和主导产业视为非物质文化遗产，往往其保护传承和商业开发不足而难以支撑特色小镇建设。其中的症结是，不仅存在传承方式落后、理念狭隘、创意不足、人才缺失、资源流失，还因科技融入和创意不足导致创新不够而难以形成有广阔市场前景的“版权”——大IP的产业化运作之源。其与现代生活、时尚化表达、消费的互动性体验融合不足；展示方式和存在形态过于传统，未能与旅游、场景体验、娱乐、游学、科普和传统国学教育等充分融合；产业链短、规模小、产品形态低端、附加值不高，在推动特色小镇可持续转型发展方面表现乏力。文化资源是特色小镇建设的重要基础，文化价值的提炼是培育特色小镇的魂，但在以特色文化产业为主导产业的小镇建设中，应着力强调现代观念（避免狭隘性理解“原汁原味”）、文化视野（强调中西融通的文明互鉴）、市场机制和产业思维，这样才能使文化在特色小镇建设中发挥强力支撑作用。

通常，相对于产业发展的规模报酬递增效应和规模经济，文化产业发展却存在规模不经济的现象。如特色手工艺品制作、受众较少的特色民族歌舞表演等，应在以之为主导产业培育塑造特色小镇之魂的过程中，着力于培养差异化和细分化的市场，以及高渗透性和关联带动性，推动其与相关产业的融合，着力提升其附加值，而不是放在“非遗”项目商业开发的规模效益上。相应地，文化特性往往导致范围经济可观，表现为同心圆式的带动效益上。为此可以围绕核心产品开发周边产品，在品牌主导下经由授权开发体验、培训、会展、服饰、文具、玩具等不断扩大范围经济。如音乐小镇的建设不仅是乐器的制造（尽管有多家国际知名品牌乐器公司入驻），其产业链延伸还体现在与教育和娱乐性体验的融合，形成了一个以音乐为主题的线上线下互动，集乐器制造、音乐创作、教育培训、欣赏、展演、旅游体验、创客中心、客栈与民宿、餐饮和娱乐购物等多功能于一体的特色小镇，由产业带动实现“产、城、人、文”的融合，作为灵魂的音乐成了特色小镇的文化标识和文化特色的“底色”。

在特色的塑造上，特色小镇的主导性企业要充分拓展产业链，做强特色产业，提升创新能力。如旅游小镇要做好观赏、体验、娱乐休闲、科普展示、特色产品开发等一系列环节的产品和服务，产业链条包括旅游吸引核、消费集聚区、地产延伸区，使文化特色显现于产业链的每一个环节中。艺术小镇要做好创意研发、艺术创作、传播、展览、体验和艺术消费、拍卖等环节，以及艺术地产的开发运营等。在特色小镇运营中，要善于导入文化IP、特色文化产品生产、品牌营销、上游产品引入、下游产品拓展、合法性退出机制等，充分发挥文化品牌的溢出效应，文化产业的关联带动性作用，以及在创新中运用鲶鱼效应。独特的文化IP的市场化运作，有利于形成小镇可持续发展的内生动力，使特色文化产业真正支撑起小镇建设。如乌镇不仅是“非遗”展示、休闲旅游度假地，还以其IP运作孵化出国际戏剧节、国际互联网大会等节庆产品和文化品牌，成为文化小镇的样板。

四、特色小镇建设要重视社区文化营造，使文化特色有根

浓彩重抹特色小镇的文化特色，需要把文化特色的彰显贯穿特色小镇建设的全过程，不仅在产业发展中塑造特色小镇的文化形象、文化品位和文化影响力，还要把文化特色的根扎在社区文化丰厚的土壤中。把文化资源植入小镇建设，需要厚植或浓抹小镇的特色，其文化不能是“博物馆式”的静态存在，而是活态化地成为大众日常生活的一部分，以创造性转化和创新性发展融入社区文化建设。通过文化激活实现从“优势碎片化”到优势再造重组，所谓现实文化因杂糅了古今中外文化就是当代文化，而有着一种现代文明指向。这种价值导向的高明境界，是自然地显现于社区文化营造中，成为特色小镇的厚重底色。

特色小镇的社区文化营造要突出社区自治与自我服务意识。通过社区治理活动的有效参与、社区文化的共同培育，增强创业者和居住者对特色小镇的文化认同，逐渐形成“社区如家”的心理归属感。在产业布局上，以文化品牌主导小镇的产业发展，使特色随着品牌无限传播。从本质上看，品牌是一种精神、品质、社会属性和价值的核心象征，有很强的“溢价”效应。因此，品牌的体系化发展成为特色小镇建设的重要内容，大致可分为产业品牌、文化品牌、服务品牌、旅游品牌、生态品牌和节庆品牌等。如由阿里云、富士康等一批国内外明星企业的集聚，逐渐确立了全国首个云计算机产业生态小镇的整体品牌，既可以确立产业领域的领先地位，又形成培育和增强自身附加价值的长远意义。有了集约型、集群型的企业品牌价值，就可以通过高端品牌的知名度快速提升自身的影响力，形成内生的自主发展动力。如梦栖小镇从产业定位、资金支持、项目引进、权威机构支持、行业协会支持、奖项颁布等六大方面培育了享誉国内外的知名工业设计小镇，特别是引入如意大利金圆规奖、福布斯中国设计力量榜单和中国设计原创奖，并成为奖项永久颁布地，这些举措使其快速抢占了

国内甚至国际工业设计创新集聚的制高点，其设计文化的特色越加鲜明。

在社区文化的根脉传承中渲染特色。特色小镇作为一种新的城乡结合的发展形式，不是传统的行政化的建制镇，而是跨区域、跨部门的新型社区，多元主体的相互沟通协调和共同成长。以文化凝聚力使小镇成为精神共同体，离不开文化的润泽和对主流文化价值的认同。特色小镇建设除了着力选择主导产业或者龙头企业外，还应在社区文化建构中传承文化根脉，充溢于小镇居民的生活空间中，使文化特色贯穿生产、生活、生态全过程，使社区文化成为特色小镇的魅力之源。特色小镇追求的是经济发达、产业兴旺、宜居、宜业，尤为看重文化价值的认同、共同创造的体验性与幸福感的文化表达，凸显“聚价值而居”的新生活理念。因而，文化是特色小镇建设的重要维度。当下的一些特色小镇建设，往往缺失社区文化活动和文化价值的塑造，要么居民的生活空间缺失，要么生活空间被隔离开来，缺失了小镇居民对特色文化的高度认同和积极参与，特色小镇发展的可持续性就失去了基础。可见，社区文化的根脉传承不仅是特色小镇建设的支撑点，还是特色小镇可持续发展的内生动力之一。越来越多怀揣梦想的年轻人之所以愿意到杭州的梦想小镇创业，秘诀就在于这些地方形成了富有吸引力的创业创新生态，有着文化根脉传承的黏性。社区文化的营造不仅有利于小镇特色的彰显，还使小镇的特色产业有了文化支撑，不断提高产业竞争的门槛而助力小镇经济发展，在浓郁的文化氛围中促进了小镇整体品位的提升，使每一个人都能有文化获得感，生活质量和精神状态都有很大改善，在文化自豪感中彰显了小镇强大的文化力量。

总体上看，特色小镇建设要着力以文化价值传播引领一种新的生活方式、生活时尚，在多样性文化表现形态中培育和践行社会主义核心价值观，以文化根脉的传承和特色的弘扬成为区域文化发展高地，成为坚定文化自信的区域样板。因此，要把主流文化价值融入特色小镇培育、运营和管理全过程。以文化品位和高质量发展支撑特色小镇建设，以文化促进主导产业升级或产业链的完善形成健全的产业发展生态，使产业特色、生态特色、文化特色、功能特色充分彰显，在差异化中实现错位发展。在市场竞争中，文化特色是集聚产业要素，吸引人才、技术、创意、资本，形成核心竞争力的密码。在特色小镇建设实践中，价值导向应明晰，而且要有高度辨识性。特色导向与包容发展，是文化价值传播中一元主导与多样化发展之间关系的生动显现。推动小镇主导产业的成长和产业链聚合，要以市场灵验为动力机制，以文化创意为驱动力。特色小镇的良好生态不仅使内在的发展动力充分释放，对外在的高端要素资源也形成强大吸附力，从而有利于形成有效高品质的市场供给。说到底，特色小镇建设的重心要落在“特色”上，文化的多样性特质是避免“千镇一面”彰显特色的最好保障，充分发掘和做足文化特色是小镇建设的奥秘。一要尊重产业发展规律和市场机制，二要尊重文化发展规律和社区文化营造，三要尊重地域特点和政策配套。因此，特色小镇的可持续发展一定要处理好文化传承、产业培育、城乡一体化发展、生态宜居的关系，合理汲取和发掘历史文化资源，不断提升小镇文化品位、塑造小镇形象，增强小镇的竞争力，在以人为本的发展中平衡产业与居民的诉求，使人民对美好生活的追求体现在特色小镇的全面发展中。

第五章　文化创意与城市空间的文化场景建构

21世纪是以文化为开端的时代，文化创意是这个时代的本质特征，它深刻影响着经济社会的发展，有力地推动着城市的转型与更新，并以文化创意产业的形态参与中国经济的高质量发展，成为城市转型与更新的新动能。当下，文化艺术被广泛应用于城市的转型发展中，有力地增强了城市的活力和人气，并作为一种城市再生的有效手段运用于城乡一体化建设中，特别是城市空间的文化场景建构发挥了独特的价值。它不仅为城市的品牌建设供给了“创意阶层”“创意场”，还催生了塑造城市品位的“文化场景理论”，从而使城市在转型发展中成为文化的城市。在城乡一体化发展中，这种文化场景理论的应用同样对乡村振兴战略的实施富有启发。

第一节　文化场景的价值传播与文化创意培育
——城市转型发展的文化视角

当今时代，城市之间的竞争已成为全球化舞台上一道靓丽的风景，其中文化与作为新兴战略产业的文化创意产业日益成为不同国家和地区竞争的焦点，文化城市已成为城市发展的新阶段和新形态。历史地看，城市发展在经历了拓展空间、扩充功能的重要阶段以后，正在开始进入更新动力来源、开掘深层动力、重构动力机制的新阶段，并在历经经济崛起后已由功能型城市转向服务型城市。在转型过程中，城市作为文化的集聚场地和发展平台，文化动力的作用日益凸显。正是在转向服务型、消费型城市背景下，城市发展的新动力机制、来源和构成要素等问题，开始进入学者的研究视野。不同于以生产为中心的功能型城市的动力机制，人们开始从文化视角关注转型城市发展动力，以文化创意来“为城市发展全面转型寻找新动力”已成为一种普遍共识，如何培育和激发文化创意日益成为城市研究的焦点之一。

一、文化视野中的城市功能变迁

从生产角度看，以生产为动力机制来推动城市发展，城市发展的主题会更多地关注发展规模、发展速度和经济指标，生产成为城市的重要功能。特别是在城市人口大量增加阶段，这一特征体现得尤为明显。以生产为中心布局的发展模式，主要是为了给城市提供更多发展支撑，增加城市的就业机会，不断完善城市功能设施。在这一过程中，许多关乎市民生活内在质量尤其是人的生活中应有的文化问题，很可能被城市管理者所忽略或者漠视。这种伴随或服务于生产的文化及其设施，通常被当作工作繁忙的调节剂，甚至沦为填充生活闲暇时间的调味料。在这类城市文明形态中，文化扮演了城市生活的一个配角，城市中的文化多处于自发状态，文化多以自然样态呈现。

随着工业文明的发展，城市需要大量新功能，文化在其间发挥了重要支撑作用，是城市发展的重要业态，也是城市存在的意义之一。在城市功能扩展期，文化的作用被提升，城市开始大量吸纳和拓展文化功能，文化开始成为其重要功能之一，城市越来越成为文化生产与消费中心。但此时文化并未成为城市发展的根本动力，即使在产业形态上，文化作为产业，也还不可能或没有成为城市发展的支柱产业。工业时代的城市文明，是以大生产、大流通、大消费为基本特征，文化在其中充当了影响人心、丰富生活和传播人类文明成果的角色。正是在此背景下，一系列影剧院、博物馆、图书馆、咖啡馆、餐馆等应运而生，文学艺术和文化设施获得很大发展，做举止文雅的绅士、有教养的市民成为城市诉求的目标。城市发展越发注重文化的教化功能和文明的传播效应，从而使文化有了新的生命形态和多样性存在样态。但是，客观地说，即便文化的地位和作用大大提升，终归还未成为影响城市发展的统摄性要素，文化与城市设施、功能拓展的内在性关联还很模糊，文化的独立自主地位及其总体意义还有待深入发掘。

在后工业文明时代，随着人类进入创意为王的消费社会，人类的物质生产已极大丰裕，以生产为中心的功能型城市逐渐转向服务型、消费型城市，原有的城市发展动能模式几乎用尽，或者不再发挥支撑作用。尤其是地球资源支撑力下降，人类城市生活的挑战日益增多，寻求新的动力模式日益迫切。创意时代使文化的地位和作用凸显，人们对文化观念的认知越加深化，文化多维度的价值受到关注，文化不仅作为资源而且作为产业日益成为城市转型发展的驱动力。文化政策和文化产业开始进入国家政要的视野，文化的动力机制开始为更多的人所认识，文化创意的培育和创意人才的集聚提到城市发展议程。正是在城市转型发展的创意时代，文化终于确立了主导性地位，开始成为影响城市发展的统摄性因素。由于城市化的演进和城市的转型发展，文化需求的能量被迅速释放，人们不同的文化需求和消费兴趣，在社会生活中更清晰地得以呈现。按照人类社会发展的一般规律，有了这样的保障和支撑，随之而来的将是或可能是文化需求规模、数量、品种的迅猛增长，以及文化内容多样性和丰富性需求的扩展，这直接导致当前文化市场的结构性矛盾，以及文化领域有效供给难以满足文化需求的状况。文化不仅成为后工业文明时代的主要城市业态，而且是统摄城市设施所有业态的核心要素，城市的服务供给和要素流动以及人气的集聚越来越取决于文化创意，城市发展越来越依赖文化资源的配置和文化产业的支撑，特别是创意人才的聚集。其中城市文化场景的建构和创意阶层的生成尤其引人关注。文化需求的迅速增长、文化消费的井喷态势、文化创意人才的集聚，使城市不断焕发活力，这既是城市文化发展的机遇，也同样是挑战，使市民文化权益的保障问题凸显。同时，文化作为城市发展更为长久、更为有效、更加清洁绿色的驱动作用，前所未有地显现出来。

在中国城市化和城市转型发展的双重背景下，文化的变化十分剧烈和突出。各种类型的城乡文化、地域文化、族群文化以及异质性的海外文化之间的交流与交锋越加激烈。随着人群代际的变化，新的文化需求不断生成，新的文化消费兴趣和文化习俗正在养成，新的社会发展动力模式正在显现。新的文化生产力应运而生，并不断催生新的文化能量，不断创造新的文化平台和新的领域。在经济领域，社会财富和生产力的构成方式和机理，已发生重要改变，社会构成、组织形式以及运转方式发生变化，社会结构的多元化和经济运行的市场化程度不断提升；在生活领域，随着大一统的固化模式的消解，人们选择生活方式的自由度提高了，人们更愿意自主决定生活内容的构成和休憩休闲的方式，伴随社会总体闲暇时间的增多，人们休闲习惯的改变、文化需求的指向和样式必然随之变化，这些都构成了巨大的文化需求新空间。于是，城市的文化空间重构和文化设施布局，就会对某些特定人群产生深刻影响，甚至由此会形成影响城市发展的创意阶层。正是在这一背景下，美国文化学者特里·N.克拉克教授提出“文化场景”理论，旨在深刻洞察和分析“文化场景”对创意阶层的有效吸附力现象。据一般观察，由于城市化进程的推动，大量的新文化动力和文化能量正在集聚，人们期望充分享受文化权利的要求，比以往任何时代都更加强烈；人民对于家园识别的核心符号，城市历史文化形态的价值认知度日益强烈；市民对优质的、分层的、多样化的文化产品的需求更为强烈，这必然影响城市的文化生产方式、文化设施布局、文化市场的开放度和文化消费，及其更为基础性的文化产业发展，文化新动能成为城市转型发展的动力机制。因此，不仅是文化自身的生产、传播和消费方式会随之发生改变，文化作为具有统摄作用的核心要素，必然对城市所有的生产领域、生产方式和产品消费产生决定性影响，使各领域的所有生产活动都更为关注人的精神需求和心理满足，消费服务的中心地位凸显，所有产品都无不深刻地渗入文化的内容，消费体验开始主导生产，城市发展真正体现出为人的属性，文化城市让生活更美好。

不是在急剧的城市化运动而是在经济崛起后的城市转型发展期，人们把文化视为新动力模式时，很多深层次问题才更有意义。人们亟须明白为何说文化是城市转型发展的动力？这种动力机制如何培育？文化动力能够持续多久？城市文化场景如何具有吸附力？一个城市如何对创意阶层有“黏性”？在诸多城市研究学派中，克拉克教授提出的“文化场景”理论，试图通过把城市设施的建设布局与创新创意人才的集聚关联起来，一定意义上阐释了城市转型发展的动力机制，分析了文化场景的建构及其价值观的生成和传播对创意人才的特别吸引力，以及城市创意阶层的形成。正是契合转型城市的创新发展驱动，中央政府在“十三五”规划纲要中，提出“创新、协调、绿色、开放、共享”的发展新理念，并把创新排在首位。可以说，创新是全球企业增长的倍增器，已成为全球企业最有力的增长工具。对于城市发展而言，创新驱动的本质是人才驱动，尤其是创意创造型人才的集聚。对文化城市而言，其驱动力不再单纯是土地、资本、技术、生产设施等外在性的功能配置，而是转向文化娱乐设施、艺术街区、城市景观、公司型（包括个体创意工作室）机构的合理布局来吸引创意人才聚集等的文化驱动，如旧城区的改造、新的文化空间的重构、创意阶层的崛起，特别是城市文化场景的建构，及与周边环境的有机协调等，开始注重城市文化品位和艺术情趣的营造，以满足城市的消费服务和文化需求，使文化魅力成为城市吸引年轻人的特别“黏性”，以文化创意培育来增强城市的文化吸附力，为城市转型发展培育新动力。“文化场景”理论研究发现，文化场景的建构和都市创意人才聚集有内在关联性，而创意人才集聚及其文化创意产业是城市转型发展的内生动力之一。

文化吸附力依存于城市文化场景并高度依赖于文化创意的支撑，一个城市有着强大的文化创意培育能力，特别是作为区域性、全国性文化创意培育中心，可以有效提升城市的文化凝聚力、文化生产力和文化创造力，进而为城市的文化繁荣提供源源不断的文化精品。越来越多的城市实践表明，文化创意是增强城市文化场景“黏性”和可持续发展的“推进器”。文化场景建构的着力点，在于通过创新教育模式、创意权益的保护、城市空间的合理规划、创意氛围和社会环境的营造、城市创意指数和评价指标的构建、优势行业的培育与发展、创意阶层的集聚等，把文化创意培育支撑下的文化景观建构融入城市创新驱动战略，全面提升城市发展的文化实力和整体竞争力。芝加哥学派的“文化场景”理论为我们提供了一种可资借鉴的学术评价及其指标体系，为研究国内城市转型发展与文化创意培育的内在关联提供参考。文化场景的建构及其价值观传播，有利于激发城市创造活力，吸引创意人才集聚，为城市转型发展培育新动力。

二、“文化场景”理论及其核心要义

城市发展实践表明，在消费视野下以文化形态存在的娱乐设施能成为城市经济社会发展的重要驱动力。以生产为中心的娱乐设施建设主要满足于服务功能，而以消费为中心的文化设施建设不仅满足于服务，还有着意义的生产和价值观的传播，它契合的是知识和创意成为经济社会发展的内生动力趋势，以及文化创意产业、创意经济成为城市发展新动能的态势。“文化场景”理论凸显了文化的意味和创意的价值，它认为如果都市设施所彰显的价值观与创造性群体等优秀人力资源所珍视的价值实现了吻合，就可以对这些优秀人力资源的居住地选择及空间迁移产生影响，从而为城市经济社会发展提供动力支持。

“文化场景”理论的提出是基于对城市街区的重新审视。传统视角把城市街区理解为居住区域或生产空间，是从居住视角或生产角度来审视城市，而“文化场景”理论是站在消费者角度来看待整个城市和各个街区，从消费角度审视城市街区，街区就变成了一个集各种消费符号和价值观念为一体的混合性场域，一个充满文化、艺术和价值理念的场域。“文化场景”理论为人类认识城市提供新的视角，它以消费为基础，以城市的便利性和舒适性为前提，把空间看作汇集各种消费符号的文化价值混合体。这样来理解城市空间，就已完全超越物理意义，而上升到社会实体层面。需要指出的是，“文化场景”理论不排斥以生产和人力资本为主建立的理论，它在承认二者功能的前提下，增加了消费的维度，即从消费、生产和人力资本三者来解释都市社会。在后工业社会里，它启发学者的研究视角由生产转向消费，把不同社会符号或纽带（邻里关系、阶级、社区等）中的个体（居民与劳动者）视为消费者，其目的是用场景把消费组织成有意义的社会形式。研究者不仅把消费当作消费活动本身去研究，而且还着重研究消费的社会组织形态，认为作为某一场景的组成元素，便利设施不能被“原子化”地去理解，因为它是作为整体体验中的一部分被消费的。在消费单个便利设施时，文化价值被镶嵌在不同的设施组合即场景上。在研究者看来，使一个地方变成一个具有吸引力的空间，不在于餐馆、酒吧、人流以及自然条件等有无或多寡，而在于这些设施以什么样的方式组合来形成特定的场景。而这种组合形式能够使生活在其中的个体，滋生出共同的文化价值。①可见，“文化场景”理论提供了一个观察、分析和研究城市转型发展的理论框架，通过消费视角来理解转型城市。

“文化场景”理论认为，消费社会中休闲娱乐和文化活动在个体选择时扮演着重要角色。置身文化场景中，个体愿意花费时间和金钱，去寻求娱乐、休闲和体验，而不是生活必需品或参与劳动生产。其中，都市娱乐休闲设施和各种市民组织的不同组合，会形成不同的都市场景，不同的都市场景蕴含着差异化的文化价值取向，由此单纯的某个城市场域就超越物理性存在，而上升到文化和价值层面，因为有了意义的生成和价值观的传播而成为文化空间。不同文化娱乐设施有不同的价值取向，如开放或保守、张扬或寂静、愉悦或沉闷等，差

---

① 吴军等:《场景理论与城市发展——芝加哥学派城市研究新理论范式》,《中国名城》2013年第12期。

异化的文化价值取向吸引不同的群体前来进行文化实践，从而推动区域经济社会的发展。对于消费者来讲，这个文化空间就是文化场景——一个提供生活舒适性和便利性的场域，这里的社会纽带由希望、欲望和梦想来定义，健康的社会纽带经由对这些价值观念的体验来实现。

在美国文化学者特里·N.克拉克看来，场景理论包括5个要素：邻里，如社区；物质结构，如城市基础设施；多样性人群，如种族、阶级、性别和教育情况等；前三个元素活动的组合；场景中所孕育的价值。场景因各种消费实践而形成有符号意义的空间，研究者把空间看作汇集各种消费符号的文化价值混合体，个体在其中进行消费实践，收获由实践带来的情感体验，如愉悦或憎恶等，场景赋予各种消费实践以意义，对场景的辨认就建立在这一基础上。场景主要制造一种“审美（文化）品味”和体验，它包含三个维度：令人快乐的外观（外表），个体自我呈现的方式，个体努力创造在别人眼中属于自己的形象，即戏剧性；同一性所产生的乐趣，真实自我与本地风格是否具有同一性，排斥或接受，否定还是赞扬，即真实性（本真性、原真性）；符合信仰和道德所带来的快乐，政府主管部门对个体评价做出错或对的裁决即合法性。戏剧性、合法性和真实性是理解“各种都市设施混合体所形成的具有价值取向的场景”的三个维度。同时，这三个维度也为“文化场景”理论提供了一个分析框架。

究其本质，文化场景体现为一定区域内蕴含特定价值观的都市设施组合。也就是说，只有体现一定价值取向的文化娱乐设施才是文化场景，一定空间内都市娱乐设施的不同组合及其文化消费，其价值观维度有不同的内涵和侧重点。可见，文化场景建构不是一个简单的城市空间概念，它依托于城市空间而被赋予某种文化价值，因此要以整体性、系统性、协调性思维看待场景，正是诸多要素的集聚才生成特定的意义，使其成为一个体现意义和价值的场景。它广泛涉及文化娱乐设施的建设、公共服务的完善、文化活动及其创作、文化创意、文化人才、信息传播、要素配置和文化交流等多个向度，并广泛融入城市转型发展的动力机制中。“文化场景”理论强调社会成员共同的生活环境和消费理念对其价值观和生活方式的深刻影响，使得城市研究从注重经济因素分析转向对文化消费及生活方式的关注，试图探索和建立以价值观为核心，以社区环境的文化建构与创意阶层的集聚为诉求目标，促使社区生活环境与创造性人才集聚发生内在关联，着力以培育创意为城市转型提供新动力，它指向的是在城市化运动中的城市转型发展模式。

“文化场景”理论的核心在于赋予一定的文化空间某种价值观的维度，而意义的抽象生成又往往和创意人才集聚有一定关联，并与体验性文化消费、文化实践活动及某种趣味间隔相互切近。文化场景离不开文化空间及其意义建构，但并非所有的文化空间都能成为场景，它是一个景观有机组合的场域概念，作为一种分析框架可大可小（有广义和狭义之分）。既包括有形的物质设施，也包括无形的非物质性消费体验，在杂多要素的布局和多元文化生成中尤其关注人的主导性价值诉求，从而对年轻人特别是创意人才、创造性人力资源产生特别“黏性”。场景提供了社会成员的归属感与文化需求的协同管道，建构了基于生活方式的消费性体验的文化品位和情趣，并寻求身份认同，其关键要素在于空间建构的协调性、整体性及其主导性价值的提炼。因而，它是一个有着社会学和人文学意味的概念。有学者指出：“价值观内涵及生活方式意义是‘场景’的核心要素……‘场景’从根本上超越了‘设施’的本来意义，因其与价值观的密切结合而演变成为具有精神象征和文化意义的‘都市设施’。”[①] 由于价值观存在于一定的场景中，而场景又依附一定的都市设施，因而文化场景的建构就表征着城市的品位诉求和价值追求，城市文化政策会影响场景的塑造，并促使其不断明晰自身定位。因城市转型成功，芝加哥的文化和休闲娱乐业已成为城市的最大产业；2015年北京市文化创意产业创造了3179亿元的增加值，占GDP总量的13.8%，已成为有竞争力的主导产业。

文化场景的核心要义是意义（价值观）的生产与消费，因而它是一个人文意味的概念，是人（主要是城市居民）和城市空间的共在、共享及其相互生成。从“空间”到“场景”凸显的是大众消费实践中意义的建构和价值的传播，以及审美品位和体验的生成。借助特定都市设施组合，使身处其中的个体感觉到合法的自我表达、不拘一格的个体呈现、真实的本土风格以及非理性的自我认同……这有利于促使人、人才尤其是创意阶层集聚，使培育创意机构、创意中心成为城市发展的着力点。人才特别是创意阶层的集聚，既依靠城市公共设施、文化空间、娱乐设施和城市的宜居度，更依靠文化的包容性、艺术的多样化、审美品位的塑造和城市创意氛围的营造及其价值认同感的吸引力，对创意成果

---

① 徐晓林等：《场景理论：区域发展文化动力的探索及启示》，《国外社会科学》2012年第3期。

的保护和商业开发。全国文化中心一定是创意培育中心，缺失创意支撑的文化场景不可持续，也难以形成城市转型发展的内生动力。因此，加强都市设施建设要以价值观的体现和彰显为核心，以吸引创意人才为目标，以人气带动资金流、信息流和高科技及其先进管理经验，来激发创意和孵化产业，为城市转型发展培育新动力。

芝加哥城市研究学派的研究主要集中在现代都市生活中消费、便利设施和艺术环境上，尤其是着力探究文化艺术和消费实践对城市发展的影响。它强调文化艺术活动有利于促进当地经济的发展，消费对城市发展的重要性开始逐渐超越生产，作为文化活动的载体——都市便利设施，以及由此带来的愉悦消费实践驱动着城市的发展。这种理论框架将使对此议题的研究“逃离”那些基于个体思想、品味和阶层利益的赞同或反对的浅层次表面化争论。专注以消费为导向，以生活娱乐设施为载体，以文化实践为表现形式，推动经济增长，重塑后工业城市更新与发展路径。研究者认为吸引人才的元素不是传统理论强调的经济性因素，而是城市所能提供的文化与生活方式。[①]就其内在理路而言，它秉承了“城市文化支撑着城市发展”的理念，因为文化、价值观蕴含在城市生活娱乐设施的构成和分布中，并形成抽象的符号感和信息传递给不同的人群，并把个体行动目标锁定在文化与价值观诉求方面。

文化产业发展实践表明，产业集聚和人才集聚密切相连、交互影响，其中的连接点之一就是周边的文化娱乐设施及其文化艺术氛围，即美国文化学者特里·N.克拉克所说的“文化场景”。一定的文化场景有利于促进创意人才的集聚和文化创意产业发展，文化创意人才的集聚反过来也会对城市建设者提出建构和完善“文化场景”的要求。某些文化创意产业园区因其文化娱乐设施的完善，会对某类创意人才有强烈的吸引力，同时文化创意产业集聚度越高，吸引人才的能力就越强。因而增强产业园区、集聚区内部与外部的联系，完善集聚区的政策支持，健全统一的服务平台、公共技术平台、人才交流平台、信息共享平台，以及必要的文化娱乐设施是必要的。要强调的是，文化场景不等于简单的文化娱乐设施，而是附着于人的交流和价值观。“文化场景”理论揭示出各种都市消费娱乐设施组合，可以形成某种特定场景，进而彰显不同的文化价值

---

① 吴军:《城市社会学研究前沿：场景理论述评》,《社会学评论》2014年第2期。

取向，这种文化价值取向吸引着不同群体前来居住、生活和工作，从而驱动区域经济的发展，为城市改造、区域发展、政府服务管理以及相关公共政策制定提供理论依据。

三、“文化场景”理论的再审视

“文化场景”理论主要针对后现代转型城市，这种城市实践在发达国家始于20世纪80年代，在中国主要萌生于21世纪以来率先实现经济崛起后的某些大都市，以及文化资源积累深厚并以文化产业作为主要支柱产业的文化城市。其显著特征是文化及其娱乐设施对城市发展的作用凸显，以建设文化城市或者品牌城市为诉求目标。契合消费社会的来临，这些城市主要以消费来引导城市转型发展。如北京市提出建设全国文化中心，旨在形成世界文化发展高地的目标，其文化一定是多元化、国际化与本土化的相互杂糅，不仅有大众性的商业娱乐文化，有精英性的高雅文化、探索性的实验文化与先锋前卫艺术，更要体现鲜明的社会主义主流文化色彩。建设全国文化中心，北京要清晰自身的定位和集聚何种要素和资本，尤其离不开人力资本与创意人才支撑体系的完善。

正如文化是一个整体的、协调的、系统的观念一样，建构城市文化场景需要用系统性、协调性和整体性思维。在文化场景构建中，不应把图书馆、博物馆、画廊、酒吧、学校以及餐馆等单独看待，而应多考虑“不同都市设施的组合会给本区域带来什么影响”（作为一个整体场景的影响）。其中，文化历史街区、文化园区、文化地标等，会深刻影响一个城市的文化定位和文化空间及其品牌的形成（如北京的前门大街、南锣鼓巷、恭王府街区、中关村创意街区等，成都的宽窄巷、蓝顶艺术区，济南的芙蓉里历史街区，桂林阳朔的“印象·刘三姐”景区等）。事实上，任何一项场景建构政策都会涉及不同的组织和人群，如文化管理部门、非营利文化组织、艺术家等创意阶层、市民、城市管理者、游客等，根据其不同兴趣，让他们聚集在一起，形成特定的区域文化，不同人群的聚集形成不同的区域特点、不同的资源配置和不同的社会效果。创意人群作为产生创意的主体，成为国家之间、城市之间争夺的资源。“文化场景”理论认为：正是不同群体的文化消费实践形成不同的文化场景，不同的区位场景蕴含特定文化价值因素，不同的都市场景蕴含特定的文化价值取向，这种文化价值取向又吸引不同群体前来进行文化消费实践，从而形成人力资本与新兴产业的聚集效应，以此推动区域经济社会发展。

在美国学者理查德·L.佛罗里达看来，“创意阶层”是后工业社会时期美国都市发展的一种主要推动力量，这一阶层包括美国大概30%的劳动力，约有4000万人。[①]“创意阶层”主要源自艺术、设计、教育、信息技术等创意产业和知识密集型产业，因与知识经济对优秀人力资源的强调高度契合，而成为后工业社会城市转型发展的重要驱动力。美国文化学者特里·N.克拉克教授认为：“不同的人群会对不同的都市设施产生反应，而不同的都市设施也能够解释不同类型的人口增长。”“具有较多自然的以及经建造形成的都市设施的国家一般具有较高的经济增长率。”“大学生倾向于居住在有较多自然设施的环境，老年人喜欢经建造形成的设施，而具有专利技术的人则钟情于兼顾自然和建设设施的居住环境。”[②]创意阶层的精神气质表现在生活的各个方面，他们偏爱能提供多种选择的、富有活力的城市和社区。那些在“技术、人才和宽容”程度上排在前列的城市吸引大批创意阶层的成员，形成了自我促进的良性循环。反过来，创意阶层也培植了艺术、音乐、夜生活，创建了新的城市景观，如纽约的“硅谷”、伦敦的“切尔西”、北京的“798”和“三里屯”、上海的“新天地”等体现出这种“场景”特性。在这里，因为艺术家活动频繁，很快吸引了大批音乐家、舞蹈家、诗人等。慢慢地这里就成为具有某种风格的社区，吸引了文化从业者、艺术家等各种创意人才，逐渐成为创意人才集聚区。实践表明，多样化文化活动和丰富性场景，及其焕发的活力，以及接地气的社区文化，迎合了创造性阶层对多元包容和自治等性情品味的诉求。对一个城市来讲，没有创意人才就不可能有文化创意产业，更不可能形成创意城市。在创意时代，城市只有形成一个多样性、宽容性和创意氛围的社会环境，才能吸引更多文化创意人才，发展文化创意产业，建设创意之都，促进城市的经济繁荣和可持续发展。

研究表明，创意人才流动性极强，除了薪酬，更吸引他们的是工作与生活环境，多元化的文化艺术氛围和娱乐设施，以及弹性工作时间等。根据北京市文资办2013—2014年的专题调研数据，在北京152.9万文化创意产业从业者

---

① ［美］理查德·L.佛罗里达，*The Rise of the Creative Class*：*And How It's Transforming Work*，*Leisure*，*Community*，*and Everyday Life*，New York：*Basic Books*，2002，P.69.

② 徐晓林等：《场景理论：区域发展文化动力的探索及启示》，《国外社会科学》2012年第3期。

中，流动人员大约有101万，占2/3，此次调研结果基本呈现北京市文化人才的特点。结果显示，北京市文化人才呈现年轻化、知识结构不佳、收入总体偏低、流动性强、注重自我价值实现等特点。相关数据显示，40%的人愿意继续留在北京发展，52%的人不太确定是否留在北京发展，8%的人表示不会继续留在北京发展，这表明几乎一半的文化人可能因各种原因离开北京。①文化人才大都不会长期固守某一个工作岗位，而是经常寻求更大发展空间。同时，因许多文化创意行业的生产组织形式表现为松散的个体劳动和简单的集体协作，该领域的从业人员多属于自由职业者，一般不从属于某个固定的经济体。事实上，文化创意者的流动性过强，会带来创意人才的流失，从而对文化创意产业发展不利。

“文化场景”理论把文化创意的激发与都市设施的布局和场景的建构关联起来，通过对创意阶层产生某种具吸附力的“黏性”，培育城市转型发展的内生动力，这对城市政策和设施建设的布局有积极影响。随着以生产为主的制造业逐渐从大都市中心撤离，以消费为主的服务业逐步成为城市支柱产业，文化娱乐设施的布局格外重要，这些设施大多数都有价值消费取向。文化场景的吸附力经由文化消费及其意义再生产，形成区域性文化消费中心、文化创意培育中心、文化价值传播中心、文化人才集聚中心。场景的建构既要体现文化的多样性和开放性，又要在人与环境的相互协调中体现某种主导性价值诉求，通过彰显城市发展的包容度，吸引创意阶层的集聚，使创意培育和都市设施建设及其文化创意产业发展发生内在关联，对高创意阶层产生吸附力，为城市转型发展培育动力。转型后的城市管理者要注重规划外形独特的建筑、充满艺术气息的街区和图书馆、博物馆、美术馆、体育馆、音乐厅、书店、画廊、咖啡馆、茶馆等设施场景，以此营造多样化的文化氛围和充溢着地域文化气息的社区，不断提升城市的文化品位和审美化情趣，成就一种有“黏性”的城区生活。说到底，日常生活的审美，以及城市生活充满活力必须有文化创意产业发展支撑。其实，设计就是生活，就是体验，重要的是产业背后的价值观和人生态度！文化不仅仅是产业，更是一种环境与生态，对城市形象建构（区域文化空间塑造）至关重要。文化产业越来越是一种现代生活方式，越来越成为重构大众日常生活的重要力量，日益成为丰富日常生活、提升生活品质和审美品位的主导方式。在转型发展的文化城市，创意氛

① 徐晓明:《文化创意人才对政策扶持有何期盼——关于北京市文化创意产业人才状况的调查与思考》,《中国人才》2014年第13期。

围“是一种空间概念，指的是建筑群、城市，甚至整座城市或区域，包括激发创意点子与发明的一切‘软’‘硬’件设施”。其中的硬件设施包括公共服务设施，研究院、文化场所、交通设施等，软件则是指理查德·L.佛罗里达所说的街头活动、咖啡厅文化、娱乐设施、艺术、音乐以及户外活动等。正是软硬设施的组合构成了城市的文化场景，近年来，北京的硬件设施发展很快，截至2012年底，全市四级公共文化设施平均覆盖率达到98.78%，数量在世界城市中已名列前茅，但人均占有量和设施使用率方面仍远低于发达国家。在软件方面同样如此，虽然数量和机构很多，但真正有国际影响力的不多。这导致的一个直接结果是，2012年北京人均GDP达到13 797美元——属于世界中上等国家水平，而其文化消费水平人均只有700多元。[①]可见，北京市建设全国文化中心和世界文化城市，以文化场景为测度尺度尚有很大提升空间。北京现有的文化娱乐设施布局虽为北京市文化创意培育和文化产业发展提供了支撑，但其局限性也制约了文化创意人才的集聚和文化产业国际竞争力的提升。

对“文化场景”理论的重新认识表明，因为存在某种时空错位，它在中国的应用需要克服水土不服的现象，尤其要基于中国的现实国情和文化传统，在结合中国实际中形成有阐释效力的理论。要清楚在理论有效的根本点上，城市居民的主流价值取向和文化传统是各种都市场景发挥吸附力的基础。因此，在都市更新或转型发展时如何建构文化场景取决于城市领导者的文化意识和人文情怀，以及对城市的目标定位和形象建构。从积极视角看，“文化场景”理论为城市政策制定者提供了一种全新的理论思维，要激发居民的创造性和自我表达，可以围绕建设社区艺术中心、文化俱乐部、时尚商店、主题公园和文化广场等来布局场景，通过在设施组合中蕴含自由开放包容的价值取向、营造积极活跃的文化氛围，来吸引创意人才集聚，为文化城市转型发展提供新动力。

第二节　雄安新区的文化空间建构和价值传达

随着新一轮城市化进程的加快，当今世界已步入“城市的时代”，城市竞争走上历史前台，文化与城市发展的关联越发紧密。有学者断言，“文化是城市发

① 温源:《问道北京文化消费》,《光明日报》2013年3月28日。

展的根本动力所在，随着全球化所引发的城市竞争，文化策略已经成为了当今城市生存的关键所在”[①]。文化及其相关产业已成为城市转型发展的新动能。联合国贸易和发展会议（UNCTAD）在《2020全球核心趋势报告》中指出，所有产业均将成为文化艺术的创作产业，一个以文化创意为发展动力的新时代已经来临，并成为人类第四波动力（继第三波动力——信息产业经济改变世界之后，文化产业被国际上视为第四波动力）。文化创意产业作为新经济形态的“核心财富”，不仅有利于促进一个城市、地区、国家的经济增长和拉动就业，还有利于传播主流文化价值观以弥合社会裂痕，其外部性效应更是有利于城市迈入品牌发展新阶段。

一、雄安新区文化空间建构的问题域

一定意义上讲，中国的雄安新区是现实的又是未来的，其文化积累和文化空间建构，以及城市文化共同体的形成，是一个不断磨合交融累积的过程，在规划上需要以新理念引导新区建设，坚持协调可持续发展。其城市文化培育和文化空间规划，既要依托现有文化资源，又要超越现有资源利用模式脱开现有路径，以国际视野和世界眼光的文化创新思维，注重文化与科技和高端经济形态的融合，契合新区高科引领、高端产业集聚的定位，实施科技先导引领文化创新的思维路径，以新型信息文明托举城市文化空间建构，以文化新业态、文化产业新形态塑造城市文化场景和文化品位。

1. 在规划上着重以七方面重点任务构建城市肌理及其文化空间

雄安新区一定是高起点、高标准、高品质的现代新城，其规划要有全球视野、符合世界标准，尤其要以提升城市品质和塑造城市品牌为着力点，不能盲目地追求规模和速度。

设立雄安新区，是以习近平同志为核心的党中央深入推进京津冀协同发展战略做出的一项重大决策部署。这是继深圳经济特区和上海浦东新区之后，又一具有全国性意义的新区，是千年大计、国家大事。设立雄安新区旨在疏解北京非首都功能，作为北京城市副中心和集中承载地——重点承接疏解出的行政事业单位、总部企业、金融机构、高等院校、科研院所等。重点解决北京市人

---

① 黄鹤:《文化政策主导下的城市更新——西方城市运用文化资源促进城市发展的相关经验与启示》,《国外城市规划》2006年第1期。

口膨胀、交通拥挤、空气污染、公共服务不完善等“城市病”，主要围绕七个方面统筹布局。一是建设绿色智慧新城，建成国际一流、绿色、现代、智慧城市。二是打造优美生态环境，构建蓝绿交织、清新明亮、水城共融的生态城市。三是发展高端高新产业，积极吸纳和集聚创新要素资源，培育新动能。四是提供优质公共服务，建设优质公共设施，创建城市管理新样板。五是构建快捷高效交通网，打造绿色交通体系。六是推进体制机制改革，发挥市场在资源配置中的决定性作用和更好发挥政府作用，激发市场活力。七是扩大全方位对外开放，打造扩大开放新高地和对外合作新平台。

作为高规格的城市发展定位和制度创新的先行先试实验区，雄安新区承载着党和国家的期望。建设雄安新区是一项历史性工程，一定要保持历史耐心，有“功成不必在我”的精神境界。雄安新区是留给子孙后代的历史遗产，必须坚持“世界眼光、国际标准、中国特色、高点定位”的理念，努力打造贯彻新发展理念的创新发展示范区。坚持用最先进的理念和国际一流水准规划设计建设，经得起历史检验。坚持以人民为中心，从市民需要出发，做到疏密有度、绿色低碳、返璞归真，提供宜居的环境、优质的公共服务，有效吸引北京人口和功能疏解转移。可见，这里将是高端服务业、高新产业的集聚区，需要吸引大量高端人才集聚，尤其是青年创业人才，城市的定位及其就业结构的变化，必然要求有与之相匹配的文化娱乐生活设施。如何以社会主流文化价值引领和统摄城区文化空间布局、文化场景建设、文化艺术根脉培植，文化创意创新氛围凝聚，形成强烈的文化创新感召力，吸引高端创意创新创业人才和青年大众群体，在新兴文化业态的植入与培育和原有文化形态的交融中，结成新兴的城市亚文化共同体，以形成对城市高端产业的强有力支撑，文化创意产业在其中的作用不可或缺。

在新理念引导下，雄安新区的文化建设，不能打着文化的旗号，以建设文化城市、现代城市之名破坏文化遗产、文化根脉，更不能简单化移植使其沦为西方后现代文化的实验场。未来形态的雄安新区的文化空间建构，要与首都文化圈形成有效对接，要以现代多元文化的共生共荣来凝神聚力，以昂扬的人文精神支撑高端科技产业发展，以文化资源的资本转化培育创新驱动发展新引擎。这些先进理念的有效落地，离不开创新文化意识和大结构文化思维，其主导价值诉求多会聚焦于城市文化场景，以吸引高端创意创新创业人才，使其生活、工作、娱乐有机交融，这是新区建设和城市文化空间构建的逻辑起点。

2. 新区建设的历史文化语境

雄安新区的设立和建设可以说是多重语境的叠加，中国的现代化探索、文明型崛起、社会主义文化强国、中华民族伟大复兴、信息文明时代、城市发展进入新时期，这些都是界定当下语境的关键词，也是雄安新区发展的历史机遇。

中国经历了百余年的现代化历程、建国70年的励精图治、40多年的改革开放，终于进入现代化强国建设的新境界。在改革开放的春风中，深圳以30年的奋斗从小渔村崛起为超千万人口的一线城市，从“三来一补、两头在外”的珠江模式，发展成为今天中国最具活力的创新之城。浦东新区更是在抓住历史机遇中，跃升为上海经济的增长极、发动机，成为新上海的标志。

在京津冀腹地设立雄安新区，旨在建立有机的资源互通共享的城市带，解北京之困、给天津活力、让河北有动能，雄安新区是担当这一历史使命的枢纽点。新一轮全球化和构建“人类命运共同体”的倡议，给了中国崛起更大的发展空间和历史机遇，新的更高水平的对外开放已成为必然（有学者提出“二次开放”的概念）。雄安新区的功能定位和培育创新驱动发展新引擎的重任，绝不能简单重复深圳、上海的故事。深圳发展依靠的是中国特有的人力成本优势，抓住了世界产业转移的机遇；上海发展依托的是中国制造业优势和世界第二大经济体的整体实力。雄安新区主要是在新一轮全球化、信息文明时代，发挥中国特色社会主义制度优势、建设社会主义文化强国目标诉求和激发全社会的创新创业潜力，成就另一个全国示范性国家级新区。

雄安新区作为千年大计，离不开文化的有力支撑。当前世界经济正处于新旧增长动能转换期，新一轮科技革命和产业变革蓄势待发，中国经济进入速度变化、结构优化和动力转换的新常态，在创新、协调、绿色、开放、共享的发展理念指引下，供给侧结构性改革全面推进。在“五位一体”的现代化事业总体布局中，中国特色新型工业化、信息化、城镇化、农业现代化同步发展，“一带一路”建设、京津冀协同发展和长江经济带发展等国家重大战略深入实施，“文化+”“互联网+”相互交融，城市发展进入新时期，文化发展进入新阶段。2017年4月，文化部发布了《文化部“十三五”时期文化产业发展规划》，旨在为国民经济和社会转型升级注入文化活力。提出统筹城乡、区域文化产业发展，立足各地特色文化资源和功能定位，发挥比较优势，明确发展重点，推动不同地区文化产业多样化、差异化发展，形成优势互补、相互协调、联动发展的布局体系。推动文化产业发展融入新型城镇化建设，延续城市历史文脉，保护乡村原始风貌、自然生态，承载文化记忆和乡愁。支持中心城市和城市群发挥创意、技术、人才、资金密集优势，积极推动产城融合发展，形成若干带动区域协同发展的增长极。鼓励中小城市、小城镇和农村充分挖掘特色文化资源，积极发展县域特色文化产业，打造特色文化产业群，促进城镇居民、农业转移人口和农民就业增收。支持各地建设文化特点鲜明和主导产业突出的特色文化小（城）镇、特色文化街区、特色文化乡村。鼓励文化与建筑、地产等行业结合，注重文化建设与人居环境相协调，以文化创意为引领，加强文化传承与创新，建设有文化内涵的特色城镇，提升城市公共空间、文化街区、艺术园区等人文空间规划设计品质。

在历史机遇、国家主张、时代特征下，雄安新区的城市肌理空间规划，要体现鲜明的文化创意创新创业特色和价值导向，紧密契合科技创新之城——中国的硅谷的定位。未来的产业竞争一定是人才的竞争，高端科技产业需要的是创新创意人才，而这些人更加看重文化娱乐、适宜的城市文化场景，尤其是新生代作为千禧一代是网络原住民，泛在式的存在方式养成了其开放化、国际化、游戏化的生活娱乐方式，网络社区化的集聚特点及其迥异的视野和审美情趣，这些人才激发了城市的活力和多样化的文化追求，也对城市文化场景和品位的建构提出了诸多要求，能够吸引这些人才才能抓住历史机遇。同时，我们要明白，无论如何京津冀城市带发展的引擎还是北京——京津冀协同发展的核心。疏解之外，北京还需努力提高城市管理水平，特别是提高对高密度人口城市的治理能力，目标是建成少数以高端服务业为中心的全球核心城市、具有全球感召力的“节点”城市。因此，必须要以整体的系统性思想统筹发展京津冀及雄安新区，既要保障首都的可持续发展，做强核心功能；又要推进雄安新区城市副中心建设，为核心城市提供有效支撑，在资源有效整合的首都大循环圈和城市高端多样化文化品位塑造上，共建共享，其文化价值指向要以北京作为全国文化中心的高地看齐，在文化上对首都形成某种呼应和拱卫。

二、雄安新区的城市建设要体现人文的属性

城市自诞生起就是人类文明的重要载体。“urban”一词生成于17世纪早期，

意指居住在市/镇（city/town）的人们的特定习惯、方式及表达，与居住在乡村地区的民众在行为、思想及生活方式等方面有显著不同。因而在对“城市”的界定中，文化是一个重要维度。一定意义上，城市既是人所创造的、所栖息的环境，又是人自身。[①]也就是说，城市的本质是为人的，它是人的一种“活法”，是人对理想与意义的追求，因此又体现了人的一种“说法”，因而城市是文化引导下生活方式的变化。通常，城市建设主要是对物的建设，似乎是一种硬件和有形的空间建构，但决定这一个城市何以如此的根本恰恰是虚灵的文化理念和无形的软件，一个城市的根本是文脉和灵魂，它主要通过城市文化彰显情趣。雄安新区的千年大计离不开文化的考量，其建设要体现为人的城市本性及其文化追求，其历史文脉的梳理与发掘要以家园的营造与诗意地栖居为主导诉求，这样的城市文化发展理念才能使雄安新区建设走得远走得好，进而匹配于首都副中心的功能定位。

人本主义城市学派代表人物刘易斯·芒福德认为，城市是文化的容器，这容器所承载的生活比这容器自身更重要。这意在表明，作为文化的容器，城市之为城市，在本质上是属人的——为人的，只有以人为中心，尊重人的权利，让人有自由的追求和有尊严的体面的生活，才是城市的。越来越多的美学家、艺术家认为，城市不仅培育出艺术，其本身也是艺术（超越物理属性的自由、想象力、激情、多元化、有情趣、有境界）。因此，城市之为城市，是文化的界定，不是有高楼大厦，而是有家园（居）——诗意地栖居——是一本打开的美学书。它不应是冷漠的、压迫性的，是城市让生活更美好（上海世博会的口号），城市的活力和生命激情，让人乐于居住。这些应是雄安新区建设和文化空间布局与场景建构的理念。

从为人的属性看，城市场景特别是公共空间的建构，要有人文意味，是对属于人本性的确认。景观大道、城市广场、商业综合体、影剧院、音乐厅、图书馆、博物馆、美术馆、画廊、文化馆、咖啡馆、酒吧、街心公园、健身房、体育馆、雕塑、路灯、座椅、树和花等场景，都要有为人的追求。建筑是凝固的音乐，是有风格的，既要有时代特征，又要有民族性和地方特色，它是可以驻足阅读的。街区是美的，是适合徜徉漫步的；公园是风景，是宜于人观赏和

---

① 何蓉:《城市化：发展道路、特征与当前问题》,《国外社会科学》2013年第2期。

休憩的，这才是宜人的城市，一个有温度有温情的城市。艺术文化是一种城市环境营造和高品质城市生活实践的手段，文化与创意是“做事的方式”，更是展示创新文化、城市场景、吸引投资、刺激革新和跨文化交流的载体。

文化产业的城市空间布局必须从区域特色文化产业着手，特色文化产业是有比较优势的产业，是有市场竞争力的产业。建设雄安新区需要高端产业创业配套体系支撑，完善优质的公共服务体系，以及精神文化娱乐设施的合理布局。因而要重点培育和发展优势产业资源或特色项目，使之能在较短时间内形成集聚效应，成为区域文化产业发展高地，或者形成标志性城市文化景观。文化是建构的，文化空间是不断形构的。作为国家创新集聚区的产业定位，离不开文化与文明的引领。其实，任何文化场景和设施布局都以某种情趣和价值指向，而有利于某些人群的集聚（如创意阶层、艺术家、工程师等）。一个城市是否令人亲近和充满敬意，很大程度上取决于一个城市的文化品位和审美情趣（好玩、有意思）。特别是一个新区的文化空间和场景布局对品牌城市塑造尤为重要，如何通过文化传承、培植、杂糅、创新淬炼出与城区特点和定位相吻合的城市文化及其价值观，使城市居民结成有认同感的亚文化共同体，或形成有内在灵魂的以创业创新为核心的价值观、生活态度和行为方式，进而发挥文化辐射和示范作用，是从根本上提升城市魅力的关键。正是在这个意义上，一个有文化创新和文化根脉传承的城市，才可能有灵魂，也才有了激发城市活力和充满生机的可能。

新型城市化发展是一个知识化、信息化、生态化、非物质化的创新过程，是一个以高端服务业、高新产业、文化创意产业等为引擎的新产业重构过程。旨在回答发展如何包容传统，成长如何兼顾人性，文化创意能否成为新动能的问题。文化产业在城市文化空间建构中，将以自身的发展做出回答。它在根本上关乎人的生活品质和幸福感，以及中国如何成长为真正大国等根本问题。有学者指出：城市的伟大不在于身形，而在于它能否为生活于其中的人提供良好的栖息环境和公共空间、多样而包容的文化、便利而不断创新的技术手段等。在这个意义上，城市化的根本发展动力源自人们对美好生活的内在向往，城市建设中规划的作用，体现在对各种利益和力量的整合，城市化本身应当是一个社会诸行动者之间获知相互利益、立场，并达成冲突的和解与稳定，妥协、共存和共同发展的政治过程。[①]建筑使城市巨大，而文化使城市伟大。品牌城市是以文化而不是以政治、经济或者工业产业闻名于世，文化的核心是价值观和生活方式。城市以其文化的感召，值得他人羡慕和追随。“宜居城市”的理念是中国城市发展模式由“经济城市”转向“文化城市”的象征，是城市发展方式转型和建设“美丽中国”的自觉。芒福德曾指出，我们与人口统计学家的意见相反，确定城市的因素是艺术、文化和政治目的，而不是居民数目。他反复强调，城市不只是建筑物的群体，不单是权力的集中，更是文化的归结。为此芒福德提出了一个衡量城市发展的重要尺度：不是城市人口的增加，不是经济总量与财富集聚，而是艺术、文化的繁荣。在文化城市的理念中，艺术占据了重要位置。文化生产力提供的新生产要素与资源，给城市经济带来了活力和新的增长元素、增长方式，而城市经济发展，为艺术再生产创造了更好的物质条件与社会环境。城市不是特权阶层的天堂，而应以人为本、方便百姓，不追求奢华，生活在同一个城市的人们享有普遍而均等的市民权利。

三、雄安新区的文化建构要重在资源梳理与现代转化

建构雄安新区文化空间需要对区域内各种资源进行梳理，并根据发展理念和规划建设现代文化城市。城市文化空间既包括外在性的城市建筑、场馆、道路、绿地、公园、公共设施、社区等公共空间，这是城市精神和城市文化的外在表征；也包括内在性的城市运作、社会管理、发展模式、对外策略和文化追求等价值诉求。对一个新城来讲，既要梳理传统资源，也要借鉴和吸收现代文化要素；既要健全公共文化服务体系，也要积极发展文化产业。在文化资源转化、文化植入与当代文化价值引导的杂糅发展中，不断加大文艺载体和文化场景建设，使之能够进入首都文化圈的大循环中。

无疑，雄安新区的文化空间建构和文化发展要立足本地文化资源，加大对本地历史文化资源的发掘和利用，加强公共文化服务体系建设，积极推动文化产业发展。以文化资源的梳理来看，雄安新区曾作为北宋的边关要塞，有一系列军事遗址，如宋辽边关古地道、瓦桥关遗址、晾马台遗址；有桃园三结义、袁绍大败公孙瓒、建文激战、杨家将等故事发生，以及有历史文化名人刘因等；

---

① 何蓉：《城市化：发展道路、特征与当前问题》，《国外社会科学》2013年第2期。

白洋淀作为抗日战争根据地有小兵张嘎的故事，新区建设有着红色文化的基因；还有着丰富的民间文化，如双堂焰火会、纸花、舞狮、顶盘、唢呐等；更有着现代文学名家孙犁的《白洋淀纪事》，尤其是其中《荷花淀》中水生嫂的形象令读者印象深刻。洞察文化发展现状，可以说其现有文化资源未能被有效激活，资源利用模式单一、开发低效，公共文化服务体系建设滞后，居民文化消费意识淡薄，文化形象展示低端刻板。本土文化资源是塑造城市特色的重要因素，文化资源需在系统梳理基础上规划、保护，其开发要注重有序性、融合性，要体现城市文化建设的总体追求和价值导向。要立足新区定位，结合区域文化和时代要求，使各种文化资源在和谐互通、共融共生的系统中，有一个整体性提升和现代性展示，以“双创”的方法论激活传统文化资源，使之服务服从于现代新城建设。就此而言，雄安新区现有文化建设基本处于现代化初期阶段。因为工业文明时代的城市，以大生产、大流通、大消费为基本特征，文化在其中充当了影响人心、丰富生活和传播人类文明成果的角色。在此背景下，一系列影剧院、博物馆、图书馆、咖啡馆、餐馆等应运而生，文学艺术和文化设施获得很大发展，做举止文雅的绅士、有教养的市民是城市诉求的目标。城市发展越发注重文化的教化功能和文明的传播效应，从而使文化有了新的生命形态和多样性存在样态。就此而言，雄安新区当前的文化发展，尚未迈入现代化盛期，更遑论后现代的消费文化阶段，其文化远未成为影响城市发展的统摄性要素，文化的自主发展能力较弱，文化与城市设施、功能拓展的内在性关联很模糊，文化的独立自主地位及其总体意义还有待深入发掘。

但是，雄安作为新区，主要承载北京的非首都功能，要在资源互通基础上融入首都文化圈，其文化空间建构就要有高远的文化立意、全球视野和世界眼光，要在彰显中国特色下建设现代文化城市，要有现代价值取向和现代文化培育。其文化建设要与功能定位相匹配，与国企和一些高新技术企业、高校的集聚相适合，公共文化服务和文化创意产业发展要在城市空间建构中，吸引高端创意创新创业人才，要营造有温情的城市文化氛围和现代时尚新城的魅力。为此，文化不仅作为资源且作为产业要成为新区发展的驱动力。文化要在城市新区发展中，确立其主导性地位，成为影响城市发展的统摄性因素。当下，文化不仅成为后工业文明时代的主要城市业态，且是所有业态的核心要素，城市的服务供给和要素流动以及人气的集聚越来越取决于文化创意，城市发展越来越依赖文化资源的配置和文化产业的支撑，特别是创意人才的聚集。其中城市文化场景的建构和创意阶层的生成尤其引人关注。文化作为城市发展更为长久、更为有效、更加清洁绿色的驱动作用，正前所未有地显现出来。

文化及其产业发展在城市空间建构中的主导性作用表现为两个方面。一是文化直接作用于人，通过对人的情感润泽，有利于吸引人才，打造城市创意创新人才高地；一是文化作为产业，通过对产业的渗透、跨界和融合，有利于转变经济发展方式、提升经济形态，带动相关农业、信息业、体育、建筑、旅游、餐饮、住宿、文化创意产品营销、商业购物等，其中间环节和产业链条不断延伸和拓展。以文化创意产业来整合资源，从而使资源活起来产生经济和社会效益，这不仅有利于聚合文化形态、创新文化业态，还能健全文化产业链和文化生态，从而发挥对相关产业的带动效应。

雄安新区的雄起离不开文化建构，以文化政策主导城市文化空间建构，有利于发挥市场在资源配置中的决定性作用和更好发挥政府作用，有利于增强城市的舒适度、适宜性、宜人性与多元化。国外以文化创意产业激活城市资源、改善城市形象、提升城市魅力、拉动就业的成功案例，如英国的谢菲尔德、格拉斯哥，西班牙的毕尔巴鄂等案例表明，市场机制在城市文化空间建构中发挥重要作用，在市场配置资源基础上，文化设施、公共艺术以及城市文化产业园区建设极大地改善了城市形象，提升了城市的人文性与艺术魅力，增强了城市居民的自信心。同时，以文化或者文化产业重构城市空间及其文化场景，推动城市成为文化生产中心，商贸交流和艺术展示效果明显。这对保持城市活力、积聚人气、提升城市经济形态，吸引创意创新人才、拉动就业有着积极作用。

四、雄安新区城市空间的建构要凸显“文化场景”及其价值

当前，文化越来越以产业的方式参与城市空间建构，成为城市发展新动能，以文化政策主导城市空间建构开始进入城市管理者视野。在英美等国的旧城改造和城市复兴中，相继通过建设某些标志性文化场景、成立文化产业园区等形式来重构城市空间。文化产业的资源配置方式有利于激活文化资源，无论是文化生产空间（包括文化产品生产与服务）的外部性效应，还是文化消费空间如文化旅游、公共艺术展示、会展业、演艺业、节庆活动、博物馆、主题公园等的溢出效应，都极大地改善了城市文化氛围，使城市文化空间尤其是文化产业

园区成为一个有活力、魅力的城市中心，有效提升了城市居民的文化自豪感。

正是洞察到文化场景在城市发展中的积极作用，美国文化学者特里·N.克拉克教授提出了“文化场景”理论：探讨在城市转型发展中吸引高端创意创新人才的路径。城市文化场景如何有吸附力？一个城市如何对创意阶层有“黏性”？克拉克教授的“文化场景”理论，通过把城市文化场景布局与创新创意人才集聚关联起来，阐释城市转型发展的动力机制，着重分析文化场景建构及其价值观的生成和传播对创意人才的特别吸引力。“文化场景”理论是对城市街区的重新审视，由关注城市文化设施到文化场景，凸显的是某种“价值意味”的生成。对雄安新区来讲，如何在短时期内结成亚文化共同体，其文化场景建构尤为重要。正是在这个意义上，“文化场景”理论为新区城市空间建构提供了一个观察、分析和研究城市文化空间的理论框架，是基于消费视角而对新城建设有所启发。

“文化场景”理论认为，消费社会中休闲娱乐和文化活动在个体选择时扮演重要角色。置身文化场景中，个体愿意花费时间和金钱，去寻求娱乐、休闲和体验，而不是购买生活必需品或参与劳动生产。其中，都市娱乐休闲设施和各种市民组织的不同组合，会形成不同的都市场景，不同的都市场景蕴含着差异化的文化价值取向，由此单纯的某个城市场域就超越物理性存在，而上升到文化价值层面，因为有了意义的生成和价值观的传播而成为文化空间。不同文化娱乐设施有不同的价值取向，如开放或保守、张扬或寂静、愉悦或沉闷等，差异化的文化价值取向吸引不同的群体前来进行文化实践，从而推动区域经济社会的发展。对于消费者来讲，雄安新区的文化空间建构应指向文化场景——一个提供生活舒适性和便利性的场域，这里的社会纽带由希望、欲望和梦想来定义，以契合创新创意创业人才的集聚，朝气蓬勃的城市活力及其健康的社会纽带经由文化场景传达出来。

雄安新区的文化空间建构重在某种价值传达。雄安新区建设要以价值观的体现和彰显为核心，以吸引创意人才为目标，以人气带动资金流、信息流和高科技及其先进管理经验，来激发创意和孵化产业，为城市发展培育新动力。通过把艺术（如剧院业态）植入城市空间，可以优化城市文化生态和完善城市文化空间布局。这需要找到适合城区文化定位的载体（如剧院、影院、美术馆、博物馆等），既能传承积淀深厚的文化根脉，激活资源、彰显特色；又能引领城市文化发展，建构城市形象。文化艺术的繁荣有利于维护城市的经济活力、凝聚力和向心力，增强市民的认同感，有助于推动产业形态的升级和产业链的延伸。如百老汇之于纽约市、伦敦西区之于伦敦、天桥之于北京等，都体现出很强的溢出效应。据统计，来百老汇观看演出的消费者，平均花在其他消费上的钱是演出费的3倍；伦敦西区每年吸引1400多万观众，人均消费为120英镑，其中75英镑用于周边商业消费。

对于雄安新区建设而言，通过文化场景建构及文艺的繁荣来营造有意味的城市氛围，孕育城市独有的艺术理念、审美追求和风格，有利于吸引创意阶层和特定阶层，而成为城市魅力之源。如把剧院业态与酒店、写字楼、商业综合体、餐饮等业态相交融，就会使这些业态在混杂中相互支撑、互动发展，而有利于吸引投资和人才。如百老汇区域内的万豪酒店、中国的万达商业模式。关键是城市设施包括大型商业综合体建设要与周边环境的文脉、地域文化特色、建筑风格，尤其是城市总体的文化价值追求关联起来，彰显为人的城市属性，而不能使文化地标孤立于城市空间，盲目建设文化旗舰项目。城市人文性的空间建构既要有大的包容和多元化色彩，也要有小的温馨与舒适，尤其要结合未来大量年轻人集聚的特点，培育草根文化，从内在城市肌理上激发城市活力，关怀普通民众的文化感受和诉求，如北京中关村创业大街咖啡馆在促进海淀创新发展中发挥了重要作用。基于社区的文化设施和文化活动是城市文化空间建构的重要组成部分，草根类文化设施与社区生活的关联度更高、更充溢着激情和活力，有利于满足社区居民的文化需求。也就是说，城市文化空间的建构既要有高端大气的宏大追求，更要有文化在地性的草根文化的培育，以多元文化回应居民的差异性文化需求，呼应中国特色和回应地方文化特色，这是城市新区文化场景建构的必然路径。在基层社区空间的文化营造中，嵌入实体书店、咖啡馆、画廊、文化馆等，使其与其他各种文化要素相配套，从而营造出城市的书香氛围。这些社区文化场景的建构与文化产业的城市空间建构相辅相成、相互促进、相互补充，有利于城市文化形象的展示，有利于城市文化生态的健全和文化产业发展的可持续性。

雄安新区建设适逢新一轮城市竞争和国家软实力提升，要以文化产业的方式建构城市空间、培育发展新动能，把更多资源投入到城市文化建设，必须尊重文化发展规律，遵循文化产业发展规律，强调文化导向和社会效益，不能无视文化价值导向和艺术品质，不能沦为市场的奴隶。雄安新区的文化空间建构和布局要以主流文化价值为引领，其建构既要坚持文化底线，又要尊重公众的文化感受，尤其是城市地标性的建筑要体现城市的文化形象和民族风格，要有利于增强市民文化自信。雄安新区文化发展的高端定位，使其成为传播社会主义先进文化的重要阵地，弘扬中华优秀传统文化的重要舞台，推动全球文化交流和文化贸易的重要展示窗口，对此无论是公共文化服务体系建设还是文化产业发展都要有此自觉。如何激荡都市文化的多元特质，弘扬主流文化价值诉求，构筑民间文化发展的坚实基础，蕴蓄主流文化发展的社会力量，建设高效运转的文化体制机制，让人民有充分的文化获得感，享受文化的快乐，这应该是雄安新区文化发展的基本追求。

第三节　以文化创意培育推动成都迈向世界文化名城

随着中国特色社会主义发展步入新的历史方位，中国越来越走近世界舞台中央，在全球化的舞台上将有一批世界文化名城伴随中华民族的伟大复兴而崛起，在充分展示中华文化魅力和地域文化特色与世界共同价值中成为世界效仿的“榜样”。这其中不仅有北京、上海、广州，还有正在崛起中的天津、重庆、杭州、成都、青岛等追赶型城市。

一、文化在城市竞争中的地位越来越凸显

城市作为人类文明的产物，文化在其中始终扮演着重要角色。简言之，文化为一个城市增色，艺术为一个城市添彩。通常地以文传，城以诗兴。历史上那些美誉度很高、令人神往的城市，无不有着诗人的命名和吟唱。即便通俗至极的地名，一经诗人吟咏，遂成至雅。在现代，文化在城市竞争中的地位越加凸显，为改写钢筋水泥的冷漠，文化场景和艺术情趣的营造越发重要，一座城市并非简单栖身之所，而是令人诗意地栖居。

当今世界，文化实力已成为决定城市竞争力的核心要素，“文化立城”已成为众多新兴世界城市的战略选择。中国深圳的实践也一再表明，“文化立市”对于一个城市发展的重要意义。当今时代，城市发展主要依靠改革、科技、文化的三轮驱动，特别是文化创意已成为增强城市可持续发展的一种新动能。文化

对城市崛起而言，既是实力和形象，更是内核和灵魂。正是一个城市的主流价值观塑造着城市精神，决定着一个城市的品质，以品位引领城市发展。因而越来越多的城市在转型发展中，都把文化创意纳入到城市可持续发展的政策中，以文化创意的力量促进城市转型发展。

城市的活力取决于年轻人，在新时代，拥有物质财富和精神追求与文化情怀的一代人正成长起来，代际更迭不仅带来了社会结构与文化消费热点的变化，改写了中国文化发展格局与文化产业地形图，还越来越使城市成为文化的。文化创意吸引了越来越多的年轻人，博物馆的文创在展现着年轻人的才华，年轻人是数字文化产品消费的主力，也是优秀传统文化的传承者与当代文化的生产者，更是城市文化创意的主体，在引领着城市文化的发展，最终实现着以文化人、以文化城，以文化强信心、聚民心、暖人心、筑同心的意义与价值。

城市越发成为文化创意培育之地，也越来越成为一个国家或地区文化产业发展的空间载体，正是创意提升了文化产业的全球竞争力，充分的国内市场竞争，除直接培育市场主体的市场竞争意识和竞争能力外，内生的文化创意市场还有着外部性效益。如对本土文化的认同，并不断强化这种文化认同；同时，不断增强本地的文化创意氛围，在以创意提升产业附加值的同时也在培育涵养全民创意活力，提升本地文化创意人才的知识结构；在满足本土文化创意消费的同时产生集聚效益，有利于增强区域经济的整体竞争与创新能力。因此，一个城市或地区的创意指数开始成为国际综合竞争力的核心指标，这显然与该地区的文化创意氛围密切相关。

二、文化创意能力是世界文化名城的重要表征

文化创意是联合国教科文组织实现2030年可持续发展目标倚重的重要力量之一。随着城市发展步入新的阶段，文化创意在城市转型发展中的引擎作用日益凸显，目前中国有12个城市被纳入联合国教科文组织全球创意城市网络。把文化与经济结合，以促进城市可持续发展，通过将文化创意融入城市经济与城市发展中，为文化创意与经济发展之间提供了一个很好的桥梁。技术驱动下的文化发展与业态创新，越发取决于创意的激发，在创新文化引领下形成全民族文化创新的社会风尚，有利于激发民族文化创新活力，这是以文化创意驱动城市迈向世界名城的一个支撑点。

实践表明，城市的兴盛在于核心竞争力，核心竞争力的培育源自文化、思想创新。城市的升级，本质上是文化需求的驱动、文化价值的衍变和思想的开放，文化创意的培育、文化产业发展契合的就是这种趋势。文化创意、思想、知识产权及其品牌授权是城市可持续发展的内生动力，更是提升产业形态和经济高质量发展的重要资源，国际分工体系的价值链高端往往是处于价值传播高点的势力经济，它不仅主导全球产业布局，还对全球城市竞争产生深刻影响，甚至成为决定世界名城的重要因子。世界文化名城往往是文化产业发达城市，它不仅是先进生产力和艺术想象力的引导者，还是全球文化思潮和审美品位的引领者。就此而言，世界文化名城一定是特色鲜明有情趣的城市，一定是有艺术想象力、创造力和文化追求的城市。文化助力城市源自创意的驱动，文化创意的培育使城市成为一个超级大IP，城市转型升级就是一种IP的开放与运营，它不但创造财富，还能收获思想、情趣和幸福感。

随着我国工业化、信息化、城镇化和农业现代化进程不断加快推进，文化创意和设计服务将在优化产业结构、提升产品附加值、提高人们生活品质、增强文化软实力等方面发挥更大作用。文化创意的嵌入，为城市空间再造和激发老城区活力提供了有效路径。在城市竞争中，各地文化空间载体的建设如火如荼，全国各地历史特色街区、文旅小镇、创意空间、文化产业园区、基地或集聚区、试验区、实验区、示范区等在重构城市空间中有力地提升了城市的美誉度，激发了城市的活力，使城市变得更加有趣和宜居。可以说，文化创意盘活或者更新了许多破旧的厂房、废弃的仓库和空心村等，使这些区域重新焕发了活力。比较典型的如北京的798艺术园区、上海的田子坊、成都的宽窄巷子等，以文化艺术的植入促进了老旧街区的改造升级。城市场景建构、城市空间再构，既是城市综合实力的文化显现，又是一个城市活力和主导价值诉求的彰显。当下，深化创新驱动与促进创意产业发展已成为国家战略性新兴产业，深圳、上海、北京、杭州等经济发达城市，都视其为推进供给侧结构性改革的战略重点。

创意离不开创新思维，创新需要创意的润泽。为什么中国出不了乔布斯？关键是中国社会缺乏创新文化的氛围和价值导向，缺乏自由包容的文化、独立自主的思维和创新意识。创新不止于技术创新、制度创新、文化创新，还要起引领作用，这是一种生活方式的跃升和价值观的转变，是一个城市真正在全球化时代迈向世界名城的支点。创意的激发是自由思想的孕育、独立自主平等意识的结果，是真正以人民为中心的城市使然。就此而言，哪一个中国城市能够率先形成创新文化氛围、形成创新价值导向，哪一个城市就有可能率先崛起为世界文化名城。

三、以文化创意中心培育助力成都崛起为世界文化名城

今日的成都是美丽宜居的公园城市，是中西部国际门户枢纽型城市，是正在建设的国家中心城市，雄起的成都有着丰富的文化资源、不可小觑的创意阶层、较为发达的文化产业竞争力，正在以文化创意中心的培育助力崛起为世界文化名城。成都有着2300多年的商业文明、休闲习俗，孕育了发展文创、旅游、体育、美食、音乐、会展的深厚底蕴。成都的为人性、宜人性使公众积极参与其文化建设，彰显了城市的文化生态活跃度和共享度。共享理念反映的是以人民为中心的发展思想，体现的是逐步实现共同富裕的社会主义本质，是以人民为中心的社会主义城市的价值追求。世界文化名城一定是以人为本的城市，彰显了人是文化创造的主体，是思想文化的载体。世界文化名城是激励创意、鼓励思想开放、文化创造的城市。一个城市的创新能力，很大程度上取决于城市的开放水平，取决于城市对人的创造力的激发和保护，以人民为中心的城市建设是最好的思想开放保障。在社会主义中国，人民不仅是城市建设的“剧中人”，更是城市建设的主角和主体性力量；人民不仅享受文化成果，更是文化创造的积极践行者，是城市文化品位的审美者和鉴赏者。在实践中，“以人民为中心的工作导向”，不是一个抽象的、玄奥的概念，不能只停留在口头上、止步于思想环节，而要体现在经济社会发展的各个环节，使人民有充分的获得感。成都人对文化创造的参与度很高，遍地的茶馆、享受休闲的习俗、随处可见的公园和文化场所，使成都焕发出巨大的文化热情。创意的溢出效应，有利于把创意融入城市发展的每一个环节，而且会产生某种“内爆”效应，如把创意农业、创意旅游、创意设计融入美食，就能极大地提升早已闻名世界的四川美食的文化附加值，使其以文化价值主导美食产业生态圈。文化消费高地，一定是文化创意培育的中心，并显现为可传播的文化产品和服务。成都468文创园区作为中国西部国际文化交流中心、西部文化创意产业展示交易平台、文化创意产业创业孵化中心、中国西部文化

创意产业研究中心、文化艺术广场及配套服务区等，就是颇成规模的创意培育中心。文化创意使成都本身成为可开发运营的大IP，涵盖了城市场景、文化创意、艺术实验、社区商业、风情街、居住区、教育培训等，有力地吸引了创意阶层集聚，对培育全国文化创意中心有相当的感召力。

创新、创意已不单局限于产业层面，而是与城市发展有机融合，向经济价值与社会价值并重的方向推进，并生成为城市经济、城市就业、城市影响力、城市吸引力和城市品牌的核心维度。一个以文化创意凸显的城市，一定是一个让人有文化获得感与幸福感的有情趣、品位的城市，一个经济充满活力吸引大量外来人口的宜居城市，一个文化软实力不断增强、美誉度不断提高的城市。创意的融入正助力成都迈向世界文化名城，其溢出效应使整个城市充满创意氛围，经由城市文化创意街区，最终发展到城市文化和创意城市的融合。今天的成都，是传统文化与时尚潮流交相辉映、历史沉淀与现代文明和谐共生的“书香成都”，一句广告语“成都——一座来了就不想离开的城市”，感染了无数的人。2017年，腾讯研究院发布的《中国城市新文创活力指数排行》，成都因在产业活力、政策活力、人才活力、资本活力、平台活力和传播活力等指标上表现优秀，在全国100个城市样本中脱颖而出，排名第一，显现出数字文化时代成都城市文化的优势、发展活力和增长潜力。创新、创造的活力使成都平均每天新增市场主体多达1200家、专利申请量超过300件，荣获全球最佳新兴商务城市、中国十大创业城市、福布斯中国创新城市特别贡献奖等殊荣，而成为全球创新、创业旗帜性城市。今天，“蓉漂”正成为时代风尚，无论是就业还是创业，成都已成为众多青年人才的首选城市，这既体现了“天府之国”海纳百川的胸襟气度，也在多元交流中丰富了天府文化的时代内涵。

成都把建设世界文化名城作为城市未来的战略方向，是基于对当今世界文化发展大势和城市发展规律深刻认识的文化自醒，是基于自身拥有的厚重文化基础和独特人文资源的文化自信，是基于登高谋远为中华文化繁荣主动担当的文化自觉。随着社会主义现代化文化强国建设，成都——一座迈向世界文化名城的大都市，一座彰显人民性的大都市，将以独特的天府文化为底蕴、以中华文化为基本价值遵循，不断弘扬中国特色社会主义核心价值观，以其独具人文魅力彰显“蜀风雅韵、中国气派、别样精彩”而崛起于地球的东方。

第四节　文化创意在公园城市建设中的助力作用

当今世界，文化实力是决定城市竞争力的核心要素，“文化立城”已成为众多新兴世界城市的战略选择。中国深圳市的成功实践一再表明，“文化立市”对于一个城市发展的重要意义。越来越多的城市在转型发展中，都把文化创意纳入到城市可持续发展政策中，以文化创意的力量促进城市转型升级。随着城市化速度的加快，当今世界已步入“城市的时代”，城市的竞争走上历史前台。文化是城市发展的根本动力所在，随着全球化所引发的城市竞争，文化策略已成为当今城市生存的关键所在。联合国贸易和发展会议（UNCTAD）在《2020全球核心趋势报告》中指出，在未来的发展中所有产业均将成为文化艺术的创作产业，一个以文化创意为发展动力的新时代已经来临。

2018年2月，习近平总书记在视察成都天府新区规划时提出建设“要突出公园城市特点”，把生态价值考虑进去。一定意义上，“公园城市”的理念是习近平总书记基于对成都历史人文生态特点的深刻洞察，是对成都发展前景和发展趋势的肯定，是给予成都人民最好的福利，它切近的是公园与城市本性上为人的特点。四川是个好地方，山水秀丽，民风淳朴，文化多彩，三星堆文明、金沙文明源远流长，自古就有“天府之国”的美誉。特别是四川人喜欢安逸的生活，吃担担面、喝盖碗茶、摆龙门阵，体现了巴蜀浓厚的人情味。在城市建设中要充分绽放四川独特的自然生态之美、多彩人文之韵，谱写美丽中国的四川篇章。这种地方文化特质与时代条件的结合，生动地展示了成都建设公园城市的现实基础，可以说成都的城市升级就有着公园城市的基因。因此，成都在建设国家中心城市、世界文化名城的目标诉求中，要以独特的天府文化为底蕴、以中华文化为基本价值遵循，充分彰显“蜀风雅韵、中国气派、别样精彩”的魅力，以美丽宜居的公园城市建设作为实实在在的抓手。

公园城市理念的提出，引起了学界的广泛关注。公园何在？城市何为？何谓公园城市？它所预期的是整个城市就是一个大公园，老百姓走出来就像在自己家里的花园一样。公园一般是指政府修建并经营的作为自然观赏和供公众休息游玩的公共区域，公园的本质是一种放松、休闲，使人能够有机融入自然环境，与人文社会环境和谐共处的公共场所；城市的本质是为人的，是为着人的自由发展和生活的便利化，舒适宜居是其特点。其实，中国人的天性就有着与自然的亲近感，如中国人骨子里就喜欢松、竹、梅、兰、菊等，正是这种自然的人性化属性，使得公园与城市有了亲缘性。“公园城市”的命名只是把这种关系显性化、概念化了，这是地地道道的中国的审美观，它折射的是人品，如松的枝干如铁、竹的宁折不弯、梅的冰清玉洁、兰的沁人心脾、菊的傲雪凌霜，张扬的是中国人推崇的风骨人格，由自然本性到人品再到艺品，于是有了“气韵生动”“风骨奇伟”“骨梗有力”等审美风采。美学家宗白华曾深刻指出，中国美学竟是出发于“人物品藻”之美学，美的概念、范畴、形容词，发源于人格美的评赏。由人及物再到环境直至一个城市，这是一种美的精神的生成和弘扬，其底蕴既是中华美学精神，更是一种深层次的民族精神，并在一种价值规范上引导中国城市的发展。因此，在宜居乐业中如何丰富人的本性，张扬人的审美追求就成为新时代中国人的生活诉求。从生活美学的审美化追求必然会提出“公园城市”的理念，人居环境的生态化、审美化，从根本上看是人类社会文明程度的提高。公园城市建设从注重外在的建筑、景观、功能布局到人居环境的生态化，是一种审美品位的提升，是人生审美理想的张扬，旨在经由人居环境、社会氛围的改善，引领社会风尚向着人类文明的高端跃升。

此前我们有过“田园城市”“园林城市”“森林城市”的命名，主要处理的是城市与乡村的生态关系，是对城市发展中人与自然关系的类型化特征概括。“公园城市”的命名有着新时代的意味，除了处理城市与乡村的生态关系，还着重处理城市与社会、城市与文化发展、城市与创意驱动的关系，着重凸显城市的人文属性与生态化的审美追求，更是一种生活美学的实践形态。对这一命名要把握四个关键词：新时代、生态文明、以人民为中心的城市发展理念、生命共同体意识。“公园城市”的理念是对新时代城市人居环境发展特征的高度凝练和形象概括，是城市化和再城市化发展模式与路径转变的理论创新与实践探索，是一个渐趋成形的走在途中的概念，它着眼于凸显人居环境，张扬一种生态文明观、一种生活美学观，更是新时代背景下一种新的城市文化的生成。新时代是历史语境的界定，是城市升级的时代背景；以人民为中心的城市发展理念彰显的是公平正义，这是公园城市的价值底蕴；美丽共享则使人民有更多的获得感，协调共生、互促共荣注重的是发展方式的可持续性，旨在突出城市转型发展的生态化、智能化、创意化、园林化、审美化，这是一种文化价值，更是一种审美价值。公园即城市，城市即公园，城市与公园融合发展，体现了城市发展的创新理念，彰显的是“美丽”价值，张扬的是城市转型升级的文化内涵和审美内涵。它不是公园+城市，而是整体性的城市升级，是创新理念的践行，需要全社会跨界协同合力而为。事实上，公园城市虽然是习近平总书记在视察四川时提出的，但在神州大地上很多城市具有建设公园城市的基础和潜质，诸如花园城市杭州不仅生态优美、休闲宜居，而且人文底蕴深厚，还富有创新包容精神，应该是建设公园城市的领先者。再如四季如春的昆明市、森林城市南宁市，都具备建设公园城市的现实条件。不唯南方城市具备天然的生态条件，一些北方城市如秦皇岛、北戴河、吉林市等，其生态资源基础良好，人文历史积淀深厚，在新发展理念引导下完全可以朝着公园城市迈进。在此意义上，公园城市是理念，是中国城市发展的现实追求，更是近年来中国生态文明建设成就的充分展示，是以人民为中心的工作导向的彰显。正如习近平总书记指出的，良好生态环境是最公平的公共产品，生态文明建设不只是治理污染，更重要的是增加社会的公共环境财富，真正实现发展为了人民、发展依靠人民、发展成果惠及全体人民，是社会主义制度优越性的体现。正是因为有生态文明的底色，公园城市能够为居民供给丰富的生态产品，彰显“天人合一”（山、水、人、城和谐共在）的生态理念和美丽的价值追求。以人民为中心的城乡一体化协调发展践行的是新型城乡人居环境的“生命共同体”意识，新时代为满足人民日益增长的美好生活需求，需要城市供给丰富的生态产品和完善的公共服务，需要在城市绿地系统与公园体系相融合中实现人与自然、人与社会、人与人之间关系的生态化，以和谐、共在、互看为存在形态，进而推动城市治理。

文化创意如何在公园城市的规划设计中发挥助力作用？成都在建设世界文化名城过程中，建设高水平世界文创名城是其中的主要抓手之一。文化创意之于公园城市建设，不仅是一种设计理念和价值传播，还是一种空间布局和城市场景建构，更是作为一个产业群支撑公园城市可持续发展。作为公园城市，成都将来是要以公园彰显，公园是成都的精彩和亮点，是城市的名片和展示的窗口，在城市与公园的相互衬托和促进中相互成全。因此，建设公园城市不能沦为概念炒作，为公园而不见了人，更不是区域内现有公园的开放问题。公园城市何为？应该是城市发展理念和布局的升级，在理念上要凸显生态文明、供给丰富的生态产品、以人为本，充分彰显人民的文化权益和文化获得感；在社会建设上要实现包容性发展与生活质量的提升、人居环境的改善，使公园城市建设回归到文化与城市的本性；在产业布局和可持续发展上，要有与之匹配和提升宜居环境的产业业态和诸多场景载体，成为一个文化展示和活力迸发的空间。

1. 在理念创新上的启示

公园城市建设需要创新理念，以人民为中心是公园城市的理念，是一种文化价值观，其定位契合的是人民的城市本位，是对人的自由本性的尊重，高扬的是社会主义旗帜。城市、公园和文化有着内在肌理的一致性，有着共同的文化价值表达和对人的关怀，城市就是一个大公园，它不以豪华和冷漠疏远人，体现的是包容性发展和共享的理念。公园是城市，旨在以丰富的生态产品、人文的追求和完善的便利设施及其场景建构，彰显绿色、舒适、美丽的生活美学理念。归根结底，这是一种契合新时代特点的生活方式和现代美学观。设计是一种生活方式，美学是一种生活态度，诗意地栖居是一种生活美学。以公园为载体，体现的是人的自由本性与自然生态的和谐共处；以城市为载体，体现的是空间布局的为人属性，弘扬的是人文价值理念。文化创意的价值理念启示，主要源自生活美学的本质是生活环境的美化，一种生活质量和内在素养及其文明程度的提升，由此引领当代中国人追求"生活品质"。文化创意原本就是一种生活概念的体现，我国台湾地区有"创意生活产业"门类，文化创意旨在提升民众的美感体验和生活品位，以独特风格的文创产品营造一种生活美学，展现出一种文化的质感与审美追求。当下，公园城市是这种理念的实践载体，它使日常生活审美化有了实在感。如文化创意在传统手工艺振兴中，以创意激发了传统民族工艺、民间文化的复兴，使本土化生活美学、地方文化得以张扬，从而传播了一种生活方式、一种文化理想、一种审美追求和品位塑造，引领一种"中国样式"的盛景，重新定义了"诗意的中国""品位的中国""文化的中国"，建构中国样式的美学形态，公园城市满足了大众对审美化生活的想象与观念形态的空间建构。

2. 在公园城市设施规划布局和激发活力上发挥助力作用

公园城市要规划布局大量公共设施，包括自然景观和城市场景建设，实现人在公园、公园在城市、城市与公园相互依存交融、城市就是大公园的目标。不同于当下城市化运动中的扩张，公园城市建设在物理空间布局上是城市要为公园建设让步，是丰富城市的内涵和形态，在内容上增加城市的文化属性、娱乐人的身心、安放人的灵魂、激发人的理想追求，使城市成为真正的精神家园、心灵安放地和信仰高地。这一切必然关乎城市公园的布局及其城市设施的建设，而由设施到场景的关键在于文化创意的融入，这里关涉自然生态、人、建筑、场馆、产业布局、周遭环境与城市设施的生活美学化，作为存在关系与城市场景的规划和设计实现对公园城市的空间建构，可以借助本土化、民族化文化符号的展示，塑造城市新空间，彰显生活美学的理念。新时代人民日益增长的美好生活需求为生活美学复兴提供了现实基础，也对城市空间规划布局和城市场景建构提出了更高的审美要求。习近平总书记指出，当高楼大厦在中国大地上遍地林立时，中华民族精神的大厦也应该巍然耸立。一幅时代的画卷，底色是人心；一个民族的复兴，关键在精神。建构什么样的场景，有助于增进大众对民族文化的认同感、对传统文化的接受度、对生活的美好追求，彰显高质量生活需求的价值导向，是一个值得重视的问题。打动人心的不仅是积淀的文化传统，更是中华美学精神和追求生活之美的精气神。场景建构要激发城市活力，还要成为传承和创新文化的载体。“文化场景”理论认为，消费社会中休闲娱乐和文化活动在个体选择时扮演着重要角色。都市娱乐休闲设施和各种市民组织的不同组合，会形成不同的都市场景，不同的都市场景蕴含着差异化的文化价值取向，由此单纯的某个城市场域就超越物理性存在，而上升到文化和价值层面，因为有了意义的生成和价值观的传播而成为文化空间。不同文化娱乐设施有不同的价值取向，如开放或保守、张扬或寂静、愉悦或沉闷等，差异化的文化价值取向吸引不同的群体前来进行文化实践，从而推动区域经济社会的发展。对于消费者来讲，这个文化空间就是文化场景——一个提供生活舒适性和便利性的场域，这里的社会纽带由希望、欲望和梦想来定义，健康的社会纽带经由对这些价值观念的体验来实现。公园城市把“市民—公园—城市”三者关系的生态化作为创造美好生活的重要内容，通过提供更多优质生态产品以满足人民日益增长的新型城乡“生命共同体”需求。在公园城市建设中，城乡一体化的融合发展体现的是协调发展的理念，践行的是新型“生命共同体”的城乡人居环境的生态化诉求。

公园城市建设必然会建造大量的城市设施，这些设施是城市场景建构的基础，有别于单纯的服务设施、公共设施、文化场馆。美国文化学者特里·N.克拉克教授的“文化场景”理论启示我们，场景在文化城市中传播的是一种价值观（积极的、开放的、包容的、反叛的、保守的、时尚的、传统的等），会形成一种城市的价值取向，从而会影响某些特定人群的居住、工作，因场景与经济特别是某些产业有正向度关系，同时场景与社区环境特别是文化的自主表达有着内在关联，因而场景建构会影响城市的经济与政治格局。美国文化学者克拉克等非常注重场景对一个创意城市及其创意阶层的形成的重要作用，并建构了测量城市场景的方法和维度。公园城市不单纯是自然景观，更是城市场景的建构和生活美学的价值再现。公园城市的场景建构，是一种休闲文化、地方文化的张扬，也是一种文化创新创意的集聚和价值观的感召。场景建构的价值观，是一种体验式的文化价值感召，因此场景建构要注重文明传承、文化延续，让城市留下记忆，要在公园城市建设中保留"乡愁"。场景在公园城市建设中的重要性不言而喻，它传达的是一种价值观，是对创新创意人才集聚的感召。在文化创意和文化经济时代，很多人如艺术家、时尚设计者、工程师、作家、金融家，往往为一个城市的氛围尤其是场景所感召而来，由此集聚为一个城市的创意阶层。

在公园城市建设中，成都的场景建构要更多体现巴蜀文化的底蕴和开放创新的文化追求，以创意创新人才的集聚，为城市可持续发展夯实智力基础。在规划设计上如何做到自然生态与景观元素和城市文化气质的统一，将直接关乎公园城市中场景的空间布局和价值观建构。从场景建构来看，如何使城市如成都的文化气质及其包容开放的文化态度与公园城市的设施建设关联起来，文化创意会助力公园城市场景建构。事实上，场景的建构已成为城市转型发展的新动力，在"公园城市"中注重场景的建构，能够使城市越加具有活力和竞争力，从而在"生命共同体"中塑造公共空间，凝练城市精神，使大众有充分的体验感和文化获得感。

3. 作为产业对公园城市建设发挥支撑作用

公园城市不仅涉及空间布局，还要关乎民生和宜居乐业，需要诸多与发展阶段和新时代城市建设要求相切近的产业、产业群来支撑，解决区域内居民的生存就业以及生活便利化问题。公园城市不单纯是一个消费的空间，更需要生产性服务业的支撑，特别是文化创意产业的支撑。要由消费高地演化为生产流通展示之地和对外开放高地，如成都的宽窄巷子的产业植入，在凸显鲜明地域特色和浓厚历史氛围的各街区中，植入以文化为基石的商业元素，如特色餐饮、"非遗"等工艺品展示，使游客能感同身受老成都的民俗生活场景，感受所谓的

“最成都”。与之相似，在公园城市中可以布局园林特色小镇、文化创意产业园、公共文化服务示范区、“非遗”展示区、会展区、设计园区、康养健身场所、旅游休闲场所、教育培训场所、科普展示场所及其各类公园（如儿童公园、老人公园、植物园、主题公园等），偌大的空间、如此多的公园，要有人气的集聚才有活力和可持续性，需要适宜的产业业态植入和文化展示，在生活和就业的交融中创造财富，同时为城市创新蕴蓄力量。因此，文化创意作为产业助力“公园城市”而成为创新创业的基础，并以文化自信彰显了地方特色。

归根结底，公园城市的主体是人，其发展和建设更是为了人，契合的是由功能型城市向文化城市、美学城市迈进的趋势，切近的是由人的生存迈向更高层次的满足感，是生活境界的审美意识张扬，旨在使城市成为人诗意地栖居之地。这才是公园城市以及城市转型升级的方向，是新时代人民精神文化表达的方向，这种无限的可能性需要文化创意产业的支撑。正是文化创意产业支撑城市在高质量发展中迈向文化经济，文化经济助力新时代人民的美好生活。严格意义上，文化经济是文化与经济交融后的一种经济形态的升级，是契合时代特点高质量发展的有品质的人性化的经济，它以低碳绿色的物质消耗获取最大化生活幸福，使文化与经济发展在更高阶段上回归“以人为本”的轨道上。文化产业原本有推动产业升级、提升民众生活质量和幸福感、改善社会环境的功能，如某些有影响力的节庆活动、具有意味的场景建构，通过结合在地文化特性，创造出不同的艺术价值，不断提升民众的趣味和在地原有的产值，形成有影响力的文化品牌，在与周边相关产业融合发展中改善社区、城区、城市的环境与气质，提升城市的人文性与艺术魅力。文化创意最大的效益是改善环境，带动相关产业发展，任何产业只有注入文化内涵，才能更有生命力。日常生活审美化之可能，离不开文化创意产业的支撑。创意设计就是生活，就是文化体验，其背后是价值观和人生态度！文化创意引领一种现代生活方式，越来越成为重构大众日常生活的重要力量，满足人民的美好生活、提升人的生活品质和审美品位的主导方式，也是城市转型发展的驱动力。公园是有形的载体，审美与文化是城市的肌理和内涵，弘扬文化、创造文化就是城市效益，就是城市影响力和美誉度，就是广泛性的价值感召。

实践调研篇

第六章　深圳质量和深圳标准的文化支撑

党的十八大报告指出：建设社会主义文化强国，关键是增强全民族文化创造活力。要深化文化体制改革，解放和发展文化生产力，发扬学术民主、艺术民主，为人民提供广阔文化舞台，让一切文化创造源泉充分涌流，开创全民族文化创造活力持续迸发、社会文化生活更加丰富多彩、人民基本文化权益得到更好保障、人民思想道德素质和科学文化素质全面提高、中华文化国际影响力不断增强的新局面。党的十九大报告进一步指出，文化兴国运兴，文化强民族强。没有高度的文化自信，没有文化的繁荣兴盛，就没有中华民族伟大复兴。这种对文化的理解和定位，是当前每一个中国城市文化发展的指南和自觉追求的目标。城市因文化而有了特色和个性，文化因依托城市而身强体健有了施展的舞台和空间，文化活力和文化繁荣使城市充满了自信和自豪。

21世纪以来随着文化的地位和作用不断凸显，文化发展越来越进入国家和区域战略高度，文化政策已进入国家政策的中心。人们越来越认识到：发展不单纯指经济的发展，文化是发展的关键词，文化繁荣是发展的最高阶段和目标诉求。伴随全球化进程的深入，国家之间的竞争越来越显现为城市特别是中心城市之间的竞争和博弈，文化在城市发展中的地位凸显，文化成为城市张扬个性、追求特色发展和提升城市软实力的有效手段，文化繁荣成为城市追求的目标。

深圳市是中国最年轻的一线大都市，深圳速度曾经是一个时代的标志。深圳的发展一直在中国发挥着极强的示范效应，深圳的发展始终给予人们多方面的启示。在诸多评价体系中，正是深圳质量、深圳标准支撑着深圳市引以为傲的发展，而深圳质量、深圳标准又离不开文化的有效支撑。就此而言，深圳文化发展报告不仅全面梳理了深圳市文化发展建设所取得的成绩，还充分阐释了文化如何为城市发展注入灵魂和内涵，为市民赢得尊严和提升素质，为城市的转型和城市品位的塑造提供支撑。

在人们的心目中，深圳是一座发达的现代都市。但什么是发达城市？可以用很多指标来衡量，如地区生产总值、人均收入、人均寿命、工业化水平、公共服务设施的完善程度等，但更为根本和更为细微的则是文化感的获得。随着现代化程度的不断提升，在对一个城市发达程度的评价中，有一项指标不断凸显，那就是市民的文化权益和公共文化服务的供给能力与文化产业的发达程度。说到底，就是一个城市的文化空间塑造和文化品位的营造，这是一个城市质量的内涵与文化支撑。正如在《深圳质量、深圳标准》的报告中所宣扬的，作为特区，深圳所要贡献给国家的绝不仅是GDP，还要向世人展现一种新的抱负与梦想以及实现路径。这使得着力提升文化发展质量成为深圳质量的内在追求和必然要求。从“深圳十大观念”到“十大文化愿景”，“实现市民文化权利”理念不断丰富，文化发展质量不断提高，又反过来不断为深圳质量发展注入强大的精神力量。

对此，我们可以从一个“应当的”价值视角来评价一个城市的文化追求和品位塑造。一个城市越发达我们越能意识到：文化是发展的关键词，文化繁荣是城市发达的标志和目标诉求。从文化的本性来讲，文化作为一种软性的力量，它需要持久的培育，而且还要不计功利，其投入和产出可能不成比例；它往往是隐而不露却又深沉地发挥作用，但因其无形的泛在式存在和多样化显现形态而往往被城市管理者所忽略。一个城市愿意为难以在短期形成竞争力的文化付出，这意味着城市真正发达到一定程度了，意味着整个城市精神的升华和进入了发展的高端形态。当虚灵的文化超越实用主义精神、超越工具理性的经济追求而被不计成本地投入时，当市民的文化权益被尊重，当社会弱者被呵护，当一个城市遍布志愿者，当每一个市民都有一种对待万物的文化态度时，这个城市必定是宜居宜学宜业宜游的文化城市。当一个城市有着超越经济理性的追求时，当每一个市民为着城市品位的塑造而不再计较所谓拆迁的经济补偿时，当这个城市愿意为未来和文化发展做长远规划和投资时，当一个城市不再吹嘘高楼大厦的硬实力，而忽略生活品质的软实力时，则这个城市已然是引领性的发达城市了。

与之相反，如果一个城市在发展中文化理想或文化追求被忽略或者市民的文化权益被践踏，则往往是城市不发达的表征。正如木桶原理所揭示的，决定一个水桶容量的，不是长板而是那块短板。正因为其无形和不易捕捉，以及往往以非文化的物化思维来建设城市，而使得某些城市在发展中缺失文化追求和文化品位。因此，一个城市的文化服务、文化空间塑造和文化品位的营造，特别是普通市民的文化权益，是评价一个城市发达程度的重要指标。相对于经济思维对宏大有形东西的追逐，文化往往是无形的、内在的，它更需要体现在细节上，体现文化温情的往往不是宏大的剧院和美术馆，而是一个不起眼的亲近普通人的文化设施、一个志愿者的目光和一个微笑。文化如风，温暖和煦；文化如玉，温润无声。文化是一种日常的生活方式和举手投足的价值观，它是共享的，无关乎贫贱富贵，但离不开品位和教养，文化恰恰是在平凡中体现一种高贵的精神追求，而不是一种高高在上的冷漠。

基于对文化地位的认知和文化本性的理解，基于中华民族对社会主义文化强国的追求，基于对国民文化自觉和文化自信的高扬。从“文化立市”到“文化强市”，可以说深圳质量、深圳标准的文化支撑的确有可圈可点之处，但也有诸多可提升的空间。

第一节　在健全公共文化服务体系中提升城市文化质量

深圳是最早提出“文化立市”的城市，在回归文化的本来状态——落实市民的文化权利中，深圳为提升文化发展质量有一系列可圈可点的举措。深圳质量和深圳标准的文化支撑，首先契合的是依法治国框架下的文化法治思想，其把重心落在了市民文化权利的保障上，以此来构建公共文化服务体系，从而夯实了深圳文化发展高地的根基。就此而言，深圳文化建设牵到了文化发展的牛鼻子，在文化发展的本位上抓文化建设，从而展示了文化的本质性力量，并以文化力量有效支撑了深圳质量和深圳标准。如报告所言：文化权利，与每一个人的生活、尊严、自由密切相关。从政府的“权力为大”到市民的“权利为重”，深圳以“实现市民文化权利”的先进文化观念为指引，打造公共文化服务体系的深圳质量。

一、10分钟文化圈——重在提供均等化服务

“进博物馆转转、去图书馆坐坐、到书城逛逛、去剧院看看”，是许多深圳市民日常生活的一部分。在与市民息息相关的公共文化服务领域，深圳先后出台《深圳经济特区公共图书馆条例》《深圳经济特区全民阅读促进条例》《深圳市基层公共文化服务规定》《深圳市基层公共文体设施规划和建设标准指导意见》等，有力地推动了公共文化服务设施建设。目前，深圳已有群众艺术馆和文化馆（站）62个，各类文化广场742个，公共图书馆633座。深圳已实现每1.5万人拥有一个社区图书馆（室）的目标。

在深圳文化质量的塑造中，深圳已开始注重细节。完善的文化设施，为社区文化的发展繁荣提供了基础。但这仅仅是一个基础，不同的人群，对文化服务的需求也不同，因此，对于不同人群的有针对性覆盖，也成为深圳社区文化服务体系的重点。如孩子们有“四点半学校”的快乐社区小课堂，老人们有乐享晚年的“星光老人之家”，外来务工人员有不断完善的基层文化服务配套。向社会免费开放公共图书馆、文化馆，提供免费的基本文化服务项目；策划组织元旦、春节等系列主题文化活动，举办文博会艺术节、外来青工文体节、鹏城金秋社区文化艺术节、深圳钢琴公开赛等。年均组织策划各类群众文化活动超万场，放映公益电影超过1.5万场，每年受惠市民1000余万人次。

二、高雅“文化大餐”——重在培育有品位的文化消费者

深圳出台高雅艺术票价补贴办法，使市民以低票价享受高雅艺术，形成了一系列有影响的文化活动品牌。如“鹏城金秋”活动以面向基层的艺术态度、坚持原创的艺术精神、鼓励优秀的比赛机制，不仅成了社区文化的艺术殿堂，更是深圳文艺精品与人才的“孵化器”。再如“美丽星期天”活动以开拓古典音乐在深圳的市场为主要目的，邀请专业演奏团体或演奏家，以边讲边演的方式，举办各类音乐会及音乐艺术讲座。这些活动正以润物细无声的方式，荡涤着深圳市民的心灵，提升了这座年轻城市的文化品质。

三、博物馆之城——在提升深圳的文化质量中书写讲述自己的历史

博物馆集中体现了一座城市的历史文化积淀和城市人文精神，以及文化发展的高度。在人们的视野中，深圳是一个年轻的城市，但同样拥有丰富的历史资源和浓厚的人文氛围。截至2013年底，深圳纪念馆和博物馆数量达到28个，遍布深圳大大小小的各类纪念馆和博物馆，为我们寻觅这些历史的蛛丝马迹提供了捷径，它们早已融入城市，成为人文软环境的重要组成部分。

深圳把博物馆建设作为提升文化发展质量、建设“文化强市”的重要举措，为此出台民办博物馆扶持办法，通过建馆补贴、场租补贴、门票补贴等方式，设立艺术品收藏、图书购置、文物征集、高雅艺术补贴等专项经费，打破资金不足的瓶颈，促进民间博物馆发展。建设特色产业博物馆，如“绿色城市博物馆”“基因博物馆”和“奇石博物馆”等。规划建设中的福田区安托山博物馆群，占地57公顷，由20至30个民间博物馆组成。2014年6月，全球最大装饰和设计艺术馆伦敦V&A博物馆落户深圳。

四、图书馆之城——以阅读在丰富深圳文化质量的内涵中提高市民文明素质

社区图书馆、地铁图书馆，还有马路边的流动图书馆，等等，在深圳随处可见。在这座引领全民阅读风向的典范城市，阅读成为最动人的风景。深圳把图书馆之城建设摆在相当高的战略地位，努力实现市民的阅读权利，以知识和创意力量推动城市有质量发展。深圳始终把阅读作为实现市民文化权利的重要举措，深圳因有了“读书月”而呈现出与众不同的高贵气质。“读书月”与朝气蓬勃的深圳一路同行，在发展关键期为城市注入了沁人心脾的精神之气，推动深圳在文化发展道路上孜孜以求，为深圳质量注入了个性鲜明、气度不凡的文化内涵。

读书月并不只是单纯的阅读，也是一个全民文化活动盛宴。回眸过去15届“读书月”的成长，从首届的50项活动开始，此后逐年递增，历届举办活动总数达4729项；累计有600多个出版机构向327个受赠点捐赠了价值1752多万元的图书；培育了各类民间读书会近百个；读书月的参与人次从最初的170万增加到2014年的1100万，累计参与总人次达到1.06亿，市民的文化素养在阅读中

不断提升，城市的文化气质在阅读中不断陶冶。

高贵的坚持，让深圳得到了国内外的高度认可，被国际书商联盟评为“活力图书之城”，获得“杰出的发展中的知识城市”等荣誉称号。

高贵的坚持，也让深圳赢得世界尊重。2013年10月21日，联合国教科文组织授予深圳全球城市关于全民阅读的最高荣誉——“全球全民阅读典范城市”证书，深圳成为唯一获此殊荣的中国城市。

截至2013年底，深圳公共图书馆633座中市级公共图书馆3座、区级公共图书馆8座、街道及以下基层图书馆622座，公共图书馆总藏量达到2800多万册（件），年进馆人次达2710万，借阅1072万册次，位居国内大中城市前列；构建以市图书馆为龙头，区图书馆为骨干，街道图书馆、社区图书馆、城市街区24小时自助图书馆为网点的服务网络，实现每15万人拥有一座县级以上公共图书馆、每1.5万人口拥有一个社区图书馆（室）、人均公共图书馆图书藏量不低于2.3册的目标。

第二节　在加强文化内容的创造中提升城市文化质量

一个城市的文化质量不仅见于公共文化服务设施的完备，和一系列有影响力的文化活动品牌上，更体现在文化内容的创造和文化精品的不断涌现上。一定意义上，文艺创作质量是文化发展质量的核心内涵，是增强城市质量发展动力的重要支撑。为此，深圳采取各种举措来提高文艺创作质量。

一、着力培育非营利文化机构

如果说文艺精品象征着城市文化的某种高度，这背后的民间原创力量则蕴含着城市文化的厚度与宽度。社会力量参与公共文化事业，可以使资源配置更加灵活，形式更加多样，使用效率也更高，在公众对文化消费日趋多样化的今天，更显出其独特的价值。如何进一步形成文化创意人才的聚集效应，打造更优质的文化人才生态环境，优化文化创作氛围，激活全民文化创意的正能量，是摆在深圳面前的一道文化发展命题。

2012年4月，深圳出台的《关于深入实施文化立市战略建设文化强市的决定》提出，丰富公共文化产品和服务供给，在具备竞争市场的公益事业领域加强向有资质的社会组织购买服务，积极引导社会力量通过兴办实体、资助项目、赞助活动、提供设施等形式参与公共文化服务，推动政府从“办文化”向“管文化”转变、从政府单一主体向全社会广泛参与转变、从政府供给导向向群众需求导向转变、从侧重文化消费向实现价值引领转变，加快建立“政府主导、社会参与、机制灵活、政策激励”的公共文化服务供给模式。

政府每年支持各类文化活动1万余场次，市民文化大讲堂、外来青工文化节、创意十二月等公共文化服务滋养着市民的心灵家园。民间文化社团在深圳遍地开花，分布于深圳各区、各街道、各社区的民间文化社团达2000多个，在市、区民政部门注册的超过200个，涉及歌舞、杂技、皮影、戏剧、民乐等不同文化艺术领域。正是遍布城市各个角落的文化非营利组织和诸多的志愿者，使城市充满了文化的气息，丰富了城市的文化内涵，培育了城市文化创造的环境和趣味。

二、培育一支人才辈出的“文艺深军”

近年来，深圳重点完善文艺创作生产长效管理和激励机制，打造“创意联合体”，建立演艺联盟，扶持发展民办文艺院团和影视企业，建立完善对文艺精品创作团体、单位和个人的奖励制度，引导各界文化人士、普通民众创造更多更好的精品力作，不断催生新的文艺品种，增强文艺产品的表现力、感染力和传播力，以经济特区文艺精品弘扬中华文化和时代精神。

截至2013年，深圳市各门类文艺家人数已经增加到近7000名，其中国家级会员近900名，形成一支拥有基础人才、优秀人才、杰出人才和著名文艺家的创作队伍，在这支队伍中，既有蜚声海内外的艺术名家，也有90后的“小字辈”，正所谓“桐花万里‘鹏城’路，雏凤清于老凤声”，“文艺深军”呈现出人才辈出的喜人形势，文艺创作呈现出多姿多彩、百花齐放的亮丽景象，提升了深圳文化质量的门槛。

三、加强品牌塑造

把文化活动品牌化、国际化，是提升文化发展质量的重要举措，深圳文化质量离不开文化品牌的塑造。

中国（深圳）文化产业博览交易会、中国（深圳）国际钢琴协奏曲比赛、深圳读书月、深圳市民文化大讲堂……深圳创造的文化活动品牌声名鹊起，从深圳到全国到扬名海外，影响力不断扩大。目前深圳全市性的文化活动品牌达20多项，其中深圳读书月、外来青工文化节、深圳国际旅游文化节，“鹏城歌飞扬”“青春之星”电视大赛等已是国内知名文化活动品牌，随着“文化强市”战略的深入实施，文化活动品牌将在提升深圳文化发展质量，进而在打造深圳质量过程中发挥越来越重要的作用。

四、以志愿者来营造城市的文化情怀

“爱在深圳”不是一句诺言，而是流动在这座城市里的血液。深圳，是一个爱心飞扬的城市；深圳，是一个知恩图报的城市。活跃在街头巷尾的志愿者们，是深圳文明城市建设队伍的中流砥柱，是深圳最为醒目的名片，也是深圳对雷锋精神的全新演绎。深圳在全国首创“五星级义工”认定制度和“义工服务市长奖”评定制度，以服务时间和质量为标准，率先建立起志愿者荣誉认证体系。在全国率先实行志愿服务组织法人“无主管”直接注册登记制度，出台《深圳市义工联合会章程》和《深圳市团体义工单位管理制度》，规范志愿者招募注册和各级义工的管理。

从公布的深圳市城市交通文明指数来看，守法率指数为80.48分，交通设施完善指数为85.38分，人行道无障碍指数为84.32分，均呈上升态势。在十字路口、斑马线前，司机能礼让行人、行人能体谅车辆，车内车外互相尊重，已经形成了城市文明出行的公约，体现了深圳人的交通文明意识和城市公共精神已经发展到了一个较高的水平。这一浓厚的礼让文化氛围大大提升了深圳的城市文明质量。因为有爱，深圳成为一座温暖而受人尊敬的城市，以三次荣膺“全国文明城市”的激情和干劲，为城市的文明进步继续添彩加油，为城市的文化质量打上爱的烙印。

第三节　在文化产业的做强中提升城市的文化质量

从“文化立市”到“文化强市”，深圳充分发挥文化产业在经济社会发展中的引擎作用，使文化在城市发展中的重要性得以彰显。为提升城市发展的文化质量，深圳坚定地把驱动增长的力量瞄准包括文化在内的各种高端要素，使文

化在深圳质量发展中发挥更强大能量。

一、创新文化业态

从率先在全国提出“文化立市”战略、打造“文化深圳”，到瞄准六大更强目标、建设“文化强市”，深圳市委市政府持之以恒地把文化作为推动城市发展的关键要素，近年来更是在“文化+X”新业态上不断发力。

深圳出台文化创意产业振兴发展规划，把文化和创意紧密地融合在一起，确立为六大战略性新兴产业之一，设立每年5亿元的发展专项资金，加快培育新兴文化创意业态。“文化+创意”“文化+金融”“文化 + 旅游”“文化+设计”“文化+旅游”，等等，在深圳，文化要素与其他高端要素紧密结合，不断在跨产业边界生成新的业态，极核作用进一步彰显。

文化要素与其他高端要素相结合，迸发出了强大能量，助推深圳文化和文化创意产业持续高速增长。文化创意产业增加值从2013年的1357亿元增加至2014年的1560亿元，同比增长约15%；占GDP比重从2013年的9.3%提升至2014年的9.8%。文化要素成为深圳质量新常态的重要引擎，有力地支撑了深圳的文化质量。

二、激发文化产业发展活力

以自主创新增强文化产业核心竞争力，叫响“深圳创造”的文化品牌，深圳始终在加力。深圳明确提出注重创意创新，坚持内容为王，把提升文化产品的内涵和质量作为基本着力点，推出更多具有文化含量的新兴文化产品。不断加大文化产业的资金投入，发挥专项资金对创新型文化企业的孵化、催化和政策引导作用，推广“文创贷”金融服务，支持一批文化创意企业上市融资。增强集聚创新能力，大力推动建设一批国家级文化产业创新示范基地，加强知识产权保护和产业服务体系建设，建设文化创意产业公共服务平台。

大力实施创新能力培育计划。加快打造文化产业发展载体，全市建成市级文化创意产业园区34家、基地20家，其中国家级文化产业园区1家、基地11家；积极引进华谊兄弟文化城、世模总部基地等落户深圳。

文化创意产业创新研发能力实现飞跃。腾讯2013年拥有有效发明专利1164件，发明专利申请2002件，累计申请专利超过1.2万项，在全球互联网行业排名第三、在中国互联网企业中排名第一，拥有中国互联网行业获得的第一项国家专利金奖，其自主研发的“微信”，已成为世界级的互联网产品；雅图拥有215项专利，33％的产品处于全球领先地位，并向世界顶尖企业输出专利技术、核心部件及产品；华强文化科技集团被誉为文化产业领域的“华为”，拥有200项国内外专利、250多项商标、300多项著作权和软件产品登记，相继研发出环幕4D电影、悬挂式球幕电影、巨幕4D电影等10多类特种电影形式，自主研发推出世界上第一套180度环幕立体拍摄系统等，“三维立体渲染基本模型”“动态跟踪和校正”等几十项技术达到国际领先水平，获得多项国内外发明专利；从事网络游戏开发的第七大道公司2013—2014年连续入选深圳文化产业出口十强，首创了Magiccolor渲染系统、跨区服务器机制、预加载技术，创造了多个技术上的全球“第一”。

三、文化企业结构不断优化

深圳把培育一支结构优化、创新发展能力强的文化企业队伍，作为推动文化产业发展的重点，实施文化产业“百强振兴计划”，着力培育具有较强实力和国际竞争力的领军企业；大力建设文化企业孵化器，采取“文创贷”、房租补贴等方式扶持中小文化企业发展。

深圳文化企业结构已经形成由“领头雁”“大雁”“雁群”组成的雁形梯队。2014年，深圳年营业收入超10亿元的“领头雁”企业逾20家，年营业收入超亿元的“大雁”企业过百家，快速成长的“雁群”（中小创新型文化企业）达4万多家。华强文化、华侨城、雅昌、劲嘉、嘉兰图、华视传媒等“领头雁”均已成为各自细分领域的国内龙头，华强文化、华侨城连续2年入选全国“文化企业30强”；全市在国内外资本市场上市的文化企业17家，有55家企业、14个重点项目先后被评为国家文化出口重点企业和重点项目；2013年，文化创意百强企业增加值占全市文化企业增加值的比重超过30％。全市文化产业园区（基地）入驻的中小文化创新型企业超过万家，年度营业收入达600亿元，税收超过30亿元。

总体上来看，在深圳质量和深圳标准建设中，文化发挥了重要的支撑作用。深圳是一座充满现代化气息的年轻城市，它充满了活力和创造性，虽然文化积淀不够深厚，但深圳的现代文化在包容性发展中，以其活力支撑了深圳质量的创造，维护了深圳的活力和城市品位的塑造。就此而言，深圳的文化发展之路是对的，它开始关注文化的细节、文化非营利组织的培育和志愿者等人文情怀的营造，注重城市的品牌营销，但报告中对文化事业与文化产业的内在关联及其对城市文化品牌的塑造关注不够，对城市的文化脉络的传承与弘扬不足，对深圳现代文化的感召力及其区域性文化中心的塑造还有待加强，特别是对深圳文化创意产业发展的巨大影响力和溢出效应的评估还有很大空间。深圳文化质量最鲜明的亮点就是切实维护市民的文化权益，为文化发展提供足够的空间和包容性，尤其是以文化产业发展满足了大众的差异化、高端化需求，为民主化的社会进步提供了文化土壤。它已经开始注重文化的细节和城市文化的未来，它倡导文化的精品创造和文化的民主化，正是这种文化意识为文化深圳提供了有效支撑！

第七章　以“一心五区”铸就锦江文化发展高地

——成都锦江区践行“四个全面”战略的成功探索之一

锦江区地处成都市核心城区，是全市的商业、商务、金融、文化中心。全区土地面积62平方千米，辖16个街道、117个社区、5个产业功能区；户籍人口45万，常住人口85万。2014年，全区生产总值达到714亿元，人均GDP1.7万美元，每平方千米产出12亿元，是全市单位产出最高区域；全口径财政收入达到47.6亿元，固定资产投资371亿元；社会消费品零售总额684亿元，多年稳居全市第一；实际利用外资16亿美元，累计引进世界500强企业118家；三次产业结构调整为0.1∶13.3∶86.6。城镇居民人均可支配收入3.4万元；城市绿化覆盖率达到44.4%，生态环境质量多年排名主城区第一。从历史文脉看，锦江历史文化底蕴深厚，是世界最早纸币“交子”的诞生地；城区内还有“震旦第一丛林”大慈寺、“中华白酒第一坊——水井坊”等众多历史文化遗存。2007年以来，锦江区深入贯彻党中央关于文化体制改革的系列部署和习近平总书记重要讲话精神，积极践行“四个全面”战略布局，做出一系列成功探索，尤其在文化建设方面成绩显著，以“一心五区”铸就了区域文化发展高地。所谓“一心五区”即中西部最具影响力、全国一流的成都文化之心，成都文脉传承区、商贸文化繁荣区、文化产业引领区、现代艺术展示区和社区文化示范区。锦江区通过整合、优化区域文化资源，不断深化文化惠民内涵，积极拓展文化服务领域，有力地促进了城区文化事业与文化产业的发展繁荣，其综合文明指数测评多次名列成都市五城区第一，先后获得“省级文化先进区”“中国民间艺术之乡”“首批国家公共文化服务体系示范区”“全国文化先进区”等殊荣，为建设“国内一流的现代化国际性生态型精品城区”提供了精神动力和文化支撑。为全面总结和提升锦江区的成功探索经验，中央党校课题调研组一行十多人，于2015年7月30至8月2日，围绕锦江区践行“四个全面”战略的成功探索进行了调研。

第一节 文化建设的主要成就及启示

文化是民族的血脉，是人民的精神家园。在全球化语境下，文化是城市的灵魂，是定义城市综合竞争力的关键词。随着文化的地位和作用凸显，文化在城市转型发展中的价值越来越受到各级地方政府的倚重。锦江区非常重视文化在城区发展中的作用，充分利用自身的区位优势，依托省市新闻媒体集中分布和辖区历史文化遗存众多等优势，积极挖掘和整合各种资源，发挥文化引领风尚、教育人民、服务社会、推动发展的作用，积极保护和传承城市文脉，支持开展丰富多彩的文化活动，推动文化产业快速发展，着力构建城乡一体化的公共文化服务体系，在城区全力培育和践行社会主义核心价值观，以“敢为人先、勇争一流”的锦江精神建构成都市的“文化之心”。

一、创新发展文化惠民载体，不断完善公共文化服务体系

做好公共文化服务的前提是不断完善公共文化服务体系，在此基础上才能提供均等化、标准化的服务。锦江区按照《国家公共文化服务体系示范区创建标准》，始终以基层文化阵地设施建设为主线，加大政策、资金和人才支持，强化文化服务管理，致力建设区级、街道、社区、院落（小区）“四级”服务网络，将公共文化服务的触角延伸到每个院落，建成全国一流的区文化中心，建成16个街道综合文化活动中心，300余社区（院落）书屋，构建“四级公共文化服务体系”，形成覆盖全区的15分钟居民文化生活圈，所有公共文化阵地和设施实现免费开放。

二、不断完善基础设施建设、积极提供均等化和标准化公共文化服务

锦江区于2012年11月建成锦江文化中心，锦江文化中心总面积9400平方米，

主要包括区图书馆、区文化馆两大部分。

区文化馆内分设活动展览部、培训部、创作部、“非遗”中心和办公室等职能部门，有多功能厅、器乐培训室、录音室、“非遗”陈列室、展厅、舞蹈排练厅、合唱排练厅、画室、艺术教室、少儿培训等功能室，齐全的功能设置较好地满足了辅导培训、录音制作、观看展览、文艺排练等活动需要，真正成了全区文化艺术活动中心和辅导培训中心。文化馆每年组织开展各种惠民活动80余场，指导街道、社区开展群众文化活动800余场，塑造了“春熙放歌”“锦江之夜”“社区文化节”等群众文化品牌，并借助社会优秀资源深入开展“微梦想读书会”“锦江讲坛”“文化直通车进校园”“校园艺术进社区”等文化活动，还针对青年人、农民工、盲人等群体举办专题惠民演出，形成“一街一品、一社区一特色”的文化格局；每年在全区组织开展广场舞、声乐、书画、剪纸等各类公益性辅导培训500余场，培训辅导人数2万余人，同时在网站上公布每期培训项目，初步形成“点菜式”培训服务，年均受众45万余人次。另外，拥有糖画协会、锦江管乐团、锦樱舞蹈队、锦江剧社、锦江合唱团等协会和馆办群众文化团队十余个（支）；三年来，共获得全国性奖项13个，省级奖项15个，市级奖项20余个。

区图书馆设置了全区共享工程支中心、读者俱乐部、图书借阅、电子阅览、报刊阅览、影视鉴赏、少儿空间、盲文阅读区、外文阅读区等功能室和服务项目，并设置无线WiFi全覆盖和24小时图书借还机，形成“读者咖啡”休闲阅读模式，开通“一卡通”图书借阅系统。全馆藏书27万余册，2013年接待读者约20万人次，读者卡拥有量1万余张。馆内环境优雅、设施现代、功能齐全，是一个融学习、求知、交流、休闲为一体的现代复合型图书馆。全年365天免费开馆，开馆时间为早9点至晚9点；大力推行数字化图书建设，在16个街道建立综合文化活动中心，在64个社区建立综合文化活动室，实现电子阅览全覆盖、图书借还“一卡通”；在300余院落设立“社区书屋”，实现全区“15分钟公共文化服务圈”的城乡全覆盖。另外，积极指导全区69个文化共享工程基层服务点工作，每年面对街道、社区75个图书流转点开展4次图书流转工作，年均流转图书达3万余册；此外，还创建“锦江讲堂”品牌，年均开展各类公益讲座、读书活动100余场。2015年4月，区图书馆被授予“成都市模范单位”荣誉称号。

三、加强社区文化建设、充分保障群众的文化权益

2011年锦江区着手在院落建设自治平台，把公共文化服务向院落延伸扩展。2011—2013年，在全区300余院落自治平台中设置了“社区书屋”，实现“社区书屋”服务全覆盖。锦江区不仅完善城乡一体化的文化设施建设，还在公共文化服务体系建设中积极组建文化志愿者队伍。通过公开社会招募、严格审核认证、定期业务培训、动态档案管理、细化分类服务、保障志愿者权益等环节，组建了一支300余人的文化志愿者队伍，初步形成志愿者建设的“锦江实践”。在调研中，我们深感其社会组织发育较好，不仅率先在全国建立社会组织培育学院，还积极引导社会组织发展。可以说，锦江区的文化繁荣离不开遍布全区的非营利性社会组织和广大文化志愿者。现在全区文化志愿者达一万多人，各类社区群众文艺队伍200多支，每年开展群众文化活动1000多场。政府每年拿出近2亿元向社会组织购买公共服务，通过扶持奖励业余文艺团队、菜单式免费培训等途径，使优秀业余团队每年能享受一定的扶持奖励经费和演出资金补助，还支持有特色的业余文艺团队随同专业团体赴区、市、省演出交流，由此培育、发展、壮大了一批优秀业余文艺团队。三年来，锦樱舞蹈队、太极舞团、轻舞飞扬舞蹈队等团队代表文化馆在外参赛，获2014“成都文化四季风•劲舞暖冬”暨“耀舞扬威”第三季大型电视群众舞蹈比赛最佳创意奖、最佳视觉奖，“金秋乐”群众舞蹈比赛金奖，“‘听党话•跟党走’主题革命歌曲合唱比赛”一等奖等奖项达20余项。

公共文化服务体系建设还激发了广大群众参与文化创造的热情。锦江区充分调动区内各类人才创作文艺作品的积极性、创造性，通过健全完善文艺精品选题、审查和扶持制度，引导和鼓励文艺爱好者用新思维、新理念、新方法创作有品牌性、地域性、方向性的重点文艺项目，有效推动历史文化题材、“非遗”题材、法治题材等原创性作品的创作。先后创作了《后人》《明月几时有》《锦江好人》等10余部话剧、小戏小品、音乐情景剧等作品。其中，《后人》被市委宣传部、市文化局采购参加文化惠民及话剧进万家活动，演出20余场次；小品《明月几时有》获四川省群星奖一等奖。音乐创作方面，创作歌曲《妹是麦子遍山黄》《成都糖画》《中国梦》《啊，锦江》等，其中《中国梦》获四川省委宣传部第十三届“五个一”工程奖。舞蹈创作方面，创作舞蹈《雪域盟鼓》

《天空》等。美术创作方面，创作糖画、剪纸、摄影等作品如《祖国前头尽是春》《年年有余》《粒粒皆辛苦》《中国梦》等30余件，其中《祖国前头尽是春》《年年有余》等作品入选成都市委宣传部、市文明办社会主义核心价值观公益广告作品。

第二节　文化创意产业强势发展、聚集效应日益凸显

自2007年起，锦江区结合区位优势和区域资源禀赋，开始将文化创意产业作为"1+4"现代服务业中的主导产业大力推进。通过载体建设、搭建服务平台、产业聚集等措施，经过7年多的努力，推动广告创意、出版传媒、原创艺术、工业设计、演艺影视等紧紧围绕"产业链"思路全面发展，瞄准高端产业和产业高端，充分发挥文化创意的渗透与融合功能，构建了"一轴、四基地、多园"的文化产业功能布局，在中西部地区取得先发优势。红星路35号被评为西部唯一国家广告创意产业园，成功引进设计服务类美国排名第一的艾奕康等300余家企业入驻。初步形成传媒企业集群发展，建构了有国际知名度的国家级数字传媒和现代印务集聚区；打造了三圣文化创意园、环川师文化创意产业发展带、金像寺片区文化创意园，完成"锦江书院""蓝顶艺术小镇"、塔子山当代艺术馆群落、狮子山坡地艺术区建设规划。同时，建成梵木艺术馆爱·盒子创意空间、西部首家3D打印设计体验中心。此外，正在筹建摄影创意文化产业园、中国（成都）书法创意产业园。为激励和扶持文化创意产业发展，锦江区设立了文化产业发展专项基金，成立西部首家综合性文化产权交易所。在全区合力作用下，锦江区文化创意产业占GDP的比重高达16.5%，其增加值占整个四川省的1/8。

一、以创意打造产业载体，更新城市形态

锦江区作为成都市中心城区，寸土寸金，土地资源十分有限。结合区情，锦江区不仅充分利用闲置的旧厂房、旧校舍、商业楼宇和旧街区建立文化创意产业园区和创意休闲街区，寻找建成或在建的商务楼宇，利用政府的优惠政策，园区与楼宇运营商合作，以园区化、楼宇化为模式培植文化创意产业载体，形成"多园区、多楼宇、多基地、多街区"文化创意产业载体空间格局，还利用

城市建设改造中的闲置小空间，见缝插针地发展小型创意产业载体点位。通过整合改造不仅促进了文化创意产业快速发展，优化了中心城区产业结构，还使城区外貌形态焕然一新。在两年多时间里，政府用2.2亿元的建设资金，撬动12.14亿元社会资金参与园区广告楼宇建设，园区载体面积从最初2.5万平方米增加到40多万平方米。采用这种方式，缩短了园区载体建设周期，降低了建设成本、加快了招商引资和企业聚集步伐，为园区建设整体推进奠定了基础。尤其值得提及的是红星路35号的华丽转身。2007年下半年，政府采用引导和扶持方式，以文化投资企业为主体改造位于红星路35号闲置的旧厂房，打造文化创意产业园区，建设设计公共服务平台，引进全国顶尖创意设计企业洛可可、嘉兰图、浪尖和丙火创意入驻，使之最早成为四川省工业设计示范基地，改造后形成的折点式创意建筑外貌成为成都新地标。其后的二期和三期改造，涵盖了锦江区范围内“红星路广告传媒出版走廊”“锦江创意商务区新媒体发展基地”和“成都东村广告创意总部发展基地”等点位。截至2014年底，园区改造建设广告专业楼宇8栋，入驻园区的广告类企业已达316家，联系及服务的广告及广告关联企业1480家，成为西南地区唯一的“国家广告产业园区”，形成以广告创意设计与传媒印务、网络数字、电子出版及广告交易等上下游产业相聚合的全产业链，初步形成以世纪义商、纵横天下、全动科技为代表的数字新媒体集群，以博瑞广告、华希广告、华道佳、大贺传媒、大智成广等为代表的高端广告企业集群，以洛可可、丙火创意、嘉兰图等为代表的创意设计企业集群，以四川省广播电视台、四川日报报业集团和成都传媒集团等为代表的传媒企业集群。园区品牌示范效应初步形成，产业集群优势凸显，产业聚集力和对外影响力不断提升。

另一文化地标项目成都“爱·盒子”创意空间，位于成都市交通繁忙的一环路与东大街交会口北侧，地处地铁2号线牛王庙站口旁，占地面积7亩，建筑面积2500平方米，是集设计、美术、音乐、时装、品牌、运动于一体的公共创意艺术平台，其创意空间采取国际领先的“弹跳式”建筑理念，不仅提升闲置空地利用效率，还以别具一格的创意型建筑外形美化了城市环境、提升了城市创意文化，已成为成都市创意新地标。“爱·盒子”创意空间已有丹麦设计中心、AA英国建筑学院联盟、英国开源建筑设计、JAGDA日本平面设计师协会、英国霍金斯布朗建筑事务所（HBI）等24家国内外先进设计机构入驻，其开展的海外设计协会展览专场、青年创意集市等活动，不仅吸引国内外创意人士到此展示交流，也吸引大量本地市民到此参观消费。这一新型创意空间不仅开拓了锦江区文化创意产业的载体空间，也使产业运作零距离面对市民，更加方便市民感受和参与文化创意活动。

二、搭建公共技术服务平台，促使产业配套逐步完善

公共技术服务平台的搭建和文化要素市场建设，对文化创意产业园区发展至关重要。近年来，锦江区引进成都文化产权交易所等机构，加快了文化创意成果转换；建设了区域性的“文化创意产品展示空间”“工业设计快速成型实验室”和“3D打印体验中心”，为文创产品设计展示提供服务；建设“青年（大学生）创意园•创业园”，为青年创意团队提供孵化服务、培育新秀，增强后劲；建成西部首家艺术品保税仓库，促进了艺术品交易集聚区的形成。另外，成都广告产业园区还搭建广告交易中心、创新研发中心、云计算中心、成都广告研究院和“6+1”综合服务工作室等公共服务平台。平台搭建不仅为园区产业聚集提供产业配套，也促进相关企业的业态集聚、引导文化创意产业链的延伸，维护了产业园区的竞争优势。

三、“招大引强”成效显著，产业聚集态势良好

龙头企业和龙头项目是文化创意产业发展的核心竞争力，有很强的引领聚集作用和辐射效应。锦江区坚持“招大引强”战略，积极引进和培育国内外知名项目和企业，以“政府引导、企业为主体、市场化运作”为原则，在区域内以多点布局、整体推进方式，率先建成许燎源现代设计博物馆、梵木艺术馆、成都艺术品保税仓库、成都微电影基地等一系列文化创意产业聚集区和重点项目。其良好的服务环境，吸引了美国艾奕康设计公司、日本GK设计公司、法国华道佳4A广告公司、洛可可、嘉兰图、浪尖等国内外知名文化创意企业，又相继引进四川巴蜀画派文化产业集团和北京雅昌文化集团。通过引进龙头企业、重点企业，有效地带动了相关中小文化创意企业的发展，有效促进锦江区设计研发机构的成长，推动城市生活品质的提升和地区创意经济的发展。锦江区文化创意企业已达1200余家，产业增加值以年均19%以上的速度递增，并荣获中国文化产业发展示范奖。

四、全面深化思想政治建设，大力弘扬核心价值观主旋律

锦江区非常重视思想政治建设，始终把思想政治建设放在各项工作首位，深入贯彻习近平总书记系列重要讲话精神，自觉把培育和践行社会主义核心价值观作为推进宣传思想文化建设的有力抓手。不仅自觉地把培育和践行社会主义核心价值观融入城乡一体化公共文化服务体系建设和文化创意产业发展中，还充分利用道德讲堂等平台，推动社会诚信体系建设，着力培养具有“爱国、守法、文明、诚信”素养的现代公民，其综合文明指数测评多次名列成都市五城区第一。创建了省级最佳文明单位20个、省级文明社区30个，命名区级文明单位（标兵）300余个，评选出四川省“最美家庭”及全国“五好文明家庭”1户，杨晓清等4人入选“中国好人榜”，刘端元等4人被评为第三届成都市道德模范。

1. 理论武装不断创新

锦江区出台了《关于加强和改进党委（党工委、党组）中心组学习的意见》，采取专题学习、专家讲座、专题辅导、理论宣讲等措施，着重抓好中心组示范学、领导干部带头学、干部群众普遍学，突出习近平总书记系列重要讲话精神和中央、省、市重大决策部署的学习贯彻，突出“四个全面”新要求，引导党员干部学深悟透，自觉用创新理论武装头脑，学而信、学而用、学而行。组织开展的“听党话，跟党走”主题教育活动获市委宣传部领导肯定性批示。《牢固树立群众观念，创新宣传思想文化工作》参加了省市理论研讨交流，《种好城区这块“责任田”》等理论文章被《人民日报》登载。

2.“两个巩固”不断加强

锦江区认真贯彻执行意识形态工作责任制要求，着力巩固马克思主义在意识形态领域的指导地位，巩固全区人民团结奋斗的共同思想基础，抓好意识形态工作制度化、规范化建设，认真落实“一岗双责”，建立了锦江区意识形态领域形势分析研判通报制度，密切关注意识形态动向，加强对苗头性、倾向性问题管控，突出正面宣传教育和舆论引导同步推进，健全了街道、部门共同参与管理机制以及舆情预警、分析研判、舆情处置联动机制，加强宣传思想文化和意识形态领域干部队伍建设，建起120人的网络评论员队伍，加强全天候、全时空、全网络舆情监控，不断巩固了“大宣传大文化大舆情大引导”意识形态工作格局。

3. 践行社会主义核心价值观深入人心

通过开展“社区文化振兴运动”，使社会主义核心价值观的培育和践行如春风化雨、润物无声，在社会组织和志愿者行为中体现社会主流价值，使“高大上”的价值观落到每个人的行为中，在接地气中弘扬和践行了社会主义核心价值观。在载体方面，已完成1条主题街区、1处主题公园，制作刊播公益广告10万余幅（条）的打造；在平台方面，利用《成都锦江》、锦江电视、区公众信息网、微博、微信和手机APP分别推出“社会主义核心价值观”专题60余篇、专栏120余篇、专题宣传540余条，有效占领宣传阵地，引领价值导向；在活动中，深化文明单位、文明社区、文明家庭、文明行业、文明集市、文明户建设，开展“诚敬做产品”“节俭养德”“文明餐桌”、寻找“最美家庭”“孝道红榜”等主题活动80余次。以生动活泼的艺术形式宣传社会主义核心价值观，创作《等待英雄》《人生的意义》等文艺作品10余部，推出“创意心　中国梦”公益广告大赛、社会主义核心价值观书法、摄影作品征集活动。通过坚持不懈的培育与潜移默化的影响，核心价值观的理念精神进一步入心入脑，涌现出了杨晓清、刘端元等国家、省、市级道德模范、身边好人10余人。抓好舆论宣传，积极挖掘各行各业和百姓日常生活中的先进事迹和典型人物，寻找平凡中的感动，提炼精神内涵、激发内生动力，用身边的先进人物事迹，引领和示范带动身边人，追求真善美，传递正能量，形成良好的社会风尚。通过创新的方式方法，找准与人的思想道德情感的契合点，引发群众的思想共鸣。充分依托省市区各级报刊、广播电视、新闻网站等宣传媒介和公益广告等社会宣传，努力挖掘“锦江榜样”蕴含的朴素的价值观，大力呼唤人们心中的爱心和善意，展现干部引领新常态，打造新优势的生动实践，积极讴歌在“国内一流的现代化国际性生态型精品城区”建设中涌现的先进人物和感人事迹。

五、深度整合区域文化资源，培育和宣传“文化锦江”城市品牌

锦江历史文化悠久，文化底蕴深厚，独特人文风貌源远流长，辖区内及周边省市文化机构、主流媒体众多，优势文化资源丰富，通过旧城区改造塑造历史街区风貌，建构东大街“天府门廊”，全面展示现代化、国际化“城市会客厅”，不断提升“文化锦江”的品牌形象。

1. 将传统文化与现代文化相融合，建设“文化锦江”的地标符号

锦江区充分挖掘辖区内深蕴的传统文化、民间民俗文化、宗教文化和商业娱乐文化资源，先后投资2亿元，修缮大慈寺历史文化街区，建成“太古里”等集观光、体验、休闲、购物为一体的文化旅游聚集区；改造水井坊历史文化街区，构建“兰桂坊”等本土传统文化与都市国际风尚高度融合的文化商业社区。打造耿家巷艺术街区，建成集文化艺术、购物、休闲、餐饮为一体的历史文化街区。修缮李劼人故居博物馆、唐宋街坊遗址陈列馆、康季鸿公馆，建构贲园书库、门里博物馆等标志性文化地标符号，充分展示锦江传统艺术、时尚元素和创新艺术和谐交融的魅力。

2. 整合新闻媒体文化资源，着力宣传“文化锦江”品牌

近年来，锦江区借势西部博览会、世界华商大会等重要会展，充分整合新闻媒体文化资源，积极宣传策划推介“文化锦江”品牌。凭借优势组织成都经济圈8市10家主流媒体采风春熙路、红星路商圈，形成《成都经济区媒体聚焦新春熙》等14篇深度报道，大幅提升锦江区现代商贸业在整个大成都的社会关注度和影响力。利用华西都市报、成都商报市场媒体视角，成功策划“天府门廊”成都经济新地标等专题报道，有效展示了锦江品牌。借助市委宣传部、成都电视台举办亚洲纪录片大会和“发现故乡的美——手机视频制作大赛”等活动契机，将春熙路商圈、白鹭湾生态建设等锦江亮点植入专题宣传片和媒体宣传报道。强势推出《创意搏动成都“文化之心”》《锦江：让文化创意向国际顶尖靠拢》《事业和产业“两翼”齐飞　筑牢“文化锦江”品牌》等重大报道，成功塑造人文锦江、魅力锦江的城市形象。

3. 举办系列节会展，不断丰富“文化锦江”的品牌形象

锦江区开展一系列公益性文化节会展活动，“锦江之夜”“春熙放歌”“社区文化节”成为家喻户晓的特色品牌，竞相开展“诗意锦江”诗歌大赛、社会主义核心价值观书画摄影大赛、灯谜竞猜等活动，展示“文化锦江”的魅力；从2011年，连续承办3届西博会系列活动之一“创意改变城市”论坛。借助“2014成都创意设计周”契机，推出22场文化创意活动，其中包括创意设计周“8+1”活动的“成都艺术品保税仓库揭牌仪式暨中外艺术品展”和“双百创意总动员”的7个精品项目和6个基础活动，以及8个突出锦江特色的自主活动。锦江区已成为国内外文化创意活动开展的热点城区，“创意锦江”

影响力不断扩大。

锦江区文化建设成就启示我们：必须深刻全面领会文化的多重内涵，尊重文化发展规律，以塑造“文化锦江”品牌为核心引领城区文化建设。

第三节　锦江区文化发展繁荣的主要举措

在调研中，调研组一行深刻感受到锦江区是一个有文化的城区，可谓处处充溢着文化的色彩和意味，文化符号、文化地标、文化时尚随处可见。城区文化氛围的营造离不开全区干部群众的努力创造，特别是在发展思路上坚持文化事业与文化产业的双轮驱动与融合发展，有力地推动了城区文化建设。锦江区非常注重保护和传承城市文化，在城区改造更新中很注重项目的“大开发”与文化的“微治理”相结合。先后修建川剧院、李劼人故居、水井坊博物馆等10个文化场所，依托“水井坊遗址”、三条巷等老成都人文故地，建造水井界、春熙坊等一批历史文化街区，对大科甲巷、联升巷、崇德里等10万多平方米老城区进行改造，建造耿家巷、锦官驿、水锦界等10条特色街区，修缮聚星学堂旧址、成都基督教青年会、唐宋街坊遗址等30个文化地标，把老城区崇德里改造为历史文化与现代时尚完美结合的经典之作，保留了老成都的文化记忆。通过调整优化内部业态，构建了“格局—风貌片区—特色街道—成都记忆遗存点”的四级城市特色风貌展示利用体系，使老成都的文化基因融入现代文化传承中，特别是太古里旧城区的改造，通过引进“爱所”等文化品牌和一些时尚文化元素，为核心城区营造了浓郁的商业流行文化氛围，因有效地保护和传承城市文脉，2014年锦江区被评为“全国文化先进区”。

一、注重统分结合，在总体筹划上下功夫

文化建设水平是区域发展的重要标志，是综合竞争力的重要体现。锦江区坚持把文化建设统在全区大局之下，纳入中心工作之内，抓在手上，落实到行动上。

1. 规划先行，定位长远

注重从经济社会事业统筹发展的战略高度，先后制定《中共成都市锦江区委关于进一步繁荣发展文化事业和文化产业　加快建设文化强区的意见》和关

于“十一五”“十二五”等的一系列发展规划性文件，明确全区文化建设“特色发展、融合发展、集聚发展、龙头带动发展和品牌发展”的五大发展战略、“一心五区”主要目标、努力发展繁荣公益性文化事业的三项基本任务、推动文化创意产业跨越式发展的十个重大项目和推进机制及措施，明确各阶段重点工作、主要指标，为确保全区文化建设始终保持领先发展提供坚强保障。

2. 调整结构，分层着力

在具体实践中，立足锦江资源禀赋，以建设“现代服务业发展先导区”为目标，积极推进文化事业，扶持文化创意产业，在成都市率先调整产业结构，将文化创意产业作为“1+4”现代服务业体系中的主导产业之一全力推进，促进产业转型升级。

3. 政策扶持，循序渐进

事业的发展离不开政策的稳定性，锦江区坚持每年制定《锦江区文化事业与文化产业发展行动计划》和《锦江区文化创意产业倍增行动计划》，完善《锦江区大力发展文化创意产业的意见》《国家广告产业试点园区建设工作机制》和《关于扶持广告创意产业发展的若干政策（试行）》等一系列支撑性文件与保障措施，在充分保障文化事业投入基础上，区财政每年投入2000万元作为区级文化创意产业发展专项资金，极大助力创意设计、出版传媒、广告创意、原创艺术等产业腾飞。

二、注重创新驱动，在体制改革、机制创新上下功夫

锦江区的文化建设实践表明，深化改革是文化建设的源生动力，创新驱动是激发锦江文化活力的重要途径。

1. 深化改革，顺应发展

为深化文化体制改革，锦江区成立文化创意产业工作领导小组办公室，筹建区文化创意产业促进中心，健全锦江区文化创意产业发展机制，完善全区文化体制改革创新工作组，参照省、市文化体制重点内容，细化文化体制改革创新工作目标，逐级明确工作职责与任务分工，为事业与产业持续发展奠定坚实基础。

2. 突出重点，固强补弱

锦江区着眼“转型升级，提质增效”的发展要求，深入分析文化建设成功

经验、既有成果与薄弱环节，认真研究对策，围绕构建全民参与的“大宣传大文化大舆情大引导”工作格局、新媒体建设、科技文化与金融融合发展、推进文明城市创建常态化管理、促进文化事业与文化产业协同发展，着力查漏补缺，固强补弱，实施多措并举，加快推进文化建设转型与全面发展。

3. 完善机制，创新驱动

锦江区注重利用创新驱动杠杆，致力以机制创新带动工作创新，紧密结合实践，固化为长效管用的办法，推动文化建设可持续发展。相继完善网络舆论引导体制机制、推进社区公共文化服务体系标准化建设机制、创新打造锦江文化名片机制、对外文化贸易交流机制、推进校地协同创新机制、重大题材对外宣传发布工作机制、构建新媒体舆论引导机制、探索优化艺术品交易税收征管服务机制等制度建设，使文化发展步入科学化、制度化、规范化轨道。

三、注重顺势而为，在文化惠民的多元化需求上下功夫

新形势下群众文化需求呈现多元化、多样化趋势，锦江区始终坚持文化惠民的因势而动，顺势而为。

1. 开展文化惠民活动

依托“社区文化节”“春熙放歌”“锦江之夜”等全区大型品牌群众活动，以“我们的节日”“三下乡”“四进社区”文艺演出和“统筹城乡・文化惠民进社区”特色文艺巡演等社区惠民活动为载体，大力实施“进社区”文化惠民工程，年均开展各类群众文化活动1000余场。

2. 建立和完善政府购买公共文化服务机制

锦江区以满足人民群众基本公共文化需求为目标，突出公共性和公益性，不断创新政府向社会力量购买公共文化服务模式，在完善公共文化服务供给体系，提高公共文化服务效能方面做了有益探索。通过政府购买服务，实施数字电影免费放映工程，每年放映各类公益电影1000余场，其中在农村放映公益电影400余场，面向建筑工地、敬老院等特殊群体免费放映电影200余场，同时，大力推进公益电影进影院活动，放映电影500余场；每年购买剧场演出和专业院团演出达到四五场，免费为群众送票5000余张；实施“文化直通车进校园”活动，每年购买20~30场节目到中、小学校免费演出。

3. 激发群众的文艺创作热情

锦江区紧扣党的十八大精神、中国梦、党的群众路线教育实践活动、五大兴市战略、讲文明树新风、党风廉政建设等主题，创作的话剧小品《唱吧，唱吧》获得中国文联、中国剧协的中国戏剧奖·小戏小品奖剧目奖，中国文联、四川省政府全国新农村文艺展演优秀剧目奖；小品《明月几时有》获得省群星奖一等奖；歌曲《妹是麦子遍山黄》获得省群星奖三等奖，省民歌大赛表演铜奖、创作铜奖；话剧小品《缘建》获得全国戏剧文化奖小型剧本铜奖；原创话剧《后人》获成都市第九届精神文明“五个一”工程奖。这些节目立足锦江区实际，讴歌了锦江区在建设“国内一流的现代化国际性生态型精品城区”中取得的成绩，讲述了群众身边的故事和变化，深受群众喜欢。

4. 积极开展“全民阅读”读书活动

有文化品位的城市一定是喜欢阅读的城市，锦江区每年在街道、社区、院落开展图书流转4次，年流转图书达到6万册次以上；同时开展全民阅读“八大行”活动，覆盖全区机关、社区、企事业单位和特殊群体，有效地提高了广大群众的文化素质。

5. 开展公益性辅导培训

锦江区每年开展舞蹈、声乐、书画、剪纸、健身等各类公益性辅导培训达500余场（次），培训辅导人数2万余人（次）。区文化馆还在网站上公布每期培训项目，初步形成了“点菜式”培训服务。

四、注重强基固本，在人才支撑素质提升上下功夫

人才是文化繁荣发展的基础，是文化建设的支撑力量。基于此，锦江区非常重视文化人才的引进、扶持和培养，着力建设文化管理人才、文化艺术人才和文化创意产业人才三支人才队伍。

1. 积极探索多元化文化队伍建设

对文化事业单位全面实行聘用制度和岗位管理制度，创新人才培养和使用举措，打造文化人才精英队伍；加强对全区文化类社会组织人员的培训、引导，提高其从事公共文化服务的综合水平和参与社会服务的积极性，使之成为文化队伍的有益补充；加快文化志愿队伍，吸纳文艺名家、民间艺人、“非遗”传承人及文艺爱好者投身锦江区文化建设。

2. 加强人才资源引进

设立“成都市锦江区高层次人才专项资金”，大力招揽大师级人才，吸引周春芽、何多苓、许燎源、董小庄等一批当代艺术领军人物将其工作室或研究中心落户锦江。

3. 深化校地协作共建共育

锦江区积极推动文化创意企业与高校、研究机构开展产学研合作，实现大学生创意与市场的无缝连接。建成西部首家锦江·四川高校大学生创业基地，致力于通过创业基地充分利用，吸引创意领域的优秀大学毕业生，增强文化创意产业发展后劲。

4. 加强素质提升

为推进文化创意产业发展，锦江区组织力量编写文化创意产业发展干部知识读本供学习使用；邀请相关专家、教授为全区科级以上干部做文化创意产业专题讲座；积极借鉴国内外先进经验，加强与北上广等发达地区交流合作，组织相关人才考察学习。成功举办区内广告创意、艺术原创、工业设计等人才素质提升培训班，通过培训建设多个人才小高地，余炳、蔚江等一大批本土艺术家和创意人才脱颖而出。

五、注重联动推进，在融合发展、全域构建上下功夫

锦江区着眼新一轮西部大开发和“一带一路”倡议，将文化建设纳入《锦江区城建攻坚十年规划》，积极发挥文化的引领作用，推动文化创意产业与其他关联产业融合发展，努力实现文化建设效益最大化。

1. 促进文化与商业、旅游业融合

在探索城市更新与文化创意有机融合中，着眼传承成都城市文脉，建设了大慈寺、水井坊、耿家巷、春熙坊等充满文化记忆的特色街区，并植入新的业态，既保护传承历史文化，又提升其商业价值。2014年建成的成都远洋太古里就是以体验消费为特征，融合文化遗产、创意时尚都市生活和可持续发展的综合商业地标项目。将春熙路商圈、盐市口商圈、大慈寺、水井坊、耿家巷等历史文化特色街区，白鹭湾湿地公园和三圣花乡统一规划成锦江之旅，以都市商业文化、历史文化和农村生态观光文化相融合方式发展旅游业。

2. 促进文化与科技、金融业融合

依托天涯移动互联网科技有限公司等高科技企业，引进上下游关联文化企业，促进科技和文化融合发展。利用成都文化产权交易所、成都艺术品保税仓库等专业服务平台，汇聚文化创意企业资源和金融资源，探索建立锦江区文化产业发展基金，促进文化和金融融合发展。

3. 促进文化与生态、养老、健康产业融合

锦江区在全省率先将生态建设纳入战略目标，促进生态环境建设与文化创意相互渗透。以文化创意推动传统产业转型升级，如引导三圣花乡农家乐自助改造为“艺家乐”。目前，白鹭湾湿地、三圣花乡等景区集文化、科普、旅游、展示、养老休闲、生态保护为一体，充分体现了文化与养老、健康、生态的有机融合。

第四节　锦江区文化建设经验剖析

在“文化锦江”的品牌塑造中，锦江区作为城市核心区的文化建设取得骄人的成就，通过剖析锦江区文化建设成就，课题调研组有以下几点深刻感受。

一、锦江区的文化建设起点高、定位准

锦江区主要负责人对文化有着深刻的理解，在文化建设中高度重视文化内涵的提升，始终把培育和践行社会主义核心价值观放在首位，牢牢把握意识形态领域工作的主动权，积极发挥思想文化在城区“五个文明”统筹推进中的凝聚力和向心力。正如区委主要负责人和调研组座谈时所说：城区建设要准确全面领会“五位一体”的关系，不能只做其中一个方面。既要落实好中央的精神，又要因地制宜，根据地情、区情做好锦江的工作。多年来区委区政府一班人始终在思考：如何实现一个区域的可持续发展与和谐发展？如何在区域竞争中抢占先机？当下锦江区处在发展的历史节点上，必须在集约使用资源上下功夫，要考虑社会转型中群众利益诉求的多元化，充分意识到全面建成小康社会不仅要有经济指标，更要有社会和谐和群众的满意度及幸福感；发展不仅指经济的发展，文化是发展的关键词，文化繁荣是城区发展

的最高阶段。因而在城区建设中，起点要高一筹、节拍要快一拍，才能在城区发展中始终保持主动的态势、步步领先！

二、锦江区文化建设始终坚持“标杆意识”

勇当高飞燕，积极发挥文化示范效应和带动作用，在对文化艺术的卓越性追求中更好地服务于经济社会发展大局，使文化发展融入社会各领域各行业，从而成就了锦江的文化城区的使命。锦江区文化建设实践表明，文化特别是优秀的传统文化是一个城市的底色和灵魂，文化作为一种“活法”和“说法”，一定要契合大众的日常生活。文化就是要相互尊重，既要尊重传统老百姓的生活方式：听川戏、喝大碗茶、摆龙门阵、掏耳朵、吃小吃等，也要尊重现代时尚文化的流行和年轻人对美好生活的追求。正是在多元文化的融合积累中，文化融入了城区建设的方方面面，文化为处于城市转型和现代化进程中的大众安心、铸魂，成为老百姓的精神家园，在和谐城区建设中，从而成就了“文化锦江”的城市品牌。可见，搞好文化建设一定要对文化的内涵有充分理解，尊重文化及其表现形式的多样性和大众文化消费的多层次性的文化发展规律。提升到执政理念上，就如城区负责人所讲，作为主政一方的官员，要善待这片土地和土地上的居民，不要计较个人的升迁，全力协同推进地方的全面发展，而不能单兵突进和单向度推动，要为一个地方的百姓留下一些怀念和记忆。锦江的文化建设实践说明只有以文化的视野、心态和观念看待城市发展，社会才能和谐和有可持续性。锦江区地处西部地区，在经济发展上与一线城市的城区有差距，但在其他方面，应更好地以长补短，五个文明协同推进就是为了实现这一目标，只有统筹发展才能与其他先进城区对话、主动有为！正是基于对党的创新理论的深刻理解，锦江区成功践行“四个全面”战略，造福一方百姓。

三、锦江区以高度的文化自觉态度全力投入城区文化建设

在文化建设上，锦江区始终坚持以“四个全面”战略为主线，始终保持定力，持续地加大投入，一以贯之地使文化惠民落到实处。从打基础、利长远角度出发，不断推进公共文化服务体系建设，特别是文化基础设施的标准化、均等化建设，以及文化创意集聚和产业园区发展，从而夯实区域文化发展繁荣的根基。“四个全面”重大战略开辟了我们党治国理政的新境界，闪耀着集体智慧

的光芒，是党的创新理论与时俱进的新飞跃，也是推进“五个文明”建设的基本遵循。因而，在文化建设上，锦江区以全面建成小康社会的要求，夯实文化强区基础，努力推动全民文化小康；以全面深化改革为契机，进一步深化文化体制机制创新，激发文化创造活力；以全面依法治区的要求，促进文化建设法制化、规范化持续健康发展；以全面从严治党的要求，强化文化从严，勇担文化自强使命，致力推动文化大发展、大繁荣。

四、锦江区文化建设始终坚持“以人民为中心”的工作导向

锦江区文化建设始终高扬“人民性”的旗帜，使文化发展深入生活、扎根人民，顺应民众对文化形态、表现形式、存在方式以及内容方面的需求变化，始终把满足人民大众日益增长的精神文化需求作为文化建设的出发点和归宿点，确保先进文化永远与发展同步并不断焕发出新的时代魅力。锦江区的文化建设再次表明，文化建设是否坚持“人民性”立场至关重要。在社会主体、利益诉求多元化语境下，是否真正为人民利益工作，为普通百姓提供优质服务直接关乎文化的“人民性”问题，锦江区的文化实践使我们看到了锦江区对社会主义道路的探索，对党的理论和宗旨的深刻领会。“文化发展为了人民、文化发展依靠人民、文化发展成果由人民共享”，这是锦江区文化建设永恒不变的价值追求，锦江区把人民的利益高高举过头顶，把人民记在心中。坚持“以人为本”，准确把握群众所需、所盼、所想，牢牢把握人民文化为人民的着力点，真实反映群众心声、表达群众诉求、回应群众关切、顺应群众期待，有效激发群众文化自觉和创造热情，为文化建设注入更强劲的生机活力。锦江区矢志不渝地兑现保障群众基本文化权益的庄严承诺，使人民群众真正共享文化建设发展成果，共享文化改革红利。

第五节　锦江区文化建设进一步提升的方向

锦江区文化建设仍有不小的提升空间，为此锦江区明确提出着力培育“四种意识”、健全“一个体系”、建设“三个高地”，实施“十大行动”，推动锦江区文化建设在新常态下再上新台阶。

一、牢固树立“四种意识”，努力发挥全国文化先进区的示范引领和表率作用

1. 提升以文化建设引领意识形态的责任意识

文化是意识形态工作的重要内容，在弘扬主旋律、传播先进文化的过程中，必须注重强化责任意识，牢牢掌握领导权管理权、话语权，不断推动意识形态工作制度化、规范化，不断巩固党委统一领导、党政齐抓共管、宣传部门组织协调、有关部门分工负责、社会力量积极参与的“大宣传大文化”工作格局，最大限度压缩封建腐朽文化的传播空间。

2. 深化社会主义文化为人民的民本意识

认真贯彻习近平总书记在全国文艺工作座谈会上的讲话精神，坚持“三贴近”原则，围绕“接地气”下功夫，抓好角色转换，将宣传文化干部由领导者、组织者的角色逐步转变为服务者，尊重并发挥群众的主体作用。因势利导，大力支持民间文艺、大众歌舞、民间体育竞技、节庆活动等民间文化娱乐活动，着力打造锦江特色文化项目，增强基层群众文化的吸引力、感染力，寓教于乐，让群众参与并体验锦江民间文化魅力。

3. 增强在文化建设中守土尽责的阵地意识

坚持正确的文化建设导向，把基层文化建设作为弘扬核心价值、传播先进文化的主阵地，以更加完备的文化载体和丰富多彩文化活动，使宣传思想文化阵地纵横交错，融入广大群众生活中，营造良好的氛围，引领社会风尚，占领意识形态阵地和斗争堡垒。

4. 培育中心城区文化建设的标杆意识

以创先争优、勇争一流的标准，加强宣传文化机关自身建设，突出作风改进，培育宣传思想文化干部有守有为敢担当的意识，在“守土有责、守土负责、守土尽责”中力拔头筹。加强锦江区宣传文化阵地建设，大力开展“文化品牌培育发展专项行动”，充分发挥引领和示范作用，持续不断创造新业绩，努力走在全市前列。加强宣传文化队伍建设，积极开展人员培训、课题研究和调研等工作，推进媒体融合及学校共建发展。

二、健全完善“一个体系”，努力提升公共文化服务水平

1. 不断完善四级文化服务网络

围绕协调推进“四个全面”战略，按照构建现代公共文化服务体系的总体部署和全面深化改革发展的具体要求，以满足基层群众基本公共服务需求为重点，坚持以政府为主导、鼓励社会力量参与，积极完善区级—街道—社区—院落四级公共文化服务网络体系，大力开展“公共文化服务阵地建设标准化行动”，统筹推进公共文化服务标准化、基层综合性文化服务中心建设，努力提升公共文化服务效能，更好地保障广大群众基本文化权益，加快构建锦江区现代公共文化服务体系。

2. 抓好基层阵地建设

充分利用现有文化阵地资源，通过提升文化阵地配置水平、提升阵地文化特色和增强文化阵地服务实效等举措，以人性化服务的理念加强全区公共文化服务阵地的综合性建设。拓展服务项目，增强个性化需求的功能设置，最大限度地为群众多层次文化需求提供一站式服务。强化公共文化服务设施作用发挥，提升基层公共文化阵地服务水平。依托区文化中心一流的硬件条件，带动辐射街道、社区的公共文化活动场地、功能设施升级改造，促进公共文化服务整体提档升级。

3. 优化资源配置

充分尊重群众的参与权和表达权，探索建立“自下而上、以需定供”的服务方式，推动公共文化服务供给与人民群众文化需求有效对接。进一步发挥市场在文化资源配置中的积极作用，推进政府购买公共文化服务与培育社会组织相结合，规范和引导全区社会组织健康发展，逐步构建多层次、多方式的公共文化服务供给体系。

4. 升级公共文化服务品质

拓展丰富公共文化服务项目和内容，将读书看报、收听广播、观看影视、文体活动、文化鉴赏、公共教育等内容纳入政府保障的基本公共文化服务范围，作为政府保障群众公共文化权益的底线。将阵地服务与流动服务、数字服务有机结合，扩大公共文化服务覆盖范围，借助“一卡通”“通借通还”等手段，提高服务效能。探索开展“菜单式”“订单式”服务，从满足共性需求转到服务个

性需要，提升文化服务品质，充分保障群众各项文化权益。

三、打造“三个高地”，努力推动文化建设繁荣发展

1. 坚持旗帜与阵地共立，建设社会主义核心价值观精神高地

大力推进核心价值观建设“3554”工程，深化“践行社会主义核心价值观主题宣传行动”，推动基层宣传全投放全覆盖，举起社会主义核心价值观红旗。举办各类书法、绘画、公益广告、摄影、微电影大赛，创作并投放一批主题话剧、歌舞、歌曲，使社会主义核心价值观看得见、摸得着、离得近，潜移默化植入干部群众的生产生活。继续打造一批主题街区、主题公园和校园文化示范学校，建立社会主义核心价值观辐射源头。将社会主义核心价值观融入文明细胞阵地创建，融入文明交通、文明餐桌、依法治区、环境治理等行动，使人们在实践中深化对核心价值观的理解和认同。扎实开展“锦江榜样”人物评选及宣传行动、“诚信锦江”建设专项行动、“美德少年”“学雷锋”、国学经典诵读等特色主题文化活动，在弘扬社会主义核心价值观中不断提升群众精神品位。用好胡延碧等道德模范鲜活教材，营造崇敬模范，推崇榜样，学习典型的良好风尚，实现正能量的高效传播。

2. 坚持创作与惠民合一，建设文化艺术精品创作高地

以“回归人民文艺”为中心，引导文艺工作坚持正确方向，持续开展“锦江情·中国梦”精品文化创作、“锦江文化创新大讲堂”等文化惠民主题活动，践行文艺服务中心、服务人民、服务社会的宗旨。加强文艺评论队伍建设和文艺阅评制度建设，褒优贬劣，激浊扬清，坚决抵制低俗、恶俗、媚俗文艺作品。以“深化文艺创新”为引领，繁荣文艺精品创作，鼓励文化干部、艺术馆团和文艺工作者深入基层，扎根人民，立足全面深化改革波澜壮阔的生动实践，不断推出传承优秀文明、区域文化特色浓厚、与时代同步发展、经济效益与社会效益俱佳的优秀原创文艺精品。加快出台《锦江区民办艺术机构建设扶持办法》，搭建民间优秀文艺作品展示平台，强化文艺精品创作汇聚的浓厚氛围和硬件条件。以纪念抗日战争胜利70周年主题活动与承办第十三届中国合唱节为契机，加强对外文化交流，以文艺的力量推动“文化锦江”走向全国、走向世界。以“品德技艺兼修”为目标，抓好文艺人才培养，建立人才引进“绿色通道”，建好书法家、摄影家、美术家等人才库。壮大基层文艺志愿者队伍，扎实开展

“文艺名家结对子种文化专项行动”，大力开展戏剧、曲艺、书画、舞蹈等“送文化”“种文化”活动。加快推进锦江画院、锦江书院建设，大力开展“百名艺术工作者进社区”活动。加强文化干部、文艺馆团、文化类社会组织管理和培育，实现“懂文艺的人管文艺”。

3. 坚持创新与融合并举，建设文化创意产业发展高地

建立“一园多点、以楼立园、政企互动”的产业发展模式，着力健全和完善产业链，推动城市功能转型和产城融合，实现产业升级、集群集约发展，塑造一批在国际国内有重大影响力的文化创意品牌。积极培育文化产业“航空母舰”，加快三圣花乡原创艺术聚集区、塔子山当代艺术馆群落、狮子山艺术坡地艺术区、天涯移动互联智慧村、新媒体基地、书法创意产业园、校地协同创新中心、川师大校园产业发展经济带等新载体项目建设，丰富文化产业发展极核，促进文化创意与科技、金融、旅游和互联网深度融合。瞄准产业重点领域，锁定目标企业招大引强。加强与高校合作，深入开展“文化创意产业高端人才引进行动”，大力培养后备人才。

第八章　夯实文化旅游产业发展基础　讲好玉溪故事

——关于云南玉溪发展文化旅游产业的思考和建议

云南省玉溪市有着独特的自然景观和良好的生态环境，以及世界性价值的文化多样性样本与多民族、民间文化的原生态资源，这些丰富性的存在样态越来越成为现代人和艺术家寻梦的后现代生态家园，成为当代中国人的精神信仰之地与多民族的心灵栖息地，这些具独特禀赋的自然资源和丰富多样的民族文化积淀使其具备了打造全域旅游目的地，塑造特色小镇典范项目的条件。正是基于对自身基础的充分认知和文化自信，玉溪市委市政府把文化旅游产业作为支柱产业来培育，是非常有眼光和远见的，而且高起点规划、举措得当，完全有可能把玉溪建成全国知名旅游目的地，使玉溪成为旅游大市、旅游强市。

在调研中我们发现，尽管玉溪旅游资源丰富、文化积累深厚、民族文艺演艺有一定的市场基础，但玉溪的文化旅游产业在发展中存在认识不到位、影响力不够、项目推进缓慢、规划衔接不够、体制机制不活等问题，导致玉溪文化旅游产业规模较小、产业发展形态比较初级、产业链条较短、产品附加值不高，文化与经济（旅游、农业、装备制造业、高科技等）、教育，以及民众的日常生活的融合得不够深入；其文化旅游产业群中的主导产业带动性不强、文化旅游品牌缺失，品牌溢出效应不明显。面对全国日益高涨的文化旅游热和大众消费结构的升级，玉溪因其资源粗放式开发造成有效供给不足，对外来游客的消费吸纳力不强，文化旅游产业对经济贡献率不高，特色文化旅游产业开发不足，经济发展的引擎作用不明显。据资料显示，玉溪作为旅游资源大市，尚未成为旅游目的地：游客平均停留天数仅为1.76天，全省倒数第一。经验表明，要想留得住游客就要有足够吸引力的产品（服务），可消费的文化内容体验，以及旅游产品品位的提升。尽管如此，我们注意到玉溪的文化旅游产业在经济增速放缓的背景下逆势上扬，市委市政府在三年行动计划中提出力争使文化旅游产业增加值占全市GDP比重达到10%以上。这不仅意味着它是国民经济的支柱产业，有利于增强城市经济实力；还意味着城市综合实力尤其是软实力的提升，是城市美誉度的提高和魅力形象的建构，是城市综合性效益和多维度价值的体现，表征着它将成为区域性文化发展中心和价值传播高地。

实现目标的关键在于找准文化旅游产业发展的坐标系并理清思路。真正培育契合玉溪资源禀赋特点和民族文化气质的支柱性主导产业类型，率先实现产业突破，发挥文化旅游产业的溢出效应使玉溪成为区域性中心城市，成为云南省面向南亚、东南亚的文化生产中心、文化传播中心，并以其实力形成与昆明、丽江成鼎足之势的区域性中国文化发展高地。为此，我们应着力关注玉溪在发展全域旅游中适合什么模式，在推动乡村旅游发展中如何与美丽乡村建设相结合，在打造旅游小镇中如何凸显地方和民族文化特色，如何以文化创意盘活丰富的文化资源和提升休闲旅游的文化品质与品位，如何在城乡一体化的现代化进程中增强文化自信。

第一节　对时代语境的深刻理解

问题是时代的声音，只有深刻理解时代语境才能把握核心问题。当前中国经济发展进入新常态下，随着居民消费结构的升级，文化旅游产业成为经济发展的新动能、新引擎。为契合时代语境的变化以及推动居民消费结构升级，国家先后出台多项政策来拉动社会消费，不断满足大众的消费需求。如《国务院关于促进旅游业改革发展的若干意见》《国务院办公厅关于进一步促进旅游投资和消费的若干意见》《国务院办公厅关于推进农村一二三产业融合发展的指导意见》、农业部等14部门联合下发《关于大力发展休闲农业的指导意见》、文化部与财政部联合发布《关于推动特色文化产业发展的指导意见》，其中特色文化产业是指依托各地独特的文化资源，通过创意转化、科技提升和市场运作，提供具有鲜明区域特点和民族特色的文化产品和服务的产业形态。通过加强创意设计，打破行业和地区壁垒，促进特色文化资源与现代消费需求有效对接，加快特色文化产业与旅游等相关产业融合发展，提升产品品质，丰富产品形态，延伸产业链条，拓展特色文化产业发展空间。鼓励各地发展工艺品、演艺娱乐、文化旅游、特色节庆、特色展览等特色文化产业。由此推动旅游业升级及与文化创意融合，使大旅游的概念呼之欲出。在政策引导下，大众旅游、休闲旅游、文化创意产业发展成为社会关注热点，人们越来越认识到，文化旅游产业已成为地方经济发展中稳增长、调结构、促就业、减贫困、惠民生的重要方式，也是推动供给侧结构性改革、拉动内需的重要路径。

从全球来看，在经济扑朔迷离的背景下，旅游业仍保持远高于其他产业发展速度的增长势头。据联合国世界旅游组织预测，到2020年，全球旅游市场将达到16亿人次规模，保持年均3.8%的增长速度。2014年，全球旅游产值GDP占比高达3.1%，中国提出在2020年超过5%，将成为世界第一大客源国。从全国来看，党中央、国务院高度重视旅游产业在调结构、扩内需、稳增长中的重要作用。习近平总书记指出:“旅游业是综合性产业，是拉动经济发展的重要动力。”随着国家“一带一路”、长江经济带和孟中印缅经济走廊建设等重大战略的推进，中国旅游产业迎来重大发展机遇。近年来，中国旅游增长率超过12%，远超过GDP增速。全国31个省、直辖市和自治区均把旅游业作为支柱产业来培育，并作为加强供给侧结构性改革、增强经济竞争力、拉动经济发展、促进就业、改善民生的重要举措。在经济社会发展中，旅游业有极强的带动效应。旅游业每创造1元收入，可以间接创造7元钱的社会财富；旅游业每直接增加1个就业岗位，可间接带动7个人就业。旅游业可以带动建筑、通信、住宿、娱乐、文化艺术、餐饮等30多个行业发展。因而被很多国家视为国民经济战略性支柱产业。旅游+餐饮——体验文化游，旅游+农业创新旅游业态，旅游+制造业（工业遗产）形成城乡互动的文明提升等，充分显现了文化旅游业的跨界融合特性。各行各业都在为旅游业提供内容，旅游业是实现产业跨界融合的最佳载体。

随着国民消费与出行能力的迅速提升，契合国内旅游市场变化，即从观光游到深度体验游、文化休闲游、健康养生游等，散客自由行已成为主导旅游形式，人们对旅游的期待不断提高，大众越来越追求旅游的质量和品位，旅游的目的多是为了体验当地的文化和生活方式。有数据显示，2015年40亿人次的国内游人群中，自由行人群占比80%，达到32亿人次。在散客时代，全域旅游成为旅游发展的趋势，原本不是旅游景区景点的地方正变成新的旅游目的地，无景点的全域旅游成为常态性选择。在此背景下，国内旅游市场面临旅游资源的有效供给不足难题，为满足需求国家旅游局提出全域旅游战略，使非著名景点景区迎来发展机遇。因此，全域旅游概念受到各地政府的高度重视和积极践行。时任文化和旅游部副部长李金早指出：全域旅游是空间全景化的系统旅游，是跳出传统旅游谋划现代旅游、跳出小旅游谋划大旅游。拆除景点景区管理围墙，实现多规合一，推进公共服务一体化，旅游监管全覆盖，实现产品营销与目的地推广的有效结合。对于产业发展来讲，全域旅游战略对旅游目的地的基础设施和公共服务，如道路交通、餐饮供给、信息通信等带来全方位的考验，以景区为核心的"以点带面"的发展模式，正转向"以面带点"的发展模式。契合这种发展趋势，玉溪可以利用抚仙湖的自然资源及其良好生态环境，匹配于高起点规划的现代休闲娱乐设施，做到既吸引人又能留住人，还能把具有独特内涵和意味的产品与服务形式带走，在更广泛的时空中传播玉溪的声誉。关键是在发展理念上要有产业思维和形成产业化运作的能力，推动旅游产业提质增效、旅游产品转型升级，增强其辐射带动作用，从门票经济转向创意经济，使旅游地的民众和游客都受益。作为生态保护与旅游开发的统一，做到宜居和宜游兼顾，使居民和游客利益共享，使当地人和外来人和谐共处，改善行者和居者的关系，在保障游客享受高品质旅游服务的同时，兼顾改善旅游目的的宜居环境。

当前，全域旅游在全国蓬勃开展，大致有五种典型发展模式：

一是龙头景区带动型。依托龙头景区作为吸引核和动力源，按照发展全域旅游的要求，围绕龙头景区部署基础设施和公共服务设施，配置旅游产品和景区，调整各部门服务旅游、优化环境的职责，形成"综合产业综合抓"的工作机制，推进"景城一体化发展"。以龙头景区带动地方旅游业一体化发展，以龙头景区推动旅游业与相关产业融合，以龙头景区带动地方经济社会发展。其典型代表有湖南张家界、四川都江堰。

二是城市全域辐射型。以城市旅游目的地为主体，依托旅游城市知名旅游品牌、优质的旅游产品、便利的旅游交通、完善的配套服务，以都市旅游辐射带动全域旅游，推动旅游规划、城乡规划、土地利用规划、环境保护规划等"多规合一"；促进城乡旅游互动和城乡一体化发展，形成城乡互补、优势互动的城乡旅游大市场。按照"旅游引领、融合发展、共建共享、提升价值"的思路，以旅游来引领新型城镇化。其典型代表有辽宁大连、福建厦门。

三是全域景区发展型。把整个区域看作一个大景区来规划、建设、管理和营销。按照全地域覆盖、全资源整合、全领域互动、全社会参与的原则，深入开展全域旅游建设，推进旅游城镇、旅游村落、风景庭院、风景园区、风景厂矿、风景道等建设，实现“处处是景、时时见景”的城乡旅游风貌。其典型代表有浙江桐庐、河南栾川、宁夏中卫。

四是特色资源驱动型。以区域内普遍存在的高品质自然及人文旅游资源为基础，推动自然资源与民族文化资源相结合，与大众健康、文化、科技、体育等相关产业共生共荣，谋划一批健康养生、避暑休闲、度假疗养、山地体育、汽车露营等旅游新业态，带动区域旅游业发展，形成特色旅游目的地。其典型代表有重庆武隆、云南抚仙湖、贵州花溪。

五是产业深度融合型。以“旅游+”和“+旅游”为途径，大力推进旅游业与一二三产业的融合，以及与文化、商贸、科教、体育、宗教、养生、教育、科研等行业的深度融合，规划开发一批文化休闲、生态观光、商务会展、休闲度假、乡村旅游等跨界产品，推动全域旅游要素深度整合，进一步提升区域旅游业整体实力和竞争力。其典型代表有南京江宁、北京昌平。

全域旅游的本质是文化休闲，尤其是对传统文化的体验和熏染，而传统文化的根在乡村，积淀在深厚的乡村文明中，体现在古老村落和一些乡村文化、民俗仪式的体验中。发展乡村旅游，把农村生态资源和农村特色文化融入乡村旅游，既能拓展农业多元功能，丰富农业发展类型，推动农旅相结合，延长农业产业链，提高农产品的附加值，促进资金、技术、人才、信息等资源流向农村，带动一二三产业融合发展，有效拓宽农民创业就业渠道，促进农民收入持续增长；又能更好地发挥贫困乡村的旅游资源优势，依托区位条件和市场基础，开发特色乡村旅游产品——休闲观光农业、农事体验项目、节庆花卉活动、开发乡村土特产品，构建旅游产业体系，开拓农产品流通渠道，扩展旅游消费市场，增加就业岗位，引导贫困乡村从低附加值的农业转变为中高附加值的服务业，带动当地贫困群众就地参与旅游经营服务，实现脱贫致富，推动当地经济发展，提高乡村发展的竞争力。在一些旅游业比较发达和成熟的地区，乡村旅游和新农村建设深度互动，已形成“生态+文化”“景区+农家（民宿）”“农庄+游购”等模式。其中特色小镇建设是加快产业转型升级新载体，成为推进项目建设、拉动有效投资的新引擎，成为推进供给侧结构性改革的新实践。全域旅游的发展旨在突破观光旅游的局限性，克服“门票经济”的发展困境。游客对旅游质量改善的渴望，会促使其去了解建筑背后的故事、会到当地做家访、会参加当地的节庆，体验民族特色文化等。因此，文化及其创意成为提升旅游品质的突破点。对文化而言，旅游是其商业化、活性化的最佳载体，对旅游而言，文化是其产业升级、提升客户体验的核心路径。盘活当地的文化资源特别是可以转化为产品的手工艺，不仅能让游客感受古老的传统工艺和文化，更能在动手体验中带动旅游商品和纪念品的销售。在旅行中，真正感染人的部分，是每个不同的地方对自己传统的珍视，同时，这种传统在当下的生活中依然保持着生命力。旅游本质上是一种精神消费，只有文化的深度介入，在旅游领域的深度渗透，激活传统文化，才能让旅游带给消费者更丰富的体验，这是当下旅游业转型破题的关键。

云南省委省政府高度重视旅游业发展。2016年4月，以“全域旅游”为主题的全省旅游产业发展推进会议在景洪市召开，会议印发《云南省旅游产业转型升级三年（2016—2018年）行动计划》和《云南省旅游产业转型升级三年（2016—2018年）行动计划重大建设项目表和全域旅游创建项目名录》，全省16个州市无一例外地把旅游产业列为本州市的支柱产业或主导产业，全省旅游业发展呈现千帆竞发、百舸争流的态势。基于此，玉溪市政府提出《玉溪市旅游产业转型升级三年（2016—2018年）行动计划》，精心打造“抚仙湖、帽天山、花腰傣”3张名片，精准营销“玉溪好在，旅所当然”旅游目的地形象。提出“十三五”期间，把文化旅游产业建设成为玉溪产业实力强、发展贡献大的重要支柱产业，全力把玉溪打造成国内知名的休闲度假旅游目的地。

第二节　玉溪的区位优势与文化旅游资源

玉溪地处滇中，东接红河，南连普洱，西邻楚雄，北靠昆明，中心城区距昆明88千米，是云南距省会最近的地级市。1998年经国务院批准撤地设市，全市下辖红塔区、江川区、通海县、澄江县、华宁县、易门县、峨山彝族自治县、新平彝族傣族自治县、元江哈尼族彝族傣族自治县。昆玉铁路、泛亚铁路、昆曼国际高速公路横贯其间，是通往东南亚、南亚的重要交通枢纽。辖区总面积

1.5万平方千米，总人口235.1万，居住着汉、彝、哈尼、傣、回、苗等20多种民族，少数民族人口占总人口的34.2%。玉溪的基本市情可以概括为“一地四乡、三大湖泊、四大文化、五大战略、六大名山、七大优势”。

一地四乡。它是生命起源地。澄江县帽天山发现的5.3亿年前的古生物化石，为人类揭开了生命之源的破天之谜。2012年7月，澄江化石地被列入世界自然遗产名录，成为中国唯一、世界少有的化石类世界自然遗产。它是聂耳故乡。人民音乐家聂耳1935年创作的《义勇军进行曲》成为中华人民共和国国歌，激励着中华民族奋勇前进。它是云烟之乡。玉溪凭借着丰富的生物资源和较高的农耕水平，建设成为了世界一流优质烟叶的生产基地。它是花灯之乡。花灯原是明代江南军民移居玉溪后形成的一种主要的地方剧种，在20世纪初，一批花灯艺人从滇戏等其他剧种中吸取养分，在原有基础上创作出一大批新花灯剧目，从而把老花灯由乡间的团场歌舞推向舞台并戏剧化，在全省推广普及，使玉溪花灯成为云南花灯的代表。它是高原水乡。云南九大高原湖泊，玉溪就占了三个：抚仙湖、星云湖和杞麓湖连片成群，犹如云贵高原上一串晶莹璀璨的明珠，放射出异彩霞光。

三大湖泊。抚仙湖横跨澄江、江川、华宁三县，是中国最大的深水型淡水湖泊、最大的I类淡水生态大湖，蓄水量206亿立方米，是滇池的12倍、洱海的6倍，是全球少有的I类水质湖泊，水资源总量占全国湖泊淡水资源总量的9.16%，占全国淡水湖泊Ⅱ类以上水资源的50%以上，占全国淡水湖泊I类水的90%，几乎超过了东北平原地区淡水量的总和。保护好抚仙湖，相当于为全国13亿人每人储备了15吨优质淡水资源。星云湖在江川区境内，湖面面积34平方千米，平均水深7米，容量1.84亿立方米。杞麓湖在通海县境内，湖面面积36.4平方千米，平均水深4米，容量1.82亿立方米。“三大高原湖泊”是玉溪最宝贵的财富，是珠江源头上最大的淡水湖群。

四大文化。一是古生物化石文化。帽天山古生物化石群文化涵盖了16个门类、200余个物种，揭示了寒武纪地球生物的演化史，被称为“20世纪最惊人科学发现之一”。二是古滇文化。抚仙湖千百年来守护着的一座在地平面消失的古城秘密，以致两次水下探秘，也未能揭开水下古城神秘的面纱；江川李家山古墓群出土的以“牛虎铜案”为代表的青铜器，缔造了悠久神秘的古滇文化。三是烟草文化。以红塔品牌为支撑、“山高人为峰”的红塔人精神为理念，打造了勇为人先、敢于担当的“代表中国烟草最高科技水平”的现代烟草文化。四是民族民间文化。被誉为戏剧活化石的澄江“关索戏”，云南著名地方剧种玉溪滇剧和花灯、通海高台、妙善学女子洞经古乐、元江哈尼棕扇舞等被列入国家非物质文化遗产保护名录，构成了丰富多彩的民族民间文化。

六大名山。秀山、红塔山、帽天山、孤山、哀牢山、磨盘山。秀山在通海县城，海拔2060米，山中千峰含翠、万树如云、浓荫蔽日、芳草如烟，有寺观庙宇、楼台亭阁100多座，有历代名人题写的匾额、楹联200副，几乎无额不匾、无楣不联、无壁不书，故有“匾山联海”和“山林诗苑”之称。宋柏、元杉、明玉兰，被誉为秀山“三绝”。红塔山因塔而得名。“红塔”原为白塔，高25.9米，属七级八角实心密檐塔，始建于元代，距今已有600余年。1957年，玉溪烟叶复烤厂竣工投产。1959年，为庆祝中华人民共和国成立10周年，玉溪地委、行署决定将白塔刷为红塔。同年，“红塔山”牌香烟应运而生，一个全国知名烟草品牌的历史从此迈出第一步。

七大优势。一是发展基础较为扎实。经过多年积累，玉溪烟草、矿冶支柱地位得到进一步巩固，装备制造、生物医药等战略性新兴产业发展势头强劲，产业培育势头可喜，结构不断调整优化，经济实力进一步增强。二是区位优势十分明显。玉溪位于滇中腹地，东北和北面接昆明市，东南和南面与红河州相邻，西南和西面连普洱市，西北靠楚雄州，昆玉铁路、泛亚铁路东线和中线、昆曼国际高速公路连接省外和南亚、东南亚，对内可直通广西西部和北部湾，对外可辐射越南、老挝、缅甸等东南亚国家，是云南桥头堡建设的重要枢纽，既是发达地区产业转移的理想终端，又是国内向东南亚、南亚拓展市场的理想起点。三是矿产资源相对丰富。玉溪的矿产资源有铁、铜、镍、磷等，潜在经济价值达4000亿元以上。铁矿资源储量7.2亿吨，居云南省首位；镍矿储量53万金属吨，为全国第二大镍矿；铜矿储量300万金属吨，是云南重要的产铜地区；磷矿石储量15.4亿吨，列全省第二位。四是基础设施全省领先。全市交通、水利、电力、通信、市政道路等基础设施较为完善，公路密度超过全省平均水平，已建成以高速公路为骨架、中心城区至各县、重要旅游区的高等级公路网；昆曼、昆河高速公路，泛亚铁路东线、中线在此交会，通达能力大幅度提高，人流、物流畅达。全市城镇建成区面积84.2平方千米，中心城区建成区面积30平方千米。信息基础设施建设在全省处于领先水平，输变电网络日臻完善。五是产业体系较为完备。坚持以生态建设为切入点调整产业结构，巩固了以粮烟菜为主、多样性经济并举的一产业基础；二产业形成了以卷烟、矿电为主的轻重工业并举的产业群体；三产业以太阳山、棋盘山、红塔生态公园等为骨干的中高端休闲旅游产业正在兴起。初步形成了以卷烟及配套、矿冶电力、建筑建材、装备制造、生物医药、旅游文化、新能源新材料、食品加工为主的产业集聚格局。六是生态环境保护良好。玉溪不仅看重增长速度，更看重生态效益。坚持把绿色发展作为立市之本、兴市之基、强市之源，在发展与生态之间寻求平衡，把生态环境保护作为发展的硬约束，尽可能选择对生态环境影响最小的发展，力争让绿色产出、绿色能源、绿色消费成为玉溪对全省最大的贡献。七是文化旅游资源富集。境内神秘的帽天山古生物文化、悠久的古滇文化、自然天成的高原水乡文化和哀牢山—红河谷民族风情文化交相辉映。以“牛虎铜案”为代表的青铜文化，以新平磨盘山、易门龙泉国家级森林公园、哀牢山原始森林、哈尼梯田等组成的山水田园文化和代表中国烟草最高科技水平的现代工业文化各具特色。聂耳品牌蜚声国内，是玉溪的一张文化名片。玉溪孕育了第一个走出红土高原的政治家李恢，建立大理国的段思平，勇开新风的铁面御史陈表，最早提出《台湾善后疏》、解决台湾问题的赵世麟等；现代有唐淮源、李鸿祥、罗金佩、谢汝翼、金汉鼎、范石生等辛亥革命崛起的将军群，云南白药创始人曲焕章，《资本论》第一个译校者和郑码创始人郑易里，把《一千零一夜》带进中国人梦乡的纳训，中国阿拉伯语泰斗纳忠，驾机投掷第一颗氢弹的杨国祥等，永远彪炳史册。

玉溪在云南属于经济比较发达地区，区位交通优势明显，辖区自然资源禀赋较好，文化资源积淀丰富，文化形态多样性明显，特别是民族风情文化产品开发有一定市场基础。基于此，玉溪市委市政府提出落实昆玉红旅游文化产业经济带总体规划纲要，推进全域旅游深度发展，整体提升全市旅游业品质和效益。做强中心城市文化休闲旅游核心区，打造城市休闲、商务会展、文艺游乐、饮食购物等产品集群；做优东部“三湖”高原湖泊休闲度假旅游区，联动“三湖生态城市群”发展，打造休闲度假、科考研学、文化探寻、康体运动等产品集群；做特西部哀牢山—红河谷民族文化旅游区，打造民族文化体验、农庄休闲、山野探险、营地帐篷、养生度假、花果购赏等产品集群。发展全市乡村旅游，借力“百村示范，千村整治”，打造特色镇村、古村游访、民俗体验、民俗客栈等产品集群。着力推进红塔区、江川区、通海县、澄江县、新平县、元江县等旅游强县建设，创建抚仙湖国家级旅游度假区，把玉溪建设成为高端休闲旅游度假区。启动三湖休闲度假旅游环线、哀牢山—红河谷生态民族文化旅游环线和易（门）—红（塔区）—华（宁）特色旅游联结线旅游要素的配套建设，完善以游客服务中心、旅游公共标识、景观休憩站、旅游厕所、自驾车营地为重点的旅游基础设施，把3条旅游线路建成在云南具有影响力的旅游精品线路。确保到2018年，实现接待游客达2700万人次，旅游业总收入达195亿元；到2020年，实现接待游客达3000万人次，旅游业总收入达260亿元。旅游业增加值占全市GDP比重达5%以上，文化产业增加值占全市GDP比重达5%以上，文化旅游产业增加值占全市GDP比重达10%以上。从基础条件来看，玉溪旅游有资源、有条件、有市场，有相当一部分旅游资源禀赋很高，产业发展基础坚实，完全能够融入全省旅游蓬勃发展的大潮，实现旅游产业的大发展、大跨越。

第三节　在尊重规律中寻求产业发展的突破点

21世纪以来，经济的高速发展使中国逐渐步入消费社会和体验经济时代。体验经济的价值点是为消费者创造经验和回忆，使消费者拥有独特的心理感受。就此而言，只要有一定的经济水平和消费市场基础，各行各业都可以晋级体验经济，而乡村旅游和农业文明更有其潜在的优势，全域旅游某种程度上就是创意经济的体现。乡村节庆和打造特色小镇是发展全域旅游的重要抓手。特色小镇是独特的精神、产业和文化的融合，它必须有一定的经济基础、产业支撑和特色文化资源，尤其要有一定的市场经济条件下的市场意识和消费市场基础，有现代化的商品意识、市场意识、人才储备和某一产业的研发能力，以及一定的工业体系支撑及其较完备的金融（投融资平台）体系。特色小镇本质上是通过市场化发展已经或逐渐消灭了城乡差别（生活设施和公共服务设施的现代化、便利化）的地区，凸显业已形成的特色产业与人文生活的结合，促使经济生活向扁平化发展。建设特色小镇要立足自身特色和资源优势，秉持“绿水青山就是金山银山”的发展理念，将产业、文化、旅游、社区功能一体化，生产、生活、生态相融合，在综合发展中提升居民的幸福感。发展乡村旅游，要着重挖掘农业文明，注重参与体验，突出文化特色，在文化创意引领下形成集农业生产、农耕体验、文化娱乐、教育展示、水族观赏、休闲垂钓、产品加工销售于一体的休闲农业点（村、园），打造生产标准化、经营集约化、服务规范化、功能多样化的休闲农业产业带和产业群。在乡村旅游和特色小镇打造中，要鼓励各地大力发展休闲度假、旅游观光、养生养老、创意农业、农耕体验、乡村手工艺等，促进休闲农业的多样化、个性化发展；鼓励各地建立农业主题公园、农业嘉年华、摄影基地、渔人码头、运动垂钓基地等，提高产业融合的综合效益。

就自身优势而言，玉溪早就以“红塔集团”闻名国内外，在国内有较高的知名度。在当下的创业氛围中有一种“褚时健精神”及其载体“褚橙庄园”在广泛传播，这为知名文化品牌塑造提供了基础，玉溪做强文化旅游产业的关键是讲好故事。讲一个好故事的核心是提炼生活方式与价值观，以故事吸引人流、传播价值观、售卖物流，使资源、资金和技术流动起来，使农民增收、产业致富、城市提升美誉度。在这方面，玉溪有着深厚的文化创意和乡村文明积累，如嘎洒小镇、哀牢小镇、桔荔庄园、褚橙庄园等，其中特行果业的订单农业、精细化管理，以及励志橙等都在丰富着乡村游的文化内涵。面对拥有优质水资源和良好生态的抚仙湖和帽天山的寒武纪生命起源之谜，如何以特色文化资源开发和生态环境保护讲好生命之谜的故事；面对丰富多彩、摇曳多姿的民族风情文化资源，及其“红塔精神”载体的工业遗产的创意开发和完备的工业体系支撑，如何讲好人文与科技相融合的体验经济的故事。其首要前提是找准问题的症结点，其次是明白何谓文化及旅游产业、文化创意产业的发展规律。

首先，明晰问题的症结点。一是旅游产品有效供给不足。严格意义上，没有落后的产业，只有落后的产品。玉溪游客接待规模居全省第4位，但旅游总收入仅排名全省第8位，这一现象说明其旅游产品及服务的消费明显偏低。从旅游产品结构来看，其休闲度假旅游市场规模扩大迅速，但产品品质、产业效益却处于粗放式发展阶段。主要以一般性低端旅游产品为主，高端旅游产品供给不足，“吃住行勉强可以，游购娱基本不行”。从休闲度假产品供给来看，除了抚仙湖边的悦椿、希尔顿和红塔区的映月潭外，真正叫得响、拿得出的休闲度假旅游产品很少，且有明显的淡旺季之分，这表明休闲产品不丰富。以抚仙湖周边夏季避暑度假旅游市场为例，一方面大量省内外游客蜂拥而至，一方面却无法向游客提供有品质的产品与服务，导致旅游产品有效供给不足、消费链条短，又有白色垃圾污染。从2015年全省抽样调查统计数据来看，游客在玉溪的平均停留天数仅为1.76天，全省倒数第一；过夜旅游者人均消费486元，仅是昆明、大理、丽江、西双版纳等旅游热点地区的一半左右，位于全省倒数第四。二是旅游景区建设滞后。缺乏战略投资者的高端规划和资本进入，景区建设已成为发展全域旅游的瓶颈。在昆玉红旅游文化产业经济带上，昆明有石林、世博园、轿子雪山、官渡古镇、安宁温泉等一大批品牌旅游景区；红河州近年打造出了元阳梯田、建水古城、湖泉生态园、河口边境游等一批知名旅游景区；而玉溪虽然享有“一地四乡”的美誉，旅游资源丰富且组合优良，却没能打造出足够多的拳头品牌旅游景区。2015年，红河州接待海外旅游者23.15万人次，是玉溪的45倍；接待国内旅游者2563.99万人次，是玉溪的1.11倍；旅游业总收入191.63亿元，是玉溪的1.52倍。昆明市2015年接待海外旅游者114.49万人次，是玉溪的222倍；接待国内旅游者6796.91万人次，是玉溪的2.94倍；旅游业总收入723.46亿元，是玉溪的5.72倍。三是产品提质增效缓慢。消费社会是拼产品质量和文化品位的时代，提质增效是文化旅游产业发展的核心。20世纪90年代，华宁的象鼻温泉、峨山的小街温泉、云南四大名山之一的通海秀山等景区景点在省内赫赫有名，游客络绎不绝，但近年来随着接待设施老化、经营服务理念落后、产品升级换代停滞不前，可谓门前冷落鞍马稀，传统优势已丧失殆尽。尽管抚仙湖自然资源品质比洱海优越，但因景区设施粗放、品质不高，导致洱海边上的客栈旺季房价甚至超过五星级的悦椿酒店房价。四是旅游重大项目建设推进不力。大项目带动作用是发展全域旅游的关键。2015年底，玉溪纳入省市统计的26个旅游重大项目累计完成投资仅141亿元，规划投资完成率不到15%，全部完成规划投资建设内容并投入运营的只有湖畔圣水1个。五是旅游市场秩序和安全工作存在较大隐患。在一些旅游景区“统一领导、各司其职、统筹协调、属地管理”的市场监管要求还没很好落实，市场乱象、安全问题在部分景区较为突出。2015年10月5日在禄冲发生“打架”事件、连续几次在孤山风景区发生游船遇险事件等，不仅对当事人双方造成伤害，还严重损害了玉溪的对外形象和声誉。

其次，要明白文化及其创意产业和文化旅游产业发展规律，进一步解放思想、转变思维、更新观念。文化规律主要表现为尊重文化及其艺术表现方式的多样性以及大众文化消费的多层次性。

第一，文化的显现方式是多样性的、差异化的；文化是一种生活方式，其核心是价值观，文化是共享的；文化是一种说法和活法的统一，它扎根于我们的地域、民族和日常生活，它就是我们日常生活的举手投足，明白这些是讲好玉溪故事的基础。

第二，文化产业、文化旅游产业是消费社会（后工业社会、信息社会——社会化生产）的产物。从中国的发展现实来看，这种自上而下的推动发展存在与国际社会的“错位”，它原本既与现代服务业关系密切，也离不开现代工业（信息业）的支撑，作为对文化资源、旅游资源配置的最有效方式，它越来越与文化、教育、旅游、科技、生态、信息等相交融，它在实践中是一个“产业群”的概念；同时，要关注文化产业与文化事业的关系——相互促进、相互支撑，产业为事业提供经济基础，事业为产业提供创造力和人才支撑；文化产业的发展归根结底是文化的发展，文化旅游产业的发展是大众生活品质的提升、生活环境的改善，文化高地也是价值传播高地。在“十三五”规划中，文化产业被视为新兴战略性支柱产业，它将在自身的提质增效中进一步发挥经济社会发展的引擎功能。

第三，文化资源的唯一性不等于文化资源的普遍认可度、影响力和传播效应。如“花腰傣”独特内涵的现代阐发与丰富内涵的提升，以及本地哈尼族、彝族文化内涵的发掘等，要有普遍性和现代意义才会生成广泛的感召力，这要求处理好差异性、唯一性与普遍性的关系。

资源的拥有可以是独占的，但文化资源的使用却有非独占性和非排他性。所谓的“两种资源、两个市场”在全球化日益深入的语境下越来越呈现为“一种资源、一个市场”，如好莱坞对“花木兰”“中国功夫”的配置等。原生态的文化是无法保护的，只有形成产品和服务即拥有了版权才能受到法律的保护。

资源不等于生产力，文化资源必须经由现代产业转换，市场化运作，尤其是必须进行适合当代消费者需求的整合营销，才能真正转化为生产力。

资源转化的核心是创意。传统型文化产业对资源的依赖度高，其提升路径是增加创意的含量，尤其是数字技术支持下的创意转化和创意改造，才能适应当代特别是85后、90后等消费主力的需求。要明白什么是有效文化消费，没有落后的产业，只有落后的产品（服务），通过发展创意文化产业，着重提升文化旅游的品质和内涵。

文化产业是先进生产力的表征。在产业成熟的状态下，文化艺术的溢出效应非常明显，要充分发挥文化产业的巨大的“长尾经济”效益，文化品牌对农产品、土特产品、服饰、饮食等具有极强的带动效应。如美国的百老汇之于纽约市的溢出效应——美国百老汇每投入1美元，就能带来4.3倍的附加值。这4.3倍附加值包括了游客的其他连带消费和随机消费，以及食宿交通、购买纪念品、服装饰品等衍生品的消费；再如韩国文化产业的溢出效应：2012年，韩国进出口银行海外经济研究所发表的“韩流出口影响分析与金融支援方案”表明，韩国文化产业出口每增加100美元，就能使韩国商品出口增加412美元。伴随韩剧等文化产品席卷全球，各国对韩国产品的好感度上升，有力地促进了手机等电子产品的销量。在韩流组成部分中，韩剧和电影在推广韩国企业品牌和产品的作用是最强的，达到了73%。一部韩国电视剧中提到，通过“韩流”传播的周边产品每年收益是27兆元。此外，其价值还在于提高生活质量，促进经济发展，提高公民素质、改进个人生活品质及其生活环境。

再次，理清发展思路。加强文化旅游品牌创建，支持特色商品开发，创新文化旅游营销手段，维护良好市场秩序，依托并发挥市场力量释放文化旅游产业效能，提升玉溪文化旅游的市场影响力。

第一，打造文化旅游品牌。牢固树立品牌意识，提升品牌建设营销能力。利用玉溪资源条件优势，策划包装营销系列文化旅游品牌，形成强大的市场吸引力和冲击力。依托帽天山世界自然遗产、市县博物馆等资源，打造“帽天山”名片，开发研学旅游品牌产品；依托抚仙湖、星云湖、杞麓湖高原内陆湖泊资源，塑造“抚仙湖”名片，开发休闲度假旅游品牌产品；依托民族文化资源（傣族、哈尼族、彝族、蒙古族等），历史文化资源（古滇国文化、秀山文化等），塑造“花腰傣”名片，开发民族（历史）文化体验旅游品牌产品。依托聂耳文化广场、聂耳音乐活动周、民族民间音乐等资源，塑造聂耳文化品牌；依托元江高桥、澄江中山大学遗址、峨山觅耻冲等资源，塑造红色旅游品牌；依托红塔集团现代民族工业发展的文明积淀资源，塑造红塔工业旅游品牌；依托玉溪庄园、褚橙庄园、新兴蓝莓庄园、元江万亩花果园、峨山高香万亩茶园等资源，塑造农业庄园旅游品牌；依托玉溪窑、华宁陶、易门陶瓷、通海五金工艺、民族民间传统技艺资源，积极发展创意产业，完善产品系列，推动陶瓷、青铜器、银饰民族刺绣为代表的民间工艺品发展，塑造特色工艺旅游商品品牌；依托民族地域特色餐饮资源，塑造以玉溪米线、烤鸭、三道菜、铜锅鱼、汤锅等为代表的特色餐饮品牌；依托自行车、徒步、帆船、游泳、滑翔、探险等高原康体运动资源，塑造户外体育旅游品牌；依托米线节、灯会、火把节、柑橘节、开渔节、花街节、野生菌交易会等民族民间节庆活动资源，塑造特色文化旅游节庆品牌。

第二，促进文化旅游购物消费。深化供给侧结构性改革，加强文化旅游商品开发。立足不同区域、不同民族的特点，发挥传统工艺制造优势，设计生产集实用性、观赏性、装饰性为一体的特色陶瓷、铜器、银饰等旅游工艺品和旅游纪念品；加大旅游户外运动用品的研发，形成一批户外文化旅游运动产品；利用生态优质原材料，开发一批绿色、健康的特色休闲食品。到2018年，每个县区至少推出1种以上市场认可度高的游客“必购”文化旅游商品（纪念品）。加强文化旅游特色街区建设。高水准规划建设城市休闲购物广场、特色美食街、文化游乐街，推进大型旅游购物场所建设。红塔区中心城区，澄江市、通海县、峨山县、新平县、元江县县城及特色旅游小镇，到2018年，建成至少1条以上特色街区，在3条旅游线和游客聚集区域建成一批综合旅游购物店，完善玉溪市旅游购物体系。改善旅游消费环境。着力完善公共设施、优化市场环境、丰富文化内涵、推行文明经营，提升游客旅行消费的满意度。

第三，创新文化旅游宣传营销。树立“营销玉溪”理念，以“一地四乡”为核心，“玉溪好在，旅所当然”为统领，大力塑造玉溪文化旅游形象和实施产品营销。各级要形成强有力的对外宣传合力，提炼推广各县区文化旅游形象。要高度重视文化旅游营销工作，加强“互联网+玉溪旅游”平台建设，加快发展智慧旅游，充分发挥新媒体形象宣传及产品营销的作用，推进玉溪文化旅游要素企业与知名旅游网站的电子商务合作，为游客提供更为完善和便捷的文化旅游信息与商务服务。积极创新媒体节目、栏目内容，开设广播交通旅游频道、电视旅游栏目等，提高舆论影响力，塑造在省内外叫得响的文化旅游节目品牌。加强玉溪文化旅游对外开放，主动对接海内外市场，实施区域联合营销，巩固川渝黔传统市场，积极开拓“珠三角”“长三角”新兴市场，开创玉溪文化旅游宣传营销新局面。

第四，创建旅行优良环境。认真贯彻落实《中华人民共和国旅游法》《云南省旅游条例》等法律法规。按照“政府监管、企业主体、行业自律、社会参与”的综合管理机制，进一步加强旅游市场秩序规范，全面提升服务质量。推进旅游业标准体系的实施，建立动态评审管理机制，保证旅游企业规范化经营服务；发挥市旅游市场监管综合指挥部职能作用，建立多部门联合监管制度、旅游经营者诚信等级制度和全市统一的旅游投诉受理及转办机制，强化市场检查监管；加强旅游行业协会的自律，建立协会自我管理约束机制，推动行业诚信建设，规范行业行为，维护旅游行业的公平、竞争的市场环境；着力推进无障碍旅游，实施旅游交通无障碍、服务无障碍、投诉无障碍，实现市内外旅游企业和游客在玉溪境内资源共享、市场共享、基础设施共享、品牌共享和信息共享。

第四节　找准定位把好脉

作为经济条件较好的地级市，玉溪的发展要自觉地把国家战略（如“一带一路”倡议、国家生态功能区建设、中南半岛的“一带一路”经济走廊等）与地方发展规划和前景紧密结合起来，充分利用“南博会”“泛珠会”“滇港粤澳”“滇沪”等合作机制和平台，主动加强与“长三角”“珠三角”“环渤海”“川渝”等重点区域的对接，并落实到自身经济、社会、文化、生态发展的全过程，在战略上要有深远的思考，在战术上要形成区位和产业发展优势。全域旅游是一个突破点，全域旅游是一个将区域整体作为功能完整的旅游目的地来建设和运作的新的区域协调发展理念和模式。玉溪要充分发挥“一地四乡”的基础优势，以全域旅游为统领，以旅游供给侧结构性改革为主线，以市场和游客需求为导向，以改革创新和融合发展为手段，以大项目建设为抓手，切实提高有效供给能力、改善供给品质，做强企业，做大产业，精心打造“抚仙湖、帽天山、花腰傣”3张名片，强势推动旅游产业转型升级和旅游支柱产业建设取得重大进展，把玉溪打造成为国内知名的休闲度假旅游目的地。

基于玉溪文化旅游产业的发展态势及其资源禀赋的特点，要树立一个目标：把玉溪塑造成为民族文化艺术发展高地和现代生态型旅游高地，建构出一种既有独特文化内涵和表现形式，又有普适性价值诉求的文化旅游产业高地。讲好两个故事：一个是围绕抚仙湖生态资源的保护性创意开发，讲好帽天山寒武纪化石这个世界自然遗产的生命之谜故事，打好生态旅游与科普相融合的文化产业这张牌（如可借鉴江苏常州恐龙园），相对于自然科学的生命起源高地，要发展出与之相匹配的现代生态科技型文化旅游产业形态！一个是讲好富有情趣和审美意味的民族文化故事，特别是有典型性特征的红河谷“花腰傣”的故事，把故事的内涵（生活方式和价值理念）发掘阐释充分，注重普适性的价值诉求和现代性的时尚展示传播方式（如借鉴杭州宋城的“大宋千古情”）。开发提炼“花腰傣”、彝族、哈尼族等民族文化内涵，提升其艺术表现形式的多样化、时尚化的审美，生产精致化、专业化的品质产品和服务，不断延伸产业链（包括周边产品开发），把玉溪新平的嘎洒小镇塑造成为以傣族文化为核心内容，展示多元一体民族文化发展、积极传播社会主流文化价值观的文化生产中心、文化传播中心，以文化吸引力来辐射和影响区域内的人群，成为有影响力的少数民族文化发展高地。

第一，作为产业布局，要在云南省和全国乃至东南亚的区域中心找准自己的定位。云南从旅游大省发展为旅游强省，需要质的提升和品牌的塑造，如何寻求和凸显其“独特性（差异性）”，把内涵做足、把品牌做强至为关键。在已有两条比较成熟、国际化和市场化程度都很高的线路（昆明—大理—丽江包括腾冲、昆明—西双版纳—普洱）的情形下，昆玉红旅游线路特别是玉溪旅游产业发展的“痛点”何在？只有提升其文化感召力才能发展成为旅游目的地。努力的目标和方向一定要清晰！那就是在云南省的旅游格局中明确做强中心城市休闲商业特色旅游核心区，建设休闲度假、商务会展、文化生态旅游产品集群，建成云南省次级游客集散中心和玉溪旅游集散核心区；做精东部湖滨生态休闲度假高端旅游带，以抚仙湖—星云湖生态建设与旅游改革发展综合试验区为中心，加快推动项目建设，着力打造高端休闲度假旅游和历史文化旅游产品集群，完成抚仙湖国家旅游度假区创建，力争建成国内一流、世界知名的湖泊康体休闲度假旅游目的地；做大西部生态民族民俗文化特色旅游带，以新平、元江为核心，联动峨山、易门，建设自然生态、民族民俗文化特色观光体验旅游产品集群，打造哀牢山—红河谷精品旅游带。规划建设三湖旅游环线、哀牢山—红河谷旅游环线和易（门）—红（塔区）—华（宁）特色旅游联结线，形成玉溪“内环外联”的旅游线路网。

第二，以全域旅游为统领，推动城乡旅游联动发展。实现从景区景点旅游模式转变到综合旅游模式已成为玉溪旅游的必然选择，要按照区域资源有机整合、产业融合发展、社会共建共享的要求，建好“点”、连起“线”、形成“面”，并结合“六城同创”“百村示范、千村整治”和人居环境综合整治三年行动计划的开展，大力推进特色旅游城市、旅游强县、旅游名镇、旅游名村的创建工作，加快建设覆盖全市的全域旅游目的地体系，积极争创国家级全域旅游示范区。一是着力推进旅游城市（强县）创建工作。重视并加快重大旅游项目建设是成功创建旅游城市（强县）的关键，红塔、澄江、元江等县区要立足现实、着眼未来，加快创建旅游强县。要以旅游全域化、产业现代化、品牌国际化、服务品质化、城市景观化为要求，加快建设一批具有复合业态、综合功能的旅游型城市综合体，加强环城市游憩带建设，有机结合城市和乡村，促进城市要素流向农村，实现城乡优势互补、互利双赢。到2018年，每个县区要重点策划建设1条以上文化旅游特色街区、规划建设1条以上绿色景观道路。二是着力建设一批旅游名镇。按照“保护提升一批、开发建设一批、规划准备一批”的原则，以红塔古镇、仙湖小镇、哀牢小镇为重点，打造主题鲜明、环境优美、吸引力强，宜居、宜业、宜游的特色旅游小镇。推动一批发展势头好的旅游小镇创建成为国家或省级旅游名镇，打造城镇休闲度假旅游拳头产品，确保建成10个以上品牌性旅游小镇。三是着力建设一批特色旅游村。按照“因地制宜、分类指导、多元推动、特色建设”的原则，实施好“百千工程”。以环境改善为基础，以小景区建设为依托，以文脉相承为重点，打造发展类型多样、特色鲜明的乡村旅游产品。实施乡村旅游扶贫工程，把旅游发展与培育特色产业、带动农民增收、改善民生等相结合，推进旅游精准扶贫。到2018年，确保建成10个以上精品旅游村。四是着力建设一批现代旅游农庄。按照“融资市场化、经营规模化、管理企业化、服务社会化、产品商品化”的开发经营模式，充分发挥玉溪农业庄园基础好的优势，大力开发一批农事体验、田园风光、农品采摘、文化体验等类型多样的现代旅游农业庄园，实现旅游与农业的融合发展，拓展农业增值空间和旅游消费空间。到2018年，确保打造10个以上精品休闲庄园。

第三，以旅游产品供给结构为主线，推动旅游产业转型升级。解决产品供应问题，是深化旅游产业供给侧结构性改革的首要任务。玉溪山水秀美、民族众多、文化多样、区位优良，一定要让山站起来、让水活起来、让民族文化火起来、让田园风光亮起来，千方百计增加有效供给，促进旅游产业由规模扩张向质量提升、由低端建设向高端引领、由资源依赖向创新驱动、由粗放经营向集约发展方向升级。一要加快传统旅游产品转型升级。坚持“盘活存量、提升效益”的原则，以塑造高端品牌旅游产品为方向，抓好老景区及其他传统旅游产品的提升改造。注重以传统产品为基础，规划建设一批文化旅游产业园区、文化创意园区、民族文化休闲街区和文化主题公园，培育一批独具玉溪民族特色和魅力的演艺文化品牌。统筹推进国家公园、旅游森林公园、旅游湿地公园建设，加快抚仙湖国家级旅游度假区创建工作，培育一批省级旅游度假区，把度假区建设成为旅游产业转型升级的重要基地和产业集聚区，带动传统度假旅游产品向高端休闲疗养和康体养生方向转变。二要壮大发展旅游新产品、新业态。坚持“消费引领、做大增量”的原则，大力培育旅游新产品、新业态，开发医疗旅游产品、生物保健和中医药健康旅游产品，开展健康管理，开拓新兴服务，整合养老配套产业链，建设一批类型多样的养老、养生旅游项目；建设一批户外运动公园、体育旅游休闲集聚区和慢游交通系统，大力发展各类户外运动新产品，发展和培育一批具有国际影响力的体育旅游赛事；加快打造一批露营地产品，推进自驾游管理服务系统建设，构建特色鲜明的露营地产品体系；积极推动研学旅游、影视旅游等专项旅游，形成旅游消费的新热点。三要大力发展特色旅游商品。以旅游商品、旅游用品、旅游装备为重点，大力发展旅游手工艺和加工制造业，推动旅游产业向工业领域延伸拓展，提高旅游经济综合收益。提高旅游产品和旅游商品的创意、策划和开发水平，形成更加完备的旅游商品体系。在华宁的陶产品、江川的铜工艺品、通海的银制品和众多的特色商品上大做文章、做大文章，立起品牌、推广出去。四要加大招商引资力度。按照省委、省政府关于推动央企入滇和有实力的民企入滇的要求，深度策划包装一批资源条件优、市场前景好、投资回报高的旅游招商项目，着力在“政策一宽再宽，利益一让再让，服务一改再改，环境一造再造”上下功夫，通过上门点对点招商等低成本、高效率的招商模式，确保招到有实力、有能力、有信誉的投资业主，增强全市旅游产业发展动力。

第四，以基础设施建设为重点，强化旅游供给支撑。完善基础设施，升级旅游公共服务，是平衡供需矛盾的重要切入点。要坚持夯实基础，完善配套的原则，以全省“五网”建设为契机，加快构建与国内外接轨的旅游公共服务体系。一要加快“三湖”休闲度假旅游环线、哀牢山—红河谷民族文化旅游环线和易（门）—红（塔区）—华（宁）旅游联结线3条旅游线路的配套建设，把3条旅游线路建成在云南极具影响力的旅游精品线路，特别是在易—红—华旅游联结线建设中要把高鲁山开发建成一个亮点。二要深入实施旅游厕所革命，在主要旅游城市和城镇游客聚集公共区域、主要乡村旅游点、旅游小镇、主要旅游景区（点）、旅游交通沿线，新建和改建100座以上的旅游厕所。三要新建和改建一批游客服务中心，围绕3条旅游线路、景区景点、重点县城、旅游小镇和特色村，建设提升一批信息智慧化、服务优质化的游客服务中心，为游客提供详细、周到、便捷的服务。四要在交通主干线、高速公路和二级公路，新建和改造提升一批游客休憩站、景观台、经营服务点，形成公路交通沿线布局合理、高中低结合的旅游服务设施体系。五要在主要旅游城市、旅游小镇、特色村和主要旅游干线，新建一批旅游标识标牌，大幅度提升旅游标识信息公共服务功能。六要高度重视智慧旅游发展。树立“旅游+、互联网+”的理念，运用互联网推动旅游产品业态创新、发展模式变革、提高服务效能，提升实体经济创新力和生产力。

第五，以创新营销为手段，拓宽旅游市场空间。再好的旅游资源、旅游产品，如果不宣传推介，也只能是“养在深闺无人识”，不能转化为经济效益。要着眼于增强玉溪旅游的影响力和吸引力，大胆创新营销方式，将玉溪旅游的特色和魅力宣传推介出去，让“一地四乡”的魅力玉溪形象广为传播、家喻户晓。一要搭建多层次营销。加快建立政府部门、新闻媒体、旅游企业、中介组织“四位一体”的旅游宣传体系，充分动员和整合有关各方的资源力量，形成多部门、多层次联合协作的强大合力，不断扩大和提升对目标市场的覆盖面和影响力。二要开展互动营销。加快建立目的地和客源地良性互动的旅游推广体系，通过“请进来、走出去”等各类宣传促销活动的开展，确保目的地品牌形象更加直接、深入地在客源地发挥影响，推动客源地消费需求更加广泛、密切地引导目的地建设发展，形成积极、牢固、共赢的良好关系，有效提高旅游营销的触动力。三要重视新媒体营销。依据旅游大数据整理分析，构建跨区域、跨平台、跨网络、跨终端的旅游网络营销体系，覆盖家庭电视、个人电脑、智能手机、各类旅游智能终端系统的旅游传播体系，以更低廉的成本、更全面的覆盖、更便捷的手段、更直接的互动，创造最大化的旅游市场营销价值，提高公众对玉溪旅游的认知度，引导和激发市场消费需求。积极拓展文化旅游发展空间。推动文化旅游与城镇建设融合发展，着力打造10个重点特色文化旅游小镇，确保2016年仙湖古镇开工建设、红塔古镇完成招商引资等前期工作，2017年哀牢小镇全面竣工，统筹推进广龙古滇国小镇、立昌艺术小镇、帽天山寒武纪小镇、路居航空小镇、大营街、富良棚等重点特色文化旅游小镇建设。推进文化旅游与乡村建设融合发展，加强对古村落、古民居、老宅院、名木古树等历史文化遗存的保护，重点推进20个旅游特色村建设。深度挖掘文化资源，将聂耳音乐文化做成精品，将米线节、水果文化旅游节、花腰傣文化节等特色演艺、节日打造成品牌，重点培育以陶瓷、青铜器、银器、民族刺绣等为代表的民间工艺品业，积极发展文化创意产业。推进文化旅游与相关产业建设融合发展，围绕高原特色农业、工业跨越发展，综合开发提升以红塔工业旅游、玉溪庄园、褚橙庄园、樱花庄园、竹园等为代表的旅游项目和旅游产品。

第六，以改善服务环境为保障，增加旅游消费需求。牢固树立“游客为本、提升服务”的理念，创新服务模式，改善服务质量，搭建全覆盖、高效率的旅游公共服务体系，提高广大游客在玉溪旅游的便利度、舒适度、满意度，让游客“愿消费、敢消费”。一要优化市场环境，市县区政府各职能部门要对旅游市场乱象和安全隐患“出重拳、下重手”坚决整治，不能让投机钻营者、心存侥幸者有任何机会。二要优化社会环境，加强旅游行业精神文明建设，提高旅游经营者和从业人员的职业道德素质，引导会员企业诚信经营。大力倡导文明旅游行为，引导旅游者低碳出行、文明旅游、理性消费和友好交往。要积极引导和帮助旅游地居民树立旅游意识，主动参与和支持旅游产业发展，共同营造文明、祥和、安全、有序的旅游大环境。三要优化生态环境。玉溪拥有良好的生态气候资源，要积极构建生态保护与经济社会发展良性互动的新模式，实现“绿水青山”和“金山银山”兼得。要探索绿色生态旅游开发建设模式，特别是抚仙湖区域要争取闯出一条山湖同保、水湖共治、产湖俱兴、城湖相融、人湖和谐的路子。四要优化服务环境。突出旅游重点领域，提升服务质量，以服务创造供给价值。加强旅游企业培训，大力推进旅游企业中高级管理人员培训，不断提升旅游从业人员素质，提高旅游行业整体服务水平。

第五节 发展路径、举措和建议

习近平总书记在系列重要讲话中多次指出，中国有坚定的道路自信、理论自信、制度自信，其本质是建立在五千多年文明传承基础上的文化自信。文化自信，是更基础、更广泛、更深厚的自信。鲜明地提出文化自信，体现了我们党高度的文化自觉，彰显了我们党坚定的文化立场，凸显了文化在中国特色社会主义事业全局中的重要地位，把我们党对文化作用和文化发展规律的认识提升到一个新的境界。说到底，中华民族的伟大复兴就是重现文化的辉煌，中国的全面崛起就是建成社会主义文化强国。当前，中国正在迎来文化全面复兴的时代，也就是文化创意产业全面繁荣的时期。对于旅游产业来说，也就是文化创意与旅游行业全面融合的时代，推动文化创意与旅游的各个服务要素和产品融合已成为趋势，谁能抓住这个趋势，谁就将赢得未来。

我们建议，首先发挥龙头企业的带动作用，形成文化旅游产业的发展高地，积极发挥文化品牌的辐射效应，使资源优势转化为产业优势、产品优势，延伸产业链，使过境游转化为旅游目的地。为此，建议邀请国家旅游局和文化部等相关部委，莅临玉溪考察筹划文化旅游发展规划，使之纳入国家发展战略。主动与龙头旅游企业、国有文化企业合作，共同开发合作共赢，在文化旅游资源、生态环境保护中使资源效益最大化。

（1）在现代视野中的高起点规划和大手笔运作——高端大气上档次（大型骨干文化旅游企业的龙头带动作用与旅游产业中众多中小微企业的特点不矛盾），通过引入战略投资者在保护性中开发和塑造文化旅游品牌，追求产品和服务的精致化和管理的精益化，避免急功近利的商业化开发对生态资源的破坏，从而在旅游产业和文化内涵的交融以及与相关产业的融合中，培育文化旅游可持续发展的产业能力和文化意识，不断提升文化旅游产业的品牌效应。

（2）在产业融合不断提升经济的文化科技含量基础上，在理念上把玉溪塑造为区域性的文化旅游中心，坚持文化旅游的外向型发展思路。要以特定主导产业支持的先进产品为依托，不断创新文化旅游产品，在有效供给中延长消费链条。

（3）要有创新的运作模式，探索政府引导、市场主导、社会参与、企业和创业者为主体的运作模式，形成文化旅游产业发展的合力，政府是推动力、市场是拉动力、大众消费是驱动力。政府重在政策引导和营造促进产业发展的良好环境，力戒干预微观领域。坚持发挥市场灵验功能和尊重企业的市场主体地位。要清楚是市场强企业，而不是政府强企业，只有市场才能真正激活产业！

（4）要有一个全新的产业生态和创新生态圈，培育切合玉溪资源禀赋特点和民族文化气质的主导文化旅游产业类型，把特色小镇建设和全面建成小康社会结合起来，走一条适合玉溪发展实际的文化旅游之路！

玉溪要发展全域旅游，特色小镇建设是重点，这是玉溪实现全域旅游的经络连接点和价值提升的枢纽点，也是文化旅游品牌塑造的支撑点，更是建设新型城镇化、实现全面小康社会的关键点。把一系列特色小镇和庄园作为串联全域旅游的珍珠，积极发挥抚仙湖龙头景区的带动效应，契合新型城镇化发展趋势，积极开发有效旅游产品，完善配套服务，促进城乡一体化发展迈向新境界。当下特色小镇越来越成为文化创意的载体，它以文化为灵魂，以创意为核心，以产业为内容，以市场为平台，以科技为支撑，因势利导，因地制宜，具有“小而活”“小而美”“小而富”的特征。

玉溪发展文化旅游产业的关键是讲好故事，而讲好故事的关键是文化及其创意。因此，要在发展全域旅游中注入文化的灵魂，提升本土文化、少数民族文化的现代表现力，发挥文化创意的激发作用，发掘本土文化资源，为“发展有历史记忆、文化脉络、地域风貌、民族特点的美丽城镇”提供新思路。把现代服务业的品质渗透进全域旅游的每一个角落，无论是硬件还是软件，不断提高服务意识和管理水平，要供给丰富的有效休闲产品，推进文化创意小镇发展，以文化魅力吸引人，以文化创意集聚人，以创意生活愉悦人，以宜居环境留住人，实现“记得住乡愁”的城镇化，能够改变“城城像欧洲，镇镇像非洲”的现实窘况，并通过文化传承、文化品格、文化产业、文化服务和文化主体（主要是文化创客）五个维度开启一条传承历史文化、充满人文情怀，并能创造新产业、新就业、新价值的新型城镇化道路，使文化发展支撑全域旅游，并聚焦“玉溪形象”的建构。

作为具体举措：第一，加大产业扶持。发挥政府资金引导作用，充分调动社会资金和民间资本参与文化旅游开发。研究出台玉溪市加快旅游产业发展奖励和补助办法，对促进玉溪旅游产业发展的各类旅游企业及个人给予奖励或补助。各县区政府要安排必要的旅游发展专项资金，并逐年增加。金融机构要在国家产业政策的基础上，切实加大对旅游企业的信贷支持力度。积极推动市内国有或国有控股的宾馆饭店、旅游景区等旅游企业以股份制改造、产权交易、引进合作伙伴等方式多渠道筹集资金。

第二，加强人才培养。无论是发展全域旅游还是打造特色小镇，都需要一个有能力的灵魂人物，因而人才是关键。实施“人才强旅”战略，制定玉溪市文化旅游产业人才队伍建设中长期规划，加大文化旅游人才培养力度。整合文化旅游教育资源，完善旅游职业教育体系。加强市、县区、企业三级旅游培训体系建设，提高非学历旅游教育培训机构教育培训水平。建立完善旅游职业资格、职称和技术等级制度，全面实施旅游从业人员上岗资格证制度，提高从业人员的专业化和职业化水平。完善旅游人才评价体系和人才流动机制，建立“玉溪旅游人才信息库”。

第三，强化领导的责任担当。旅游产业综合性强、关联度高，尤其需要通过顶层设计和高位推动来促进。各级党委、政府要认真落实“342”产业布局，切实把旅游产业建设纳入经济社会发展规划重点推进。要实行“党政齐抓、部门统筹、上下联动、属地负责”的领导体制，建立“横向统筹协调、纵向层层落实”的工作机制，确保旅游工作领导有力、组织有序、统筹有方、推进有效。要“既挂帅、又出征”，主要领导要亲自谋划、亲自部署、亲自推动，分管领导要具体负责、深入推进、主动协调落实。要解决旅游部门“小马拉大车”的被动局面，针对旅游建设工作面宽、要求高的实际，加强旅游部门组织机构和工作能力建设，保证其能够发挥综合协调和组织实施作用。要遴选学习能力强、创新意识强、协调能力强的干部充实到旅游工作队伍，同时保持人员的相对稳定性，确保工作的连续性。

第四，以文化创意为驱动力，以“双向带动”推动文化旅游产业发展。发挥文化创意的融合驱动作用，“旅游+”和“+旅游”是推动全域旅游建设的两个重要理念、两种路径方式，是推进全域旅游向纵深发展的双向带动力。“旅游+”强调通过旅游规划引导、价值发掘包装实施对其他产业（包括相关事物）的旅游化改造提升，丰富旅游的形式与内容，拓展旅游的发展空间，实现效益倍增；“+旅游”重在植入旅游要素、导入消费人群，促进传统经营项目的业态转化、模式创新，开拓传统产业发展的新渠道、新市场，实现效益倍增。各地各部门要善于借力“旅游+”和“+旅游”双向带动，做到“产业围绕旅游转、产品围绕旅游造、结构围绕旅游调、功能围绕旅游配、民生围绕旅游兴”。要把“全域资源、全面布局、全体动员”的理念深化到经济社会发展的各行业、各领域、各方面，使全域旅游意识内化于心、外化于行，打造城市和乡村全过程、全时空、全方位的旅游产品，更好地满足日益增长的旅游市场多样化需求。

第五，强化改革创新意识。进一步解放思想，积极探索适应全域旅游产业建设发展的管理体制和运行机制，用改革的办法解决旅游产业发展中面临的困难和问题。一要改革规划编制方式。“规划科学是最大的效益，规划失误是最大的浪费，规划折腾是最大的忌讳。”推进玉溪旅游跨越式发展，必须做好规划。只有旅游规划谈旅游是不够的，各级政府编制国民经济和社会发展规划、城乡规划、土地利用总体规划、生态环境保护规划也要谈旅游。必须认真落实“多规合一”的要求，下决心根除规划扯皮、规划折腾等老问题。二要创新景区管理经营模式。以所有权、管理权、经营权相分离为突破口，创新旅游景区管理体制，推进旅游景区企业化经营、市场化运作。探索社区居民参与旅游开发的利益分配方式，解决因利益矛盾导致的管理经营失范问题。三要进一步简政放权。各级项目审批部门要进一步优化审批程序，提高审批效率，促进更多旅游项目尽快落地建设。四要健全市场监管体制机制。理顺市旅游市场监管综合调度指挥部与各市场监管执法部门的工作体制机制关系，指挥部负责统筹协调节假日、赛事期间的联合执法检查和重大事件的调查处理，有关执法部门抓好旅游市场的日常监管和游客投诉案件的处置工作。完善行业协会运作机制，充分发挥协会的桥梁纽带作用，形成政府管理与行业自律良性互动、互为促进的良好格局。

第六，学会在十指“弹钢琴”中抓住重点。旅游产业建设头绪多、任务重，不时会出现摁下葫芦起来瓢的情况，抓好旅游工作，要学会“弹钢琴”：一是要盯实目标不转移。明确“三区一港”发展定位和“342”产业布局，这一决策在未来一段时期不要轻易改变。只要思想统一、步调一致，在“十三五”期间把文化旅游产业打造成为支柱产业完全可能。二是要抓实关键不放手。扎实推进项目策划包装、招商引资、落地建设，积极提升产品质量，塑造文化旅游品牌和玉溪形象。同时，下大力气打牢基本服务和公共配套基础。三是要压实责任不脱肩。严格落实工作责任制，层层签订责任书，逐级立下军令状，突出任务分解，完善推进办法，加强督查考核，确保各项措施落地见效。

第九章 “好家风”活动在乡村治理中的价值

——浙江临安市“好家风”活动调研与启示

2016年5月20—22日，中央党校调研组一行数人，围绕“好家风”活动对浙江省临安市做了调研。浙江省临安市委市政府以“好家风”活动带村风、促民风、正党风，形成了风清气正的良好社会氛围，在统筹五个文明发展中助推“三美”临安建设，给调研组一行留下了深刻印象，其经验有着相当大的普遍性，对全国乡村治理具有重要启示意义。

浙江临安地处长三角南翼、杭州市西部，人口53万，下辖18个镇（街道）298个行政村，历史上临安、於潜、昌化三县分治，1958年三县合一，1996年10月撤县设市。2015年，临安实现地区生产总值466.28亿元，财政收入60.28亿元，城镇和农村居民人均可支配收入分别为41 230元和23 736元，跻身2015中国全面小康十大示范县市。临安人文底蕴深厚，是全国唯一一个以南宋都城命名的县级市，县治史可以追溯到2000多年前，五代十国时期吴越国创始人钱镠出生于此、归息于此，并铸就了“一剑霜寒十四州”的宏图伟业，奠定了“上有天堂、下有苏杭”的千年繁华，钱王文化、天目山文化和浙西民俗文化交相辉映。自2012年临安开启的“好家风”活动，已成为杭州市和浙江省的文化品牌。“好家风”活动助推临安市社会保持和谐稳定，好家训在口口相传中广泛传播，“好家风”在见贤思齐中蔚然成风，争做“好家风”家庭已成为临安的新风尚，在社会治理中产生积极影响，2014年、2015年临安市本级受理群众信访件同比分别下降34.3%、14.29%，刑事案件受理数同比分别下降20.31%、

21.31%，“平安市”创建工作实现十一连冠，安全生产事故三项指标连续11年“零增长”，群众安全感民意测评稳居杭州市前列。2014年临安紧紧围绕习近平总书记“注重家庭、注重家教、注重家风”重要讲话精神，立足传承千年的《钱氏家训》，依托“耕读传家”“忠孝诚信”等优良传统，用“好家风”这一老百姓心底里的共同认知，推动“好家风”活动日益深入，使社会主义核心价值观在家庭中生根、在亲情中升华，通过立家训、传家风、树新风，使社会主义核心价值观深深植入群众心里，在全社会得到传播和践行，形成了全市积极向上的精神风貌。2015年临安成功创建国家生态城、国家园林城市，跻身于中国全面小康十大示范县市，荣登中国“最美城镇”榜首。通过开展“好家风”活动，临安以“好家风”促“好村风”、正党风，为农村社会治理提供文化价值指南的一系列实践，为当下处于现代化进程中急剧变化的乡村治理提供了典型范例。在浙江临安调研中，我们深感“好家风”活动在乡村治理中发挥的积极作用，它不仅使传统文化得以复兴，还在创新性发展中传承了中华文化的优秀价值，建构了“三美”（山川秀美、城靓村美、生活和美）临安的现代生活方式，有些经验值得在全国推广和践行。

第一节　在物质文明和精神文明协调发展中定位“好家风”活动

临安市委市政府在工作中深感人民群众在钱袋子普遍鼓起来的同时，对精神文化的需求日益迫切，为引导这种心理需求，他们以“好家风”活动架起物质文明和精神文明协调发展的桥梁，实现既“富口袋”又“富脑袋”，使人民群众在物质层面、精神层面都有实实在在的获得感。“三美”临安就是这种获得感的显现，建设“美丽乡村”说白了就是要追求一种好的生活、一种有尊严的生活。其实，无论是一种在快节奏中让人放松的“慢生活”，还是在现代化进程中催人奋进的快节奏，都要能够让人“安心、放心”，这才是人应当过的生活方式。浙江临安的“三美”追求，不是简单的农村城市化，而是城市、乡村各有其定位和追求，城市有大众文化（商业娱乐文化）的色彩，农村有乡村文化（传统文化、民俗文化）的底蕴，各有其自己的人生安放和生活理念，都有着现代化的生活便利和整洁，是一幅“生活和美”的日常图景。在调研中我们深感当地农民生活的满足感、精神愉悦感，以及为自己是临安人的自豪感！

一、以“美丽乡村”建设为抓手，积极践行“五大发展理念”

在国民经济和社会发展的“十三五”规划中，中央政府提出了创新、协调、绿色、开放、共享的发展理念，为全面建成小康社会、决胜百年目标提供了思想指南。贯穿其中的一条红线就是人民性，发展依靠人民，发展为了人民，真正把老百姓的冷暖装在心中。全面建成小康社会的重点在于“全面”，这就要统筹城乡发展、统筹物质文明和精神文明协调发展，其中的重心是现代化进程中的乡村建设。建设美丽乡村，是党中央深入推进社会主义新农村建设的重大举措，是在农村落实“四个全面”战略布局的总抓手。美丽乡村建设不仅要生态文明、生活富裕，更要精神饱满，社会风清气正，这一切自然离不开文化价值的引领和助推，文化的凝聚力和辐射力有助于乡村治理走向善治，为农村全面小康建设夯实基础。

在现代化和城市化发展进程中，一些专家学者对“城市病”研究比较深入，相继开出一些“药方”。但近年来一些地方的“乡村病”越来越突出，不仅是涌现越来越多的“空心村”，传统古村落衰败萧条，而且传统文化的根脉和生活方式日渐破坏，传统文化这个中华文明的底色日渐稀薄并不断被甩出现代化轨道，甚至乡村曾经温情脉脉的关系日益被情感的冷漠、相互隔阂所取代，村民之间的原子化生存方式及其社会治理中正义公平的缺失，导致基层政权的软弱无力，以至于村民生存的无力感凸显。在此境遇下，“农村保卫战”开始进入学者的研究视野。可以说，乡村治理是城乡一体化、现代化进程不可回避和绕过的话题，我们必须在积极正视困境中寻求解决问题的思路。临安以“好家风”活动助推经济社会发展的“产城融合”“多规融合”，厚植乡村治理的善治基础，在城乡一体化进程中建设“美丽乡村”所取得的成效，就是对此难题的破解。

在发展战略定位上，临安明确提出以生态与科技为载体，在推动城乡一体化进程中，积极融入大杭州主城区，引导城乡群众建设“三美”临安。在城市发展中，临安以深厚的文化底蕴为底色和个性张扬的旗帜，“好家风”是其有力的支撑点和亮点。如何克服“空心村”的窘境？他们深刻认识到要吸引人口就必须有产业依托，而要在生态保护中发展，就要依靠创新来驱动，临安的“产城融合”“多规融合”实现了以新理念新思维引领城乡发展，在发展中以产业富村，以“好家风”促村风、正党风，把乡村社会治理提升到新水平。在发展规划上，临安坚持做好山、水、城和人文相融合的文章，着力建设精致之城、特色之城和品质之城。一方面通过深入挖掘钱王文化等地域文化，着力打造元宝山、博物馆和吴越文化公园，通过“一山一馆一公园”最大限度地延续历史文脉，保留城市的记忆，以有形的建筑来传承这些无形文化。另一方面，通过建设文化礼堂、家风长廊，倡导文明家风，使无形的文化有所依附，可感可触，使老百姓在精神上有追求。

在美丽乡村建设中，临安创造性开展了绿色家园、富丽山村创建，最大限度地保留乡土气息，做到不动山、不填塘、不砍树、不搬运河石、不拆有历史价值的房屋，努力让老百姓望得见青山，看得见绿水，记得起曾经生活过的乡镇，打造了红叶指南等一批经典村落。这些村庄依托传统文化资源和生态好的特点，大力发展生态养生旅游产业。如太湖源镇的指南村坐落于指南山上，平均海拔550米，山林面积逾1.1万亩，水田面积368亩，有山塘水库6座。村民主要以竹笋、毛竹、山核桃为收入来源，人均年收入2万多元。村内至今保留着五六幢明清时期的古民居，村后有近300株树龄200年以上的古树和8株树龄800~1000年的古红枫、古银杏林，村南有一潭清池倒映绿树青瓦，展现了江南水乡的独特韵味。更令人痴迷的是指南村的历史文化气息，古树、古屋、古道和承袭数百年的古姓氏，那些关于唐伯虎的传说，以及村里文化礼堂展示的家训、家书、家风等，都使指南村充溢着文化的魅力。借此独特的文化和生态优势，村里开办了农家乐、民宿产业，吸引了大量游客，《流动大舞台》《爸爸去哪儿了》栏目组也来此拍摄外景。基于春夏有峡谷漂流、民宿纳凉，秋冬有高山滑雪、古镇温泉、乡村民俗，一年四季都是节的发展态势，临安以清凉峰省级旅游度假区为核心，全面整合旅游资源，培育了一批别具韵味的特色小镇，先后获得中国优秀旅游城市、中国最佳养生休闲旅游城市、长三角最佳慢生活旅游名城、浙江省十大养生福地、浙江省旅游发展十佳县市等诸多荣誉，现今旅游业已成为经济支柱产业，并出现四个方面的积极变化：一是旅游总量持续做大，2015年全市接待人次超过1000万，旅游收入超过100亿，占GDP总量8.8%；二是旅游方式不断转变，随着高山滑雪、温泉养生等旅游项目运营，开始由观光型逐步向体验型、养生型旅游转变；三是旅游层次明显提升，以前临安旅游业存在的低、小、散等问题比较突出，特别是农家乐主要以退休的老年游客为主，现在一批中高等民宿打响了品牌，住宿费每日高达五六百，甚至上千元，但在节假日、双休日期间还是一床难求；四是旅游淡旺季逐渐消失，以前主要以夏季纳凉为主，现在冬天泡温泉、滑雪也比较多，2016年春节黄金周接待游客达到33万人次，同比增长36%，高山滑雪、温泉养生、民俗等特色旅游成为春节黄金周旅游的主要亮点，夏热冬冷的局面得以改善。

环境整洁往往是村庄精神风貌的展示，通常环境脏乱差，是农村常见现象。临安通过农村生活污水治理、农村垃圾分类等，不断加大以美丽乡村为总载体的农村环境综合整治力度，不断改善农村人居环境，提升了农村文明程度和治理水平。说到底，农村全面建成小康，关键在于生产发展、生活富裕、生态良好。也就是说，中国要强农村必须强，中国要美农村必须美，中国要富农民必须富。从这三方面来看，临安有一个很好的基础，更有一个未来预期良好的前景。违建拆除、村道拓宽、污水治理、垃圾分类、绿化美化等一系列的环境综合整治，使村庄及道路沿线整洁起来、亮起来、美起来；社区服务中心、文化礼堂、文化广场、休闲廊亭等基础设施建设，使村民办事、看病、休闲、娱乐环境更好、更便捷。农民看到身边的变化、享受到良好的人居环境、感受到改革发展的成果，从而激发了投身美丽乡村建设的内在动力。临安通过推进农村改水、改路、改厨、改圈、改厕等工作，引导农民摒弃落后习俗，养成科学健康生活方式，过上现代文明生活；与此同时，加快农村交通、水利、通信、电力、电子商务等基础设施建设，大力发展农村科技教育、文化体育、医疗卫生等社会事业，为农民营造宜居宜业的生产生活条件；依托清洁乡村、垃圾分类等工程，建立村庄保洁队伍，推进城乡环卫工作一体化，努力消除垃圾乱扔、秸秆乱烧等现象，提高对垃圾减量化、资源化处理的认识并积极投身其中，形成人人崇尚生态文明的社会新风。

二、以“公平”的价值追求引领乡村社会治理

近年来，“三农”问题一直是中央一号文件关注的内容，也是中国城镇化的难题。“三农”问题的核心是“土地”，农民最关心的也是土地，可以说土地是千百年以来农民的命根子。在今天的现代化、城乡一体化进程中，如何维护农民的利益、体现“公平”的价值理念，直接关乎乡村社会治理的成效。临安市在推进美丽乡村建设的同时，主要以确权、维权来夯实农村社会治理基础，使“好家风”活动成果固化于乡村社会治理中。

首先，以确权为核心巩固农村经济基础。“基础不牢，地动山摇”，如何从源头解决农民最关切的问题，从应急救火到有序疏导、有序管理再到共建共享、共治共管，是实现农村社会稳定和谐的基石。临安围绕确权问题，积极探索新形势下农村社会治理的良策，实现了农村整体的和谐稳定和健康协调发展。

主要是确两权：“股权”——村经济合作社股份合作制改革、“地权”——土地承包经营权确权登记，以此固化了农民的权利（益），让农民真正吃上“定心丸”。在确股权方面，“十二五”期间，经全面推进完成了293个村的股份制改革工作，完成率达到98%以上，社员股东40余万人，量化集体资产42亿元，基本建立了农村集体资产股权流转交易市场体系和“确权到人（户）、权跟人（户）走”的农村集体产权制度体系，村级集体资产产权进一步固化，股东权益得到保障，有效促进村级集体经济发展、农民增收和村级闲散劳动力非农业化生产转移。为有序扩大农村土地流转规模，加强农业现代化发展奠定了生产要素基础。

在确地权方面，农村土地承包关系是农村最基本的生产关系，开展确权登记颁证，是对现有土地承包关系的进一步完善。临安作为全省12个农村土地确权工作试点县（市）之一、杭州地区唯一试点市，2015年10月以来，临安积极探索、先行先试，通过实施“五个一”，较好地探索出地形复杂的浙西丘陵山区规范实施土地确权登记颁证的成功实践，其土地确权工作的总体进度、质量均位列全省12个试点县市之首。4月19日，浙江省农村土地承包经营权确权登记颁证现场推进会在临安召开。土地确权为进一步保障农民权益，有序推进土地经营权流转，发展现代农业乃至下一步的农村产权制度改革奠定扎实基础。

其次，以维权为核心夯实农村基层政权。乡村治理的善治要体现“公平”的价值理念，这就必须维护好村民的“知情权”和“话语权”，赢得村民的理解、信任和支持，从而建立起公平基础上的村民自治。查好财务账和项目账“两本账”是最必要、最有效的途径和方法。在查财务账方面，以农村集体“三资”监管体系建设为抓手，临安2013年获得浙江省农村集体“三资”管理规范化县称号，率先在杭州地区实现市、镇、村三级“三资”监管体系建设任务。2014年以来，村级财务账目又在按季结报、按季公开的基础上，实行按月结报、按月公开，重大事项做到即时公开，严格执行村级公务“零招待”制度，每年对“三资”公开、“零招待”、工程项目招投标等执行情况进行监督检查。

严格执行村级财务“三年一轮审”工作要求，“十二五”期间共实施村级集体经济财务审计506项，审计资金总额495 651.3万元，查处违规违纪金额211.11万元，落实退赔金额180.55万元，维护了农民对于村级财务的知情权，强化了农村基层党风廉政建设。

在查项目账方面，为顺利推进新农村各类项目建设、保护村干部、维护村民“知情权”，实施村级重点工程项目审计与检查。严格控制项目投资规模，开展项目竣工决算审计，依审结算工程款，有效避免工程建设项目虚设、虚增和多付工程款现象发生。审计情况及各类工程账目均向村民公示公开，主动接受村民监督，确保权力与资金在阳光下运行。保障想干事、能干事的村干部干成事、不出事。真正使村民感受到公共财政给自己带来的好处，明明白白地看到村里每一分钱的去处，更加配合支持并主动参与到美丽乡村建设中来。

在此基础上，临安提出了切实可行的制度规范和工作要求。例如，建立完善村级领导班子议事规则，明确村级重大事务决策“五议两公开”程序，对村级事务需要召集哪些人参加、在什么范围讨论决定、先后顺序怎么做做出详细规定。通过加强村级印章管理，落实“谁签字、谁负责”的审批和备案制，解决印章由村主要负责人随身携带、集体事务决策一个人说了算的现象，有效避免村干部滥用职权和“暗箱操作”。针对农村普遍存在的村规民约制度不健全、长期得不到更新、与法律相冲突等情况，对全市298个村的《村规民约》修订工作进行督查指导，使修订工作于年底前顺利完成，并全部经村民代表大会讨论通过，使农村基层自治有了接地气、可操作的依据。

三、深刻发掘传统文化资源，在契合时代变化中坚持创新性发展

“耕读传家”“忠孝诚信”等优秀传统是中华民族宝贵的精神财富，家训、家风更是中华传统文化的重要内容。在良好家风阐发方面，临安有着非常丰厚的资源，如钱王文化。越国创立者钱镠，在一千多年前留下训诫子弟的经典——《钱氏家训》。作为钱王文化的《钱氏家训》，蕴含着先哲们传承下来的中华传统美德，不仅是钱氏的财富，也是中华民族弥足珍贵的文化遗产，该家训中有些思想非常重要，在今天的精神文明建设和乡村治理中有着重要价值。临安开展的“好家风”活动以《钱氏家训》为重点，通过深入挖掘临安传统文化内涵，提炼总结包括湍口镇“四知堂”《杨氏家训》、清凉峰镇杨溪忠孝

文化在内的一系列优秀家风、家训，发动党员学习领悟先贤家风，感受传统家训，在文化礼堂设立传统家训家规精品“展示廊”进行陈列展示，积极开展“党员干部好家风”主题教育活动，以“好党风”带“好家风”促“好村风”，打造传统文化传承的教育基地和精品示范点，努力让“盆景”变为“风景”。在“好家风”活动中，临安主要围绕注重家庭、注重家教、注重家风“三个注重”展开，不断提升农村精神文明建设水平。临安的“好家风”建设植根《钱氏家训》，继承了“忠孝、勤俭”等优秀传统文化，有着深厚的社会根基和广泛的群众基础。同时，基于时代特点和文化观念的变迁，不断赋予“好家风”体现时代精神的新内容、新内涵，如创业创新、互帮互助、爱岗敬业等，使“好家风”始终保持活力，始终获得广大群众的广泛认同。通过对家风的注重，提升了社会整体的道德水准，激发了千家万户向上向好的新动力，让老家底焕发新光彩，使优秀的传统文化活在当下的日常生活。在以制定家训为主要内容的“好家风”活动中，临安提出了“家庭和、夫妻亲、子孙孝、事业兴”的响亮口号，非常好地呼应了时代要求，通过“好家风”活动，更好地宣传和谐、弘扬真善美，以家风促党风和政风的根本好转。临安市委市政府先后组织相关部门编辑整理“勤廉好家风　党员做表率”系列资料，如《机关党员干部家训选编》《2015年度机关部门微型课堂优秀课案汇编》等，在紧贴时代特点和人口结构变化的基础上，利用互联网等现代技术传播“好家风”，把家风建设作为“三严三实”“两学一做”等专题教育的一项重要内容。通过精选汇编包括党员家庭在内的家风、家训，作为乡土教材放在文化礼堂供村民学习，激发村民对传统美德的自觉追求。如锦北街道的泥川村在22户党员家庭带动下，全村128户家庭都写了各具特色的家训，精心装裱的家风、家训牌匾被许多家庭挂在厅堂醒目位置。“明年也要争做好家风家庭”成为很多村民共同的愿望。通过开展“好家风”活动，激励党员干部积极参与农村治理。包括服务农村经济发展，如昌化镇白牛村以创建淘宝村为契机，建立了白牛村电商协会党支部，通过“党员亮身份”等行动，倡导诚信经营的理念，推动电商产业发展的规范化和规模化；太湖源镇白沙村在农家乐快速发展过程中，成立了农家乐协会党支部，协助镇、村管理好农家乐，建立绿色、有序经营的局面。服务农村民生事业，各村根据自身实际，开展了“党员助力精品线”“环境卫生大整治”等系列活动，形成党员带头、人人参与的良好局面，如太湖源镇的浪口村成立以党员为主体的民生服务帮帮团，为村里红白喜事提供志愿服务；锦北街道泥川村成立党员爱老助老队伍，照顾在村老人的生活起居。维护社会和谐稳定，将矛盾化解在基层，在围绕G20峰会召开开展的出租房屋排查、夜间巡逻等行动中，农村党员干部组建党员巡防队，发挥党员“人头熟、有威信”的优势，效果显著。

在社会治理中，临安以“好家风”促村风正党风、政风。临安市委市政府紧扣“引导党员干部廉洁齐家，自觉带头树立良好家风”这一主题，在“学家训、沐家风；立家训、晒廉语；守家训、传家风”等环节进行创新性发展，引导广大领导干部带头重家教、立家规、正家风，以身作则为家庭成员、身边同志和全社会做榜样，以“有形”的“铁家规”涵养“无形”的“好家风”，教好、管好、带好配偶子女，以家庭和谐促进社会和谐。通过以“学”为起点，开展“治家有道”家风建设学习讨论，提升党员干部的党性修养，深入领会党章内涵和党纪法规要求，汲取落马官员教训，从严管教家属子女，培育形成正确的“亲情观”。通过以“立”为深入，发动党员干部整理治家要诀，撰写治家格言、廉洁家训，讲述崇廉好家风故事，并进行评比展示。让党员干部在学习他人、重省自身的过程中，进一步深化对崇廉好家风的认识。通过以“守”为巩固，开展党员干部“崇廉好家风”弘扬传承、示范创建等活动。在党员干部中营造重家教、守家训、正家风的良好氛围，积极灌输廉洁文化理念，引领社风、民风转变。

实践表明文化要有所附着才有力量和活力！临安通过深入挖掘钱王文化、天目山文化和浙西民俗文化等传统文化精髓，创新推出更多群众喜闻乐见的文艺精品，打响“清明恭祭钱王”等特色品牌。不断加强和改进对外宣传，持续提升市民对家乡的自豪感和城市对外的美誉度。其开展的“好家风”活动不搞捆绑式、不做硬性规定，而是把“好家风”活动融入群众生产生活、融入地方发展实际。全市各相关部门、镇街互相协作、积极助推，形成了全市“一盘棋”的良好局面。如市规划建设局创新开展“好家风进工地”，不断扩大临安“好家风”建设的覆盖面和影响力；如组织摄影家为村民免费拍全家福，组织书法家开展“书法进万家、春节送家训”活动，积极助力乡村文化建设和家风传承；如“好家风”进农家乐、进电子商务，让“好家风”成为绿水青山变“金山银山”的助推器，让“道德认知”成为大众创新、万众创业的现实生产力。

第二节　在“好家风”活动中讲好中国本乡本土的“故事”

纵观临安“好家风”活动，其实质就是讲好当代中国本乡本土的“故事”。临安以“好家风+”为抓手，在讲好本乡本土的“故事”中，积极践行社会主义核心价值观，以普遍认同的社会主流价值观巩固农村意识形态阵地，展现“美丽乡村”的精神风貌，培育农民的文化自豪感，提高生活幸福感。家庭是组成社会的重要细胞，家庭稳定了、和谐了，整个社会才可能稳定、和谐，人们只有在实践中来领悟、感知和践行“好家风”所弘扬和传播的价值，才能真正做到内化于心、外化于行。临安已连续两年举办“好家风”褒奖礼，每次活动台下都座无虚席，且都是普通群众。上台领奖的都精神抖擞，或是夫妻俩或是一家人，都手牵着手走上去，其神情充满喜悦、自豪和幸福感。主办者为每个“好家风”家庭送上书法家写好的一幅牌匾，与他们一起合影，将照片送给他们。以之为载体，通过微观的体现和具体的展示，社会认同的主流价值观被弘扬开来，融入个体的行动中、植入到大众的心里，使群众有一个实实在在的感觉。通过家风建设，使主流价值观从“盆景”到“风景”、从“风景”到“风尚”、从个人到以亲情为纽带的集体，再引申到社会，好的家风不仅能够培养好的子女、营造和谐幸福的家庭，还能影响周边、教化一方。通过“好家风”活动发掘《钱氏家训》的宝贵精神财富，传承优秀文化，不是去背《钱氏家训》的532个字，旨在通过对家风的注重，激发千家万户在时代变化中自我创业创新精神。可以说，临安通过好家风建设，使这些古老的家训焕发新的光彩，以优秀的传统文化纯净心灵，弘扬社会正气。这一系列“好家风+”活动，取得了卓有成效的社会反响。

一是“好家风+最美”，选树身边好榜样。开展“村（社区）—镇（街道）—市”三个层面的“好家风”家庭推选，让村民海选自身过得硬、群众信得过的“好家风”家庭，营造出广大群众都以拥有“好家风”为荣的氛围，促使向上向善在临安大地蔚然成风，推动社会主义核心价值观在临安的千家万户中落地生根。2014年和2015年，推选产生村（社区）级“好家风”家庭7177户、镇（街道）级“好家风”家庭744户、市级“好家风”家庭200户和“最美家庭”40户。

二是“好家风+民风”，志愿服务成风尚。通过以邻里守望相助为主题，创新建设“好家风”乡村志愿服务队，开展常态化的志愿服务活动，努力打造农村志愿服务活动“升级版”。在全市各社区的3600多个楼道均设志愿服务队展示牌，公布志愿者姓名、联系方式和服务内容。已建立“好家风”乡村志愿服务队435支、队员5778人。把“好家风”乡村志愿服务队建设列为市政府2016年“十件实事”，在每个行政村建立“平安巡防”和“邻里互助”两支“好家风”乡村志愿服务队，6月底前实现行政村全覆盖。

三是“好家风+村风”，弘扬价值观。在锦北街道的泥川村等40个村开展“文明村内涵提升”工作，深入挖掘“忠孝”“勤俭”等富有地域特色的村民共同价值引领，做到“家家立家训、家训挂厅堂”，编写《家风的力量》等村里的“好家风”汇编本。积极引导村民提炼、制定体现“忠孝勤俭勇　仁义礼智信”等内容的《文明尚德指南》，组织开展“文明体检·改变陋习”文明行为评议，查找“短板”并制订、落实整改举措，潜移默化推进农村群众移风易俗。

四是“好家风+新习俗”，群众公开亮承诺。在文化礼堂开展隆重又俭朴的村级、镇（街道）级“好家风”家庭褒奖礼100余场，连续两年举办市级“好家风”家庭褒奖礼，市主要领导、镇（街道）书记和村书记为“好家风”家庭颁奖，使褒奖礼逐渐成为群众期盼的“新年俗”。在“好家风”家庭门口张贴包含社会主义核心价值观24字和“好家风”家庭荣誉的牌匾，建设家训文化廊集中展示家训，让家训成为群众公开的道德承诺和修身准则。2016年，临安做到“好家风榜”行政村全覆盖。

五是“好家风+成长”，为孩子扣好人生第一粒纽扣。为了深入贯彻省市中小学育人工作座谈会精神，开展“家风家训伴我成长”活动，全市小学四年级和初中一年级的近万名学生，和家长一起“立家训”“晒家训”和“传家风”，钱学森之子钱永刚先生走进衣锦小学为全体师生做“走进钱学森”主题报告，让家风家训成为孩子成长的阳光雨露。2015年举办的“清明恭祭钱王”活动，以“传承钱氏家风”为主题，来自全国各地的钱氏后裔祖孙三代一起来临安寻根祭祖。市教育局开展“教育世家”评选，为25户连续三代及以上终身从事教育教学工作的“教育世家”举办褒奖礼。2016年，临安在全市小学、初中和高中全面推进“家风家训伴我成长”活动。

六是“好家风+宣讲”，群众讲述价值观。邀请复旦大学心理学研究中心主任孙时进教授、浙江农林大学法政学院院长王长金教授为全市党政机关干部做

“家风”主题讲座，组织市优秀年轻干部培训班优秀学员聆听焦守云《我的父亲焦裕禄》专题报告。组织“好家风”进万家村村（社区）宣讲活动，以身边的“好家风”事例生动诠释社会主义核心价值观。市内媒体全程聚焦“好家风”建设，先后推出“最美临安人”“我的家风故事·我家的百岁老人”“鲜花送雷锋传递好家风”等系列报道430余篇和钱永刚先生的《钱学森人生中的五次选择》等专版30余个。举办“好家风大秀场”“好家风”文艺巡演30余场次，以“好家风”为题材的越剧小戏《晒棉袄》，在全省新农村建设题材小戏汇演中获得创作金奖、表演金奖。

七是“好家风+党建”，党员干部更勤廉。通过开展“党员干部亮家训比家风”活动，将“好家风”建设作为全市五星级、四星级基层党组织评定和农村党员先锋指数考评的重要指标，在“党员学习园地”集中展示全体党员家训，在“岗位指示牌”中加入家训，组织开展党员“家训挂厅堂”活动，引导全市党员干部带头立家训、亮家训、传家风，积极为党旗添光彩。全市近4万名党员已经“立家训”，2.1万余名党员做到“亮家训”。中纪委在官网“中国传统中的家规”专栏以“浙江临安钱氏：一代钱王　千古家训”为题，向全国党员干部推介《钱氏家训》。在全市党员干部中开展“家风崇廉”主题教育活动，举办“勤廉好家风　党员做表率”微型党课比赛，并组织获奖选手走进文化礼堂、农村和社区开展巡讲，着力培育党员干部勤廉家风和优良作风。

八是“好家风+创业”，群众创业动力更强。通过在太湖源镇指南村等19个农家乐村以“诚信、敬业”为主题，开展“好家风”进农家乐活动，倡导农家乐经营户家训印名片、挂厅堂、进客房，请游客和村民一起推选“好家风”农家乐。在昌化镇白牛村等14个“全国淘宝村”推行“好家风”进电子商务活动，倡导电商经营户“家训挂厅堂”“家训挂网店”，在名片、产品外包装上展示家训，签订电商诚信公约和自律准则，开展“好家风”电商认定，让“好家风”产生口碑效应，带来实实在在的效益。

九是“好家风+支持”，让好人有获得感。通过推出“好家风”家庭贷款优惠办法，为“好家风”家庭增加贷款额度、下浮贷款利率，共有1068户获得“好家风”家庭贷款，累计让利180余万元。同时，开展“好家风”家庭成员就业服务支持，为730余户镇（街道）级及以上“好家风”家庭减免高清机顶盒费用、华数宽带费用、华数数字电视基本服务费用（市级“好家风”家庭减免

1年、“最美家庭”减免5年）。

总体上讲，临安开展“好家风”活动紧紧依托《钱氏家训》等传统文化资源，使之融入临安经济社会文化建设的方方面面，在与时俱进中走入群众的心里，做到了守护与创新的统一，在传承中弘扬、在弘扬中创新，在继承“忠孝、勤俭、廉洁”等优秀传统文化的同时，积极弘扬社会主义核心价值观，使之成为核心价值观落细、落小、落实的生动载体，成为群众的修身导则和实现梦想的新动力。实践表明，“好家风”是有效巩固基层意识形态阵地、促进家风村风党风政风互促互进、完善社会治理的有效抓手。在实践探索推进中，临安充分把握了“好家风”活动的主体是群众，目的也是为了群众，做到了价值导向与需求导向的有机联合，通过精神引领与喜闻乐见的巧妙融合，倡导熏陶与自觉践行的结合，让人民群众乐于参与、积极参与，潜移默化地引导群众，横向上形成见贤思齐、向好向善的良好氛围，纵向上通过5至10年甚至更长一段时间的努力，促使一代又一代人的成长成材，从而厚植了整个乡村社会的精神文化生态。洞察“好家风”活动的有效性，关键在于契合了群众精神文化所需、所盼，以“润物细无声”的持续努力，使群众在实践中领悟、感知和践行，做到内化于心、外化于行。

第三节 “好家风”活动的启示与思考

如何理解定位“好家风”？它在乡村社会治理中发挥什么作用？我们认为临安开展的“好家风”活动，说到底就是“文化+”，其成就的是“家文化”品牌，这种主流价值观的高扬在乡村社会治理中发挥了稳定器和凝神聚魂的作用，营造了风清气正的良好社会氛围，“三美临安”是其成功探索的写照。所谓“三美临安”，即山川秀美（生态美——绿色环保）、城靓村美（现实美——生活美化）、生活和美（心灵美——作为人的有尊严的生活——精神追求、文化诉求），说到底就是一种文化价值的张扬，是临安彰显特色的文化牌！

临安的“好家风”活动的成效表明，社会主义核心价值观教育，不能停留于标语口号式的宣传，需要有实实在在的载体、实实在在的举措来内化于心，最终才能外化于行。现在群众的钱袋子普遍鼓起来了，人们对文化的需求、对丰富精神生活的渴望日益高涨，甚至比追求物质条件的改善更加迫切。临安通过组织开展“好家风”家庭评比等活动，广泛传播弘扬好风尚，阐释社会主义核心价值观内涵，扩大先进典型对群众的正面影响，在潜移默化中丰富群众精神文化生活，满足群众精神层面需求的获得，很好地实现了对群众精神文化需求的契合。临安围绕习近平总书记“注重家庭、注重家教、注重家风”重要讲话精神，充分利用钱王文化《钱氏家训》这一独特人文资源，在全省率先开展“好家风”建设，通过挖掘、弘扬、传承好家训和好家风，以“家风”带“乡风”、促“作风”树“新风”，努力营造“家家有家训、户户好家风”的良好风尚，其活动受到中宣部“基层工作加强年”工作经验集中宣传，得到时任中宣部常务副部长黄坤明的批示肯定，先后被评为中央电视台、《光明日报》“培育和践行核心价值观百家经验”和第三届“浙江省宣传思想文化工作创新奖”。其成功探索及其在乡村社会治理中的价值给予我们多方面的启示和思考。

一、深刻把握时代特征是实现乡村治理善治的前提

当前，从一种普遍性来看，可谓“三期”叠加，中华民族处于社会转型、文化转向、文明跃升的时期。出现的不同程度的社会结构分化、断层问题困扰着社会发展，如“代沟”问题、乡村衰落问题，特别是年轻人的精神空虚和迷茫、疯狂的举止和怪异的打扮，这些都是时代病症的表征！这极度说明我们生存的“无根化”——一种没有故乡的漂泊感，空心化、人性恶、粗鄙化的物欲追求，已然在侵蚀着我们健康的生活方式，破坏着中华文化的肌体。如何延续历史文脉、建设共有的精神家园，使优秀传统文化在与时俱进中得以复兴并活在当下，为焦躁不安的现代人安心铸魂。正是在此背景下，临安的“好家风”活动有了时代的意义，而成为社会属意的一个焦点，就是很自然的事情了。“好家风”活动紧紧抓住家庭——社会主流文化价值观建构与传播的“毛细血管”和社会肌体健康发展的“细胞”，有了它社会主义核心价值观才能接地气，才不会落空和“大而化之”，才能以家风促村风、正党风。为此他们建设农村文化礼堂18家、文化走亲10场、吴越文化公园、移动图书馆、“好家风”乡村志愿服务队实现行政村全覆盖等，使社会认同的主流文化价值有所附着。事实上，任何优秀的价值观，只有顺应了时代需求，才能获得发展的机缘，这是它给予我们的启示。

如何契合时代的变化、抓住这个时代，是做好乡村社会治理的前提，也正

是它引发我们思考。在时代语境下，必须深刻理解变与不变的关系，要看到生产力的变化、文化地位和作用的凸显，社会人口结构的变化、社会治理主体的多元化。既要敏锐地关注到文化展示、传播载体的变化和社会氛围的养成，更要看到社会基本价值、优秀传统文化的价值遵循和传承，并时时回到我们的起点——我们从哪里来？我们要到哪里去？这一根本性的价值建构的起点，在与时俱进中创新发展。社会主义核心价值观只有扎根到这个“变”与“不变”的关系中，才能真正走入大众心理！放眼全球，中国早已融入世界体系并参与全球秩序的重构，中国的崛起改变的不仅是世界经济格局，还将重构我们的思维思想和生活方式（要思考中国崛起为世界贡献什么）。在全球化竞争舞台上，中国发展的独特性在于文化（文化是制度之母、文化是法律之魂），是中华文化使中华民族屹立于世界民族之林。文化是“中国模式”的核心要素，它显现于经济、政治和社会等层面，中国的发展指向是建设社会主义文化强国！这是中国屹立于全球的根本！中国是改革开放和全球化的受益者，是推动世界文明跃升的积极力量，只有立足开放包容、文明互鉴才能使我们的文化更加丰富多彩！

这种全球化语境是我们理解现代化进程中乡村治理的背景。传统文明视野下的村庄是一个熟人社会，是农民生产、生活和娱乐的基本社会单位。当下面临城市化的急速进程，必然要从熟人社会向市场经济的契约社会转变，要从乡村舆论场向现代性的公共文化空间转变，它所带来的是心理的震荡和规则的重新建构，更是从根本上关乎“变”与“不变”。当下，在全国乡村治理中普遍存在着利益越来越成为村民行动关键的趋势，这种趋势导致基层政权面临合法性危机，其结果是国家越来越丧失来自农民的合法性支持！因为变迁中的乡村社会很大程度上丧失了正义感与是非观，没有了共同遵守的基本原则和价值理念，一系列报道出来的事件表明任何丑陋的现象都可以被理解，道德沦丧、见利忘义就变得普遍起来。一方面是个体农民生存的无力感，一方面是农村中各种力量的滋长、各种利益主体的滋生。在乱象纷呈的无序中，乡村治理中的短期行为日渐严重，不断地侵蚀、腐蚀着社会主义国家的机体。在一个利益主导下的社会，曾经坚强有力的集体不复存在，很多人看不到希望，导致人心涣散，乡村失去主流价值引导（以前是老鼠过街人人喊打，现在是老鼠过街人人躲起来），集体行动就更加无力，凝聚力的丧失使得村民生存方式越加原子化，民心更加离散化，国家越发失去了从农民那里获得支持的力量。在一个缺乏正义感的社会，个体要么为利益而拉帮结伙（滋生黑社会），要么落单成了孤零零的原子化个人。在缺乏正义感的社会治理中，村民往往以利益来行事，就会越加丧失原则性与道德感，其结果乡村社会中传承千年的感动丧失、侠义丧失、见义勇为丧失，国家民族、文化理想等超越性关怀丧失，乡村治理的无序化使国家政权陷入合法性危机。一旦离开有道德和正义感的人民群众，政府和权力就会被晾起来而变得赤裸裸和孤零零，政权就不断丧失权威和力量，也就失去了号召力和动员力，因无法从农民那里获得强有力的支持，政权就不得不与地方势力联合起来维持秩序，社会就不断陷入可怕的恶的循环。这当然是一部分现代化进程中乡村社会治理的图景，但这种图景的真实存在不能不引发我们思考如何在乡村治理中使农民重新获得力量感、正义感、是非观，从而营造一种向上、向善的主流文化价值氛围，形成风清气正的舆论导向！在此方面，临安以“好家风”活动为抓手，使“好家风”所弘扬的价值观在乡村社会治理中发挥了“稳定器”和价值参照系的作用。

二、积极重视文化的力量及其在乡村治理中的作用，在发掘传统文化资源的创造性转化与创新性发展中，找到有效抓手

就现实性而言，文化基因不仅是家风，更是社会风气、党风的内核，我们党是一个有文化追求和文化理想的政党，党自成立始就高度重视文化的作用，并深深扎根于中华民族优秀传统文化，成为中华民族优秀传统文化的继承者。就历史传承而言，历史上儒家有着修身齐家治国平天下的文化追求，在两千多年的历史变迁中形塑了民众深层次的家国同构的文化心理结构，并已积淀为社会治理的文化基础，成为培育民族凝聚力和认同感的逻辑起点。可以说，中国人对国家、社会、家庭和个人有着独特的理解，而不同于西方社会对宗教的信仰，中国人有着一种内在的超越，祠堂、祖先牌位等是安放灵魂的地方！内在的信仰外化为对“伦理道德”的追求——对礼（礼教、礼乐）的恪守，由此形成中国人独特的世界观和价值观。虽然迈入现代化进程一百多年来，中国已经成为一个现代国家，不再是西方学者眼中的所谓“文明体”的概念，传统的大家庭已经解体，独立的小家庭成为社会的基本细胞，但社会教化的有效性依然离不开“家风”的纽带。

我们的发展不仅要接续传统，而且要弘扬中华民族的优势。什么是发展?

现在一提到发展，大家都有一个很清楚的认知，普遍认为发展就是指经济的发展，所以拼命追求GDP等一系列指标。进入21世纪以来，全球有一个越来越强的共识，那就是说发展不单纯指经济的发展，文化是发展的关键词，文化的繁荣是发展的最高阶段，这才是一种科学的发展观，这种观念与中华民族千年的发展理念是接续的。也正是基于这样一种理念，中央提出全面建成小康社会，包括小康这个词本身就是一个文化的词。文化价值的界定，包括我们现在提的要求五个文明统筹发展、城乡一体化发展，这都是强调对发展的全方位理解。所谓科学发展观，本质上是一种文化观，实际上是包容性的有文化的发展，包括“十三五”时期提出五大发展理念，以及在规划中提出城乡统筹、物质文明和精神文明的协调发展，都体现了我们的发展是有文化的发展，文化才能使一个城市保留自己的个性。发展是有文化的发展，这体现在“三美”临安的概括上。

所谓“好家风”活动，实际上就是在一种对价值守护基础上的创新性发展。它激励人民群众在发掘传统文化资源的创新性发展中，追求生活的富足、追求人的精神风采和精神风貌。在乡村调研中可以感觉到一种基于本地文化的自豪感的外溢，这里的村民没有其他某些地方村民有的冷漠，或者无奈，而是因生活比较富足和有精神追求，而滋生出的一种人之为人的尊严感，一种对本土文化的守护意识。由此来看，临安的文化底蕴，可以用“美丽”来界定。这个“美丽”界定实际上是基于文化的自信，这种文化自信是一种生活方式和一种价值的弘扬。作为一种生活方式、价值弘扬，这关涉传统文化的现代转换，它需要在大众日常生活中落地，真正的文化是活在人心中的，临安的“好家风”就活在群众当下，成为百姓日用的一个价值参照系。

这启示我们，传统再好也回不去了，也不可能有人真的愿意回去。因此，作为文化遗产不能仅仅成为博物馆里供人瞻仰的对象，或大众口头的“谈资”，它必须活在当下，经由现代性转换融入大众的日常生活，以一种活态化的面目示人。社会发展以人为本，就要关注个体成长、家庭发展、社会进步。传统文化作为我们的资源，在今天更多的是一种学术资源，如何使学术资源活在当下？这就需要现代性转化。包括“好家风”活动，从一个家为单位，到村风、社风、党风、政风，说起来很流畅，但这里面有一系列过渡性环节，现在靠“好家风”把它关联起来，但这里面有一些因素和观念及规则需要创造性转化。传统意义上的儒家诚信、正义、修身齐家治国平天下，有一个前提，我们是宗法血缘关系建构的社会，亲亲以亲来完成教化，中国文化家国同构的情怀，家训更多的是契合古代中国的“仁义礼智信”的核心价值观。虽然现在依然在讲家国同构，家即是国，国即是家，但包括家的概念和国的概念，都不是我们传统意义上的家和国的概念。现在是个体、小家庭、大社会的概念，如何在个体、家、社会、国家、世界等维度和层面建构起现代的观念，这里面涉及一系列转换。怎么转换？实际上依旧是个难题。这不仅仅关系到中国能够为世界做什么贡献，也是关系到乡村治理、城市治理、社会治理。“好家风”就是“文化+”“价值+”，就是展示我们的文化，在展示文化中讲中国故事。浙江临安有很多本乡本土的故事，让人非常触动，包括1966年部队军属的通信，以及上海知青返城之后再回到这里，等等。通过“好家风”讲临安故事，讲杭州故事，讲中国故事。讲中国故事，说到底就是讲一个好的中国故事，或者讲中国的好故事。在临安，就是讲临安的好故事。这是一种情感或者文化价值的感召力，这是临安的特色和底色，它有别于杭州的休闲生活、慢生活，这是它的一种定位。这启示我们，“软力量”要扎根传统文化，但它必须是现代的，这样才会有力量！

中国的独特性在哪里？中国文化！今天必然要立足21世纪的现代中国，传统文化是社会主义核心价值观的资源，要培育符合时代特点的践行载体，培养大众健全、担当的人格，有抱负、有责任感、有胸怀的现代人。对于“家训”我们不能机械地照搬，而是要内化和深刻地理解，结合时代语境由外在的教条生成为内在的思想，进而在教化人心中有助于传播和践行社会主义核心价值观。临安“好家风”的传承和弘扬，既是发掘历史文化的活化石，又是传统文化的活态化展示，它保留了我们的文化记忆，是群体认同的依据和我们“返乡”的路标。临安的发展实践再次表明，社会治理水平与社会基本秩序的稳定和文化价值导向关系密切。城镇化作为我国现代化的必由之路，需要推动传统文化的创造性转化和创新性发展，需要在现代性转换中不断融入现代文化的发展进程。在对传统文化资源的发掘和创造性转化中，临安的“好家风”着重在群体心理方面发挥引导作用，即讲和谐，使人心不争；讲凝聚，使人心不散；讲陶冶，使人心不俗。从而使农村基层政权能够感召人心，具有凝聚力和战斗力，使乡村社会治理走向善治。

在“好家风”活动中群众焕发出的积极性和向善向上的社会力量，使临安的经济在全国县域经济发展中名列前茅，为精神文明建设和农村富裕奠定了物质保障。家风和家训从历史走来，是历史的积淀。但在今天它与经济的发展、社会的发展是相互促进、相辅相成的，临安所取得的一系列成绩已经充分说明了这一点。经济的发展和社会的稳定为弘扬“好家风”提供了物质基础和保障，“好家风”活动又为经济社会的发展提供了新的精神动力。孟子曾说“天下之本在国，国之本在家，家之本在身”，从一定意义上说，好的家风孕育好的公民，好的公民组成好的社会，好的社会推动形成好的国家治理。因此，家风是一个事关国家稳定祥和、社会良性有序的一个重大问题，是培育和践行社会主义核心价值观的有效载体和抓手。由“好家风”活动所传播的价值观，使我们感受到了文化的力量，文化彰显的不仅是一个城市的个性，还是一个有影响力的符号，它成就的是社会发展的高地。在南宋的历史上，临安是一个文化繁荣之地，所以说临安是一个文化符号。今天打这个牌，还要回归临安的文化本位，文化的繁荣是临安繁荣的最终的目标价值诉求。文化的临安才是临安发展的最高追求，文化的临安实际上也是临安的一种界定和自觉追求。作为一个文化符号，临安要给人一种文化感，而不单单是一种经济上的成就感，而且是区域性的文化中心。

对于一个健全的社会来讲，文化的作用是基本的和持久的。如果说科技创新重在提高效率，解决的是发展路径问题；文化创新则重在润泽心灵，解决的是发展目的问题，只有健全的创新意识才能使科技理性与人文情感保持一种平衡，从而促使人类社会走向良性的健康发展之路，这有助于在更高层次上实现物质文明与精神文明协调发展，才能使文化如灵魂般地融入经济社会的血液，提升经济的品位和人类文明的程度。习近平总书记所著的《之江新语》，在其中《文化是灵魂》一文中他写道：“一位哲学家曾做过这样的比喻：政治是骨骼，经济是血肉，文化是灵魂。这一比喻形象地说明了文化对人类社会发展所起的作用。”在《文化育和谐》一文中他指出：“文化即‘人化’，文化事业即养人心志、育人情操的事业。人，本质上就是文化的人，而不是‘物化’的人……文化育和谐，文化建设是构建和谐社会的重要保证和必然要求。”习总书记为什么重视文化，他有一个很深刻的理解，我们要讲文化，我们要讲出我们跟别人的不同，我们真正的不同是什么，我们的特殊性或者特色就是中国文化，就是基于中华民族共同孕育出来的中华文化，我们要到哪里去，我们这么一个庞然大物在崛起中要进入世界主流体系，我们以什么面目示人，我们给世界作的贡献是什么，都要在中国文化中寻求答案。我们的目标是要建设社会主义文化强国，这才是我们屹立于全球的中国形象。因此，文化建设要以“弘扬中国精神为担当”，以“凝聚中国力量”为使命。在2016年“两会”上，国务院总理李克强在回答记者关于文物保护工作的问题时说：“保护文物实际上也是推动文化事业的发展，来滋润道德的力量，传承我们的传统优秀文化，来推动经济和社会协调发展。现在经济领域有不少大家诟病的问题，像坑蒙拐骗、假冒伪劣、诚信缺失，这些也可以从文化方面去找原因、开药方。市场经济是法治经济，也应该是道德经济，发展文化可以培育道德的力量。我们推动现代化，既要创造丰富的物质财富，也要通过文化向人民提供丰富的精神产品，用文明和道德的力量来赢得世界的尊重。”这种文化自觉意识体现了对文化作用的深刻认知，在价值上体现了对文化本位的回归，即对“以文化人”和“文以教化”的社会功能的高度重视；同时，这种对文化的认知脱出了简单的经济层面的理解，而具有了哲学的高度。文化上升到文明和道德的高度，成为经济可持续发展的魂，体现了文化对人类社会进步的支撑作用，这同样是临安“好家风”给予我们的启发和深刻思考。

第十章　建设四个生态　塑造浦口风尚

——南京市浦口区创新社会治理的实践与思考

2016年9月10—11日，中央党校课题调研组一行数人，在南京市浦口区进行调研和座谈，其中浦口区的“技术产业创新和基层社会治理”给课题组留下深刻印象。不论是美轮美奂的美丽乡村——水墨大埝、老山生态旅游体验园及其壮观气派的高创意设计的旅游综合体，还是高新区生态生命科学园、高新区生物医药谷，特别是江北新区研创园中江苏产业技术研究院的技术创新能力和实力，都使调研组一行深感震撼和振奋，在经济不断下滑的情形下其展现出蓬勃的生机。尤其令人印象深刻和深受震动的是浦口区江浦街道联勤中心的“大联勤”执法模式和居民消费合作社等社会治理创新服务，不仅使基层社会治理走向有序化，社会文明程度不断提升，更令人真切地感受到浦口区浓厚的创业创新氛围，以及广大干部对这片热土的一种情怀。听了浦口区主要领导的报告和参观考察得到的深刻印象，我们不断确认了浦口区委、区政府提出的“四个生态”发展理念，是一个非常好的具有前瞻性的发展观。它是基于地情基础上对“十三五”新发展理念的高度契合，是一种科学的发展观、一种积极向上向善的文化观，由此成就了处于现代化、城市化特别是城乡一体化进程中，以“大联勤+”执法方式为现实骨架的社会治理的浦口风尚现象。他们通过对基层社会治理模式的探索和服务创新实践，不仅对存在的问题认识得清楚、矛盾症结点找得准，而且治理举措适当，效果明显——社会秩序和社会氛围明显改变、经济发展环境明显改善，有力地吸引了一些大企业、大项目入驻江北新区，从而促进当地文化建设蓬勃发展和文化创新活力不断迸发，在社会治理中不断走向善治，使浦口区不断成为社会文明发展高地，不断成为具有社会主流价值感召力的文化繁荣发展高地。

第一节　社会治理的内涵与文化价值取向

社会治理和服务创新看起来是一个社会管理、社会服务、经济发展、劳动力就业、社区和村委会自治的问题，其实在根子上是一个价值观问题，即对什么是一个好的社会的价值认同问题。当前社会治理中存在的诸多问题或多或少都与社会主义核心价值观教育的缺失与价值观的扭曲分不开。因此，促使社会治理不断走向善治的基础是把社会核心价值观有效地融入社会制度建设中，使好的正向的价值引导贯穿经济社会文化发展的一切领域，营造全社会积极向上向善追求公平正义的人文理念的氛围。

一、社会治理的概念阐释

探讨社会治理的含义，要首先了解什么是社会管理。公共管理学认为，社会管理也称作社会公共管理，指政府及其他社会公共组织为了适应经济与社会的发展和满足社会公众的需要，对涉及公众利益的各种公共事务，通过制定必要的制度和公共政策来实施的有效管理。[①]在社会学看来，所谓社会管理主要指“执政党和政府与其他社会主体，运用法律、法规、政策、道德、价值等社会规范体系，直接地或间接地对社会不同领域和各个环节进行服务、协调、组织、监控的过程和活动”[②]。就社会管理而言，它不仅涉及国家对社会领域的宏观调控，还包括社会组织和公众对立法的参与、执法的监督和行动的自律。

当前语境中的“社会治理”概念，是从西方政治学术语中引进的，并非中国传统文化中的“治理”概念。传统汉语言文化中“治理”概念的含义是有效统治、有效管理、有效整治，从而使某个地区或者某个群体规范有序，这一内涵其实在当前的地方基层治理中仍然被延续下来了。现代意义上的“社会治理”

---

① 王济萍:《创新社会管理体制，提高社会管理水平》,《山东行政学院山东省经济管理干部学院学报》2008年第1期。

② 郑杭生、高霖宇:《提高社会管理科学化水平的社会学解读》,《思想战线》2011年第4期。

概念首先出现在20世纪90年代，“进入21世纪后它也成为中国学术界的重要话语”[①]。直到党的十八届三中全会，它才正式进入党的最高文件。按照词源学考据，“Governance”即“治理”的概念，在20世纪后半期随着新公共管理理论的风行而得到学界和政界的青睐。20世纪90年代，联合国全球治理委员会对“治理”的界定是“个人和各种公共或私人机构管理其事务的诸多方式的总和”，并列出了“治理”概念的四个特征。其一，治理不是一套规章条例，也不是一种活动，而是一个过程。其二，治理的建立不以支配为基础，而以调和为基础。其三，治理同时涉及公、私部门。其四，治理并不意味着一种正式制度，但确实有赖于持续的相互作用。[②]作为现代化成果之一的“社会治理”，可以做这样的界定：在社会领域中，从个人到公共或私人机构等各种多元主体，对与其利益攸关的社会事务，通过互动和协调而采取一致行动的过程；其目标是维持社会的正常运行、满足个人和社会的基本需要；既是一个使相互冲突或不同利益得以调和并且采取联合行动的持续过程，又是既包括有权迫使人服从的正式制度和规则，也包括各种人们同意或以为符合其利益的非正式的制度安排。可见，相比较传统的社会管理，现代政治文明视野中的社会治理有着更高的保障大众权益的文明价值指向。当代中国的社会治理，就是要在承认个性化、多元化的基础上，通过互动和调和——沟通、对话、谈判、协商、妥协、让步——整合起各社会阶层、各社会群体都能接受的社会整体利益，最终形成各方都必须遵守的社会契约。“社会治理是以实现和维护群众权利为核心，发挥多元治理主体的作用，针对国家治理中的社会问题，完善社会福利，保障改善民生，化解社会矛盾，促进社会公平，推动社会有序和谐发展的过程。”[③]究其现实性而言，从传统社会管理向现代社会治理发展是经济社会发展的必然趋势，是一个国家和地区现代化发达程度的表征。社会治理部分包含社会管理和社会自治，但这种社会自治并非完全意义的社会自治，因为在它之上必然有政府的管理。因而，从基层社会治理的实际来看，处于现代化进程中的基层社会治理的诉求目标多停留在“使秩序良好”（回归正常秩序）的层面上，它不仅强调多元主体，法

---

① 俞可平：《中国治理变迁30年：1978—2008》，社会科学文献出版社2008年版，第1页。

② 俞可平：《治理和善治》，社会科学文献出版社2000年版，第33页。

③ 姜晓萍：《国家治理现代化进程中的社会治理体制创新》，《中国行政管理》2014年第2期。

治、协商、对话等柔性方式，也强调目标和状态，即通过对转型社会问题的解决和矛盾化解来夯实执政基础，从而形成良性运行的、稳定有序的、和谐发展的社会。因此，需要更进一步的文化价值引导，在社会文明和公民素质不断提高的基础上，使社会治理走向社会善治。

二、在完善社会治理中走向社会善治

如何实现社会治理的善治？“善治的本质在于它是政府与公民对公共生活的合作管理，是政治国家与公民社会的一种新颖关系，是两者的最佳关系。”[①]其实，它至少包括政府、社会（公民、专家）和市场力量等多元主体，关键是转变政府职能——建构服务型政府。所谓服务型政府是指“实现政府和社会之间关系的根本性改变，即由传统政治管理中的政府本位和政府意志居于决定地位，向公民本位和公民意志决定性地位转变”[②]。主要通过制度性、组织性、个体性建构实现由行政主导转向政府、市场与社会的协商共治，社会治理创新内容可分为管理创新、技术创新、合作创新、服务创新和治理创新等类型。创新路径可分为对行政力量本身的改造，如减少管理的层级而优化治理方式，建设服务型政府、改革行政审批程序等大部门制改革；把市场逻辑引入社会治理，包括培育社会组织、引进民营资本进入公共服务领域（如成都的社会组织培训学院、上海浦东新区的公益服务园等），重点对公共产品的生产、提供和反馈进行改造，包括公共产品外包和政府购买公共服务；把公民力量引入社会治理全过程，积极鼓励公民参与治理实践，包括公民参与立法，参与政策制定、实施和评估，参与官员考核和城市与社区发展规划等（如已经实行的重大决策听证制度、杭州市的开放决策等案例）。

社会治理创新主要指重塑社会治理机制、规范行政力量及其公权力的运用，使市场和社会力量成为社会治理的多元化主体力量之一，从而实现社会治理从行政主导走向多元共治。主要针对当前普遍存在的社会治理主体单一、科学发展理念及其社会善治理念难以落地等现象，通过政府社会服务创新等方式使之下沉到社会治理实践。服务创新的核心是多元共治，突破行政力量的一元化主导状态（政府不是全能的），限制公权力的运用，引进市场和社会

---

① 俞可平:《治理与善治》，社会科学文献出版社2000年版，第8–9页。

② 张勤:《中国公民社会组织发展研究》，人民出版社2008年版，第88页。

力量参与社会治理，既要倡导公平正义，又要尊重市场基础上的效率原则，还要注重以公民权为基础的公民参与，通过机制创新协调三者之间的紧张关系。其中，文化服务的有效供给特别是公共文化服务体系的建构和文化创意产业的发展，对一个区域社会治理创新发挥着重要作用，其可提供发展目标和人才支撑，经由人的现代化最终实现社会现代化，真正进入公民社会、市民社会，实现社会和谐稳定。

当前的问题是：要着力解决创新主体的多元化问题（政府不能唱独角戏）、创新有效落地问题（不能仅停留在政府层面、文本层面而沦为政绩宣传），以及政府在社会组织培育中各种嵌入和控制如何在创新扩散中得到有效突破的问题。党的十八届三中全会明确提出：创新社会治理，必须着眼于维护广大人民根本利益，最大限度增加和谐因素，增强社会发展活力。通过改进社会治理方式，实现政府治理和社会自我调节、居民自治良性互动。这是在中央文件中首次使用社会治理概念。从社会管理到社会治理，一字之差，不只是概念的转换，更是一种全新的改革理念的升华。社会治理取代社会管理，意味着社会秩序的维护和愿望的达成不再是政府单方面的事务，而是政府与公民和社会共同的事务；政府不再是单一的管理主体，公民社会不再是被管理的客体；治理过程不再是自上而下的单向度的管控，而是多元主体的平等协商与合作。同时，在迈向社会治理的过程中，对基层政府的职能仍然强调“社会管理”，即公共服务、市场监管、社会管理、环境保护等。这表明，当前社会治理和社会管理共处于一个时空中。总体上看，社会治理改革是一项综合性工程，牵涉方方面面，具有“牵一发而动全身”的特点。另外，社会治理改革的内容也非常庞杂，分散在经济、社会、文化、政治等不同领域，这些特点决定了社会治理改革将是一个渐进和配套推进的过程。习近平总书记在系列重要讲话中指出：加强和创新社会治理，关键在于体制创新，核心是人，只有人与人和谐相处，社会才会安定有序。社会治理的重心必须落到城乡社区，社区服务和管理能力强了，社会治理的基础就实了。要深入调研治理体制问题，深化拓展网格化管理，尽可能把资源、服务、管理放到基层，使基层有职、有权、有物，更好为群众提供精准有效的服务和管理。

三、发挥文化价值在社会治理中的引导作用

说到底，正是一个社会的价值观决定了这个社会发展模式和路径方向（提炼出城区的精神符号）。要把社会主义核心价值观的培育和践行与社会治理关联起来，通过理论引导、制度涵育、文化滋润、典型示范、环境熏陶等贯穿经济发展和社会治理的全过程之中。一个社会走向治理的善治必须要有社会理想、文化理念（文化是制度之母、文化是法律之魂）以及共同遵循的价值原则，同时价值观也是社会实现善治要借重的力量。子曰："道之以政，齐之以刑，民免而无耻；道之以德，齐之以礼，有耻且格。"（《论语·为政》）所谓"道之以德，齐之以礼"就是运用价值观的引导来推进社会治理，通过使价值观润泽人心与其他社会治理力量形成合力，从而达于善治。习近平总书记指出："培育和弘扬核心价值观，有效整合社会意识，是社会系统得以正常运转、社会秩序得以有效维护的重要途径，也是国家治理体系和治理能力的重要方面……构建具有强大感召力的核心价值观，关系社会和谐稳定，关系国家长治久安。"因此，在城区社会治理创新中，我们要把社会主义核心价值观与城区发展实际相结合，使之在接地气中成为百姓的自觉，所谓内化于心、外化于行。

在调研和座谈中我们深切感觉到，无论是浦口区的技术产业创新和创业环境的营造，还是社区治理的服务实践创新，无不体现出一种先进文化的积极引领，一种文化价值的凸显和文化自觉意识的增强，从而使经济社会体现出一种有文化的发展，使发展真正体现出"以人为本"的执政理念，这是对新一届中央领导集体提出的新思维、新理念、新战略的积极践行，是对全体人民的经济、政治、文化和生态权益的保障，从而在提升政府服务的质量和效益中，促进社会治理走向善治。习近平总书记多次指出，中国有坚定的道路自信、理论自信、制度自信，其本质是建立在五千多年文明传承基础上的文化自信。文化自信，是更基础、更广泛、更深厚的自信。21世纪以来随着文化的地位和作用不断凸显，文化发展越来越进入国家和区域战略高度，文化政策已进入国家政策的重心。人们认识到：发展不单纯指经济的发展，文化是发展的关键词，文化繁荣是发展的最高阶段和目标诉求。伴随全球化进程的深入，国家之间的竞争越来越显现为城市特别是中心城市之间的竞争和博弈，文化在城市发展中的地位凸显，文化成为城市张扬个性、追求特色发展和提升城市软实力的有效手段，文化繁荣成为城市追求

的目标。人们越来越意识到：文化建设是社会治理的灵魂，社会治理离不开文化价值的引导，所谓城乡统筹、协调发展最终要落实到文化认同上。当前，社会治理中的诸多矛盾、社会某种程度上的撕裂无不与文化认同危机有一定的关联，文化是社会的根和魂，培根铸魂是社会治理的核心。文化是制度之母，文化是法治之魂。拿破仑创造了无数军政奇迹与文化辉煌，回顾一生，他意味深长地说，世上有两种力量：利剑和思想，从长而论，利剑总是败在思想手下。法国大作家雨果曾经说过：比天平（法律）更高的是七弦琴（艺术）。在2016年的“七一”讲话中，习近平总书记郑重地提出文化自信问题，并认为文化自信是更基础、更广泛、更深厚的自信，要以文化自信支撑道路自信、理论自信、制度自信。鲜明地提出文化自信，体现了我们党高度的文化自觉，彰显了我们党坚定的文化立场，凸显了文化在中国特色社会主义事业全局中的重要地位，把我们党对文化作用和文化发展规律的认识提升到一个新的境界。

第二节　以“四个生态”建设引领浦口社会治理创新

在当前“三期”叠加的复杂语境下，政府管理如何实现服务创新？以什么样的理念引导？有哪些途径和措施？社会治理是国家治理体系和治理能力现代化的重要组成部分，对其理解和定位要放在“五个文明”统筹发展和“四个全面”战略构想深入推进的视野中，紧紧抓住核心内容和逻辑骨架充分展开。在创新服务实践的社会治理中，浦口区实践的“大联勤”的治理机制，在城乡社会治理中效果显著，其核心力量是“四个生态”建设，它既是保障社会治理的良好基础，又是实现社会治理的灵魂。作为社区治理中服务实践创新核心的“大联勤”模式，其核心内涵是围绕“问题发现”和“群众参与”，建设性地提升了居民的获得感和满意度。在调研中我们深刻感受到，支撑“浦口风尚”宜居健康的自然生态、创业创新的人文生态、法治诚信的社会生态、风清气正的政治生态即“四个生态”的生动实践，其目标是建构符合浦口实际的创新型社会治理新模式。

一、浦口社会治理的现实基础（经济基础、社会基础、文化基础等）

南京市浦口区于2002年由原浦口区和原江浦县合并而成，常住人口约90

万，总面积913.75平方千米，下辖9个街道，即江浦、桥林、星甸、汤泉、永宁、盘城、沿江、泰山、顶山；2个国有农场，即老山林场和汤泉农场。有国家级的南京高新技术产业开发区、南京海峡两岸科技工业园，省级的浦口经济开发区和珍珠泉旅游度假区，与南京主城隔江相望。近年来，在苏南现代化建设示范区、苏南国家自主创新示范区以及江北新区等国家级战略的带动下，浦口区的现代化和新型城镇化进程明显加快，经济社会发展水平不断提高。尤其是2015年6月国务院批复设立南京江北新区，这是江苏省唯一的国家级新区。国家赋予江北新区的战略定位是“三区一平台”，即逐步建设成为自主创新先导区、新型城镇化示范区、长三角地区现代产业集聚区、长江经济带对外开放合作重要平台，浦口区作为其中的主体部分将迎来重要发展机遇。这种高起点规划和设计，在城市品质上，有利于浦口优化城乡建设布局，健全公共服务体系，加强基础设施建设，加快新型城镇化建设步伐；在机制优化上，有利于浦口推动体制机制创新，全面提升改革开放的广度和深度，加快建立完善与新区发展相适应、与功能定位相匹配的管理体制。浦口区借力借势江北新区建设，不断提高浦口自身的发展能级和影响力。

浦口区历史底蕴深厚，独特的区位优势和良好生态环境与多元文化的交融成就了浦口的主流文化底色。2300多年的文明史，使浦口孕育出宋代爱国词人张孝祥、一代“草圣”林散之、当代花鸟大家吴国亭等众多古今名人，而被文化部命名为“中国民间文化艺术之乡”。以求雨山“金陵四老”纪念馆为代表的书法文化，以禅宗祖庭定山寺为代表的佛教文化，以浦口火车站为代表的民国文化，以“王荷波纪念馆”为代表的红色文化交相辉映、多元交融。在生态保护和建设上，可以说山水泉林绘就了浦口优美的生态景观。作为国家级生态区，“一山、一江、两湿地、三泉”是对浦口自然生态的生动概括。“一山”即老山，是全市唯一的国家级森林公园，10万亩森林为全省之最，被誉为“南京的绿肺”。“一江”即长江，拥有54千米长江岸线，景观化建成17.6千米滨江风光带。“两湿地”即西江口和滁河湿地，24.4千米滁河风光带风景如画。“三泉”即珍珠泉、汤泉、琥珀泉。珍珠泉在明清两代即被誉为“江北第一游观之所”，汤泉荣获全国首批“中国温泉之乡”称号。在人力资源和智力建设方面，作为南京重点建设的三个“大学城”之一，区内有南京工业大学、南京信息工程大学，南京审计大学等12所著名高校，在校师生超过10万人。鼎泰药物研究院、膜产业研究院等多所科研院所，11个博士后工作站和院士工作站，50多个科技创新平台和工程技术中心，为区域经济社会文化发展提供了强劲的智力支持。总体上说，深厚的文化积淀和人文价值教化以及当代大学城建设，为浦口区社会治理的长效性提供了基础和条件。

在城乡一体化的现代化进程中，独特的地理区域构成、历史文化底蕴和发展先机，成就了浦口鲜明的阶段性发展特征。主要表现为在开发建设大潮中，随着社会城乡布局和人口总量与结构、社会组织管理体系的变化，社会治理面临新老矛盾交织、新旧城乡二元结构叠加、社会融合度不高等常态化难题。这些难题迫使浦口区委区政府集思广益、积极创新服务实践，以创新性发展思路和基层社区治理模式的有效性，不断提升浦口区的社会治理水平。通过坚持走以人为本、四化同步、优化布局、生态文明、文化传承的中国特色新型城镇化道路，不断完善基本公共服务，建立高效运转的行政管理机制，构建现代社会治理体系，营造良好的绿色、智慧、人文环境，使全区人民在社会治理的共建共享中有更多获得感，从而在社会治理上与国家南京江北新区发展目标的要求相匹配，成为全国城乡现代化进程中新型城镇化示范区。

2013年以来，浦口区委区政府积极探索适应城区发展实际的社会治理新路径，探索建立起城区、街道、社区（村）三级联动工作平台和区街两级联勤指挥工作体系，使“条”上管理主体和社会相关资源在“块”上有效融合，着力推动社会治理重心下沉，促使社会治理“大联勤”——群防群治、联勤联动、自助互助、共建共享的工作模式逐步规范化、科学化、常态化和现代化，进一步在社会治理创新上提升、跨越，促使基层社会治理焕发勃勃生机。他们创造性地提出“建设宜居健康的自然生态、创业创新的人文生态、法治诚信的社会生态、风清气正的政治生态”的发展理念，以此理念为引导在实践中创新开展社会治理大联勤和综合执法下沉工作，先后出台《关于进一步完善社会治理“大联勤”工作的实施意见》《关于全面推进全区社会治理“大联勤”网格化服务管理工作的实施意见》等文件，积极推进居民消费合作社、诚信体系、微社区、乡贤会等载体建设，不断丰富“四个生态”理念的内涵，建构了符合浦口实际的创新型社会治理新模式，在提高城市管理和社会治理水平上，实实在在地提升居民的获得感和满意度。

二、当前实践中存在的突出问题

浦口区充分把握当前社会发展的阶段性特征，对社会治理面临新老矛盾交织、新旧城乡二元结构叠加、社会融合度不高等常态化问题，紧紧抓住其中的突出性问题，探寻其症结点。

一是居民收入水平与生活幸福指数不成正比。近年来浦口区城乡居民收入水平普遍提高，从2010年到2013年，浦口区城镇居民人均可支配收入由26 740元增至37 443元，农民人均纯收入由11 050元增至16 890元。但生活环境的宜居程度还不理想，生态环境质量有所下降，交通拥堵、停车难等“城市病”日益凸显。特别是精神文化生活等共性需求难以得到满足，部分群体的个性化需求难以得到保障，居民幸福感没有相应提升。

二是公共服务供给与居民满意度不成正比。2013年，浦口区城乡公共服务支出占公共财政预算支出比重已达75.8%，浦口市民中心、桥北文体中心等一批公共服务设施正在加快建设；青奥体育公园、江滩湿地公园等高端公共配套逐步到位；南京地铁10号线开通后，城乡交通条件不断改善，居民出行更加便捷。但公共服务改善总体还局限在硬件方面，软件不丰富、不便捷、不均衡的问题还比较突出。社区层面的公共服务供给还比较缺失，没有形成便捷的生活服务圈。特别是基层公共服务的质量还有待进一步提升，居民小区的物业管理问题突出，社工队伍建设相对滞后，影响了群众满意度的提升。

三是城乡人口集聚度与居民归属感不成正比。随着南京跨江交通条件的改善，浦口承接主城人口疏散的功能逐步显现，桥北地区百万平方米以上楼盘的入住率普遍超过2/3；同时，区内新型城镇化步伐加快，新建居民小区及安置房小区集聚的人口日益增长。但在人口空间转型和重组过程中，社会和人口结构变化加快，呈现出新旧两种城乡二元结构并存的状况。特别是同一居民小区的不同群体之间理念、文化、生活习惯等差异明显，社会群体融合问题突出，居民的归属感、认同感受到较大程度影响。

四是居民文化程度与诚信守法意识不成正比。集居在浦口桥北地区的外来人口约占80%，其中具有较高素质的人群又占相当大的比例，但“移民正效应”发挥不够，没有带动整体市民素质提升，反而出现了“劣币驱除良币”的现象，每年浦口区“12345”工单有60%以上来自这里。特别是居民小区业委会的违法违规行为频发，传销、无证幼儿园、“三小车”等问题突出，小区私搭乱建、毁绿种菜、住宅变更经营、油烟扰民等问题不同程度存在。

这些矛盾表明，在基层社会治理中政府还未能从传统的社会管理转向时代发展所要求的社会治理，存在基层治理力量、社会协同力量不足，尚没有形成政府治理和社会自我调节、居民自治的良性互动。为此，区委区政府在对矛盾的把脉中寻求问题的症结点。

三、洞察问题产生的深层次原因

在基层社会治理的服务创新中，浦口区积极洞察问题产生的深层次原因：

一是现有的条块治理格局与实际需要不相适应。现有治理体系下，承担社会治理职能的各部门之间，尤其是职能部门与属地之间既没有形成工作合力，又缺乏相应的纠错机制，在一定程度上影响了社会运行秩序的维护。一方面，职能部门承担的任务日益繁重，一线工作力量相对薄弱，监管重心下移、向基层延伸缺乏组织基础；同时，部门履行职责处于传统的内部循环状态，权责交叉地带往往成为监管真空地带。另一方面，基层监管缺乏必要的授权，实际又在本地区承担了职能部门的部分工作。

二是现有的基层治理力量与工作负担不相适应。社区（尤其是新社区）是开展社会治理的主要力量，但普遍存在解决问题手段有限、资源缺乏、责任无限、力量严重不足等问题，导致基层公共服务水平不高。城市社区承担的经济任务虽然逐步取消，但在开展社会治理过程中，对待业委会、物业公司等缺乏必要的约束机制和手段，疲于应付于居民、物业公司和社会组织之间。农村社区面临土地换社保、农民集中安置后生活成本增加、就业困难等问题，开展社区治理的工作精力不集中。同时，受基层干部来源渠道、薪酬保障的制约，社工队伍能力素质还难以适应工作需要，专业社工缺口大，目前全区1900多名社区工作者中，持证社工只有228人。

三是当前群众参与程度与社区自治不相适应。居民归属感、认同感不强，主要在于对基层社会治理的参与度不够，知情权、参与权、决策权、监督权的行使没有得到有效保证。《中华人民共和国城市居民委员会组织法》《中华人民共和国村民委员会组织法》没有得到有效贯彻，居民自治制度化、规范化、程序化建设还不到位，缺乏以居民会议、议事协商、民主听证为主要形式的民主决策实践，以自我管理、自我教育、自我服务为主要目的的民主治理实践，以村务公开、居务公开、民主评议为主要内容的民主监督实践。特别是基层协商民主推进不快，以致出现为群众办实事，却得不到认同和支持的情况。

四是当前社会组织发展与居民需求不相适应。在城乡一体化进程中，非基本公共服务领域市场化改革步伐不快，社会组织等协同性力量参与较少，难以满足群众的多样化需求。区内社会组织数量虽然逐年增多，但结构不合理、专业水平不高，公益类组织仅占10%，承接政府公共服务能力不足；规模上存在着“小、弱、散”等问题，筹资渠道主要是政府财政补贴，自身造血能力不足；组织定位不清晰，近一半为“官办社团组织”。志愿服务、公益慈善等事业推进力度不大，全区5.3万名青年志愿者中有4.8万名是高校志愿者，体制外人员的动员激励机制尚未建立。

四、围绕问题提出“四个生态”建设体系，以此引领全区社会治理工作

在城乡一体化建设中，社区建设是关键。通常，地方政府在基层社会治理中扮演着重要角色，通过建构城区—街道—社区（村）的社会治理体系，引导基层社区走向善治。20世纪后期成长起来的社区是一种新型社区，作为一个新生事物，它在社会治理中的角色扮演、存在形式、发展方向、功能实现途径等都处在建构中。因为是行政性社区，是社会的基层组织，所以在政府主导的社会治理下，这些社区承担了许多原先由政府行使的职能。“政府正在将其传统的社会功能移交社区，促使社区在社会治理过程中发挥更大的功能和扮演更为重要的角色。”[①]社区服务的基本内容包括三方面：一是社区福利服务，主要分为老年人服务、残疾人服务、儿童服务、优抚对象服务、贫困人口服务等；二是便民利民服务，主要有家政服务、社区居民生活服务、文化体育服务等项目；三是与社区其他组织双向服务，主要是社区的企业、事业单位、社会组织和其他社会机构实现资源共享，实现以“街企共建”“园镇共建”“产城融合”为目标的双向服务。社区作为基层社会治理的细胞和毛细血管，其活跃度和有效性直接关乎城区社会治理的质量和水平，其中的关键需要科学的人文理念的引导。

浦口区以“四个生态”建设为引领来强化顶层设计，协调推进社会治理中

① 张康之、石国亮：《国外社区治理自治与合作》，中国言实出版社2012年版，第6页。

的服务方式（手段、路径）创新。基于浦口实际，区委区政府提出围绕建设宜居健康的自然生态、创业创新的人文生态、法治诚信的社会生态、风清气正的政治生态的“四个生态”，来指导和推动浦口区的社会治理模式创新。在创新实践中，他们立足“四个生态”战略，紧紧把握全区工作着重点、关键点、风险点，统筹经济社会文化生态发展大局，准确把握浦口发展的阶段性特征，用战略眼光和辩证思维剖析形势，以更宽的视野谋划未来。

党的十八届三中全会提出：坚持依法治理，加强法制保障，运用法治思维和法治方式化解社会矛盾。十八届四中全会提出全面“依法治国”的理念，这为提升社会治理水平和能力提供了基础和前提。只有不断推进法治社会建设，增强全社会特别是公职人员遵法、学法、守法、用法观念，构建公平高效的法治环境、公平正义的社会环境，推进基本信用体系建设，建设诚信新区，才能促使社会治理不断走向善治。基于当前处于社会管理和社会治理的特定时期，政府在社会治理改革中仍处于主导地位，其主要表现在以下两方面：（1）政府在退出那些不该管理的领域的前提下，强化市场经济条件下政府社会治理的新职能，确立政府在推进社会事业发展中的主导地位；（2）在引导公民社会独立自治的过程中，政府应主动自觉地为公民社会的自治提供相应的制度环境，为公民参政和实现权利创造政治、经济及文化条件，积极引导、组织和支持公民参政及公民社会的自治，促进社会的公正和进步。

实现社会治理的善治需要政府治理和社会自我调节、居民自治的良性互动，其中的重要环节是培育和激发社会组织的活力。当前我国社会正处于社会加速转型期，社会成员逐渐从原来高度整合的单位中分化出来，形成多元的利益群体，多元化的社会需要多元化的组织来进行整合，同时，社会组织也是监督政府、保障社会公平、维护社会稳定的重要力量。但是目前，我国社会组织存在着功能结构不合理、作用范围有限、相关法律法规不完善等亟待解决的问题。尤其是社会组织发育不足，使社会整合尤其是弱势群体和边缘群体保护与整合变得困难，长此以往，不仅部分社会成员的边缘化趋势会加剧，而且整个社会也可能陷于无序状态。因此，培育和发展各类社会组织，使各类社会组织成为社会治理改革的合力，形成有效覆盖全社会的社会治理体系；同时，通过培育各类社会组织，提高公民的参与能力和参与意识，保障公民的参与公共事务管理的公民权利，促进公民社会的自我管理和自治。

党的十八届三中全会提出：加快实施政社分开，推进社会组织明确权责、依法自治、发挥作用。适合由社会组织提供的公共服务和解决的事项，交由社会组织承担。支持和发展志愿服务组织。重点培育和优先发展行业协会商会类、科技类、公益慈善类、城乡社区服务类社会组织。推进社会组织明确权责、依法自治。通过购买服务与特许经营等方式充分发挥社会力量在社会治理和公共服务中的积极作用，力争到2020年每万人拥有注册社会组织18个。浦口区深入推进居民消费合作社建设，进一步拓展民生服务载体和为民服务方式，以共建共享为纽带，扩大消费合作社服务覆盖面，提升消费合作社影响力。而深圳在全国率先实行志愿服务组织法人“无主管”直接注册登记制度，出台《深圳市义工联合会章程》和《深圳市团体义工单位管理制度》，规范志愿者招募注册和各级义工的管理。这些探索为城市共治共享，不断提升社会文明程度作出了贡献。

第三节　浦口创新社会治理的实践探索

当前社会治理创新中处于基础性地位的是社会整合的基础工程，以什么发展理念来整合至为关键。其中基层社区建设是主体行动的地理空间载体，是社会治理的落脚点，其有效性取决于治理机制创新。在此方面，南京市浦口区进行了一系列探索，取得了不菲的成绩和一定条件下可复制推广的经验。

一、在目标诉求上

一是追求公平，优化公共服务供给。坚持问题导向，对民生基本公共服务对标找差、加大投入，促进公共服务基本面达标、非基本面提升。同时，发挥市场作用，鼓励社会资本参与，增强服务供给能力，提升居民满意度。

二是以秩序为核心，创新治理工作机制。围绕建立安全、稳定的社会秩序，强化职能部门在设计位置达到功能标准，建立街道与部门“条块”协作的纠错机制。同时，建立诚信守法的信息平台和应用机制，提高失范行为的代价。

三是以社区为阵地，促进社会组织发展。在社区提供基本公共服务的基础上，通过购买服务的方式，嵌入贴近居民需求的公益慈善类、社区服务类等社会组织，有效满足居民多样化实际需求。同时，通过建立枢纽型社会组织，带动适应区域实际和居民需求的特色化、品牌化社会组织发展。

二、在战略思维上

一是联勤联动、群防群治。紧紧抓住江北新区“三网一平台”（移动互联网、物联网、宽带光网、大数据服务平台）等重大信息基础设施建设契机，加快重要公共区域无线局域网覆盖，提升综合管理水平和运行效率。依托大联勤、大巡防机制，抓好综合治理三级平台信息化建设，逐步提升矛盾化解率和群众安全感。深化社会治理方式，延伸“大联勤”触角，完善“发现问题、早期干预”机制，重点突破区级部门二级响应和联动执法，提升群防群治水平，构建“多元融合、广泛参与、共建共享”的社区治理模式。以大联勤统领社会治理，围绕标准化和特色化建设，更大力度聚合行政资源，更大范围引导群众参与，着力展现自助互助的社会氛围。

二是自助互助、共建共享。扎实推进政社互动和基层协商式民主，深化居民消费合作社和乡贤会建设，实现政府管理和社会自我调节的良性互动。加快物业管理转型，推进小区物业管理切实融入“大联勤”体系，建立社区引导、居民参与、多方联动的小区治理格局。

三是积极发挥“互联网+”的平台作用。积极引导培育“互联网+物业”和“第三方物业评估”等新型物业管理模式，提升物业服务管理水平。围绕解决社会治理中存在的问题，推动居民消费合作社、市民征信体系、乡贤会等工作试点推广、逐步覆盖。力争到2020年，城乡社区建设合格率达到95%以上，群众安全感达96%。

三、在主要举措上

第一，积极确立共建共享导向，推行“大联勤”机制。浦口区社会治理的实践创新可以聚焦为“大联勤”。“大联勤”是以发现和处置社会治理中的各类问题为根本目的，运用信息化指挥系统，综合协调、调度相关参勤部门，统筹社会化力量参与，开展连体指挥、联合巡防，从而保障城市稳定有序健康运行，促进社会和谐的一种创新工作模式。通过这种创新的工作模式建立起来的运转机制，最终达到80%的问题在街道能够化解到位，20%的问题由区级牵头相关参勤单位跟进联合执法解决。其组织结构是通过搭建“三级平台+网格”

的四级网格和区、街两级响应模式，将各街道和区级机关整合在一个平台，促使问题工单得到及时流转，达到问题处置的高效化。其服务基本覆盖了社会治理的各个方面，使治理力量真正下沉到基层社区，其内容包括：民生服务——关注和走访低保、“三无”、高龄独居、残疾等弱势群体，帮助他们解决实际困难；宣传就业创业、医疗卫生、计划生育、文化教育、体育健身等公共服务政策，配合开展便民服务、公益服务和志愿服务，努力满足居民群众的现实需要。城市管理——及时检查网格内市容管理、环境卫生情况，同时对沿街商户“门前三包”责任区制度的落实、违法建设管控等情况进行巡查，加强与物业公司、业主委员会之间的沟通、协调，通过网格内各责任主体的联动，提升地区城市品质。公共安全——掌握网格内安全生产、防汛抢险、护林防火、食品安全、消防安全等信息，在发现隐患时及时向上级联勤部门报告，确保做到及时、全面、准确排查和处理公共安全隐患。同时做好食品安全法律法规、食品安全标准和知识宣传普及工作。环保巡查——对秸秆焚烧、施工扬尘、夜间施工及其他噪声污染、餐饮油烟扰民等群众反映强烈的环保问题开展巡查。平安法治——指导和组织专职、义务巡逻队等群防群治力量，开展治安巡逻活动；掌握市场主体（单列餐饮户、食品经营户）基本情况；全面了解掌握网格内实有人口（包括流动人口）基本情况，开展对各类重点人员的监督管理和帮教工作；定期排查和化解网格内矛盾纠纷，预防、发现、制止和报告各类苗头性事件、违法犯罪行为。群众工作——按照《关于完善领导干部联系点、深化网格化管理、实施综合帮扶的意见》（浦委发32号）文件要求，加强群众联系走访工作，多渠道满足群众的合理诉求，协助做好综合帮扶工作。基层党建——发挥“大联勤”资源整合优势，统筹参勤单位党建资源，采取实地走访、座谈交流等方式，全面摸清参与“大联勤”工作的驻区单位、驻区企业的党务工作者、党员志愿者、党建活动阵地、党建特色工作等相关情况。在此基础上，进一步创新“行村制”工作机制，把“大联勤”延伸到村组的每一个角落，还使对党员干部的考核方式更加科学化，因而夯实了“大联勤”工作机制的基础。通过深入开展“大联勤+”九大专项行动，着力消除各种不安全、不稳定、不和谐因素，促使各种不在“秩序”的“部件”及时回到“秩序”中去。为整合各方资源、汇集治理力量，共同维护安全稳定的社会秩序，浦口区于2013年在全市率先按照“联勤联动、群防群治”的思路，开展了江浦、沿江两个街道的“大联勤”试点。具体做法是在区公安分局成立区指挥中心，各街道成立分中心，整合公安、工商、城管、卫生、食药监等执法力量，同时调动社区、志愿者的力量，对辖区进行分层、分级全区域管理，对社会治理问题及时发现、早期干预、快速调处，把大部分不符合秩序的社会治理硬件、软件纳入秩序的轨道。主要成效是发挥了属地发现及时的优势，弥补了部门执法力量有限的不足，让属地的发现、巡防、联勤与执法条线的快速反应、限时执法有机结合起来，实现了社会治理从“处置问题”向“发现问题”延伸、从“事后执法”向“前端干预”转变，达到了减少对抗、形成自觉、共建共享的效果。从两个街道的试点情况看，每天都能发现十几起问题，90%的问题都能通过早期干预解决，入室盗窃、扒窃、盗窃车辆案件发案率大幅下降；相关执法部门也反映，既能形成执法合力、消除边缘地带，又能节约行政成本、增强执法效果。在前期试点的基础上，2014年10月份，“大联勤”机制在浦口区其他街道全面推行。

第二，积极探索自助互助路径，培育居民消费合作社。为打破新城区“二元结构”，引导旧城区和新市镇居民自助互助，2012年浦口区结合居民生活实际，启动了居民消费合作社试点，主要是由社区群众共同建立合作消费组织，一方面为社员提供互相沟通、交换的载体，以合作消费为纽带有效凝聚广大居民，形成良好的邻里关系以及社区文化；另一方面承接若干社区公共服务职能，为困难居民排忧解难，有效促进基层社会化综合服务体系和多层次社会保障体系建设，增强广大居民对社区的归属感和认同感。到2014年底，浦口居民消费合作社总数超过30家，服务居民10万人以上，使消费合作社成为居民参与社会治理的重要载体。

第三，不断强化守信制度约束，构建社会诚信体系。为促进社会成员诚信守法，自觉规范行为，浦口区于2012年着手建立全区社会诚信体系。主要是针对搭便车、钻空子、占便宜等机会主义行为，及时汇总各执法部门掌握的信息数据，从提高失范行为的代价入手，建立惩戒联动措施，发挥“守信者处处受益、失信者寸步难行”的双向预期功能，防范和约束各领域的失范行为。首先，建立诚信信息电子档案和数据库。分别以组织机构代码、居民身份证号为采集识别码，录入基础信息130余万条。其次，定期采集诚信信息。通过全区电子政务平台，定期收录、更新公民、法人的诚信信息，已汇总1万余条。再次，探索诚信信息的内部应用。在公益岗位招录、企业扶持资金发放、干部选拔使用等领域，率先应用诚信信息，努力引导行为主体自觉遵守共同的行为准则，真正做到用行动的历史为自己的未来打基础。

第四，不断壮大协同治理力量，打造社会组织孵化器。为加快构建覆盖浦口城乡的优质公共服务网络，浦口区于2013年4月在全市范围内首次尝试通过政府购买服务方式，转移政府在社会组织综合服务方面的职能。主要依托南京益民社会服务中心专业团队，组建社会组织服务与发展中心，通过发展社会组织、开发服务项目、培训专业人才、塑造服务品牌等方式，帮助草根型社会组织成长，推动专业化社会组织发展，同时支持和引导本土社会组织成功申报省市公益创投项目，一批成长型社会组织在该中心完成能力提升。围绕居民多样化的需求，全区社会组织如雨后春笋般快速发展，截至2014年9月底，全区登记注册的社会组织共有795家，每万人拥有的社会组织数量已达11.2个，超额完成省市和谐社区、幸福都市年度考核指标。已登记注册的社会组织中城乡社区服务类占49.7%，公益慈善类占31.1%，行业协会商会类占17.8%，科技类占1.4%。今后，政府转移职能通过购买公共服务等形式，为社会组织让渡生存空间的力度越来越大，社会组织将在浦口蓬勃发展。

第五，成立乡贤会，积极参与基层社会治理。在全区范围内先后建立“乡贤会”33家，鼓励民间力量参与社会治理。城乡社区民主决策机制试点有序推进，社区小型工程民主决策、村民民主协商会等形成“点”上经验，33家街道和村（社区）乡贤会的建立效果初显，有力地促进了政府管理和社会组织自治的有效互动。

四、主要成效

一是城市治理水平显著提升，全市考核排名靠前。在南京市开展的幸福都市建设评比中，浦口区在2014年的客观指数测评中排名第七，得分58.75，虽然2015年依旧排名第七，但得分提高为59.72；而在主观指数测评中，浦口区2014年排名第二，得分34.21，2015年排名第一，得分为35.10。这些成绩的取得与“大联勤”的社会治理模式分不开。目前，浦口区的“大联勤”已经实现街道全覆盖，初步形成“三级平台+网格”工作体系，全年办理各类工单6.2万余起；社会治理体系深入推进，居民保障体系更加完善，创业创新氛围日趋浓厚。围绕法治诚信的社会生态，加快社会治理创新，推动依法信访、依法行政，居民诚信记录数据库扩容，记录应用扩大，诚信体系建设成为省信用建设试点，群众参与支持经济发展和社会治理的氛围逐渐形成。

二是公共服务水平显著提升，形成了群众在共建中共享、在共享中共建的社会氛围。浦口区坚持把社会主义核心价值观贯穿于全区发展全过程，加强“美善浦口人”等优秀典型的示范引领，探索完善文明创建长效机制，着力提升社会文明程度。把“大联勤”作为社会治理的重要抓手，围绕“发现问题、干预问题、解决问题”，把社会力量整合起来，发挥群众在发现问题上的能力，促进“联勤联动、群防群治”。提升居民消费合作社功能，拓宽服务平台、丰富服务内涵，营造“人人为我、我为人人”的良好氛围。继续加快诚信体系建设，创新信用归集方式和应用路径，推动居民和企业敬畏信用、敬畏自己的行为。注重乡贤文化建设，深入推进乡贤会试点，积极引导乡贤参与社会治理，推进“民事民议、民事民治”。提高物业规范化管理水平，引导全区54%的小区成立自治组织。完成10家居民消费合作社巩固提升，建成4个街道级社区综合服务中心。

三是在社会治理服务创新中居民满意程度显著提升。浦口区制定启动“七五”普法规划，积极开展文明单位、最美系列评选，探索完善文明城市创建长效机制。建设征信系统二期，积极吸纳金融、司法等数据源，推动征信机构信息共享。启动“大联勤”电子地图建设，完善区、街、社区三级平台，确保及时发现、有序调度、分级处置。全面完成社区换届选举，深化街道“去机关化”、社区“去行政化”改革，实现街道社区综合服务中心全覆盖，切实增强社区功能、提升自治水平。依托区、街两级社会组织服务与发展中心，扩大品牌社区创建影响力，加快打造“全科社工”队伍。积极推进“微社区”生活圈建设，联合优秀物业企业先行推广“互联网+”服务模式，推动物业管理转型取得实效。提升平安浦口水平，强化食品药品、道路交通、建筑、危化、消防等重点领域安全监管，构建防控一体应急管理体系。这些服务创新实践，极大地提升了居民的满意度。

四是社会文明程度显著提升。浦口区依托“政府、社会、市场”三大主体，协同推进社会治理，切实提升市民素质和城市文明程度。着力培育和弘扬社会主义核心价值观，发掘推广“凡人善举”典型，基本建成现代公共文化服务体系，完善公共服务保障。新建区博物馆，创建一批省、市级公共文化服务示范街道、示范中心（站），全区每万人拥有公共文化设施面积达2000平方米。深入完善全民阅读体系，居民综合阅读率达到94%以上。加快推进现代公共文化设施标准化、均等化、社会化、数字化建设，争创江苏省公共文化服务体系示范区。巩固江苏省公共体育服务体系示范区创建成果，实现全区体育设施全覆盖，到2020年，人均体育设施面积达2.93平方米，国民体质监测合格率达93%以上。积极推动足球进校园、学校阳光体育等工作，完成“省级校园足球示范区”创建。打造有氧运动联盟，完成浦口·国家有氧运动健康园规划建设，并打造相关品牌赛事活动。推进全区数字档案建设，加强区数字档案馆“三网一库”维护与管理。建立全覆盖的公共文体服务设施网络，形成“区—街道—社区”三级文体设施体系。切实优化妇女儿童基本公共服务，保障妇女儿童权益。实现基层服务管理“一网通”，打造更加完善的依法行政、规范行政、文明行政制度体系。法治浦口、平安浦口、诚信浦口建设水平不断提高，民主法治更加健全，群众安全感达96%以上，整个城区的社会文明程度大幅提升。“十三五”期间，将率先建成更高水平的小康社会，力争建成社会主义现代化新浦口。

如何实现基层社区的有效治理，浦口区进行了有益的探索，其不断丰富的“大联勤”治理方式逐渐深入人心，使社会秩序在回归“正常”中不断走向善治，这种接地气的治理模式逐渐形成“浦口风尚”现象。

第四节　对“浦口风尚”现象的思考与建议

如何实现基层低成本、灵活的有效治理？浦口区的“大联勤+”的方式给很多处于城市化进程中的新型城镇化建设以启发，对那些在城乡一体化进程中的城市的转型发展有示范性价值，其产城融合、产业集聚、健康宜居的发展理念，把提升城市文明融入社会治理过程中，注重城市公共服务尤其是公共文化服务体系的完善来凝聚人心、提高认同感，在共治共享中增强社会凝聚力，使社会迈向平安、诚信、和谐的新境界，由此带来城区社会治理的显著变化，主要体现为城区居民的认同感增强，精神面貌有了很大改善，对社会主义核心价值观的践行有了自觉；在城区社会管理和治理创新中带来了城区环境秩序的规范与有序，特别是治理成果的共建与共享使广大民众的满意度不断提高，对于这种现象我们命名为“浦口风尚”。虽然“浦口风尚”现象有一定的地方性和特殊性，但它具有一定条件下的可复制性和推广性，旨在通过快速反馈、协调、调动，把问题有效化解，确保大事不发生，即使存在“火药桶”（重大矛盾），也不能出现“导火索”。相对条块式管理，这种管理不增加部门机构、人员，只是在统筹、协调上调整，在社会力量参与下形成共同目标，这就杜绝了运动式管理的弊端，大家共享管理成果，把流动执法变成常态化，形成良好的社会氛围，其经验和工作机制可以共享。特别之处是在城乡一体化进程中基层社区的社会治理有效性的重心，不在于其机构的正式化、官僚化，也不在于增加多少数量的执法人员，而在于引导基层社区（农村社区、城市社区）走群众路线，吸引一些年富力强的老年人热情参与，焕发基层社会组织的多元化功能，激发基层群众的参与热情和积极性，通过广泛性的主体参与使基层治理灵活有效，使社区井然有序，使基层社会治理不断迈向和谐社会、平安社会、信用社会、法治社会、幸福社会和文明社会，这是“浦口风尚”现象的价值所在。

一、“浦口风尚”的内涵阐释

在调研中我们深刻感受到，支撑“浦口风尚”现象的核心力量是“四个生态”建设，它既是保障社会治理的良好基础，又是实现社会治理的灵魂。作为社区治理中服务实践创新核心的“大联勤”，就是围绕建设有宜居健康的自然生态、创业创新的人文生态、法治诚信的社会生态、风清气正的政治生态的“四个生态”的新浦口，建构一套符合浦口实际的创新型社会治理新模式。这种治理模式被实践证明比较有效，具有一定的可持续性，使处于现代化进程中的浦口逐渐改变了社会治理的落后局面，使社会治理呈现出富有特色的新局面，这种工作机制的创新使其走上了社会善治的途中。从此前社会管理中单纯被动性处理问题，转向主动性发现问题，并向事前管理延伸，这从根本上改变了仅仅注重管理的社会氛围和功能定位，体现了社会治理的特色，强调社会秩序的多元共建，使行政执法真正下沉。而且作为一种制度建设不断固化，不断丰富其内涵和提升其实用性。

浦口区的社会治理经验表明，在社会治理过程中，政府要充分尊重基层社区的自主权利、民主意识，夯实基层治理的社区基础，充分认识到社会实现善治必须尊重每一个人的权利，必须保障每一个公民的社会权益。要求“承认个人的独立，每个人就像在社会里一样，同时朝着一个目标前进，但并非都要走同一条路不可。没有人放弃自己的意志和理性，但要用自己的意志和理性去成就共同的事业”[①]。这其中离不开社会主流文化价值的感召，在社会治理中有文化之根，才能形成社会凝聚力，在宜居中才会形成文化认同，大众才会积极参与社会治理，在共建中共享成果。“浦口风尚”现象是走在社会治理善治途中的“现象”，具有自身的阶段性发展特征，因此，不能把手段、方式异化为目的，而是要回到社会治理的根本，在社会上实现公平正义、保障公民的权益和对幸福生活的追求，充分发挥主流文化价值观的引导和感召作用，形成全社会价值共享、激励创新向上向善的社会氛围，在社会的和谐稳定中形成文化发展高地。

二、努力方向

从总体上看，浦口区社会治理的服务实践创新尽管取得不菲的成绩，使浦口区社会治理走向有序化，但仍有不小的提升空间，尤其在顶层设计上，层次还不够高，主要诉求着眼于“管”和社会的有序化；社会治理体系还不够完善，三级体制之间的有效衔接还有待加强，表现为大联勤还存在二级响应体系不迅速、处置不及时，区域覆盖面不广、触角不深入，相关责任主体积极性，尤其是群众参与度不高等问题；社会治理的前瞻性、战略性、系统性还不强，表现为战略格局不够高、视野不够宽，与江北新区的高规格规划和建设尚有差距。在某些服务创新实践上，如居民消费合作社等方式在推进“自助互助、共建共享”上创新力度不够，在身份登记上是否为民非组织、定位上是否为自治组织、可持续发展上是否过度依赖财政扶持等问题困扰不前。在激励社会力量参与治理过程中，存在社会组织数量快速增长的同时，仍然存在社会需求增长与社会组织供给不足的矛盾，特别是社会组织发育程度不够、活力不足，社区居民的自制能力不强，需要不断加强培育和拓宽参与渠道，从而使社会治理真正从“以人为本”转向“以人民为中心”。“法治浦口”建设任重道远、执法亟待规范，法治浦口建设推进不快，有法不依、执法不严、违法不究现象时有发生，执法和司法不规范、不严格、不透明、不文明现象较突出。

因此，我们认为：

第一，社会治理的本质是处理好政府、社会和个人的关系，实现组织协同、

---

① ［法］托克维尔:《论美国的民主》(上)，董果良译，商务印书馆1988年版，第220–221页。

社会力量广泛参与，其中价值认同和价值引导是最有效的。浦口区的社会治理实践中面临的社会融合度不高、管理工作的种种不适应，都可归结为文化认同和价值认同的问题，是城区居民认同危机的表现。因此，在社会治理理念上建议加强城区文化建设，以培育和践行社会主义核心价值观为抓手，在全区以各种形式、载体弘扬社会主流文化价值观，使社会主流价值观深入人心，形成文化自觉，内化于心、外化于行，增强区域文化发展的自豪感，有效提升居民的幸福感！这是浦口区社会治理由阶段性发展特征向更高的普遍性工作机制提升的必由之路，在发展的阶段性上强调秩序的“正常化”是必要的，但对于有着辉煌发展前景的江北新区来讲，这是不够的，对于“四个生态”建设而言也是不完全的，只有立足于文化意识和文化观念的自觉，才能使社会治理彰显勃勃生机，以主流价值引导社会治理走向善治。可见，充分发挥礼乐教化对社会裂痕的弥合作用，强化文化价值对社会治理的润泽作用，才能实现显之于管、隐之于引，这是社会治理更高的追求。实践证明，以文化价值引领的社会治理创新实践才是可持续的。社会治理离不开文化价值的引导，社会实现善治的表征就是大众高度的主流文化价值认同。当前，社会治理中的诸多矛盾、社会结构中某种程度上的撕裂，无不与社会文化认同危机有一定的关联。可以说文化是社会治理的根和魂，培根铸魂是社会治理的核心。实现政府治理和社会自我调节、居民自治良性互动要靠文化的润泽和价值观的引领，文化建设是社会治理的重要路径。伴随经济和文化融合度的提升，需要在观念和思想上有所转变：正是一个社会的价值观决定了这个社会的发展模式和路径选择，一个社会走向善治需要有社会理想、文化理念以及共同遵循的价值原则；同时，社会主流文化价值观也是社会实现善治要借重的力量。正如孔子所言：道之以德，齐之以礼。就是说要运用价值观来引导推进社会治理，通过价值观来润泽人心，并与其他社会力量形成合力，在非强制的自愿的文化认同中达于善境。就此而言，在文化价值内涵的提炼和提升上，在社会治理中软件的丰富性上，浦口区的社会治理尚有一定的空间。

第二，在社会治理的思维观念上要具有超前性，要善于应用互联网数字化技术，使数字化信息技术广泛应用于治理全过程，并借助信息化和大数据及时更新。就当前现状来看，在实践中存在思维观念明显滞后于城区社会发展实际的问题。如在社区志愿者服务组织建设上，要重在形成社会组织自我成长发展机制（如成都锦江区的社会组织培训学院），积极营造有利于社会组织培育和发展的氛围，通过购买公共服务等方式激发社会组织的活力，建立公平、公正的社会秩序和良好的人才竞争机制，以志愿者来营造城市的文化情怀。要善于运用新技术特别是互联网数字化科技创新社会治理方式，减少人力成本和不必要的矛盾，关注人口代际的变化，以及网络空间舆情的变化，借助信息化力量的支撑在动态平衡中实现系统性集成。

第三，在政府转变职能中，有所为、有所不为，着力发挥社会组织的力量；在措施的落地上要更接地气，进一步完善综合执法配套，包括人员培训、内部资源整合、文明执法意识的提升，有效激发各部门积极参与，在推动社会治理中自觉走向善治。诸如借助在产城融合中实现宜居，减少城区居民的失业率，“仓廪食，知礼仪”，没有经济基础的社会治理就是空中楼阁。依法治理加强法制建设，加强社会诚信体系建设，加强党建下基层的制度化建设以及微社区建设，使居民不仅能安身，更能安心，从而形成有序的祥和的有理想感召的社会氛围。

三、基于当前治理实践的若干对策性建议

一是加强政府治理和社会自我调节、居民自治良性互动。首先，搭建组织架构，完善政策体系。社会治理点散面宽，建议成立浦口区社会治理工作领导小组，区委、区政府主要领导亲自抓，集中相关条块力量统筹推进点面工作，建议办公室设在区委社建工委，负责牵头抓总。围绕“自助互助、共建共享”的思路，制定出台浦口区社会治理“1+X”系列政策文件。“1”，即制定《浦口区社会治理体系建设规划纲要（2015—2020年）》，结合十三五规划编制，探索具有浦口特色的治理体系；“X”，即与规划纲要相配套的系列政策文件。

其次，规范社会秩序，坚持法治与德治并举，制定出台依法治区相关工作实施意见；健全常态化问责机制，制定出台常态化问责机制的实施细则，杜绝社会治理工作中部门服务、执法、联动不力等问题，推动确责、履责、问责、整改到位；建立行政纠错机制，以问题为导向，对早前已实施但不完善的政策进行补充；对现行出台但缺乏操作性的政策通过检查调研、评估审查等方式进行纠错；对即将出台的政策文件征求法律顾问、专家意见，听取群众声音。在政策实施过程中引发重大问题的，及时调整或停止，追究相关部门、人员责任。

再次，提高群众工作水平，利用学习平台，突出对领导干部的社会治理前沿理论及业务知识培训；推动机关及基层干部互派交流，加强换位思考，增强基层工作实践；倡导领导干部多用群众语言。推进街道体制改革试点，按照“街道去机关化、社区去行政化”导向，着眼“大功能区”“大行政区”发展，以顶山街道作为试点，开展多方面先行先试，着力推进社会治理体系化、项目化、品牌化建设，为推动全区社会治理提供经验参考。推进基层减负，进一步清理规范对社区的考核、创建、评比项目，严格执行公共事务社区准入制度。在职能部门工作重心下移过程中，实行责、权、利同步下移，调动基层工作积极性。改变在基层统一设置各条口对应机构的做法，采取因事设岗的方式，便于基层集中调配工作力量。

最后，理顺物业管理体制机制，理清各级政府、职能部门在物业管理中的职责，严格按照浦政办发〔2012〕49号文确定的责任体系和管理框架开展工作，区督查办加强工作督查。加强业委会管理，房产部门结合社区意见加强对物业公司的资质把关，公安部门加大对业委会成员侵占公共利益的打击力度。提高公摊电费收缴率，公摊电费收取的责任主体为供电部门，可委托物业公司代收代缴，并适当给予补贴，同时，将住宅小区的公摊电费按户分配，避免因个别业主不缴费而损坏已缴费业主的合法权益。

二是鼓励和支持社会组织参与社会治理。首先，完善社区自治机制。加大对《中华人民共和国城市居民委员会组织法》《中华人民共和国村民委员会组织法》的宣传力度，引导社区居民有序参与社区治理，营造自助互助、共建共享的良好氛围；建立健全社区协商民主平台和议事制度，推广开展小型公益设施和公益项目的“菜单式民主决策”；发挥民监会、村民议事会、基层民主协商会等作用，调动、整合辖区资源共同承担社区治理责任，协商处理社区管理、矛盾调处和公益服务等公共事务。

其次，提升居民消费合作社内涵，围绕打造自助、互助的综合平台，探索建立“服务换服务”“服务换积分”制度，带动居民参与社区公共生活。成立全区消费合作社联合会，建立社会服务供需信息平台，发布供求信息，推动资源互补发展。坚持需求导向，合理确定实体平台的经营类型，探寻差异化和特色化的消费服务方式；有序发展社会组织，编制《浦口区社会组织发展中长期规划》，加大公益创投项目开发和资金扶持力度，落实经费保障机制。搭建区、街道、社区三级社会组织服务平台，重点打造枢纽型社会组织，积极培育行业协会商会类、科技促进类、公益慈善类、社区服务类社会组织和农村专业合作经济组织，推进政社分离，引导社会组织规范有序发展。加大政府购买服务力度，以公益创投、授权委托、直接资助等方式购买公共服务，重点进行公益性岗位购买的探索；积极开展志愿服务，借鉴无锡“1+4”志愿服务模式，在构建志愿服务领导体制、组建志愿服务团队、设立志愿服务基地、打造志愿服务品牌项目、推出志愿服务激励举措上加强研究，建立常态化志愿服务机制。

最后，加快诚信体系建设。建立完善诚信管理规章和制度体系，规范指导诚信工作开展和业务行为。强化诚信信息采集和运用两个重点，建立守信激励和失信惩戒两套机制，推动诚信数据在区内行政机关、职能部门、公用事业单位的“能进则进”“能用则用”。

三是建立畅通有序的诉求表达、心理干预、矛盾调处、权益保障机制。进一步整合和谐信访信息化管理系统、12345热线、网络问政等渠道，建立人民建议征集制度，针对群众普遍关心的问题加强信息分析研判和预警。学习扬中市在社区（村）建设司法行政惠民服务站做法，选取桥北大型住宅区、安置房小区等重点居民小区先行试点，整合“社区检察官”“民警进社区”“律师进社区”等资源，打造集法制宣传、调解维稳、法律援助于一体的基层公共法律服务平台。整合区信访接待中心和行政服务中心资源，调整区领导每日接访为定期约访，推动信访问题快速受理、分解、处置。利用二线干部资源，建立群众诉求表达、利益协调等评审及任务分解机制。加强村居调委会规范化建设，加大对基层人民调解工作的投入，建设专业化调解员队伍；在旧城改造拆迁等重点工作中，提前开展人民调解摸底工作；结合诚信体系建设，有针对性地开展法治宣传；结合“大联勤”机制，切实发挥人民调解作用，强化社会矛盾纠纷排查。

四是加大财政投入，不断健全公共安全体系。首先，强化民生投入，整合区级财政资金和上级补助资金，统筹安排各类社会治理项目，着力完善和优化支出结构，保障社会事务支出；确保社会治理资金投入逐年增加，专项资金引导、激励和推动作用充分发挥；探索引入社会资本，逐步实现社会治理资金筹集多元化。

其次，深化“大联勤”工作，进一步加强“条”“块”协作，健全完善区街联动的一级响应、二级响应体系，推进综合执法，把触角向社区、学校、医院、农贸市场、商业网点等延伸，实现问题的早期发现、早期干预、尽快处置。充分吸纳机关干部、社区居民、社会志愿者、高校学生等参与其中，把12345工单、网络问政、居家养老等工作嫁接进来，扩大参与面和内涵；加强流动人口管理，借助居住证管理模式，探索通过《居民生活手册》加强对流动人口的服务，把可享受的本地居民待遇、公共服务指南等予以明细，力促发挥“移民效应”的正能量；推广建筑工地流动人口划归社区民警全权、主管模式，规范、加强对建筑工地的管控；整合相关部门、房产中介、小区物业资源，严防漏登漏管；加大对违规出租房屋户主的处罚力度，持续开展“打传”工作；加强安全生产监管，明确安监部门、其他行业部门和属地的安全生产监管职责，重点解决小微企业、个体经营户、注册地与所在地不符企业的监管职责划分问题。加大对污染严重、职业病危害严重的企业淘汰步伐。严格新建企业的安全生产手续办理。加强政府购买安全生产技术服务的探索实践；保障食品药品安全。探索建立部门间、区域间食品药品安全监管联动机制，突出小餐饮问题整治。

最后，严格规范公正执法，完善各行政执法部门执法程序，明确执法具体操作流程，重点规范行政处罚、行政强制等执法行为。建立行政裁量权基准制度，细化行政裁量标准，规范裁量范围、种类、幅度。严格落实行政执法责任制，健全完善行政执法责任制度和责任追究机制。

第十一章　在乡土文明视野中重估张竞生的“乡建探索”

——张竞生的“乡建思想”初探

张竞生（1888—1970），原名张江流、张公室，广东饶平人，民国第一批留洋（法国）博士。20世纪二三十年代中国思想文化界的风云人物，是哲学家、美学家、性学家、文学家和教育家，一生留下大量著述。除了沉潜学术，他还受时代精神之感召，在乡村建设方面进行了一系列探索，既有丰富的乡村建设实践，也有独特的且有普遍价值的理论思考。可以说，张竞生博士的“乡建探索”是在当时乡建思潮中涌现的，是诸多知识分子进行乡村建设的一种实践，其鲜明特点是他特别注重“民智、民力、民生”问题，为我们留下了丰富的乡建遗产，其有些思想对今天实现乡村振兴、发展乡村文化产业具有相当的理论启示价值。如何理解与评估张竞生博士颇有意味的乡村建设探索，既需要相应的语境意识，更需要研究视野与研究方法的创新，这在今天党中央提出乡村振兴战略的时代语境中意义尤为凸显。其乡村建设探索的意义需要与其人生理想和新文明视野中的国家建构关联起来，以点及面而具有某种超越性意义。究其乡村建设探索的独特价值而言，它对今天如何实施乡村振兴战略，如何重构乡土文明的现代价值，如何建成社会主义新农村等，有着诸多启示。

第一节　时代语境的错位与价值指向的契合

20世纪二三十年代，中国学术界出现了一股“到民间去”的乡村建设思潮，在某些知识分子的倡导下还进行了颇富迥异意味的乡村建设实践。这股思潮的先声可追溯到李大钊20世纪20年代发表的《青年与农村》，该文提出“要想把现代的新文明，从根底输到社会里面，非把知识阶级与劳工阶级打成一气不可”。[①]这种具有鲜明价值导向的倡导影响之大，基本上为当时的乡村建设运动提供了一种主调，那就是要进行一种文明重构意味上的乡村社会建设，在文明反思中为中国的发展寻求一条生路。这一背景既有当时国际社会对一战的反思，也有国内学界对“东西文化论争”中认为中西文化各有其弊端和偏颇的困惑，这种复杂境遇折射的其实是整个时代的价值观迷茫，即以何种文化或文明理念作为现代中国国家建构的根基。新文明视野的重构，旨在探索一种超越中国传统文明（僵化守旧）和西方现代文明（工具理性僭越下的人文退堕）的新质的文明观。

寻求国家建设（中国现代化）的文化基础，应该是当时知识分子共同的思想认知，只是基于不同的文明视野，由何种文化作为这种基础便有了分歧。对于当时的知识分子而言，一方面需要在学理上“究天人之际”，做学术上的孜孜以求；一方面需要在实践中探索中国的现代化道路，试图在实践中寻求答案。无论是学术探究还是实践探索，这些知识分子始终有着一种文明重建的意味，这可以说是当时思想界的一种普遍状况，也可以说是20世纪二三十年代的一种主要社会思潮。从新的文明意识来看，当时知识分子进行乡村建设探索都普遍具有这种价值取向。有学者指出：“如果对照20世纪二三十年代的主要乡建团体，这些乡建理论多数具有这一视野。”[②]如当时的大儒梁漱溟在乡村建设理论中就认为，乡建的目的是“创造新文化，救活旧农村”，其视野中的文化是“一个社会的经济、宗教、政治、法律，乃至言语、衣食、家庭生活等”[③]的称谓，可见这里的文化乃是文明的同义词，这非常切合当时文化、文明作为现代词汇在中国知识界的传播。创造新文化，就是创造一种新文明。中国是农业大国，乡村建设是中国现代化的重中之重，因而他们不约而同地把目光投向了中国的乡村文化。中国作为农业文明的载体其根在乡村，乡村是中国文化复兴的基点，

---

① 中国李大钊研究会编：《李大钊全集》第2卷，人民出版社2013年版，第422页。

② 潘家恩：《百年乡建　一波三折》，《读书》2015年第4期。

③ 中国文化书院学术委员会编：《梁漱溟全集》第1卷，山东人民出版社2005年版，第611页。

所以要努力乡村建设工作。

在这种思想观念鼓舞下，不论是晏阳初还是梁漱溟，也包括张竞生博士，都试图在文明意义上改造乡村文化，使民众真正从精神上站立起来，这可以说是鲁迅等人所开启的启蒙思想（如“立人”）在乡村的延伸。1933年，费孝通发表了《复兴丝业的先声》，探讨了如何认识乡村，以及这一认识对于乡村建设的意义，这一方法论意义将其乡建思想与新文明视野和国家建构关联起来，体现了一代知识分子对于寻求中国改造道路的艰辛付出，以及对中国发展道路的独特性的思想认知。他认为在当时开展得如火如荼的乡间运动中，很多乡村建设派“是犯了单刀直入的错误，破坏了原有的社会的有机性，弄到一盘碎局，无从收拾”。在他看来，对于乡村要有全面的把握，“能详细地把中国社会的结构，就其活动的有机性，做一明白的描述”[①]。究其命意，文化是一种潜在性的结构因素，乡建运动只有在文化意义上做出探究，才能契合乡村文明的重建。无独有偶，乡建运动中另一主将晏阳初在1927年发表的《平民教育的宗旨目的和最后的使命》中，提出平民教育最后达成的是一幅新社会图景，尽管这幅图景如何他并未明确，但同样体现了一种新文明的视野。[②]基于当时中国的特殊情形，以及中国文化的本根在乡村的特点，他们都试图在农村探索一条中国文化新生之路。张竞生博士的乡村建设探索实践同样具有新文明视野，只是其乡村建设的思路和旨趣有所不同，特别是思想资源的来源有其独特性。张竞生的乡建探索最早始于1932年的第二次法国留学归来，其实践主要在自己的老家广东饶平，其间他广泛开展办学、修路、开林场、造林种果、举办博览会、改善乡村卫生、培育村民的健康观念等活动，还教育农民相互合作、推广农业技术、发展家庭副业、公平土地制度等一系列乡村改造探索，试图建设一个别有意味的乡村美景。

对于乡村建设运动，张竞生有着自己的独特理解。他认为：①这一建设工作或解决中国问题的工作，必须从乡村入手，要从乡村建设入手，则又必须以乡村经济建设为中心，“要希望乡村建村有迅速的成功，应缩小范围，而注全力于一个中心工作，这个中心工作，据鄙见无过比复兴经济为重要了”[③]。②这一

① 费孝通:《费孝通全集》第1卷，内蒙古出版社2009年版，第258页。

② 宋恩荣主编:《晏阳初全集（一）》，天津教育出版社2013年版，第114页。

③ 张竞生:《叙陈茂功先生之乡村建设协议》,《广东经济建设月刊》1937年第4期。

建设工作或解决中国问题的工作，必须以乡村人自身的力量为主，依靠农村的人力资源去实施农村建设的各项工作才是最有效的途径，“恢复农村经济，谈何容易。一切建设均需资本，试问从穷苦的乡村中怎样能筹出来。只有征工一事免用资本，只靠利用人力，就可做出做多建设，所以这是一件法宝”“使其实验区内之壮丁都有事做，妇人都有事做，复此都以人力生利，则地方上不怕无出息了，有了出息，教育就不怕不能振兴，一切事业不怕不能举办了”[①]。③要形成解决问题的能力，培养乡村农民的力量，设立乡农学校让农民对这些学校组织为有力的参加。④乡村建设不是孤立的，必须和城市经济建设结合起来，因此，乡村问题的解决，第一固然要靠农民为主力；第二亦必须使农民有知识、有眼光、有新方法、新的技术；第三必须与其他方法结合起来，才能解决问题。这些思想较为全面地体现了张竞生博士“乡建探索”的理念，尤其体现了张竞生博士对开启“民智”的高度重视，通过普及教育，旨在培育新的农民，有现代意识的农村新人，实现乡村文明重构，这一思路一直延续到21世纪的新农村建设。

人是文化的载体，人的观念和意识的改变有可能带来文明的重构。中国的改革开放就是从农村突破思想壁垒，走出了一条解放思想的康庄大道，无论是20世纪二三十年代的乡建探索实践，还是开启改革开放大幕的小岗村的包产到户，都表明一个核心问题：那就是要给当地农民赋权。实践表明，农民的贫困很大程度上是由于政府剥夺了农民主体的权利——种粮食的权利、创造财富的权利、赋予自己能力的权利。贫困的造成是文化的贫困。摆脱文化的贫困离不开普及教育、开启民智，培育新农民。因此，在著名学者劳伦斯·哈里森看来，贫困是一种心态。今天在全面建成小康社会、实施精准扶贫的当下，强调文化扶贫重在扶智与扶志，仍是重中之重。当然，今日的文化的贫困是由于有文化的人脱离了他的乡土，农村大多成了“空心村”所致。如何使农村有活力、重新留住年轻人，是今日乡村振兴的核心要义。

实施乡村振兴战略，是党的十九大做出的重大决策部署，是决胜全面建成小康社会、全面建设社会主义现代化国家的重大历史任务，是中国特色社会主义进入新时代做好“三农”工作的总抓手。这一战略的背景就是当今社会主要

---

① 张竞生:《国民经济建设与教育之总评》,《广东经济建设月刊》1937年第4期。

矛盾的变化，所谓不平衡最突出的是城乡发展不平衡，所谓不充分最突出的是农村发展不充分。将来即使城镇化目标实现了，城镇化率达到了70%，全国仍有4亿多人生活在农村。因此，如何振兴乡村直接关乎中国现代化发展水平，关乎中国人民的美好生活质量和社会文明程度的提高，这也是百余年来中国有识之士矢志不渝奋斗的目标之一。20世纪二三十年代的乡村建设实践，包括张竞生博士的乡建探索，无疑给予我们诸多启发。使我们更进一步坚定，乡村振兴首先要推动乡村产业振兴，这是乡村振兴的经济基础；其次要推动乡村人才振兴，人才资源、人力资源是乡村振兴的动力和主体；最关键的是乡村文化振兴，文化为乡村振兴铸魂，重在乡村文明建设。此外，还有乡村生态振兴和乡村组织振兴。最终改变的是乡村的风貌和农民的精神状态，是乡土社会和乡村文明的重建。在这个意义上说，今日之乡村振兴战略是昔日之乡村建设探索的“升级版”，二者虽有着质的不同，但却有着乡村文明价值指向的高度契合，是对乡村文化的一种文明意味的提升，是对中国特色之“特色”的厚植和现代化阐释，是对坚定中国道路自信、制度自信、理论自信和文化自信的基础的夯实，是对中国建设现代化强国的一种文化指向。就此而言，虽然存在语境错位，而价值取向却高度相契合，是价值传承基础上的一种文明意识的提升，是以乡村文明为指向的一种乡村文化复兴运动。

第二节　张竞生博士“乡建探索”的内涵阐释

20世纪30年代的乡建运动，除了总体上呼应南京国民政府的倡导外，每一个身体力行的主将都有独特性。不同于梁漱溟向中国传统文化探求、注重精神改造，张竞生博士出于对美的观念的文明普及，其乡建探索更有一种现代意识，特别注重乡村经济的改善、生存环境的改造、社会组织的重构，因受法国人文思想家的影响，其在乡建探索中提出美的田居，乃在与大自然相合一等思想，彰显出一种现代文明视野。有学者指出，张竞生把乡村而非城市看成再造文明的“地方”，除了与彼时乡村运动知识人共享了对城市的观感，即城市龌龊不堪无可救药之外，更重要的是与其留学法国期间受到的思想影响有关。他认为乡村生活更贴近自然，这与法国哲学家卢梭对城市文明的批评及其对自然生活的崇尚密切相关。[①]在他看来，"公共纲领则在如何使社会中心从都市移植与乡村，乡村是个小单位社会，经济组织、政治组织，皆天然要造于此的，一切果从这里建设起来，便大致不差。恰好乡村建设要走的合作的路，那是以人为本的经济组织，由是而政治亦自行成为民主的，那么所谓的富与权，操于人人，更于是确立。现在所急的，是如何导着这原则以培植乡村力量的功夫，谓之乡村建设"[②]。从中可见其田园生活的"乌托邦"构想是有着现代性底色的。

张竞生博士的乡建探索主要集中于"民智、民力、民生"问题，其思路非常清晰而系统。他认为：乡村建设运动，起于中国乡村的被破坏，即是救济乡村运动。进一层而言，起于中国乡村所受政治的影响，无限止地被破坏，迫不得已不能自救；乡村建设运动，实是乡村自救运动。乡村建设运动，是应乎积极的要求，为我民族社会的新建设与活动。进一层而言，中国今日问题，在其数千年相沿袭之社会组织构造谈起乡村建设运动，实为重新建设中国社会组织构造之运动。由此之故，张竞生博士指出乡建是全社会的事，不单纯是乡村自身，而解决中国问题必须从乡村入手，必须依赖乡村人自身的力量，最终经由政治、经济建设，实际上是建设一个全新组织构造的社会——乡村建设的实质是社会建设，这在今天仍很有启发。乡村建设，绝对不仅限于乡村工作，只是着力点。中国问题中心在乡村，乡村没有办法，单在上册努力，是没有用的。具体来看，其乡建探索的主要思路和理念如下：

首先在"民智"方面，重在通过普及教育培养新人。他在乡建探索中把教育放在首位，试图利用教育的力量改造乡村社会，以期扫除文盲和脱贫致富，进而提高全社会的文明程度。1936年创办小学、中学，1941年还创办职业学校。其乡村教育与农村实际、社会需求紧密关联，彰显了其对乡村文化的高度重视，及以乡村文化为本位的价值取向，还实现了知识分子"到民间去"的用意，这一点在今天的"乡村振兴战略"中意义更加凸显。其培育新人的目的是唤醒农民，使其能够自觉地参加各种改变乡村的各种建设运动中，经由教育训练，增强乡村建设的主体意识，进而能够自我组织起来。"若以农村经济建设为中心工作，我以为应做如下之组织法。（一）凡在实验区内，编定做工的人数与种类，

① 张华：《"去民间"：以张竞生与费孝通乡村研究为案例》，《西南民族大学学报》（人文社科版）2016年第5期。

② 参阅新版《张竞生文集·乡建探索卷》，尚未出版。

实行强迫的征工制，或与时势不许，则为劝导的征工制，使人民能做粗工者从事于垦荒种植，或为水利或为交通之工程，妇人则为家庭工业。（二）设成人学校，专在教导怎样做工的方法，与饲养家畜，改良畜种与农种，讲求农学，造肥料及除虫害。（三）设妇女学校，专讲家政，养小孩及家庭工业。（四）设小孩学校，专灌输生活常识及作工的技术。以上三种学校，乃注全力于生活学识，至于识字，不过附属作用，又须注重社会教育及军事教育。”[①]让农民在培训中以其技能找到做工的机会，成为乡村建设的积极分子；同时，这种技能的培育还是一种思想的训练，使其能够在团结协作中组织起来。可以说，张竞生博士在“民智”方面，非常注重对大众的教育普及，基于当时的财力状况他还特别提出利用“无线广播”的构想，尽可能使广大民众接受教育，提高文化意识与文明素养。他不仅身体力行地办教育，还把这种思想贯穿于他的“民力、民生”实践中，成为“民力、民生”实践的一种底色，而彰显其独特性。

其次，在“民力”开发方面，他进行了极有价值的探索。一是主张以“复兴经济为中心点”开展乡建实践。对于日益凋敝的乡村而言，复兴经济可谓抓住了乡村建设的“牛鼻子”。张竞生认为乡村建设应全力以赴地以复兴农村经济为主，“统观我国乡村之运动，大都未免过于广泛，而缺乏一个中心工作。我以为农村运动应以复兴经济为中心点，其余如教育，治安，卫生等不过是连带之问题。以复兴经济为中心工作，注全力以奔赴，自此各种事业都要包办为易成与易于得到大效力”[②]。在缺乏资本的经济复兴中，张竞生很有办法，如“征工、发行债券”等。所能想到的是通过征工、鼓励农民参加义务劳动。他注重“工学团”（如山海工学团、青年工学团）等组织架构设计，提出工学团主张以社会为学校，主张生活即教育等理念，以此指向民生的改善。充分利用山地（荒地）发展经济，并做了充分调研、评估。还鼓励民工修路、兴办水利、开林场苗圃、开垦荒地、依托科技改良农业等为基本工作，并加强政府的督导。“如政府与人民有财力以加强征工之效力当然更好。不能的话，只要认真实行有系统的征工，纵乏资本，也可以做出好些建设的事业了。”[③]

二是对“民力”的探索着重于民力发展方法：①借助机器（及仪器）；

---

① 张竞生:《国民经济建设与教育之总评》,《广东经济建设月刊》1937年第4期。

② 张竞生:《国民经济建设与教育之总评》,《广东经济建设月刊》1937年第4期。

③ 张竞生:《征工与国民经济》,《广东经济建设月刊》1937年第5期。

②借助会社；③借助合理的玩耍。因为民力是隐藏的，须要借助这些方法，然后始能发挥尽致。我国现在何以民力凋敝？而外国民力何以兴盛？此中理由，即在我们上头所说，因为他们能利用机器，会社与玩耍，而我们不能所致。故今后，我们民力如要振兴，非去借助这些方法不可。又最要紧的，我们人多，又有许多艺术性的出品；故对于（具有艺术性的手工性）（如抽纱，挑绣，厨房术等），应当加以改良后，尽力提倡。在关于"民力"的开发中，他认为手工业与机器工业乃立于相助与相成的地位。手工虽出品少，但有艺术性。机器工出品极多，但未免千篇一律。可是有些物件贵多，此项应由机器工去给予。有些物件贵少而精致，此项应由手工去供给。手工之功劳，就在给社会的艺术品，它是实用的艺术者，它给人类物质上之用途又供给精神上鉴赏。至于机器工则专在供给众多而且极便宜的物品；由它的普遍越足显手工之矜贵。所以机器工并不曾杀死手工，它乃手工的兄弟姐妹行。总而言之，一方面，非常注重机器的使用，鼓励群众的两只手去利用机器的力量，以提高劳动生产率，正如今日倡导利用数字化技术和文化创意的力量提高生产力一样；另一方面，注重艺术手工业的传承与创新，提出"玩耍"之于民力的积极价值，提出发展文体事业，重视农业展览会、学习观摩的意义，利用科技掌握栽培技术、养殖技术、推广良种，利用乡村已有组织形式开展各种集会，如"香蕉会""蔬菜会""豆会"等，充分展示当地物产的丰富：搜集各地之物品并满山遍野摆列，引起人民对此地物之注意与兴趣；由专家判定甲乙，以资鼓励，使农民努力改善种植，以求优异之种类；凡所提倡之物品，乃与卫生有益为限，故应同时使人民深知此中之利益与其多量之利用。此外，还要充分利用学术研究部门的研究成果和人才，加强农业职业学校和农民的合作。[①]民力之开发使用，他认为不仅是一种农业技能的提升，更是一种思想意识和文明程度的提高。在乡建中开辟游艺的场所和方法，他将之视为"储藏力与创造力"之源，由此他关注民力之艺术普及，提出广义的艺术即人生的艺术，注重审美教育（美的建筑、绘画等）即美的观念的普及，注重闲暇聚会（沙龙）对精神成长的价值。正是这种大文化观和对文化创意创新能力的培育，提升了他对乡建中劳动的本体地位的重视，他认为在劳动中生成意义——思想要靠力量而后思想始得深远，宏大，高邃与精微。

① 张竞生：《别开生面之国民经济》，《广东经济建设月刊》1937年第3期。

最后，他把乡建探索的着力点落在“民生”问题上。“民生”是“民智、民力”的落脚点和价值归宿，以此在经济条件改善中提升乡民的生活幸福感和社会文明程度，这是其乡建探索的重点和亮点，并显现于乡建探索的整个实践中。一是以多元化经营思路发展农村经济，充分开发和综合利用农村自然资源，发展商品生产。鼓励利用农村中的剩余劳动力和农民的剩余劳动时间，广开经营门路，大力发展畜牧、烟草、制糖业、水果、养猪、养羊、蚕丝业、特殊手工业等，使其乡建理念更扎实地落地。二是重视乡村基础设施建设，如修路、水利整修、发展循环农业，使农村经济得以复兴。此外，他还积极建立新的乡村社会组织。

总体上说，张竞生博士的乡村建设探索有着自己鲜明的特点和清晰的思路，那就是通过深入农村培育新农民，以新人改变农业的落后，进而改造乡村社会，实现国家命运的改变。

第三节　张竞生博士“乡建探索”的启示

尽管张竞生博士在乡建探索中身体力行地做了很多工作，也取得某些成效，但受制于时代条件，很多构想未来得及实践，在乡村文化复兴上，他认为乡村建设的目的是建立一个新的社会组织构造，塑造以中国传统伦理为本位的新制度，以此进行乡村文明重构，这对我们极富启发。在其制度设计中，具体架构为实业院，下设实业区，文化是其中的润滑剂，又是一种价值导向。美的乌托邦——一种具有文化理想感召的新文明的前景。因其美的乌托邦构想，他在乡建探索中为乡村社会保留了较多自然的性质，构造了一个理想中的美的世界。他在乡村社会的流动性和文化变迁中，把美的追求与自然田园相融合，作为一种文化理念贯穿于“民智、民力、民生”的实践中，教育是一种抓手。一定意义上，学校就是一个新的乡村社会组织，围绕农村经济发展，村民地位不论高低，产业不分贫富，都能在乡建大目标下组织起来，和睦相处，共同谋利，不断提高社会组织能力。

在他看来，乡建探索重在实现乡村文明重构，其着力点在于培育一种新的生活观、审美观。他在1925年出版的《美的人生观》中，认为农业是最美的职业，因为它是最科学的又是最艺术的。在《美的社会组织法》中他专门论及美的农业，“于一定区域由规定人民仅能种某种物，养何种畜，培植何种林木，栽治何种花卉与果实，此地是宜于种桑养蚕的，则就限制人民仅能种桑养蚕。那边仅准种柑，第三地方只许养花卉。东边可以蓄蜂，西池可以养鱼，南北一隅不准于种稻麦外别有经营，诸如此类的限制，既可以使农民互相得到帮助的利益。并且可以得到美丽的观瞻。以实利说，譬如某地极宜蚕业，苟一家单独经营，或一年多蚕而少叶，其蚕必至于饿死。或一年叶多而蚕少，则叶未免于弃置。到底来，终不能得到蚕丝的好收成。若于此地同营一业，则东家叶子多余，可以补助西家蚕子的食料。甲处蚕子稀微则可向乙处收买。此外，机器互相假借，人力互相帮忙。偶逢蠢虫侵害，则彼此利害相关，大家必肯齐心驱除，当然较比一家单身匹马为有效力。其次，由这样的指定，则农家不能因厚利而种有害于民生的物品，如今日我国满地种罂粟，更把五谷抛却，遂生出了烟土堆积而粮米空虚的怪现象！”①物尽其用、相互沟通交流、多样化共存、共生共荣，这就是一种美。这种思想极有价值，在美学复兴诉求日常生活审美化的今天，更有其指向社会文明提升的现实价值，值得我们好好领会和阐发。

如何正视真实的乡村，寻求乡村文化的复兴，而非诗意地虚构，是乡村建设实践的关键。张竞生博士的“乡建探索”既蕴含着美的理念的追求，以美和社会文明意识的提升来指导乡建探索，以“民智”开发培育新的意识和眼光，试图在生活实践中升华美学思想——在美化环境中改造文明；又非常注重农村经济的振兴，为着实效起见而把着力点放在“民力”上，以乡村经济建设为美化思想的基础，使其“民生”有了落脚点，这是他给予我们的重要思想资源。厚植乡村文化底蕴又使其相通于现代文明，经由城乡互助发展，以乡村文化的复兴救助“城市病”的偏颇，将中国文化引入新的文明视野，这在当下就是在成就中国特色社会主义现代化强国中坚定文化自信。

① 张竞生:《张竞生文集》(下卷)，广州出版社1998年版，第136页。

第十二章　古镇保护与文化传承的“南浔样本”

——文化生成性视角的解读

南浔古镇至今已有760多年历史，在“古镇保护与文化传承”实践中先后获得“中国十大魅力名镇”“中国历史文化名镇”，并成为国内首个整体被列入《世界文化遗产名录》的古镇。近年来，南浔区委区政府通过“家园复兴”“人文复兴”“产业复兴”等举措不断擦亮南浔古镇这张“金名片”，在“古镇保护与文化传承”上成就了独特形态和示范性价值的“南浔样本”。

党的十八大以来，以习近平总书记为核心的新一届中央领导非常重视优秀传统文化的传承及其与当代因素的结合，各地方政府在传统文化的创造性保护和创新性发展中进行了诸多鲜活的实践，使传统文化作为重要资源成为提高区域经济高质量发展的活跃因素，不断提升区域影响力和美誉度，南浔就是诸多生动实践中的典型“样本”。南浔人始终牢记习近平总书记的嘱托，2003年1月4日，在习近平总书记时任浙江省委书记来南浔视察时，就对古镇保护和发展做出指示：“保护文化遗产就是保护生产力，只有保护好丰富的文化遗产并进行合理科学的利用，才能为子孙留下一份财富和宝藏，并在发挥文化遗产宣传教化作用的同时，实现经济效益。”2015年1月12日，习近平总书记在接见中央党校第一期县委书记研修班学员时，再次对南浔提出了“要把南浔古镇保护好”的殷切希望。在习近平总书记的期待和中央政策的激励下，南浔在践行“创造性转化、创新性发展”中，走出了一条遗产整体性保护、文化活态性传承、产业创新性发展的古镇保护发展新路子，成就了在古城保护及其城乡一体化发展中具有示范性作用的“南浔样本”。“南浔样本”作为文化和文明的结晶，对它的深刻性理解和奥秘的解读，仍然要回到文化的视角，由此才能探寻其文化复兴与文明振兴的根脉。

文化是生成性的，是人化与化人的统一，严格意义上讲，文化是动词，重在“以文化人”“以文育人”“化成天下”，以其文明结晶引导人朝着一种应当的价值指向不断提升人的生存境界，这就是一种文明的积淀和价值的弘扬。南浔在民国初期和改革开放的20世纪80年代都曾有过辉煌的表现，留下了丰富的文化历史遗迹，成就了今天作为资源形态的“名人故居”、嘉业藏书楼、小莲庄以及那悠长的青石板路，还有运河两岸烟雨朦胧中彰显江南风韵的百间楼，徜徉其中那江南水乡的意蕴便荡漾开来。在对“南浔样本”的深刻洞察中，我们深刻感受到作为南浔首富的“四象”们留下的不仅是百年老屋、中西合璧的名人故居、辑里湖丝博物馆，以及迄今仍在畅销的湖笔、蚕花等有形的、显性的物质文明，更有着以兴办教育的叔蘋奖学金等形式为载体所传达的社会主流价值观，特别是那种“敢为天下先”的勇闯精神，已成为当地文化的一种基因。这些南浔的财富创造者以其文明积淀创造出繁荣的南浔文化，如第一份电报、中国第一所体操学校、举办第一届运动会、最早举办舞会、最早开通南浔至上海的蒸汽机轮、最早在全镇普及电灯等。文化的包容性发展带来的兴盛，不仅创造了南浔经济的活力和无限生机，还以其文化创新引领了一种时尚化的生活方式，使得南浔在民国初年迎来了自己的辉煌，并积淀为一种新思想、新文化的传播，在南浔人的心中播撒下了现代文明的种子，在古今中西文明汇聚中形成了隐形的独特人文品质，即崇商重教、信义向善、开放包容、开拓进取的社会主流价值观，一直滋润着当代南浔人，成为践行社会主义核心价值观的土壤与环境养成，从而醇化了当地的世俗风情与社会时尚，并最终积淀为“南浔样本”的价值底蕴。

南浔人深知文化的振兴和弘扬必须有载体，必须在日常生活和生产实践中能够为人所感知。为此，南浔区委区政府在古镇保护与文化传承中做了一系列探索：

一是以实为先，在显现层面以修复性保护彰显古镇魅力。首先，从优化空间布局入手，形成多层次保护框架，真正实现古镇整体性保护。他们秉持历史真实、风貌完整、功能延续原则，投入3亿元资金对古镇237处传统民居、名人故居、园林古桥等历史建筑集中进行保护性修缮，以传统技艺重现古建的传统风貌。其次，要使古镇活起来、灵动起来，必须在水上做文章。于是他们水陆并行，重生水乡肌理。不断致力于水系修复，以清末古镇风貌图为蓝本，在保持自然岸线、自然河床、自然走向基础上，采取水岸同治、标本兼治等方式计划古镇13千米现存及历史市河进行疏浚和修复，重现古镇内运河与市河“十字相交、外环内通”的历史水系风貌。通过致力于街巷修复，对古镇34条主要历史街巷根据历史意义、完整程度等分类实施保持、整理、修补、重构保护，并严格控制商业化区域，全面整治临街临河建筑特色，完整保存了运河城镇“井字骨架、水路并行”的历史格局和传统街巷，还原了古镇水城相依、街巷曲折的江南水乡风貌特色。

二是从内容建设上，以“人文复兴”为抓手，重在激发地域文化的活力。首先，加强文献资料和文脉的梳理与研究。先后成立南浔历史文化研究课题组、“四象八牛”后裔联络会和“南浔学研究会”，集30余位院校专家的学术优势和地方学者的资源优势，出版《南浔丛书》七套27本，各类单本书籍如《南浔镇志》《南浔近代园林》《南浔名人》《南浔文物集萃》《南浔非遗大观》《湖笔制作技艺》《张珽文集》《浔溪顾氏》等60余本（册）。2016年，南浔成为“徐迟报告文学奖”永久固定颁奖地。2017年，第六届“徐迟报告文学奖”颁奖系列活动在南浔举行，南浔被授予“中国报告文学之乡”称号，南浔古镇成为中国报告文学创作基地（2015—2020）和浙江省报告文学创作基地（2015—2020）。其次，使文化活态化地融入当代生活。将古镇旅游与“非遗”项目表演、体验相结合，在辑里湖丝博物馆表演煮茧缫丝技术、在嘉业藏书楼开放“拓版印刷”体验、在土特产商行举行湖笔制作活动，全力打造古镇旅游文化产品；以“端午”“中秋”“重阳”等传统节庆为载体，开展“出洋龙”“祭蚕神”“船拳”等具有南浔特色的传统民俗活动36次；同时在景区景观打造中融合善琏湖笔、千金剪纸、菱湖彩灯等民俗资源，使159项非物质文化遗产成为“最南浔”的独特标识和文化基因。近年来，央视的《记住乡愁》《情系端午》宣传片、“美丽中国看湖州”宣传片、2018年“春晚”宣传片等国家级媒体纷纷来到南浔古镇拍摄取景。人民日报、光明日报、新华网、浙江卫视的古镇报道，都把南浔古镇的“风雅”“年味”摆在突出重要的位置上。在各种“活态化”体验活动中，頔塘故道、百间楼以及南浔人喜迎新年等民俗文化都一一呈现，最终向观众展现独具江南特色的南浔古镇。南浔古镇的节日旅游可谓活色生香，通过组织策划有特色、有需求、有看头的各类活动以及本土民风民俗，使全年的各类节庆活动都能吸引无数游客参与，在增加游客体验度中活跃了古镇的魅力。

三是借势大运河文化保护工程完善定位，借助大运河符号不断提升南浔古镇的品牌知名度。南浔作为全国首个伴随大运河整体列入《世界文化遗产名录》的古镇，已将运河保护利用纳入经济社会发展总体规划统筹实施。南浔依托常设管理机构和地方特色制度体系，对大运河2.18平方千米内頔塘故道和历史街区两大遗产要素予以整体保护，防止建设性、开发性破坏，落实运河文化传承和功能延续、生态环境保护和经济社会发展责任；完成总投资90万元、占地面积380平方米、集中展示古镇历史文化和运河文化的南浔文化展示中心场馆建设。设立专项工作组，研究运河人文价值和科学价值，为永续利用提供理论支撑；实施运河文化“三进”工程，以主题活动、主题摄影、主题展览动员全社会参与，传播大运河“智柔兼容、自强不息”的文化内涵，激发南浔人的运河认同感和乡土自豪感。

古镇的振兴的根基在于产业，只有以产业为基，才能夯实古镇保护的物质性基础，不断筑牢古镇肌理的根基。只有与地方文化气质相吻合的产业兴才有可持续发展的基础。为此，南浔人以经典产业激发古镇活力。他们以“湖州丝绸小镇”建设为载体，振兴发展丝绸纺织产业。通过实施《特色纺织产业振兴升级规划》《丝绸产业转型升级行动计划》，以技术创新、品牌建设为重点推动丝绸纺织产业全面转型。2016年湖丝产量和本地生丝用量约占全国30%，绸缎出口约占全国20%。以“善琏湖笔小镇”建设为载体，推动湖笔向文房全产业链的延伸及与电商、旅游现代服务业的融合，综合发展湖笔文化产业。2016年湖笔在全国市场占有率达到20%。以产业发展为基础，“丝绸小镇”和“湖笔小镇”已双双入选首批“浙江省特色小镇”行列。吸引外来游客和年轻人，文化新业态是关键，以文创产业丰富古镇业态。南浔古镇按照世界文化遗产地和国家5A级景区的要求，以及游客满意度调查等来逐步完善景区业态。修缮后的花间堂·求恕里正式对外开放，让求恕里在新形态下复现往昔的风采。江南庭院、都市聚落等一大批新业态的开业运营，再次为古镇的旅游产业升级补足配套设施。南浔还依托央视等平台以民俗活动推动休闲旅游，以经典产业激发古镇活力。以“一店一品，一店一景”为导向，坚持淘汰低端业态，引进精品业态。

截至2018年，累计引进、提升文创演艺类精品业态200多家，完成钱币馆、唱片博物馆等6个文博馆招引入驻，不断彰显古镇魅力。

在南浔辉煌的感知中，我们感受到了文化是如何创造生成的，以及文化与经济的互动和相互支撑，特别是经济社会发展对文化力量的彰显。今天，南浔能够成为“古镇保护与文化传承”的样本，其鲜活生动的实践仍然启示着我们文化的力量要不断彰显！习近平总书记对南浔的期待，绝不是对南浔古镇“花瓶式”的那种博物馆般的静态保护，而是充分展示当地人自豪感的活态化呈现，使其在举手投足的日常生活中张扬文化自信。对此，南浔在深刻理解文化内涵及其生成性中通过文化价值传播的载体建设，以家庭为载体开展了最美家风+的家风、家训活动，在机关开展了政风清廉的建设，在企业开展企信、企风建设，在校园开展醇厚好学堂的校风建设，在乡村开展乡风和谐的好村庄建设等，积极传播和弘扬优秀传统文化及其社会主流价值观，在不断激发民众的文化理想中使“南浔样本”的价值底蕴得到最大程度的弘扬和传播，在不断激励年轻人创业创新中为今天南浔振兴的文化兴盛和经济繁荣提供精神支撑。

在特色小镇、乡村振兴战略背景下，“南浔样本”给我们多方面启示，尤其是在文化生成性上，它使我们深刻理解了文化是如何生成和弘扬的。回到文化的根本，它就是一种生产、生活方式，就是一种契合这种“活法”的某种“说法”，“南浔样本”贡献的就是一种生活方式，为现代化进程中的城乡一体化发展提供一种启示和借鉴：产业强、生态美、文化兴、人民安居富裕、精神上有追求，以古镇保护与文化传承书写新时代的宏伟篇章！

第十三章　传统文化在尧治河村的复兴及其引领作用的发挥

2017年9月，调研组一行数人来到尧治河村，首先映入眼帘的是一个条幅：过去靠精神，现在靠发展，未来靠文化。固然，条幅中的有些提法还有待商榷，但其透露出的文化意识、弘扬的文化情怀、彰显的文化态度，是令人钦佩的。这在某种程度上契合了世界性的发展潮流，那就是文化地位和作用的全球凸显。可以有效诠释尧治河村之所以能够又好又快地发展的根本原因，既保留了绿水青山，又赚得了金山银山，成为大山里幸福村的典范。在尧治河村的参观考察中，我们为优秀中华传统文化特别是尧文化在尧治河村的保护、传承和复兴所深深折服，对传统文化在现代乡村治理中的价值所打动，从尧治河村人的当家人——村党委书记孙开林身上深刻感受到尧文化的精神，一种天人共处、和谐共在、敢于担当、共同富裕的当代社会主义发展道路的实践，正激励着为实现“中国梦”不断努力奋斗的中国人！

习近平总书记在2016年的“七一”重要讲话中，在以往三个自信的基础上增加了文化自信，同时强调文化自信是更基础、更广泛、更深厚的自信。而文化自信的底蕴之一就是优秀的中华传统文化价值观的弘扬，我们中华民族伟大复兴的目标正是建设社会主义文化强国！文化使中华民族自豪地屹立于世界民族之林，习近平总书记在系列重要讲话中一再强调中华民族的独特性，主要源自中华优秀传统文化，正是优秀传统文化有利于增强中国人的底气和骨气。伴随现代化进程的深入，人们越发意识到“我是谁”的重要性，在尧治河村参观“农耕博物馆”时，我们对其所展示的当地人的生活方式所吸引，对其所彰显的地方文化自豪感所感动，深刻体验到尧治河村人对传统文化、民间文化的重视和弘扬。事实上，对民族文化、本土文化的眷顾，以及对优秀传统文化的传承，越来越成为文化现代化的重要组成部分，越来越成为大众的文化认同基础，越来越成为全球化进程中现代中国人价值观中的底色。近年来，有着传统文化复兴的新农村，有着青山绿水的新农村，不仅留住了“乡愁”，使“美丽中国”染上中华文化特有的色彩，还丰富了现代性的内涵，传承了中华文化的根脉。

为什么中华民族能够在几千年的历史长河中生生不息、薪火相传、顽强发展呢？一个很重要的原因就是中华民族有一脉相承的精神追求、精神特质、精神脉络。只有历经时代风云激荡锤炼和文化洗礼的精神凝聚才托起了一个民族的核心价值观，从而形成一个民族精神发展的高地。环顾全球，如果没有共同的核心价值观，一个民族、一个国家则会魂无定所、行无依归。在文化交流日益频繁的当下，中国传统文化不仅是中华民族的精神家园，还是全人类共有的精神财富，而且有着普遍的世界文化意义。习近平总书记指出：没有文明的继承和发展，没有文化的弘扬和繁荣，就没有中国梦的实现。事实上，中华文化在历史上一直既坚守本根又不断与时俱进，从而使中华民族保持了坚定的民族自信和强大的修复能力，培育了共同的情感和价值、共同的理想和精神，并通过一系列无愧于历史和世界的辉煌文化经典展示出来，更是经由百姓日常的点滴细节得以传承。如传统节日氛围的营造，家风的传承和家谱的续写，以及乡贤在社会治理中作用的发挥等。

反观人类历史，任何民族的发展壮大，都是从自己的历史文化传统中走来，不尊重传承民族优秀传统文化的民族，是没有灵魂的民族。事实上，在全球化竞争的舞台上，有了价值观灵魂附体和护佑，一个国家和民族才能够强身健体。在全球文化思潮相互激荡中，核心价值观是一个国家和民族最深沉的软实力，为此我们要在全球化舞台上勇于亮出社会主义核心价值观的旗帜，努力传播当代中国价值观念，展示中华文化的独特魅力。当然，日益现代化的今天，文化传承要讲究方法，所谓“古为今用”，这需要眼光和视野及其高远的洞察力，更需要习近平总书记所倡导的基于现代立场的“创造性转化和创新性发展”。尧治河村的发展实践再次表明，传统文化不是发展的包袱，而是社会主义新农村发展的重要资源，优秀传统文化的复兴和弘扬，在尧治河村的“中国梦”的实现中发挥了积极的作用。事实上，伴随中华民族的伟大复兴，优秀传统文化并未成为“过去”，它也不是静态的“博物馆”式的存在，而是日渐成为我们健全机体的灵魂和血肉，从而支撑起中华民族伟大复兴的精神地基，不断丰富着中国当代文化的内涵。继而在实现“两个一百年”奋斗目标和中华民族伟大复兴的历史时期，努力建构出与社会主义市场经济相适应、与社会主义法律法规相协调、与中华民族传统美德相传承的社会主义思想文化体系，积极培育和弘扬社会主义核心价值观。

文化评论篇

第十四章　红色文化资源的内涵阐释与产业开发

随着文化的地位和作用的全球凸显，文化日益从边缘走向国家政策和社会发展的中心，文化发展越来越被提升到实现中华民族伟大复兴的战略高度。人们越来越认识到：发展不仅是经济的发展，文化是发展的关键词，文化的繁荣是发展的最高阶段。在经济文化化、文化经济化的世界潮流中，伴随产业升级和经济发展方式的转变，文化资源日益成为经济发展的基础资源，甚至成为影响区域竞争力的战略资源，文化品牌、形象、美誉度等文化形态的无形资产日益成为区域文化经济竞争的关键。在中华民族文化尤其是迈入现代化进程一百多年历史的积累中，中国共产党率领各族人民进行社会主义道路的探索沉淀了大量红色文化矿藏，在当前文化创意产业发展中的独特性和附加值日益凸显。事实上，红色文化资源虽是富矿，但因现实中对其价值认识的不足，对文化产业发展规律认识的不清楚，致使在产业实践中缺乏文化创新创意，导致资源优势未能转化为产业优势，不仅文化产品缺乏纵横捭阖的气势，缺乏时代的精气神与较高的识别度和认同感，而且在文化价值观的弘扬与诉求上也曾一度模糊甚至摇摆。红色文化资源产业开发的窘境不仅与中央的要求和公众的期待有很大差距，也与当前全面深化文化体制改革、推动文化发展繁荣的时代语境不相容，更与国家软实力的提升和实现中华民族伟大复兴的“中国梦”存在一定程度的脱节。

第一节　红色文化资源内涵的再阐释

所谓红色文化，是指在革命战争年代由中国共产党人、先进分子和人民群众共同创造的极具中国特色的在价值观上葆有先进性的文化，它蕴含着丰富的革命理想主义精神和厚重的历史文化内涵。而“红色文化资源是我党我军和我国各族人民在长期的革命斗争中形成的历史遗存，它体现了我党我军的革命精神和优良传统，是中华民族的优秀文化资源，是实现中国梦的精神财富和力量源泉”[①]。红色文化根植于中国革命和建设的实践沃土，经过革命战争年代的洗礼、和平建设时期的陶冶、改革发展时期的考验，始终体现着中国共产党的先进性追求。红色文化从产生、发展到发扬光大，与中国共产党的风雨历程息息相关，与中国革命精神的先进性息息相通，它凝聚着中国共产党人的理想信念和创造性努力，浸润着共产主义的人生观和价值观，是中国共产党创造和书写自身历史的精神血脉，它所包含的解放生产力、发展生产力的思想，实事求是的科学态度，奋发向上的进取精神等，体现了社会主义意识形态的本质要求，是培育社会主义核心价值观的精神资源。严格意义上讲，红色文化作为一种重要资源，包括物质和非物质文化两个层面。其中，物质资源表现为一系列遗物、遗址等革命历史遗存与纪念场所；非物质资源表现为包括井冈山精神、长征精神、沂蒙精神、延安精神、大庆精神、焦裕禄精神等红色革命精神。因此，红色文化资源分为：遗址踪迹类红色文化资源、建筑与设施类红色文化资源、重要革命历史文物、重要文艺作品、革命历史人物和红色革命精神等六大类别。

对此，我们不仅要在一种深刻性意义上理解文化和文化竞争力，更要在一种区域经济发展战略上领会红色文化的价值。当下国家之间的竞争不仅越发显现于城市之间的竞争，而且很多文化资源丰富的城市在功能上开始转向文化城市，文化在区域竞争中地位凸显。作为与社会主义本质要求相契合的红色文化，不仅是曾经的红色记忆的展示，还在文化的生命强度与生活厚度的融合中凝结为民族精神的内核，在地域性与全球化互动框架下，被赋予了时代精神内涵，日益成为增强区域竞争力的重要砝码。在此境遇下，一些曾被淹没的红色文化资源，随着历史尘埃的远去逐渐进入人们的视野，不断引

---

① 马俊建:《红色文化是实现中国梦的精神支撑》,《中国国防报》2013年3月21日。

发学者和地方政府的极大关注，在文化产业开发和运作中，极大地提升了城市的知名度和美誉度。如在红色旅游竞争中胜出的红安，作为“红安精神”物质载体的红安县七里坪镇长胜街，被誉为大别山区“红色第一街”，距今约有300年的历史，全长仅600米的长胜街却集中了10处革命旧址和陈列点，成为集历史建筑和红色革命遗址为一体的重要资源。同时，在红安曾传唱出两首家喻户晓的红军歌曲——《八月桂花遍地开》和《三大纪律八项注意》，它们分别伴随在红安建立的红四方面军、红二十五军两支主力部队一路唱出红安，唱到延安，唱遍全中国。另外，位于山东胶东半岛威海和烟台一带的孕育了革命精神火种的昆嵛山红军游击队以及天福山起义抗日武装，留下了大量的红色文化资源有待梳理、开发。在天福山和雷神庙有很多革命历史遗迹，很多优秀的革命传统和精神被当地人所传颂，可供后人瞻仰和进行爱国主义教育；在当下人的精神日益世俗化过程中，这些精神对培育社会主义核心价值观具有重要价值。胶东是中国共产党开展革命活动较早的地区，是胶东人民子弟兵创建和发展壮大的沃土，至今胶东子弟兵仍保留有三个集团军[①]，这在全国可以说绝无仅有。这些红色文化资源不仅提升了区域竞争力，还有力地增强了当地人的文化自豪感和对本土文化的认同感，在红色文化精神的感召下有利于塑造区域文化高地。

如何挖掘红色文化基因和内涵，进一步弘扬红色文化中由生命和信仰相融合所凝聚焕发的精神感召力，以作品或者文化产品的方式在社会化生产中满足大众的文化消费需求，形成在文化市场竞争中有影响力和认知度的品牌，是发展文化产业的一个重要命题。经过历史的沉淀和实践的积累，红色文化不仅经受住了历史的检验，其自身特性越发显现：较强的故事性（往往有英雄气概并催人奋进、激发斗志等）、较好的审美娱乐性（贴近现实感、具亲近性）、很强的宣教性、良好的投资性（较小的意识形态规制风险）等，这些特性完全可融入有效供给的产品链中，满足文化市场上对“红色经典”的大众消费需求。如影视剧《东方红》《长征》《红色娘子军》《建党伟业》《建国大业》《大决战》《沂蒙姐妹》《血色红安》等，以及纪录片《复兴之路》等，还有各类图书、纪念品、藏品、展览品等，这些不同层次的文化产业开发及其

---

① 在解放军此前的编制序列中保留了第27、31、41三个集团军，占当时全军18个集团军的六分之一。

所带动的红色旅游，带来了巨大的社会效益和经济效益。红色文化资源内涵的阐释，就是旨在树立红色文化资源是驱动经济社会发展的资源的理念，文化产业是配置开发这种资源的重要方式，是塑造区域有影响力的文化品牌的内容基础，因而在产业结构调整和经济形态升级以及提升区域竞争力中担负着重要使命。

当前，习近平总书记在系列重要讲话中要求讲好中国故事，而讲好中国故事，既离不开有利于增强做中国人底气和骨气的优秀传统文化，更离不开作为执政之基的有着革命合法性的“红色故事”，故事的可信可闻主要源自深厚的价值底蕴。因此，讲好中国故事，要在理论上明晰：信念追求（文化理想）与幸福生活的关系；经济发展与文化建设的关系；经济欲求的合理性与道德追求的至上性的关系；主流文化（核心价值观的培育）与多元文化格局的关系；重构时代主流精神等问题。所谓精神不是虚空的，在康德看来：精神，在审美的意义上，就是指内心的鼓舞生动的原则。[①]这个原则经由艺术转化可以鼓动心灵使其处于生命力焕发状态，从而展现出一种生长的力量。就文学性和艺术性而言，包括在非虚构的符号化传播中，这个能激发精神的原则就是把审美理念表现出来的艺术化能力。在革命史叙述中，精神还是一种燃烧的状态，它具有点亮、启示的光芒，正是这种状态彰显出一种美感和震撼人心的力量，它充满正气和人生激情，具有一种美学气质，故而重温“红色故事”自然会感受到革命中的人物是美的，革命行为是崇高的，这种燃烧着的精神恰恰需要红色文化来弘扬。

在当下的理想信念淡薄、物欲之风盛行、国民精神普遍缺“钙”的境遇下，讲好“红色故事”极具现实意义。通过传承红色文化基因、发扬革命精神，为改革凝聚力量和思想共识——正如习近平总书记所讲的改革只有进行时没有完成时，以此才能筑牢全面深化改革的精神基石。讲好“红色故事”，旨在激励斗志、鼓舞士气、提振精神、鼓足干劲，以红色精神指引未来。讲“红色故事”可以有多重视角，既有回到革命史进程的重新语境化视角，也有地域文化的丰富性和多样性视角，还有区域经济发展特别是重构文化产业地形图的视角。总之，要与当前“五位一体”的社会主义现代化事业总体布局相融合，通过塑造独特的地域文化品牌，使其不断向经济、社会、文化产业领域延伸拓展，从粗

① ［德］康德：《判断力批判》，邓晓芒译，人民出版社2002年版，第158页。

放式发展上升为高附加值的文化产业品牌，进而成为全国知名品牌，甚至走出国门产生文化影响力。

中国的现实国情、独特的文化传统和特定的历史命运，决定必须走中国特色社会主义道路。走中国特色社会主义道路，必须坚守“四个自信”，而最根本的就是文化自信。这份自信除了传统文化的深厚根基和底蕴，还有作为共产党革命精神基因的“红色文化”，红色文化是国家主流文化价值观的思想资源和传播土壤，这与当前倡导的社会主义核心价值观相应，因此，鲜明地亮出“红色文化旗帜”是“四个自信”的表现。红色旗帜上飘扬着英雄主义的理想气质、革命的大无畏精神，从革命史维度看，红色文化孕育的革命精神有双重内涵。首先，农民起义、暴力革命具有反抗、抗争的意味，它作为一种权力不仅仅是破坏性力量，在辞源学上还有“使之翻转过来”的意味，就是说通过暴力方式使政权回归合法性。因而，经过重新阐释可洞悉革命有肯定、建构的维度和内涵，从一种破坏、解构的力量发展为对某种精神、价值的守护，成长为一种建设性力量，一种人性的积极行为、一种回归人的自由和尊严的力量，它体现为当下的改革实践。在此意义上，它是今天社会主义现代化建设的重要支撑力量。不论在逻辑上还是现实中，所谓“告别革命”其实是把革命文化转化为现代化建设资源，革命固然有其合理性，但不可过度张扬革命的浪漫化，尤其不能忘记伴随革命的苦难和创伤的记忆。可见，随着党的历史方位的转移，红色文化的内涵要在重新阐释中进一步丰富，洞察红色文化的特殊性与普遍性之关联，推动其由破坏性的解构力量向建构力量生成，作为当下经济社会发展的重要资源，为区域经济文化发展作贡献。

革命的意义还在于正视现实、警示当前、前瞻未来。红色文化有着爱国主义的基因，蕴含了对祖国和人民深沉的爱，宣扬红色文化不仅是一种对历史的回顾，更是对革命理想信念的眷注。信仰是高远的，它超越了现实生活中对幸福的追求。如果革命目的单纯是为了生活幸福的话，那么革命者就没有必要发动革命，他们通过向统治者妥协完全可以过上好日子。正是超越性的理想才安顿了他们的灵魂，这种形而上的高远意义，其实是一种道德的至善，对此我们不能做抽离时空的解构和悬置，而要保持仰望和提撕世俗的目光。因而，必须正确定位外向度的经济层面的价值和内向度的人文价值的关系，既不能把欲求层面的价值作为终极追求以矮化人生境界和萎缩民族气节（好像我们是气魄促狭的经济动物），也不能把形而上的价值追求的内涵抽空（碎化为一地鸡毛的高大上）从而失去坚实的现实支撑。红色文化的精髓是立足大地追求理想和信仰，它的大地性使其有更大程度的包容性、精神的开放性和思想的高度及其内容的厚度。在某些现代人缺少灵魂、眼神飘忽不定的当下，它是凝神聚气的光源，是补精神缺钙的生命之基，是中国实现和平崛起再出发的驱动力。

红色文化作为某种历史横断面的集体记忆，在重新阐释以及把记忆符号化（审美再造和传播）的过程中，不能把红色精神抽象化、空心化、空洞化，而是要在产品中融入时代温情的一种再体验、再生成，从而成为时代精神的有机组成部分。讲“红色故事”，不单纯是建立革命纪念碑、纪念馆，而是在历史记忆中寻找生命的强度和力度，探寻散落于民间的文化乡愁和点亮精神家园的火种。讲“红色故事”，尤其不能缺失平民视角，在众多将军的身后有着无数的无名烈士和子弟兵，恰恰是无名烈士支撑起了中国革命的成功。历史固然离不开伟人，但更是人民大众创造的，革命的成功离不开人民的支持。中华民族的伟大复兴，仅有经济崛起是不完整的，还要有文化的复兴及其力量支撑。红色文化的再诠释提供了当下改革的合法性及其历史依据，为时代贡献了一种高远的价值引导力。

革命史叙述不是单一的，不仅有一种集体的记忆，还有散落的文化乡愁，只有在丰富的革命场景中才能凝练红色文化内涵。一定意义上，中国的红色革命是20世纪上半期世界无产阶级革命戏剧场景的一幕，是中国革命把中国近现代史与世界发展史关联起来，使中国以其独特的现代化进程和中国特色社会主义道路的探索进一步融入世界史，使中国人有了世界史视野，因此，在人类发展史中中国共产党人的探索不是孤立的，不是历史发展的潜流，而是世界无产阶级主流革命的重要组成部分，这是今天激活红色文化资源的重要价值所在。就内容而言，既要研究革命史观中宏大的“正统叙事”，也要关注革命中人的生存状态及其微观的生命体验，特别要尊重无名的个体生命的价值，在各种复杂的关联中定位红色文化的意义，警惕历史虚无主义，弘扬主流文化价值观，传播正能量。

第二节 红色文化资源的产业开发与品牌塑造

当前，中国经济下行的压力很大，地方政府普遍存在一种发展的“焦虑”，发展不能再走粗放式牺牲环境的老路，必须改变思路走重质量效益和低碳绿色生态环保之路，这使得文化经济的跨越式发展及其在产业结构调整和经济形态升级中的重要性越发凸显。因此，开发红色文化资源不仅是一种情感的缅怀，还是一种价值的再创造，更是通过发展文化产业融入区域经济，提升区域竞争力。文化的关联决定红色文化资源的产业开发要有世界眼光和全球视野，通过塑造品牌成为世界文化产业地形图的一个亮点。

通常，革命老区作为红色文化的发源地，有着众多的革命遗址和可歌可泣的“红色故事”，这是一笔宝贵的财富；同时，革命老区多处于山区，风景优美、生态宜人，有着绿色文化（青山绿水、民风淳朴）的生机和色调，往往被称为“红色历史、绿色风景”，因而把红色文化、生态文化和古迹民俗文化相结合，寓思想教育于文化娱乐和观光游览中，既有利于传播先进文化，又有利于把红色资源转变为文化产业优势，从而推动革命老区的经济发展，帮助老区人民脱贫致富。在新的历史语境下，红色文化成了经济发展的优质资源，尤其在消费服务凸显的时代，这种资源的富矿成为发展文化产业的优势，可通过在内容上提供高端化的消费产品，为产业链拓展提供有效供应力。如在红色旅游中嵌入当下观光旅游缺乏的互动式文化体验，为其注入文化附加值，从而使其升级为体验经济的一部分。其前提是要做好区域发展战略中的文化产业规划，规划虽立足区域经济，但要有国际视野和互联网思维——全产业链意识和跨越式发展；其次要在生态文明视野中定位文化产业，通过推动文化生产力结构的升级——走生态科技型文化产业发展之路。目标是在文化生产力培育上形成有特定内涵和价值诉求的文化力、科技力和经济力相融合的高端产业形态，使之成为全国文化品牌，为社会主义核心价值观的培育提供精神资源和内生动力，拉动地方就业和驱动经济发展。

对于拥有丰富红色文化资源的区域来讲，有资源不一定有产业。发展文化创意产业需要一定的经济、社会、文化基础，作为产业群概念，它在本质上是人才、创意及其技术的密集型产业，并不适合所有城市和地区。文化产业分布的区域合理性主要取决于资源条件与现代服务业优势、经济绩效、产业集中度以及运输通信成本，特别是人才储备包括教育支撑体系等。一般说来，影响区域文化产业发展的主要因素是产业结构、文化消费水平和文化生产能力，各地在权衡是否把文化产业作为支柱产业时，要评估自身发展的基础条件和环境，不可为产业而产业，更不能盲目模仿、移植其他城市的经验。而发展文化产业通常有两种模式：以市场为导向的产业发展模式和以政策为引导的产业发展模式。随着产业发展实践，这两种模式呈现相互渗透的倾向。因着现实国情和文化传统，以政策为引导的产业发展模式在国内占主导。但因政府干预过多，滋生了很多文化产业乱象。如运动式发展、GDP至上主义、计划式管理方式（包括政府直接投资等）。文化产业作为跨门类的经济产业，其发展要以市场为主体，尊重文化多样性的规律，遵循产业发展规律，让企业家、投资者、生产者（包括艺术家）和消费者依托市场进行选择——决定什么是最合适的。对以政策引导（外力推动）而言，政府规划和设计要权衡各相关利益体的态度和意见，在政策目标和具体措施上尊重其要求。发展文化产业有多维价值，要重视文化产业在促进社会融合、提高人口素质等方面的积极作用，任何单纯以经济为发展导向，唯GDP论的取向都是片面的。

文化产业成熟和发达的主要标志之一是形成有影响力的文化品牌。文化品牌是有形资产和无形资产的有机统一，是形成核心竞争力的体现。活化历史资源是塑造文化品牌的重要方式，这需要文化创意和切合时代特点的文化创新。尤其是主流文化价值观的融入，通过赋予品牌深刻而丰富的文化内涵，明确品牌定位，利用各种有效的内外部传播途径促使消费者对品牌形成精神的高度认同，才能催生对品牌的信仰，最终形成持久的品牌忠诚度。文化品牌是文化繁荣的结果，是文化生活质量的标高，是辐射文化生活的圆心。品牌影响力的拓展，体现了创意的力量和价值。一定意义上，品牌竞争力是一个企业、城市和国家文化创意水平和能力的表征。塑造品牌不止于技术创新，更有赖于文化创意、创新和价值观的传播。当下，世界竞争的实质是争夺资源整合主导权的竞争，而整合主导权的最主要竞争优势就是文化品牌。从品牌构成要素看，虽然我们技术创新不足，但在文化资源上有很大优势，只有找准优势——丰富的文化资源、深厚的内容基础、井喷的消费需求与潜力巨大的市场，利用前导性的文化产业发展的手段与内容的矛盾（越往高端发展内容越稀缺），假借文化资源优势和后发技术优势，有效控制新兴文化产业的内容生产，实现弯道超车的跨越式发展，实现文化的弥散效应和溢出效应，同样能在根本上提升中国产业经济的形态。

首先，红色文化作为内容资源嵌入文化产业链，以提升产品附加值和拓展消费市场为诉求目标，为文化品牌的塑造奠定内容基础。伴随产业的下游化，人的需求越发上游化。精神文化消费越来越成为日常生活的主要需求，而在价值功利化和拜物教思潮冲击下，人们普遍陷入一种精神的迷茫和困顿，如何从物化的“单向度追求”中回复人的均衡发展，体验人的本质的自由和美感，尤其是点燃人生的激情，亟须弘扬文化理想和信仰以及人的奋斗精神，这是红色文化资源的价值独特性所在。红色文化倡导的崇高思想境界和革命道德情操，可以激发人的精神意志，是当前抵御腐朽文化侵蚀、克服“四种危险”、筑牢精神堤坝的重要利器。它作为社会主义意识形态的重要支柱，有助于强化和巩固大众的价值观、人生观，激励青少年树立正确的世界观，有助于广大党员干部克服精神懈怠的危险、能力不足的危险、脱离群众的危险、消极腐败的危险，培养浩然正气。红色文化作为内容进入产业链，既可以发挥红色文化的社会效应，还可以实现红色文化资源的经济效益，在市场竞争中提升红色文化的可人性和亲近感，进而提高主旋律创作的质量和市场占有率。

事实上，尽管文化产业发展风生水起，从数量和质量上都取得了长足发展，越来越成为国民经济的支柱产业，但事实上红色文化资源的产业开发并不尽如人意，与其资源优势和大众的期待不相匹配，表现为有影响力的文化品牌不多，尚未形成完善完整的产业链和清晰的商业模式，在文化市场上并未占据强势的竞争力地位。这说明红色文化资源的产业开发能力较弱，要知道失去强大产业支持的文化，是竞争力和感召力严重不足的文化，是主流价值观不能得到有效传播而不断萎缩的文化，是难以保障地域、国家与民族文化安全的文化，它不能为国家建设和区域发展创造良好的外部舆论环境，也无法做大做强做长久，更谈不上提升国家软实力。只有实现文化的社会化生产，有效供给经得起市场检验的产品、服务，通过社会责任和市场动因双重激励机制，建立在满足不断发展的客观文化需求和不断增长的社会文化消费力基础上的文化，才会形成自身的造血功能和生命力。

其次，红色文化资源的产业开发要以塑造品牌为核心，以健全和拓展产业链为诉求，以创意为驱动力。当前，文化产业发展虽仍处于平稳运行的上升通道，但已出现发展的拐点迹象，亟须凸显产业运行的质量和效益，重在提升附加值、社会影响力和文化品牌效应。为了助推文化产业自身的升级，必须充分发挥市场的内生驱动作用，积极落实党的十八届三中全会提出的发挥政府作用和市场配置资源的决定性作用的统一。2014年“两会”刚刚结束，国务院就出台了一系列支持文化产业发展的政策，旨在引导文化产业发展由大转强。这给红色文化资源的产业开发带来重大机遇，其创意开发要重在形成“三力”。

第一是着重打造文化力。红色文化资源的创意开发要契合社会主义核心价值观的培育，使之成为弘扬主流文化价值观的高地，把丰富的红色文化资源转化为优质的文化产品，更好地满足人民大众的精神文化需求。以文化力支撑区域形象建构，不断拓展区域文化经济服务半径的无形资产、有形价值；文化形象在现代社会日益与包括经济效益在内的综合发展效益相关联，一定意义上，文化形象是区域发展与外部世界最重要的纽带和桥梁。

第二是着重打造科技力。红色文化资源的创意开发与生态文明的发展趋势和需求有内在同构性，通过科技与文化的融合，着重发展生态型文化产业，体现了文化产业是先进生产力的表征，代表创意经济的发展趋势。红色文化资源的产业开发，旨在通过其融入创意经济促使经济形态高端化，提升区域竞争力。通过传播“红色经典、现代表述”的理念，借助现代技术以艺术的手段外化红色文化，用通俗的手法展现红色文化，对红色产品进行艺术包装，提高技术含量，积极推进红色产品内容形式、方法手段创新，努力增强红色产品的吸引力、感染力和影响力。

第三是着重打造经济力。红色文化资源的创意开发要着力塑造品牌，围绕品牌进行产业开发，在品牌引领下发挥创意的跨界融合功能，推动文化产业融入国民经济大循环，培育特色文化产业集群，提升红色旅游的文化品格和可持续发展能力，健全产业链，集聚人才以产品和服务实现多环节赢利，在经济力的提升中形成文化认同感。如作为中国共产党诞生地之一的嘉兴南湖，通过塑造“红船”文化品牌，不断挖掘、延展红色文化资源，以革命纪念地和标志物为载体，以其承载的革命历史、革命事迹和革命精神为内涵，开发红色旅游产品、影视剧及其衍生品，塑造系列重大党史事件和党史人物品牌，开发地方特色产品，使文化与旅游、文化与产业不断融合，形成具有广泛感召力的文化品牌，产生了积极的溢出效应。

第三节 红色文化资源产业开发的不足与建议

在当前文化产业发展中，很多文化企业还停留在对文化资源的简单归纳或原生态展示上，在经营理念上没有对目标群体进行精细分析与研究，不清楚真正的消费需求和有效需求，没有针对目标消费者组建企业的运营团队，更不清楚自己的商业模式是什么，核心竞争力何在？是否要借助或应用高新技术对文化资源进行独特的展示和再创造？在发展理念上，缺乏清晰的思路和明确的认知。因此，应在思想观念上解决：宏大叙事的地域性文化体验；抽象文化符号的感性化表达；本土（地方）价值观的普世化诉求。当前，在产业开发普遍存在创意不够，导致文化产品和服务的有效供应力不足，消费吸纳力不强，经济效益不令人满意，社会效益不理想的问题。如果仅把红色文化资源限于粗放式开发，缺乏完整的产业链支撑，就只能博取低附加值利益，久而久之会影响红色文化资源的造血功能和自我创新能力，更难以塑造全国品牌。

其一，市场定位要准确。从终端市场去突破，即以面向消费市场为突破口，文化资源的创意开发要明确有效消费需求所在（现实消费者与潜在消费者），要瞄准终端目标消费者及对消费市场进行细分。把文化资源转化为市场消费品的能力比文化资源本身更重要，要明白是消费者支撑了市场，大众文化的成功运作鲜明地体现了这一特点。如地域性文化产业运作的实景演出剧《印象·刘三姐》，就是对壮族民歌和漓江山水的艺术性整合开发，山西话剧《立秋》就是对传统晋商文化资源的艺术性开发，这些都是建立在消费者有效需求基础上对传统或者民俗文化资源的再开发上，其结果不仅获得了经济效益，还借助市场的力量传播了地域文化。可见，文化消费市场的发育是产业发展的基础，是企业生存的根本，是文化资源转化的必要条件，否则就会沦为博物馆式的静态保护，而不是产业化、商业化的有效开发。

其二，加强技术创新。现代科技是文化产业腾飞的翅膀，特别是在数字化信息技术尤其是“互联网+”的引领驱动下，通过不断健全完善产业链，利用文化创意的渗透融合驱动作用，去开拓新兴市场，包括演艺市场、衍生品市场和主题公园等，在市场中拓展红色文化的影响力和感召力。要实现文化产业的“长尾效应”，就必须强化“文化创意”的独创性和独特性。如激光照排技术的出现、数字声像时代的到来、3D视频技术的应用等，有效地增强了红色影视作品的“视觉冲击力”和迅捷性，一系列“红色经典影视剧”都取得了很好的经济效益和社会效益，这些现代技术为红色文化资源的开发利用创造了条件。

其三，强化资源整合。所谓整合不仅是区域内的红色资源之间的点、线整合，还包括红色资源与其他文化资源（高科技文化资源、传统文化资源）的整合，以形成内涵丰富的多层次的文化存在，满足不同阶层、群体的消费需求。同时，注重同一主题的红色文化资源的整合，与区域内其他资源和周围环境的整合，要有全国一盘棋意识，寻求与高端产业及其产业链对接。整合的基础是市场，通过市场机制建立以红色文化资源为主的素材库（区域大数据库建设），实现资源要素的自由流动和有机整合。红色文化资源整合既要有保护意识，更要有产业开发的能力，发挥市场配置资源的积极作用，把文化资源链、旅游影视产业链和市场衍生产业链相融合，实现文化资源的文化资本化。重点打造一批有影响力、社会效益和经济效益好的红色文化品牌，使其充分展示红色文化资源的历史价值、艺术价值和教育审美价值。如“红岩联线”[①]给予我们的启示：它通过内部资源优化整合，联点成线使社会效益最大化，把学术研究成果社会化，利用展览、展演、报告、书刊等形式进入市场，每年吸引国内外游客600万人次以上，成为全国著名的“红色文化品牌”，其影响力不断跃出文化领域向社会经济领域延伸。从20世纪90年代“红岩魂”全国展演开始，陆续开发了既能体现红岩精神，又广受大众欢迎的各类产品。如群雕《浩气长存》、诗歌《黑牢诗篇》、评论《红岩小说与集中营里的人物》、纪实报告剧《时代先锋》、历史文献展演《我们共同走过的路》、京剧《江竹筠》、话剧《小萝卜头》等，在此带动下，红岩村、歌乐山白公馆、渣滓洞等红色旅游景区参观人数陡增，重庆红色旅游业长足发展，极大地传播了红岩精神，“红岩”品牌受到国内广泛认可，成为独具特色的红色文化精品，形成了重庆红色文化资源产业开发的核心竞争力。其中的关键是资源整合要找准着力点，在红色文化符号的生产和接地气上下功夫，红色文化本身就是从大地中长出来的，只要遵循规律完全可以通过创意开发出游客乐于消费的特色文化符号产品。当前，虽然红色文化景区有很多文化符号，但缺少能打动人心接地气的特色商品。

---

① “红岩联线”全称是重庆市红岩联线文化发展管理中心，其前身是红岩革命历史博物馆。它以红岩为主线，联点成线，在整合重庆红色文化资源基础上塑造了“红岩”品牌。

其四，进一步提升文化意识和全球视野。创意开发要以文化的方式理解资源（不能仅看表象，要洞察丰富性的价值存在），以资源的产业开发提升文化的价值，以品牌塑造引领产业发展。以文化意识和文化产业的自觉，为文化产品注入精神，融入先进的内涵和普适性的价值诉求。这是文化产业的本质性要求，在当前红色文化资源产业开发中人们却认识不足。一个地区和城市发展文化产业要先立足本地市场，满足本地和外来游客的文化消费需求，在本地市场充分交易，有了一定的国内市场竞争力，才能为文化“走出去”奠定基础。实践表明，内容上的吸引力、技术的支撑力、世界眼光的传播力，是取得全球效应的保障。

其五，明晰发展目标。文化产业发展与文化生产供应力和经济发展水平息息相关。经验表明，在国际上长期出现经济强势增长的地区和国家的文化，有上升为主流文化和世界文化的趋势，反之经济长期低迷的地区和国家曾经贡献的主流文化或世界文化，有被边缘化或还原为地域文化的可能。这一点在国内经济文化发展中也是如此。事实上，处于上升期的地域文化和区域经济，多是抓住一两次重大国际性主题活动的机遇，实现了历史性跨越。红色文化资源的创意开发，也要善于培育、创造、利用文化机遇和它所带来的焦点效应，形成对区域内各行业、各产业的关联度与带动力，集聚来自内外部的消费流、信息流、资本流、人才流。

总体上看，红色文化资源的产业开发要坚持政策推动与市场驱动的结合，尤其是创意的渗透融合功能与文化消费的引导作用，坚持发挥政府作用与市场在资源配置中积极作用的统一。以全球视野和世界眼光在一种深刻性上来理解文化，突破狭隘的文化部落主义和小圈子的自说自话，在融入世界文化主流中凸显自身特色；在文化传播上，不仅要学会国际表达，还要在文化产品中融入普适性的价值观，实现现代文化形态的转换。充分认识文化是经济之魂，文化是制度之母，发展不单是经济的发展，更是文化的发展，有文化融入的经济是可持续的，文化繁荣是发展的最高目标。

第十五章　脱贫攻坚文化不可缺位

在全面建成小康社会中，一个也不能少，是我们党的庄严承诺。文化在精准脱贫、脱贫攻坚中不可缺位，而且其作用和意义是基础性的、可持续性的，它直接关乎贫困人口脱贫的成效与政府扶贫的绩效，甚至关乎脱贫者的幸福感。

第一节　文化扶贫重在扶志

文化对于鼓舞人心激发民众自觉的脱贫意志有着极为重要的价值，脱贫攻坚需要文学的介入，需要充分发挥文化教化人心的功能。

一、文化的教化本质与扶志

文化本质上是人化与化人，也就是通常说的以文化人、化育天下，教化的本质是提升人的文明意识和追求人生的价值，使人的生存有意义感，在精神家园中安顿人心。因而，文化是人之为人的一个重要维度，并引领人们追求一种有意义的人生。文化既可以是自觉的，它显现为人在实践层面上的积极事功，而由此成全了人类历史上的无数文化经典和艺术精品；文化也可以是无意识的（很多农民虽然不识字却有文化），它潜在地影响着人的举手投足和是非判断，而成全了人之为人的根本。就现实中的贫困现象而言，除了个别贫困者需要政府财政兜底，大多数贫困者致贫本身不是基于条件所限，主要是脱贫主体意识的丧失与精神的麻木，是心理意志和文化态度决定的，即只有从内心生长出来的力量才能真正祛除“贫根”。贫穷不仅是有形的，显现为现实生活中的家徒四壁和丧失创造财富的技能；更是无形的，表现为内心的安于贫困和缺失克服贫困的意志。因此，脱贫在本质上需要“扶智与强志”，首先在心理上使之回归社会中的正常人，能葆有人之常识、常情、常德——以穷为耻，知耻而后勇，从心理上增强克服贫困的意志力（所谓强志——就是主观上要脱贫，自觉追求人生的价值与意义），进而从现实中锻造克服贫困的能力（所谓扶智——通过学校教育、劳动培训等获得生活技能）。

扶贫是中央的政策，是政治行为，更是我们党全心全意为人民服务的庄严承诺。然而，扶贫不仅需要“真金白银”，更要唤起人心底的脱贫意志（羞耻感）。孟子认为：人之为人，源自人之性有四端。这四端便是恻隐之心、羞耻之心、辞让之心、是非之心。每个人都有这四种心。有此四心，人便成其为人。有恻隐之心，便能仁爱怜恤；有羞耻之心，便知礼义廉耻；有辞让之心，便会恭敬谦让；有是非之心，便晓去取正误。因此，恻隐之心，也就是仁的萌芽。人有仁、义、礼、智，便如人有了手足四肢，人有仁、义、礼、智，便万物皆备于一身，他的生命之火便能如熊熊烈焰，终必不可扑灭。他的生命之流便可如汩汩山泉，终必汇成江河。人性是善良的，羞耻之心能激励人向上、为善，这是脱贫的内生动力。

二、文学作品中的文化扶贫

文学如何书写脱贫攻坚？深情书写脱贫攻坚实践的小说《高腔》（作者是四川作家马平）2017年刊载于《人民文学》，后出单行本（现改编为话剧），就展示了扶贫的历史场景。第一书记丁从杰进村后召开的第一次村民大会。是这样的场景——来到会场睡觉的，开玩笑吹壳子的，冷言冷语挖苦讥讽的，质问第一书记带了多少钱来、准备咋个帮扶的，还有干脆自称农活忙拒不参会的……这种场景我们不陌生，其实现实中还有更冷漠的现象。《高腔》写的是处于正在进行时的扶贫故事。脱贫工作的重点是精准发力，如习近平总书记指出的，“需要下一番‘绣花’功夫”，《高腔》就是在用文学上的“绣花”来书写和表现扶贫，一针一线间见出锦绣异彩。当前扶贫开发已进入攻坚阶段，在确保贫困人口2020年如期脱贫目标鼓舞下，精准扶贫工作正在各地，尤其是农村地区如火如荼地展开。关键是要找到贫困户内内外外千丝万缕的致贫原因，对症下药，量身定做脱贫方案，这也是作品书写的重点。小说中贫困户之一的女主角米香兰自幼喜爱戏剧，爱屋及乌地嫁给柴云宽，本可在“火把剧团”比翼齐飞，可惜命途多舛，父亲因饥饿夜间去偷胡豆角被撞见，在逃逸时摔成了终身残疾，母亲中年早逝，丈夫消极懒散，成了“糊不上墙的稀泥”，一个有诗意的家庭陷入了困顿，成了扶贫对象。小说中另一个扶贫对象是牛金锁，在母亲亡故后因孤致贫，终日盘弄花木，为花肥寻找鸟粪，并将自己的成家之梦寄于此。从城里下来的扶贫干部滕娜与第一书记丁从杰帮米家建新居，给柴云宽提供机会走上致富路，鼓励自卑封闭的米香兰勇敢地走向前台，做了村委会主任，而且重燃“火把”，回到戏台。对于牛金锁，帮扶干部则重在打开心结，发挥他在园艺上的一技之长，扶他走上产业发展之路。总体上看，脱贫攻坚、乡村振兴是小说的表层结构和主题，而“高腔”是小说的潜结构和灵魂。在文本中正是出于对戏曲的热爱，使得搜集整理民间戏词工作成为恢复翁婿关系的融化剂，戏剧也成了连接扶贫干部和乡亲之间的情感发酵剂，再进一步，戏剧还唤醒了每个人在“崭新的现实”中放声歌唱的豪情，正是戏曲激发了米香兰心里的激情和人生志向，在展开歌喉中放飞理想。文本中号称“万年台”的戏楼是民间艺术生活与农民精神世界的象征，它由颓败废置到重新装修启用的变化，喻示着村民对生活信心的重振。这不就是文化的力量吗？激发并唤醒心底对致富奔向美好生活的渴望，不就是文化的扶智与强志吗？因而，扶贫不止于物质上的“造血”，更要敞亮和提升人的精神，帮助每个人寻找失落的梦。正是在扶贫干部滕娜和丁从杰的帮扶下，花田沟人不仅在物质上得到了极大改善，精神上也赓续了传统文化中的文脉：仁义、孝道、廉洁再放异彩，从而使村民回到人之为人的根本和人之常情。在文化感召下，在党的政策照耀下，米香兰、牛金锁身上焕发出的精神力量帮助他们走出贫困，以文化之光祛除了贫困之根。

另一部书写脱贫攻坚的长篇小说是《迎风山上的告别》，由四川作家章泥发表于《中国作家》2018年第七期，是中国作协重点扶持作品。其文笔叙述从容，在内在腠理上揭示了文化如何助力脱贫，进而从根本上祛除贫困。小说中的大憨、瘫子身陷贫困境地，其家庭贫困之深令人触目惊心，却在文化引导下有着向学之心，正是扶贫干部的精准扶贫政策帮助他们圆梦——经由扶智（上特殊教育学校）而强志。小说的高明处在于，作者构造出一种与贫困户甚至智障儿童的平等交流视角，以一种现代性的平等理念对待贫困户、智障儿童，以爱的关心与呵护深入到他们的心里与其共同成长，从而焕发出他们向上、向善的力量，在驻村干部第一书记小武的帮扶下最终助力家庭摆脱贫困（如异地搬迁、发展产业等）。作品写出了贫困中爱的缺失以及市场经济冲击下的道德沦丧与诚信缺失、个人荣辱，尤其令人称道的是以平等视角的交流焕发出爱的力量，作品以文学力量赋予了实践以爱，而不是空洞的说教，文化的力量让他们在克服贫困中一起成长。扶贫不是施舍般的送钱送物，更不是高高在上的颐指气使，而是种下了人之为人的文化之根。小说结尾部分写到大憨、瘫子在成长中有了自己的名字（陈又木、郑华），文学命名意味着文化力量的教化，是爱的滋润。爱是人类社会文明的基因，是社会主义的核心价值观，是精准脱贫中的“志”与“智”，是智障儿童在社会关怀下闪现的光芒，是社会扶贫的目标指向，一个有爱的民族，一定会孕育出伟大的文明。

文学作品启示我们，农村脱贫和乡村振兴，首要的是振兴乡村文化。在现代化进程中，乡村文化资源的流失、毁坏以及对乡村文化价值认知上的偏差，导致乡村建设和乡村文明的虚无感和意义感的坍塌，一定程度上抽取了乡村文明的灵魂，使农民成为精神家园的流浪者，而丧失了对生活的进取心，从根本上屈从于贫困。脱贫攻坚、乡村振兴，就是要从文化上点燃贫困者对生活的渴望，激发追求美好生活的意志力。人是最能动的生产力要素，文化信念的植入就是最好的脱贫良药。增强农民的乡村文化自信，首先要尊重农民的乡村文化主体地位，使其在乡村振兴中发挥主体作用，以乡村文化的复兴和传统伦理价值的弘扬滋养全社会；其次，通过构建公共文化服务体系均等化，为农民搭建更广阔的文化舞台，从而在制度上落实农民的文化权益。说到底，农民的文化自觉是拯救乡村文化衰败，进而增强乡村活力、脱贫攻坚的前提和坚实力量，农民的自尊、自信、自强是乡村文化建设的内在动力，更是从根本上实现脱贫的内生力量。乡村文化是农民的精神家园，它润泽村民所认同和遵循的价值观，它不外于中国特色社会主义文化，更不对立于强势的城市文化，尤其不能走乡村设计的“城市化”之路，而是要尊重乡村文化的本位意识和主体地位。要从思想观念上充分认识到，乡村文化同样是中华民族伟大复兴和现代化文化强国建设的重要支撑和组成部分。

三、政府在脱贫攻坚战中的文化担当

通过对各地成功案例的调研启示我们，文化扶贫最重要的是，在精准扶贫的政策中找准定位，把当地的特色文化资源与公共文化服务体系建设相结合，寻求各自的出发点与着力点。

就现实效果来看，乡村文化振兴、繁荣发展，有利于增强农民的凝聚力、重现乡村生机，在共同参与的文化活动中增强农民的荣誉感，加深村民对故土村落和乡村文化的认同感，焕发摆脱贫困的意志力，有利于在乡村振兴中结成共同体（建立各类合作社），从而使乡村充满活力和能够吸引年轻人。一旦解决了农村的“空心化”问题，就有了人气，就为形成特色文化产业、以文化资源的商业开发致富奠定了基础。至于乡村文化在娱乐村民、满足农民的精神心理需求，促进信息交流、密切亲情乡情、消除隔阂、化解矛盾、增强归属感、巩固党的执政基础等方面，更是发挥着独特作用。因此，习近平总书记在参加十三届全国人大一次会议山东代表团审议时的讲话中，谈到乡村振兴战略时，除了强调乡村产业振兴、乡村人才振兴，还着力强调乡村文化振兴。他一再强调：乡村振兴，既要塑形，也要铸魂。要坚持物质文明和精神文明一起抓，培育文明乡风、良好家风、淳朴民风，改善农民精神风貌，不断提高乡村社会文明程度，焕发乡村文明新气象。

首先，文化在脱贫攻坚中要以发挥扶智与强志为出发点，重在“富脑袋”。现实生活中除了那些需要政府兜底的贫困人口，更多的人和家庭需要政府政策帮扶，在脱贫攻坚中扶智与强志就显得格外重要。只有从安于贫困或屈从于贫困状态转向为“我要富”的志于强的理想追求，以精神激励脱贫攻坚，才能从思想观念上“去穷”，进而从心里拔掉“穷根”。在此过程中，政府的公共文化服务的有效供给如“农家书屋”、数字信息共享工程等，以及义务教育（包括针对特殊人群的特殊教育）的均等化是重要路径。文化扶贫扶的是理想、志气、骨气，有了文化的意识和做人的尊严感，就有了向往体面生活之心，其基础恰是文化环境和文化意识之养成。事实表明，文化自信是最好的减贫药，在文化的家国情怀和理想志向的弘扬中，脱贫成为一种自觉的人生追求。因此，在乡村振兴中需要强化农村文化阵地建设、文化环境的培育，重在提高政府公共文化服务的绩效，使贫困人口真正受益。

其次，在脱贫攻坚中要着力焕发文化的力量，以文化助力经济社会的高质量发展。贫困现象很大程度上是发展不平衡、不充分的体现，现在人们越来越认识到，发展不仅是指经济的发展，文化是发展的关键词，文化繁荣是发展的高级形态，丰富的文化娱乐和精神的愉悦是美好生活及其幸福感的重要内容和表征。文化脱贫要显现出实实在在的力量，就要使文化作为产业成为脱贫的路径与模式，如乡村旅游、传统手工艺振兴、文化集市、现代农业等，在文化村落的保护性开发中着力构建文化产业生态系统，以各类“合作社”为载体，以培训各类人才为抓手，以基层党建为统领，使乡村文化产业成为打赢脱贫攻坚的重要抓手。

中国农耕文化大多积淀在乡村，农村是农耕文明的富集地，乡村中蕴含了丰富的文化资源与绿水青山的生态资源，特别是富含历史文化底蕴的非物质文化遗产，是今天迈向有中国特色的社会主义现代化强国的重要资源和底色，有着广阔的发展空间，往往因为缺乏文化意识和市场观念，导致很多家庭怀揣金饭碗却无饭吃。政府要以现代文化观念加大对“非遗”的保护与传承，以此作为乡村社会的活力之源，即着重解决农村的“空心化”以及吸引人才问题。着重发挥文化作为创意、价值感召以及发展产业拉动就业与带动致富理念的引导作用。很多深度贫困地区往往是革命文化、少数民族文化和生态文化的富集区，贫困乡村大多因交通不便、信息相对封闭而有着独特的自然生态风光，在国家扶贫战略中做好基础设施尤其是交通便利、水电改造，提升服务意识和服务水平，就可以开展诸如“农家乐”“艺家乐”、现代花卉、有机蔬菜、农业采摘、生态园林体验等服务，在文化走廊的连点成线、成面中，这些有着附加值的新兴产业形态成为一方水土养一方人的“致富门路”。在此过程中，要充分发挥文化名人的感召力和溢出效应，如沈从文的“边城”、刘晓庆的“芙蓉镇”、陈忠实的“白鹿原影城”等，彰显了文化的带动效应。政府应加强对市场秩序、低端业态的管理，对同质化的无序竞争的管理，防范过度开发文化名人效应。在现代观念中文化运作本身就是产业，最著名的是“横店的影视制作和外景拍摄”，已是当地经济发展的支柱产业。再如云南民族村依托特色资源进行产业运营，年客流量200多万人次，吸引了多位“非遗”传承人就业，几百名员工也来自附近各少数民族乡村，带动了很多贫困人口的脱贫致富。因而，在一些区域经济发展中，文化产业被视为新旧动能转换的引擎。

再次，政府在文化脱贫攻坚中发挥主导作用，与其无止境的“送文化”，不如实实在在地鼓励农民“种文化”。文化有根才能开花结果，才能焕发出力量造福一方。如甘肃新华书店系统在省委省政府主导下创办的“文化集市”，就是一种发掘、开发地方文化资源并转化为富民的创新性产业形式，发挥了本土文化在地服务的致富功能。它聚焦精准扶贫、精准脱贫基本方略，始终坚持面向农村、服务农民、繁荣农村的目标，有效带动了农村贫困人口脱贫和致富。“文化集市”的发展定位是依托甘肃各地传统文化资源、民间手工艺生产加工等“非遗”资源和农村富裕的劳动力资源，充分开发利用覆盖全省行政村的农家书屋和遍布全省县乡新华书店发行网点的优势，用现代经营理念、营销手段、资本运作方式和互联网技术改造提升民间民俗工艺品的传统运营模式，推动建立集民间手工艺产品研发、生产加工、商贸物流、市场营销、人才培养为一体的劳动密集型文化产业体系。文化集市依托有渠道优势的新华书店系统，秉承“市场主导、政府推动、企业经营、农户参与”的发展宗旨，与精准扶贫、精准脱贫相结合，积极吸纳广大农民进入文化集市生产加工销售领域，初步建立了“农户+协会+公司+生产基地”的生产加工运营体系。在14个市州成立文化集市分公司，搭建了覆盖全省的文化集市产品销售平台。截至2017年底，全省已建成文化集市固定经营点150家，建成文化集市生产基地160家。文化集市创办初期，中央财政支持1500万元，此后每年中央省里都有奖励性资助，在运作中坚持每成立一个基地给予10万元资助，每成立一个窗口给予5万元资助，鼓励成立“合作社”。由此进一步巩固了“农户+协会+公司+市场+互联网”的生产经营架构体系，其产品形态已涵盖剪纸、刺绣、唐卡、雕塑、金属锻造等十五大门类5000多个品种。逐步完善了“农户+协会+生产基地+公司+专业村”的生产加工体系，拓展了“总公司+分公司+文化集市+生产基地”的运营体系。文化集市已成为精准扶贫、精准脱贫的重要抓手，吸纳了很多民间民俗手工艺人进入文化集市生产管理体系，经过技能培训，提供创业机会，拓宽了农民特别是贫困人口的增收致富门路。如庆阳淑方香包刺绣有限公司把2016年度奖励资金全部用于妇女就业技能培训，吸纳了140多名妇女就业，人均年收入1.3万元以上。带动从事香包刺绣产业300多户，人均增收4500元以上，促进了妇女增收，取得了良好的社会效益。该公司2017年实现销售收入96.82万元，利润21.32万元，上缴税金1.91万元。不仅如此，对于某些没有特色资源的乡村，文化同样在唤起人的自尊和自信中增强其创意能力，在农产品——本色的乡土资源中注入文化的内涵和追求，而成为致富的路径。如河南贫困县社旗县大冯营乡周庄，人口不过2200人，耕地3000亩，没有山水，没有什么能迅速变现的资源，除了地里长出来的玉米花生小杂粮，就是牛羊鸡鸭等。自从有了

“兰馨书院”（文化大院），周庄村发生了翻天覆地的变化。村里的男女老少都会来大院玩耍，喝茶聊天、看书学习、运动健身，端午节包粽子，儿童节读诗词，重阳节敬老，元宵节猜谜语，甚至还每年举办一次农民文化艺术节。文化让周庄的村民生活得有滋有味。他们还开发了自己的品牌——兰馨，兰馨系列产品都是周庄人自己生产的，有杂粮等农副产品和自酿的酒、手工艺品等。正是文化意识让他们有了追求美好生活的信心，传承了道德根脉，有了对根的守护，有了乡愁，使漂泊的心灵有了归宿，也祛除了贫困之根。截至2017年底，周庄有了第一个网站、第一个微商、第一家超市、第一座酒坊、第一个农家乐、第一个农家小院、第一所少年国学堂。可见，乡村振兴、脱贫致富，文化不可缺失，有了文化力量的焕发，产业发展就有了可持续的动力，而且彰显出特色。文化成为引导村民脱贫攻坚的精神感召，成为维持村民信仰的精神依托。当前，浙江在全省乡村推广建设“文化礼堂”、山东省的“尼山书院”、贵州省的“文化脱贫”等都在承担和发挥着这样的功能，成为乡村振兴和精准扶贫的利器。

最后，要在官产学研中形成对文化扶贫和发展特色文化产业的某些共识[①]：

特色文化产业是指针对各地独特的文化资源，进行创意转化、科技提升和市场运作，提供具有鲜明区域特点和民族特色的文化产品和服务的产业形态。发展特色文化产业，独特的文化资源是重要的基础条件。在现代化进程中，因现代化冲击，当前独特的文化资源往往保存于一些落后贫穷地区和少数民族生活区域，这使得发展特色文化产业与当前精准扶贫事业紧密地结合了起来。事实上，近年来一些贫困地区基于自身独特的文化资源，在抓住国家大力扶贫优先解决交通“瓶颈”的基础上，大力发展特色文化产业进行脱贫致富，取得了一些积极的成效，涌现诸多文化精准扶贫的案例。

一是特色文化产业精准扶贫具有内生性和自发性的功能特点，有利于贫困人口脱离头脑贫困，从而焕发脱贫的渴望，增强他们的文化意识和对文化经济价值的理解，从意识上激励他们从“等靠要”向自己动手、有所作为转变，积极发掘文化资源，以特色产业开发激发村落活力，在地致富，实现了摆脱贫困的自发性向自觉性飞跃。

二是特色文化产业精准扶贫具有文化传承和功能再生性特点，有利于在产

---

① 下述共识，主要摘录自2017年贵州铜仁“2017特色文化产业与扶贫攻坚（贵州）高峰论坛”的共识，略有修改。

业发展中传承中华民族的文化根脉，增强中华民族文化厚重的底色，成为中国特色社会主义文化建设的有力支撑；要在市场培育和产品开发中尊重差异性，这是可持续性发展能力和提升扶贫效益的基础。

三是我国特色文化产业发展及其扶贫脱困效益由于有普遍价值，因而能够产生巨大的国际和区域溢出效果，从而对有类似国情的诸多发展中国家开展扶贫工作，实现可持续发展有一定的借鉴价值和强烈的示范效应，为构建“人类命运共同体”提供了注脚。发展特色文化产业作为一种新的精准扶贫方式，是符合中国国情特点兼具公益性扶贫和产业化扶贫的重要路径和战略选择。

四是特色文化产业精准扶贫要从贫困地区现有文化资源和公共文化设施建设入手，在不断完善公共文化服务体系保障农民的文化权益基础上，发展当地特色文化产业，不断改造和提高、增强区域文化生态活力，促进经济文化社会统筹发展，在促进农民增收致富中提高贫困人口的文化素质和造血功能，确保精准扶贫取得实效，打下可持续发展的基础。

五是特色文化产业精准扶贫需要各种社会力量参与，鼓励企业以及各类社会机构参与，不断建立健全特色文化产业精准扶贫的公共服务平台。政府要对特色文化产业精准扶贫进行相关的财税、金融保障，大力开展多种形式的特色文化产业精准扶贫的教育和人才培训。

六是要因地制宜，结合镇村产业特色、文化特色，注重政府主导与社会参与和市场灵验相结合、创新人才培养与产品创新相结合、资源整合与区域合作相结合。统筹整合、集中使用各级各类扶贫资金，把涉农资金向扶贫对象倾斜，重点瞄准特色文化产业，支持和引导贫困镇、村和贫困户自主选择发展项目。

说到底，古村落有乡愁，是因为有文化的润泽，农村如果没有文化，就会显得很单薄、贫穷。究其根本，扶贫最大的难点是去除在思想上固守贫穷的观念之根——而文化恰恰要在思想上植入立志脱贫的精神之根：植入生活信念、人生理想、社会文明意识，从而使其生成人之为人的意识和回归文化的本质——以文化人、教化人心。

第二节　以优秀古典诗歌滋养领导干部的心灵

21世纪以来，随着文化的地位和作用的全球性凸显，文化越来越受到各国政府和政要的倚重，文化政策越来越走近国家政策的中心，文化越来越走向历史的前台，人们越来越重视文化的传承和价值观的弘扬。在中华民族伟大复兴的历史语境下，习近平总书记在系列重要讲话中多次提到传承和弘扬中华优秀传统文化问题，尤其在“劝学篇”中鼓励领导干部多读历史著作、文化经典著作，强调各级领导干部要认真汲取中华优秀传统文化的思想精华和道德精髓，不断增强自身的文化修养和抵御贪腐思想侵蚀的能力，不断增强民族文化的自豪感和文化自信心，在根本上增强做中国人的骨气和底气。说到底，坚定文化自信是深刻理解“理论自信、制度自信和道路自信”的前提，优秀传统文化是增强“四个自信”的基础，各级领导干部有必要汲取优秀传统文化的精华，在创造性转化、创新性发展中滋养灵魂培育自己健全的人格，增强抵御各种风险侵蚀的定力。

中国传统文化的特点是拥有家国同构的情怀和官师一体的精英主义思想理念，修身、齐家与治国、平天下相关联，学而优则仕与以官吏为师相统一，这使得中国历史上非常注重官德修养，强调为官须有德，官有百行德为先；德不厚者，不可为官，德不厚者，不可使民；人无德不立，官无德不为，国无德不兴；德行与才能相比更重要，修德、养德、立德为做官之首要。在中国独特的价值传承体系中，格物致知的现实途径是个体自我的修身养性，在每日格一物为己之学中，强调严于律己，净化心灵，以身作则；强调吾日三省吾身，非淡泊无以明志，非宁静无以致远等来厚养德行。这些修养的习得同读书，特别是研读文化经典密不可分。唯有读书可以养气、养德，通过阅读经典以追求君子之美和圣人之道。通过读书使自己的内心世界纯净起来、坦荡起来、磊落起来、强大起来，从而实现自己的人生担当和社会使命感！

说到读书和研读文化经典，不能不提到中国优秀的古典诗歌。中国古典诗歌是中华传统文化的核心构成，优秀的古典诗歌是涵养各级领导干部心灵的精神家园，浸润于价值高地的精神家园有利于培养领导干部风清气正的领导风范和高山流水的人格气质，以及关怀民间疾苦造福百姓的境界追求。中国是诗的国度，古典诗歌源远流长、辉煌灿烂，中华民族以诗标榜于世界民族之林。诗是人类心灵的形象展示，尤其是古典诗歌，书写了古代人的喜怒哀乐等人情世态，以及豪华落尽见真淳的素朴之心，在“野旷天低树、江清月近人”的古典时空中，展示了中国文学所具有的深厚的艺术韵味和天籁般的音乐感，使诗成为中国传统文学中最具魅力的表现形式之一。从中国诗歌发展史上看，不仅有诗之孕育期的先秦之《诗经》《楚辞》和汉乐府之民歌的拙朴，更有魏晋南北朝所谓“文的自觉”之建安风骨、正始之音、太康风流，以及久负盛名的田园诗、山水诗，有鲍照诗的俊逸、庾信文章的老更成。随后不仅有走向诗之盛期伊始的“初唐四杰”，还有张若虚那美轮美奂的《春江花月夜》。孟浩然的诗之清新淡雅，王维的诗、画、禅、乐的合一，李白的诗之飘逸豪放，杜甫的诗之沉郁顿挫，高适、岑参之边塞诗的苍凉悲壮，“韩孟诗派”的奇崛怪诞，李贺的诗之秾丽凄清，元稹、白居易的诗之平易，杜牧的诗之豪雄俊爽，李商隐的诗之婉曲深情和隐晦，都标志着中国古典诗歌的新高峰；再到后来的苏轼的诗之旷达、坦荡与明快，黄庭坚的诗之瘦硬峭拔，陆游的诗之雄丽奔放；明清以降诗人的兴衰感慨和忧愤清远等；也都为诗歌宝库留下了浓重的一笔。

子曰：诗可以兴，诗可以观，诗可以群，诗可以怨！所谓兴观群怨，是说诗歌具有人伦教化之能。若要诗发挥良好的社会作用，就必须读诗、了解诗、懂诗。然而，诗之奥秘历来为人所乐道，却道不可言。所谓得意忘言、得意忘象，道在可读与不可读之间，在有意与无意之间，所谓“羚羊挂角、无迹可求”。因而，领会诗之奥妙，往往在于诵读，所谓“熟读唐诗三百首，不会写来也会吟”，在吟诗中才能领悟诗之道。吟诵是对诗歌语言的艺术把玩，诗是语言的艺术，在对诗歌的语言品味中，诗的意义自显。而诗的意蕴往往是多义的，这样诗才会有含蓄蕴藉美。中国古代文学批评传统中有“复意”“重旨”之说，古希腊诗学理论家亚里士多德在《诗学》中也曾提出过“双意词”“三义词”“四义词”等。意大利诗人但丁在《致斯加拉大亲王书》中更是谈到诗有字面的、寓言的、哲理的、秘奥的四种意义。《神曲》就有多重意义，“通过文字得到的是一种意义，而通过文字所表示的事物本身所得到的则是另一种意义。头一种意义可以叫作字面的意义，而第二种意义则可称为譬喻的，或者神秘的意义”[①]。波兰现象学家罗曼·英加登在《对文学的艺术作品的认识》中，从现象学视角曾谈过文本的多义性问题，他认为文学作品结构包括四个异质、又相互依存的层次：字音和建立在字音基础上的高一级的语言构造；不同等级的意义单元；多种图式化观相、观相连续体和观相系列；再现的客体及其各种变化

① 伍蠡甫：《西方文论选》（上卷），上海译文出版社1979年版，第159页。

构成等，正是在对结构的多义性把捉中才能真正领悟文本的意义。朱自清先生写过一篇题为“诗多义性举例”的文章，来探讨中国古典诗歌的多义性问题。袁行霈先生在研究中国古典诗歌艺术时就曾探讨过，古典诗歌的双关义、情韵义、象征义、深层义、言外义等问题。对文学艺术来讲，所谓多义并不是暧昧和含糊，而是内容的丰富和含蓄，诗之多义不是语词之多义的对等。对诗人来说，诗人不仅要运用词语本身的各种意义来抒情状物，还要艺术地驱使词语以构成意象和意境，在读者头脑中唤起种种想象和联想，激发种种情感的波澜，以艺术的手法赋予语词诗的情趣和表现形式，使原本有确定含义的语词，染有复杂的意味和主观性色彩，因而使诗语显现出某种不确定性、主观性、多义性，所谓“诗无达诂”。诗作为语言的艺术，曾被认为是日常语言的变形或者“陌生化”，其实是一种审美意义上的“形式化”。因而，诗语既遵循语言规范，又超出语法规范，而显现出某种“超常态”。这种超常态在中国古典诗歌中就显现于语音层面的格律、语义层面的意象和审美层面的意境营造，正是诗的多义性构成了中国古典诗歌含蓄蕴藉的艺术特色。因此，中国古典诗歌特别讲究蕴藉美，在诗评中多以“蕴藉”为标高。“蕴藉”是中国古典诗学的重要概念和术语，在古代又常常写作“酝藉”或“蕴籍”，原义为集聚、收藏，引申为含义深奥；“藉”原义为草垫，有依托之义，引申为含蓄。因而，“蕴藉”用在人物品藻时，多指人物品性的宽容和有涵养，而在文学艺术特别是古典诗歌中特用来指文学作品中那种意义含蓄有余、蓄积深厚和文采丰盛的艺术状态。清初文学家贺贻孙在《诗筏》中主张：诗以蕴藉为主，并把蕴藉提高到文学创作的头等地位。他提出：诗以蕴藉为主，不得已而溢为光怪尔，光极而怪生焉。李、杜、王、孟及唐诸大家，各有一种光怪，不独长吉称怪也。怪至长吉极矣，然何尝不从蕴藉中来。该诗论所谓“光怪”乃是一种艺术上的光彩和奇妙，是诗人追求蕴藉所为。从宽泛意义上讲，蕴藉是指一种文学内部包含或蕴含着多重复杂意义，从而产生多种不同理解可能性的状态，它显现为一种文学话语的蕴藉美，也是今人文艺创作所追求的审美风格。正是基于此，我们说“文学是显现在话语蕴藉中的审美意识形态”[①]。在古典诗词的品评中，一般好作品都是既“蕴藉”又“风流”。正是在某种不可言传的意会中，能够体悟“魏晋风流”的审美意

① 童庆炳:《文学理论教程》，高等教育出版社1998年版，第75页。

味。所谓“魏晋风流”是指由上而下形成的一种风尚，后来泛指某种才能俊秀、寄意高远的诗人气质的外现。风流是一种由内而生的气质的外显，所谓“魏晋风流”是在魏晋时期形成的人物审美范畴，它固然显现于魏晋时期的人物品藻，更是当时诗歌等艺术追求的境界，又往往超越特定历史时期而泛指。它伴随魏晋玄学而兴起，与玄学所倡导的玄远精神相表里，是精神上臻于玄远之境的士人的气质外现。简言之，是魏晋时期士人所追求的一种具有魅力和影响力的人格美①，是玄的哲学精神及其心灵世界的外显。魏晋风流就是破除汉儒名教之执之障，打开人生新境界、展现人生本我之面目的精神追求，所谓“越名教任自然”②。这种外现更多地显现于言谈、举止、趣味、习尚中，是日常生活中士人的举手投足，即“魏晋风流”。作为一种直观性的生动阐释，阮籍曾在其文学作品中塑造了一个展现“魏晋风流”的理想人物形象——大人先生，他“超世而绝群，遗俗而独往，登乎太始之前，览乎忽莫之初，虑周流于无外，志浩荡而自舒，飘飘于四运，翻翱翔乎八隅”③。从而在文学史上为我们留下了领悟“魏晋风度”的生动文本，以及在“风流”掩盖下的“隐曲”和徒唤奈何！从而更好地领悟阮籍咏怀诗的主旨。

在中国文学史上，古典诗歌向来讲究气质、神韵、意象、气韵等，尤其注重追求意境的营造和表现。意境是中国古典美学的重要范畴，也是中国文学批评（尤其是诗歌品评）的重要标准之一。意境的情景交融的表现特征、虚实相生的结构特征和韵味无穷的审美特征，集中体现了中华民族的审美理想，而成为今天中华文化传承的重要价值之一。在中国文学批评史上，对于意境的分类有不同的理解，清朝刘熙载在《艺概》中从意境的审美风格上将诗分为花鸟缠绵、云雷奋发、弦泉幽咽、雪月空明四境。所谓“花鸟缠绵”指一种明丽鲜艳的美；“云雷奋发”指一种热烈崇高的美；“弦泉幽咽”指一种悲凉凄清的美；“雪月空明”指一种和平静穆的美。而王国维在《人间词话》中提出：有有我之境，有无我之境……有我之境，以我观物，故物我皆著我之色彩。无我之境，以物观物，故不知何者为我，何者为物。其实，所谓“有我之境”，就是指那种情感比较直露、倾向鲜明的意境。如杜甫的《春望》：“国破山河在，城春草木

---

① 冯友兰：《三松堂学术论文集》，北京大学出版社1984年版，第609页。

② 戴明杨：《嵇康集校注》，人民文学出版社1962年版，第234页。

③ 陈伯君：《阮籍集校注》，中华书局1987年版，第185页。

深。感时花溅泪，恨别鸟惊心。烽火连三月，家书抵万金。白头搔更短，浑欲不胜簪。”该诗道出了作者历经战乱，目睹安史之乱后京城的破败衰颓的景象时的痛苦心情。花草本不含泪，鸟儿也不会因人的离别而惊心，只是诗人悲痛的心情使外在景色染上了主观的情绪和色彩。所谓“无我之境”，不是指作者不在意境画面中出现，而是指那种情感比较含蓄、不动声色的意境画面。如陶渊明的“采菊东篱下，悠然见南山”就是“无我之境”，作者虽在画面中却深藏不露，需要读者自己慢慢体会。而今人袁行霈先生就意境之分类曾讲过：“如果是论诗人之意境，那么也就是论意境之形成。如果是论诗歌之意境，那么也就是论意境之表现。如果是论读者之意境，那么也就是论意境之感受。这是互相联系着的各不相同的问题。”[①]虽然意境是中国古典诗歌的重要审美特征，但不能把有无意境作为衡量艺术高低的唯一标尺。中国古典诗歌有以意境胜者，也有不以意境胜者。如屈原的《天问》、曹操的《龟虽寿》、李白的《扶风豪士歌》、杜甫的《北征》、文天祥的《正气歌》等都不以意境取胜，可谁都不能否认它们是一流佳构。就连一向标举意境的王国维，也曾评述过“太白纯以气象胜。‘西风残照，汉家陵阙’寥寥八字，遂关千古登临之口”。即使有意境，也有高下之别，艺术境界的高下很大程度上取决于诗人的思想境界，即使同一诗人在不同时期也会创造出不同审美价值的意境。因此，有学者指出：“把意境仅仅局限于艺术的范围，既不考察诗人的思想境界，又不区别意境的高下，唯以意境为上，这无助于诗歌的理解、评价和欣赏。”[②]这对我们如何领会古典诗歌的思想艺术价值具有指导意义。

就艺术创造性而言，意境之于诗歌不是现成的，意境的营造需要不断的提炼、深化和拓展，需要独创性，欣赏者对意境的领会也同样如此。王国维在《人间词话》中说，古今之成大事业、大学问者，必经过三种之境界，“昨夜西风凋碧树，独上高楼，望尽天涯路”，此第一境也。“衣带渐宽终不悔，为伊消得人憔悴”，此第二境也。“众里寻他千百度，蓦然回首，那人却在，灯火阑珊处”，此第三境也。

王国维所说之成就大事业、大学问者的三种境界，也可领会为意境营造的三个层次。古人作诗特别讲究炼字、炼句、炼意，三者都关乎意境的营造，尤

① 袁行霈：《中国诗歌艺术研究》，北京大学出版社1987年版，第50页。

② 袁行霈：《中国诗歌艺术研究》，北京大学出版社1987年版，第48页。

其是炼意，更是直接关乎意境的深化与拓展。所谓“语不惊人死不休”“两句三年得，一吟双泪流”等，都表明了意境营造之艰。意境营造虽“工”，却不可过于雕琢，以不露痕迹、清新自然为佳。如李白的《子夜吴歌》：“长安一片月，万户捣衣声。秋风吹不尽，总是玉关情。何日平胡虏？良人罢远征。”

该诗语言浅显率真，意境却深沉阔大。开篇两句境界不凡，在一片月色的背景下，长安城家家户户传出捣衣之声，那急切而凄凉的声音散布出浓浓的秋意，因这寒衣是送给戍守边关的亲人的，故声声流露出对亲人的思念。“秋风”二句，通过秋风把长安、玉关两地遥遥联结在一起，意境豁然开阔。意境营造需要学习古人，但不可刻意拟古，而是追求创新创造。如杜甫处于安史之乱前后动荡的环境，以其真诚与至情创造出了属于他自己的新意境，在描绘大江、山河和渲染秋色中倾注了忧国忧民的拳拳深意。其中，《秋兴》八首营造的沉郁苍凉的意境，就是他的独创。在中国古典诗歌的独创性中，展示了中华民族丰富的艺术想象力和审美表达能力，这在今天越来越成为增强民族文化自觉的底色和动力。

面对浩瀚的诗的王国，我们不可能悉数阅读每一首诗，诗如同其他艺术形式的传承一样，是一种经典传承。书法、绘画等需要初学者不断临摹，诗则需要不断地吟诵经典篇章。今天，我们以优秀古典诗歌滋润心灵，更需要不断吟诵经典，以经典传承的方式链接古今，虽然有今天便利的电子式数字化的“悦读”，但在古典诗歌精神的传承中真正滋润心灵的还是需要“慢慢吟诵”，在一种“慢”中，生成一种精神、一种文学理想、一种浸润心灵的力量，以在全球化语境下多元文化思潮的激荡中，守护与提升我们的民族文化，这就必须在传统文化的沃土中扎下民族文化的根荄。这根荄作为中华民族的“美的理想”，也许就是一个观念，但它是我们今天抵御异质文化“同质化”地侵蚀的定力。这种“美的理想”如美学家康德所说：“最高的范本，鉴赏的原型，只是一个观念，这必须每人在自己的内心里产生出来，而一切鉴赏的对象、一切鉴赏判断范例以及每个人的鉴赏，都必须依照着它来评定的。观念本来意味着一个理性概念，而理想本来意味着一个符合观念的个体的表象。”①

作为康德美学的奥秘，它契合的正是在一种古典诗歌的慢慢诵读中守护的

① ［德］康德：《判断力批判》（上卷），宗白华译，商务印书馆1964年版，第70页

文化根荄。在默然于心的诵读中，“落日心犹壮，秋风病欲苏”“大漠孤烟直，长河落日圆”“落花人独立，微雨燕双飞”“无边落木萧萧下，不尽长江滚滚来”的意象会慢慢浮上吟诵者的心头和眼帘。著名美学家朱光潜先生在谈及文学创作时曾说过，学文学第一件要事是多玩索名家作品，其次是自己多练习写作，如此才能亲自尝出甘苦，逐渐养成一种纯正的趣味，学得一副文学家体验人情物态的眼光和同情，到了这步，文学的修养就大体算成功了。初学写作如此，培养文学鉴赏的能力也是如此。

第十六章　书院的文化传承及其精神蕴蓄功能

历史上的书院不仅是教育的重要补充，更是文化传承和社会主流价值传播的重要载体与渠道，它对培养人才和引导社会文明风尚发挥着重要作用。在今天，书院不仅是传统文化传承和展示的窗口，更是作为一种活态化的文化形态日益融入现代人的日常生活，成为当下文化活动的重要实践空间，还蕴蓄着一种独立自主、理性思考、启迪教育、教化国民的精神存在，成为对民族精神守护和创新的载体。

书院是中国古代民间教育机构，是古代东亚教育制度有别于官学的一种独立的教育系统。通常由富商、学者自行筹款，于山林僻静之处建学舍；或置学田收租，以充经费。千余年来，作为我国独特的教育机构和学术机构，书院承担着继承和弘扬优秀传统文化、培育英才的重任，如至今仍然“活着的书院”岳麓书院就是其中的典范。有专家统计，中华大地上曾存在过的书院有8000多所，可以说书院是生生不息的中华文明的重要传承方式之一。据历史记载，书院开始只是地方教育组织，最早出现在唐朝，正式的教育制度由理学家朱熹创立，发展于宋代。宋代著名的书院有河南商丘的应天书院、湖南长沙的岳麓书院、江西庐山的白鹿洞书院、河南登封太室山的嵩阳书院、湖南衡阳石鼓山的石鼓书院、江西上饶的鹅湖书院。2017年中办、国办印发的《关于实施中华优秀传统文化传承发展工程的意见》中提出保护传承文化遗产。书院作为古人读书、讲学、做学问之地，历经千余年发展，已累积了对文化传承、教育、艺术、哲学、社会礼仪等多方面的认知，是文化保藏、精神蕴蓄的重要载体，对推动文化传承、民族文化振兴有着重要价值。文化创造、文化积累和价值传播是书院文化的基本内涵，是中国古代社会文明的一种传播方式，其精髓是中国儒家文化中所倡导的正心明德思想，一种使命的自觉担当。正心在求真问学、不以一己之是非为是非；明德在发扬自身光明之德，践履匡济天下之任。这种教育理念和文化传播方式，之于当下教育如何培养人才和教化人心不无启示价值。

新时代语境下，书院的功能应定位于文化活动空间，是文化传承和蕴蓄民族精神的重要载体，是实现双创推动文化繁荣的活态化载体。书院的辉煌始于教育，传统书院人数不多的小规模、和谐融洽的师生关系以及朝夕相处地论道，是其生命力所在，也是打动人、感染人、令人不胜唏嘘之处。王阳明、黄宗羲等大师教学风格活泼，采取的注重挖掘学生的自主性、在相互启发中悟道的方法，至今仍是研究生教学中的方法之一。当下，尽管书院在教育理念和教育方法上可以给予我们诸多启示，尽管岳麓书院已是湖南大学的重要组成部分，尽管很多书院正在被新建或复修，但它们俨然不是现代教育的一个渠道或重要组成部分，不是也不能取代义务教育的主体地位。也就是说，现在的书院不是传统意义上的书院，而是文化传承的载体，应有更多符合时代需求的内容，这是发展理念上应该明晰的。

文化传承是书院存在的重要功能。优秀传统文化是中华民族在全球化时代文化思潮相互激荡中站稳脚跟的根基。习近平总书记指出："中华文明源远流长，蕴育了中华民族的宝贵精神品格，培育了中国人民的崇高价值追求。自强不息、厚德载物的思想，支撑着中华民族生生不息、薪火相传。"书院对我国教育、学术、建筑、藏书等事业的进步，对民风民俗的养成，对中华文明的传播都作出重大贡献。书院本身就是一种活的文化载体，受古代文化传统中以山水比德和隐士文化的影响，中国书院往往坐落于环境优美和文化基础不错之地，多选址于风景名胜，总体布局彰显了中华文化的理念追求，建筑多由大门、门厅、讲堂、斋舍、藏书楼等功能性空间和包括泮池、泮林、泮桥、碑、文庙等在内的非功能性空间构成。教化指向与功能布局相互契合，按照准备、入门、受教、崇礼四个意义单元，使学子在跨越龙门、登堂入室、虚心受教、虔诚守礼的过程中，使知识获取与人格修养相互切近，在仪式性和象征性中得以强化。书院建筑在考究整体布局的同时，对个体建筑形式的推敲和细节的艺术化处理，彰显了中华美学精神和理学内蕴。作为体验传统文化的基地和传统文化传承空间，只有使之活态化地成为当今文化实践的场所，让学生的琅琅书声和文明礼仪教化激活书院的灵魂，成为区域文化高地，才是对它最好的利用和弘扬。过去是讲堂，现在是文化传承、文明守护、文化创新和文化价值传播的空间。

除了文化传承，独立自主的理性精神的蕴蓄应是书院存在的另一功能。书院的终极意义是给人以思想，教人学会思考。儒家特别注重成人教化，个人立足于社会最重要的是怎么做人、怎么做事，书院的教育往往以此来展开，这是一种精神的启悟。中国文化追求知行合一，书院的特点之一就是求道与求学的统一，也就是价值关怀与知识追求的统一。这种独立自主、理性批判精神，在中华民族迈向现代化强国进程中格外值得重视。如岳麓书院就承载了湖湘文化精神的传统，即经世致用、关怀现代、关心社会、改变中国，使王夫之、魏源、曾国藩、左宗棠、毛泽东、蔡和森等诸多彪炳史册的人物，都曾受到其思想和精神的浸润。

书院文化的复兴，不能止步于有形的物质层面的建筑，而要注重传统文化的传承和发展，使之成为令人向往的人文高地。它给予人们的不仅是物质层面的需求，更是一种精神上的追求，一种生活方式和价值观上的启迪，一种适合当下又再现传统的生活。因此，书院文化的复兴不是打造多少个文化运营空间，而是一种生活品质和审美品位的塑造，它旨在在社区居民日常生活中提升当代中国社会的文明程度。

跋

2013年底，习近平总书记在中央城镇化工作会议上提出，要“让城市融入大自然，让居民望得见山、看得见水、记得住乡愁”。这不仅是一种新的发展理念，更是一种新的文化观的生成。在中华民族伟大复兴的进程中，城乡一体化发展思路越来越清晰，城市与乡村在现代化进程中相得益彰、相互促进，由此成就的是中国道路自信、制度自信，更是一种理论创造和文化自信，彰显的是人民对美好生活的新期待和诉求。乡村文化复兴是推动“现代城乡文化命运共同体”建构的内生动力，是一种有根的现代化，是复数现代性的中国表现形式之一。乡村振兴战略背景下的乡村文化复兴是一种文化价值的赓续与弘扬，它关乎对中华民族最根本的文化认同和“中国特色”的厚植，旨在推动乡村文化与城市文化的良性互动和相互促进，其目标诉求是建构“现代城乡文化命运共同体”。

乡村振兴战略的实施使乡愁有所附着，乡愁是一种家园感的生成与依恋，在乡村生活方式的重构中使乡愁美学有了文化支点。乡愁是现代性的，是对文化根脉的赓续和心灵的安放，是以乡村文化复兴形式对中华民族精神家园的营造。它连接了过去和未来，连接了城市与乡村。它启示我们，乡土文明是中国崛起的重要资源，乡村文化同样承载着美好生活的意义生成，是华夏文明在新时代跃升的支点之一，其中的意义和价值有待进一步深入阐释。今日之乡村一定是城乡一体化进程中的乡村，一定是正在崛起中的中国的乡村，因此，乡村文化的复兴一定要有现代化立场和世界视野，要关联城市的发展看乡村，放在全中国的视域中洞察乡村文化的复兴。

收录在这里的文字是近年来对现代性视域中城乡文化建设的一些思考，主要围绕城乡一体化建设展开，有调研报告、典型案例分析、文学作品解读，也有理论研究和学术阐发，是中央党校创新工程项目的阶段性成果。本书着重探讨了城乡一体化视域中的文化特色小镇建设、乡村文化复兴与乡土文明、文化与脱贫攻坚、乡土小说的文学叙事、乡愁美学的文化支点、家风家训的传承与社会良好风气的弘扬，以及乡村社会治理的文化价值等相关话题，其核心是“现代城乡文化命运共同体”建设。作为笔者近年来的学术关注点之一，本书仅是我对“乡村文化复兴研究”的初步探索，限于学术视野、知识储备、研究范式所囿，本书肯定存在诸多不足，还望方家不吝赐教！

本书的出版受益于中央党校文史部的创新工程项目，在调研和写作过程中与课题组的诸位老师有过交流和互动，本书的出版还要感谢中国大百科出版社编辑的辛勤工作。诸多感激之情难以言表，在此一并致谢，愿此书的出版能为国家实施乡村振兴战略尽一点绵薄之力。

2019年8月于北京大有庄寓所